IMF 키즈의 생애

IMF 키즈의 생애

안은별 인터뷰집

코난북스

저자로서, 인터뷰어로서, 독자로서, 또 한 명의 IMF 키드로서

1.

1998년, 중학생이 된 첫 학기에 나는 한 친구와 틀어졌다. 친구가 나를 멀리하기 시작했고 어느 순간 우리 사이에 대화가 사라졌다. 추적해보니 학기 초 해양소년단 면접에서 내가 했던 이 말이 원인이었다. "제 친구는 몰상식하게도 〈타이타닉〉을 극장에서 두 번이나 봤대요." 나조차 전후 맥락이 전혀 기억나지 않는 그 말을 누군가에게서 전해 들은 친구는 화가 난 것이었다.

나는 왜 다짜고짜 〈타이타닉〉 관객을 비아냥거린 걸까. 한국에서 〈타이타닉〉이 개봉한 날짜는 1998년 2월 20일이다. 개봉 전부터 반응이 열광적이어서 당시로선 이례적으로 개봉 열흘 전부터 예매표를 팔았고, 개봉 첫 주말 서울에서만 13만 6천 명의 관객이 몰렸다. 그런데 당시는 IMF 구제금융 사태 직후였고, 전 국가 차원에서 금을 모아 외채를 상환하자는 금 모으기 운동이 진행 중이었다. 이 집단적 열정의 한가운데 할리우드 직배 영화인 〈타이타닉〉이 상륙해 또 다른 열정을 자아내자 "한쪽에서는 달러를 벌어들이려고 재산을 팔고 다른 한편에서는 달러를 솔솔 날린"다는 비판이 횡행했다.* '관람 반대' 비율이 30대와 함께 10대에서 특히 높았다는 설문 결과**는 기묘하게 느껴진다. 당시의 기사 속에는 외제 털모자를 산 중학생이 학급생에게 "너 같은 애가 '금모으기 운동'을 허사로 돌린다"는 비난을 듣고 외제 물건을 모조리 처분했다는 일화마저 등장한다.*** 지금 들으면 우스꽝스럽기 그지없지만 그땐 정말 진지했다.

이렇게 잘은 모르지만 어려움에 처했으니 뭐라도 해야 한다는 기분에 휩싸인 채 나는 중학생의 시간을 보냈다. 사실 그때 나는 누구보다 무사했다. 1957년생인 나의 아버지의 직업은 고등학교 교사였고, 우리 집은 그 무렵 좀 더 넓은 평수의 아파트로 이사를 갔다. 아버지는 이따금씩 구조조정으로 자신의 친구들을 포함해 많은 지인이 실직을 했으며, 그 안정성 덕분에 교사라는 직업의 위상이 자신이 사범대에 진학했을 무렵에 비해 무척 달라진 게 놀랍다는 얘기를 하곤 했다. 1998년 이후로 부모님은 내게 늘 '잘릴 위험이 없는' 공무원이나 교사를 권유하셨고, 내가 다닌 여고의 선생님들도 반에서 공부 잘하는 애들에게 '인 서울' 학교보다 지방 교대를 쓰라고 조언했다. 2017년 현재 7급 지방공무원 시험의 경쟁률은 129.6 대 1에 이른다.

---

* '타이타닉과 달러유출', 〈매일경제〉 1998. 2. 21.

** '"수준높은 직배영화 수용해야" 49%', 〈동아일보〉 1998. 3. 3.

*** '"외제쓰면 매국노" 청소년층 휩쓰는 이상한 국수주의', 〈동아일보〉 1998. 2. 22.

2.

《IMF 키즈의 생애》는 1997년 IMF 당시 10대의 나이로 한국의 공교육을 받고 있었던, 20년이 지난 2017년 현재 30대 성인으로 한국에서 살아가고 있는 일곱 명을 인터뷰해 그들의 삶을 기록한 책이다. 그동안 이런 책을 쓰고 있다는 얘기를 할 기회가 여러 번 있었다. 이 책이 다루기도 했고 주독자로 상정하기도 한 30대 한국 사회 구성원들은 제목을 듣고 단박에 기획 의도나 지향점을 알아차렸다. 하지만 그렇지 않은 사람들, 예를 들어 조금 아래 세대나 유학 온 일본에서 만난 외국인들에겐 궁금증을 유발하는 모양이었다. 고도의 맥락 속에서만 같은 이미지를 공유할 수 있는 아이디어는 많은 걸 당연시할 위험을 안고 있다. 그래서 미지의 독자를 상정하여 제목의 IMF, 키즈, 생애라는 세 키워드를 풀어봄으로써 이 책의 의도, 지향을 밝히고자 한다. 물론 이하에 드러나지만, 세 가지는 결코 완벽하게 분리되지 않고 서로가 서로를 지탱하고 있다.

'IMF 당시'라고 쓴 것처럼, 그리고 그렇게 써도 딱히 위화감이 없는 것처럼 한국의 일상어 환경 속에서 이 말은 국제통화기금(International Monetary Fund)이라는 국제 금융기관 자체만이 아니라 어떤 사건 혹은 시간을 가리킨다. 1997년 1월 한보그룹 부도로 시작된 부실 대기업의 연쇄 부도, 이로 인한 금융 부문의 타격, 동남아시아 통화위기 확산의 영향 등으로 그해 10월 원화 가치가 폭락하고 국가신용등급이 하락했다. 정부가 원화를 방어하기 위해 나섰지만 사태는 더욱 심각해져갔고, 국가부도 사태 직전에 남은 유일한 수단으로서 1997년 말 IMF의 긴급 수혈을 받아 위기를 넘긴다. 그런데 IMF의 구제금융은 IMF가 제시하는 대폭적이고 강력한 경제 개혁 프로그램을 받아들이는 것을 조건으로 했고, 한국의 신자유주의 경제 관료들은 이 '곤경'을 80년대부터 추진하려 했던 개혁을 관철하는 계기로 적극적으로 끌어안았다.* 이후 한국 경제라는 배에 탄 정부와 금융기관, 기업, 가계 등 모든 경제 주체는 저마다 무언가를 배 밖으로 던져 버려야 하는 고통을 감수해야 했다. 이 위기 및 구조조정의 사회적 여파는 대단했다. 불황은 세기말을 더 우울하게 만들었고, 대량 실업이 발생했으며, 어떤 이들은 스스로 목숨을 끊었다.

'6.25 이래 최대의 국난'이라 일컬어진 이 환란(換亂)이 '공식적으로' 끝난 지점은 IMF에 빌린 돈을 갚고 그 관리 체제가 종결된 2001년 8월이다. 정부는 IMF로부터 받은 195억 달러를 모두 상환해 3년 8개월 만에 IMF 관리 체제를 '졸업'한다. 외신들은 한국이 위기에서 빨리 벗어났다며 칭송했다. 개혁을 통해 금융과 기업 부문의 재무건전성과 수익성이 대폭 개선되었고, 1998년 3461억 달러까지 내려갔던 GDP가 2017년 현재 1조 5297억 달러로 네 배 이상으로 증가했다.** 당시 39억 달러에 불과했던 외환보유액은 이제(2017년 8월 기준) 3848억 달러로 세계 9위 규모다. 어두웠던 과거는 뒤로 밀려났고, 이제 그 시절은 향수 섞인 목소리로 '응답하라'고 부르면 그만인 것 같았다.

그러나 이 책은 이러한 IMF 서사를 거부하는 데서 시작한다. IMF 위기

---

* 지주형(2011), 《한국 신자유주의의 기원과 형성》, '6장 한국 신자유주의의 형성(2)-IMF 구조조정과 전환의 정치경제학', 책세상, 223–312쪽. 여기서 지주형은 IMF 구제금융을 '트로이의 목마'에 비유하며 이렇게 쓴다. "'트로이의 목마'를 만든 건 그리스인들이었지만 성안으로 들여온 것은 사실 트로이인 자신들이었다. 마찬가지로 한국을 IMF 구제금융으로 몰아간 것은 미국인들이었지만 'IMF 플러스' 개혁안을 먼저 제시하고 받아들인 것은 한국인들이었다." 이는 'IMF 구제금융' 'IMF 외환위기' 'IMF 사태' 등 이 책을 포함해 널리 통용되는 명명이 경제위기의 원인을 IMF에 돌리고 한국 정부의 역할을 은폐하는 효과를 지닐 수 있으며, 그것이 IMF 대 한국이라는 내셔널리즘적 서사와 결합할 수 있기에 중요한 지적이다.

** 지주형, 위의 책, 413, 417쪽. 2017년 수치 추가.

를 단순한 외환 부족에서 일어난, 그것을 갚은 뒤에 진화(鎭火)된 단기간의 사건이 아니라, 전 지구적 변동 속에서 그때까지 한국을 이끌어온 권위주의 개발국가 시스템 자체가 문제시된 사태, 그에 대한 대응으로서 '신자유주의적 전환'을 야기한 핵심 계기로 파악하고자 한다. IMF의 시간을 '그때는 어둡고 어려웠었지'의 시간이 아니라, IMF 위기와 그 해법을 통해 새로운 금융 축적의 논리가 사회를 지배하고 신자유주의가 삶의 영역마저 잠식하게 된 한국 사회를 관통하고 있는 시간으로 바라보려 한다. 그래서 이 책에는 당시의 신문지면을 차지했던 수많은 몰락의 드라마는 없고, 이 막연한 '구조적 변동'이 한 사람의 라이프코스 속에 남긴 흔적들은 있다. 'IMF'는 끝이 아니라 시작이었으며 회고의 대상이 아니라 거의 무매개적으로 우리와 함께하게 된 시대의 공기다. 이 책《IMF 키즈의 생애》에서의 'IMF'란 바로 그런 것을 가리키며, 그 시대의 공기, 너무도 익숙해진 시간을 사고하게 하는 매개의 기능을 한다.

그리고 '키즈'. 'IMF 키즈'를 듣고 1997년에 태어난 이들을 떠올리는 사람도 있었지만, 앞서 언급한 대로 이 책에서는 1997년에 '키드'의 시간대를 보낸 20대 후반에서 30대에 이르는 나의 또래들을 가리킨다. 'IMF 키즈(키드)'라는 말이 특정 세대를 지칭하는 용어로 언론에 등장한 사례는 2011년 10월 〈중앙일보〉의 서울시장 보궐선거 이후의 분석 기사, 2013년 〈프레시안〉에 게재된 '최저임금 1만 원 인상'에 관한 연속 기고문 정도다. 전자는 "IMF의 영향을 가장 크게 경험한 세대"로서 대학 졸업 후 취업난에 시달리고 실직한 부모의 도움도 받을 수 없었던 이들이라며, 당시 30대였던 1972-1981년생을 지목했다. 한편 후자의 연속 기고문의 필자들은 당시 20-30대의 비정규직 노동자, 영세 자영업자, 아르바이트생들이었다.

둘은 코호트로서도 차이가 있지만, 전자가 IMF 키드를 한 표를 지닌 유권자로서 주목하고 있는 데 반해, 후자는 IMF 경제위기의 해법의 결과로 효율화되고 유연화된 노동시장 구조에서 가장 약한 고리에 있는 노동자로서, 자전적 이야기의 주체로서 주목하고 있다는 데서도 차이가 있다. 물론 이 책은 후자의 의미에 훨씬 더 가깝다.

이 책이 IMF 당시 초·중·고등학교에 다니고 있던 80년대생을 다루는 이유는 그들이 외환위기 때문에 어떤 즉각적인 타격이나 피해를 입어서가 아니다. 인터뷰이 가운데서 'IMF 때문에'라고 할 만한 드라마틱한 서사를 가진 사람은 거의 없다. 진로나 직업 선택에 즉각적으로 받은 영향으로 치면 〈중앙일보〉의 용례대로 IMF 관리 체제 당시 취업전선에 뛰어들어야 했던 1975년 전후의 출생자들이 더 컸을 것이다. 이 책이 외환위기 직후 어떤 가정이나 개인의 몰락을 다루기보다, 1997년을 기점으로 전환되어 20년간 지속된 시간에 관심을 갖는다는 것은 앞서 언급한 대로다. 한편 인터뷰이 가운데 IMF 위기와 그것을 통과한 한 가정을 소재로 한 소설 〈1997 방사능 치킨 극장〉을 쓴 소설가 김재욱 씨가 이 일을 '우리 세대'가 아니라 '우리 시대'의 한국 전쟁이라 말하며 그 영향을 "굳이 세대론으로 보고 싶지는 않다"고 말한 것처럼 IMF 위기 이후에 전개된 양극화는 세대만의 문제가 아니기에, 정말로 IMF 이후의 한국 사회의 시간을 그려낸다고 한다면, 특정 세대에만 주목하는 것은 그 힘이 덜할지도 모른다. 그럼에도 이 책은 'IMF 키드'를 '선택'했다.

'키드'의 시간대는 자신에게 축적된 경험과 정보를 바탕으로 스스로 선택하고 거기에 책임을 지는 어른의 일을 아직 하지 않아도 되는, 혹은 하는 것이 금지된 시간대다. 그러나 당장은 자신과 주변에 큰 영향을 주지 못하지만 장기적으로는 이후 평생의 선택 경로 자체를 규정하는 몇 가지 중요한 일들이 벌어지며 자신의 선택 가능 범위를 확인하는 시간대이기도 하다. 변동의 기점인 IMF 관리 체제 하에서 키드의 시간을 경험하고 성인이 되었을 때 느린 파도처럼 서서히 삶을 적시는 변화들을 실감하며 어른으로서의 선택과 관계 맺기를 해야 한 IMF 키드들의 이야기야말로, 포스트 IMF의 20년이라는 '긴 시간'이 남긴 흔적을 잘 보여줄 수 있을 거라 생각했다.

그러므로 이렇게 말하는 게 더 정확할지도 모른다. 인터뷰는 2010년대 한국 사회를 통과하고 있는 내 또래 30대 남녀에 관한 이야기이고, 상이한 그들의 경험에 공통 배경으로서 삽입할 수 있는 사건으로서 1997년 IMF 경제위기에 주목해 'IMF 키드'라는 이름 아래 그들의 이야기를 모았다고 말이다.* 여기서 IMF는 인터뷰이 각자에게 자신이 시간을 보내온 혹은 시간을 보냄으로써 형성되는 '사회'라는 것을 떠올리고 자신의 생애를 그것과의 관련 속에서 말하게 만드는 매개장치다. 예컨대 정윤석이 다큐멘터

* 그렇기 때문에 이 책은 2007년 《88만 원 세대》(우석훈·박권일, 레디앙) 이래 다양한 비판이나 한계에 부딪혀가며 진행되어온 청년세대론의 맥락 위에 있음을 부정할 수 없다. 《88만 원 세대》는 신자유주의 질서 속 개개인이 직면할 수밖에 없는 저임금·불안정 노동의 문제를 다른 분류가 아닌 세대의 문제로, 이제 막 노동 시장에 진입했거나 곧 진입할 이들의 문제로 포착하고, 당시의 20대의 대부분이 사회 진입 후 비정규직으로 월 '88만 원'을 받게 될 거라는 충격적 전망에 '토플 책 대신 짱돌을 들라'는 정치적인 요구를 실어 청년 세대 문제 및 그 표상과 관련한 논쟁의 물꼬를 튼 책이다. 이러한 청년 세대의 비정규 불안정 노동이라는 문제의식을 가족 만들기라는 성인기 이행이 곤란해진 상황에 접목시킨 명명이, 연애·결혼·출산을 포기하게 되었다는 '3포 세대'다. 그러나 이러한 세대 호명은 세대의 얼굴을 (중산층 가장이 되어야 했으나 그러지 못한) 남성으로 단일화하고 "이성애적 규범과 '정상 가족' 생애주기 모델"을 자연화한다는 비판을 지속적으로 받아왔다(오혜진, 《문학과사회 하이픈》(2016년 가을호, 문학과지성사) '우리 세대의 비평' 대담 중.) 그런데 이런 세대 표상의 한계는 그것이 수행하려 했던 기능과도 불가분의 관계를 맺고 있는 것이 아닐까. 주로 진보 진영의 논단에서 발생한 세대 표상은—느닷없이 탁월한 개인을 내세우는 G세대나 실크세대 같은 보수 신문의 기획 명명이 그 대항으로 등장한 것이 증명하듯—신자유주의 질서라는 '구조 문제'를 겨냥하고 그 앞에 세대라는 하나의 전열을 가다듬기 위한 프레임으로 기능해왔다. 바로 이 하나의 전열을 만든다는 저항의 방법이 단일화된 얼굴을 필연적으로 요청했던 것은 아닐까. 세대론을 말할 때 다양한 얼굴을 상상해야 한다는 것은 곧 다양한 싸움의 방식 또한 상상해야 한다는 말일 것이다.

리 〈논픽션 다이어리〉(2014)에서 지존파 살인 사건과 삼풍백화점 사고 등 1990년대 중반 실제로는 아주 한정된 이들이 경험한 사건을 소재로 감독 자신이 속한 세대의 시대 감각으로 확장한 것처럼, 그 자신은 사건으로부터 직접 관련되어 있지 않지만 그 사건을 통해 '내가 속한 사회의 어디서부터 어디까지라고 특정할 수 없는 광범위한 여파'를 실감할 수 있다면, 그것이 생애를 서사화하는 데 하나의 계기, 하나의 매개체가 될 수 있으며 IMF가 그런 역할을 할 수 있으리라 생각했다. IMF라는 말을 들었을 때 확장되는 기억의 그물로 건져올린 목소리들은, 같은 장치를 지닌 이들을 비슷한 공간으로 초대할 가능성을 가질 수 있을 것이다.

이것이 이 책의 방법론이라 할 수 있는 '생애'와 관련된다. 그러나 그들 각자의 '생애'를 통해 한국 사회의 시간을 이야기하겠다는 기획을 끌고 나가면서, 몇 번이나 의구심에 부딪혔다. '생애사 연구'라는 방법론이 논리실증주의에 의거한 경험적 연구 전통으로부터 지속적으로 받아온 도전의 소박한 버전이라도 해도 좋을 질문이다. 즉 '개인의 흔들리는 기억을 데이터로 할 수 있는가, 그에 의거하여 사회적 현상이나 사회적 사실을 말할 수 있는가' 하는 문제다.

나는 IMF 이후의 한국 사회가 신자유주의적 논리에 지배 받게 되었으며 우리 개개인의 삶 역시 다른 시간대로 진입했다는 설명에 동의한다. 우리 모두가 불안과 고단함이 일상이 된 사회, '신자유주의적 삶'을 견뎌내게 되었다는 사실은 실업과 비정규직, 소득과 자산 양극화, 삶의 질과 관련된 다양한 숫자로 증명된다. 그러나 이런 '문제'들을 모조리 겪는, 통계 수치나 미디어에 재현되는 이미지를 그대로 담아낸 어떤 삶이 실제로 있는 것은 아니다. 물론 어떤 보도나 수치와 거의 일치하는 상황을 겪기도 하고 그것을 간접적으로 체험하기도 하지만, 실제로 사회구조나 그것을 강화하는 이데올로기가 개인에게 드리워지는 방식은 추상화되기 어려운 부분을 잔뜩 가지고 있다. 그것을 한 사람 한 사람의 생애를 통해, 요약하거나 단순화하기 어려운 구체적 예시로서 드러내려는 것이 이 작업이다.

한편 그들 각각은 예시인 동시에 예외로서의 특성도 지니고 있었다. 이 책은 인터뷰이 한 사람 한 사람의 특수한 자전이기도 하다는 당연한 사실을 직시하지 않을 수 없었다. 또 그들에게 정말로 중요했던 일은 결코 사회적으로 환원될 수 없거나, 그들의 입장과 그에 대한 해석은 각자의 '성격'에 귀속되는 문제이기도 했다. 그러므로 그/그녀가 경험한 일들을 내가 이미 상정해놓은 사회적, 역사적 흐름 속에서 상징적이고 대표성 있는 일화로 끌고나가려는 의지와, 모든 일어난 일의 의미를 결코 그런 식으로는 처리할 수 없다는 주저함 사이의 긴장이 있었다. 말하자면 1, 2, 3, 4라는 개인적 경험과 실패를 ㄱ, ㄴ, ㄷ, ㄹ이라는 어떤 사회적 사건들 혹은 전형, 패턴에 일직선으로 그어 잇는 식으로 이야기를 보여주는 것을 경계했다.

하지만 이런 선 긋기가 '과정'으로서 동반되지 않는다면, 즉 끝까지 밝힐 수 없는 불투명성을 지닌 개인과 사회 속에서만 성립하는 개인 사이의 왕복운동이 없다면, 다른 사람에게 이해될 만한 '이야기'는 성립하지 않을 테고, 이 이야기의 사회적인 힘도 불가능할 것이다. "인간의 삶이란 언제나 '사회화된 존재'와 '사회화되지 않은 존재'의 끊임없는 긴장관계 속에 위치하고 영위되는 것이다. 달리 표현해서, 인간은 언제나 사회의 안팎에 동시에 존재한다."* '사회'를 실재하는 통일체로서가 아니라 개개 인간의 사회적 행

---

* 김덕영(1999), 《현대의 현상학―게오르그 짐멜 연구》, 나남출판. 30쪽.

위의 특정한 단면을 통해서만 인식 가능한 것으로 파악하고 탐구했던 19세기 독일의 사회학자 게오르그 짐멜은 그의 작업 속에서 "사회적 환경 속에 위치하는 개인"으로서의 '양적 개인'과 "사회적으로 조건지어지지 않으면서 내적으로 자족적인—또는 외적으로 배타적인—개개인"으로서의 '질적 개인'을 매우 엄격하게 구분했다.* 이 책을 쓰면서 이러한 구분과 그 사이의 운동을 '사회 속의 인간' 그리고 '인간의 삶(상호작용)이 영위되는 곳으로서의 사회'를 그릴 수 있게 하는 하나의 개념장치로 염두에 두고자 했다.

3.

2011년 3월 11일 동일본 대지진 이후 나흘째인 14일 아침, 나는 회사 동료 두 명과 뒤늦게 현장으로 파견되었다. 떠나기 전 그날 조간신문에서 이미 재해 현장에서 날아온 기사를 몇 개 봤다. 그중 하나는 지진이 일어나자마자 현장을 찾았다가 이제는 거의 철수 직전이었던 기자들이 쓴, 재해의 현장을 전하기보다는 취재의 과정을 담은 기사였다. 이제 막 수습을 마친 젊은 기자 두 명이 재해 현장으로 가기 위해 얼마나 고생을 했는지, 거기서 어떻게 이동했는지가 수기 형식으로 적혀 있었다. 실패한 기사라는 생각이 들면서도 그것만큼 나를 흡인한 재해 현장 기사는 없었다. 그리고 실제로 나와 동료들이 재해로 어지러운 도호쿠(東北) 지방에서 아주 짧은 거리의 이동이나 그날그날의 잠자리 마련에도 어려움을 겪고 결국엔 기사다운 기사도 쓰지 못한 낭패를 겪고 나자 그 기사를 쓴 사정과 발행시킨 이유를 이해하게 됐다. 그들은 말도 통하지 않는 재해 현장에서 임무를 가진 자신들

---

* 김덕영, 앞의 책, 75쪽.

을 기록하며 재해 현장의 본질을 역설했던 것이다.

어쩌면 그것이야말로 '사실'을 추구하는 신문에서는 별로 관심을 두지 않는 '진실'이었을지도 모르겠다. 이 이야기를 하는 이유는 내가 이 책의 인터뷰이들을 알게 되고 섭외해 책으로 내기까지의 '과정'이 책에 매우 중요한 부분이며 책에 관한 하나의 진실을 담고 있다고 생각하기 때문이다. 그리고 그 진실은 '한계'라는 단어로 바꿔도 좋다.

인터뷰이를 섭외하기 위해선 '이런 사람을 찾고 있다'는 기준이 있어야 했다. 내가 생각한 대강의 기준은 흔히 타인에게 소개될 때 한두 문장 안에 담기는 이야기가 내가 겪었거나 아는 30년간의 한국 사회 속에서 리얼하게 입체화되는 사람들, 저마다 한 가지 이상 한국 사회 구성원으로서 고민거리나 문제를 안고 있고 그것이 다수에게 이해 가능한 패턴을 갖고 있는(그렇게 느껴지는) 사람들이었다. 가령 고학력 여성이지만 결혼이라는 고리가 없었다면 중산층에 진입하지 못했을 김마리 씨는 한국 여성의 삶에서 결혼이 갖는 의미와 현실을 보여줄 수 있다고 생각했고, 광주에서 영화 관련 일을 해온 이동석 씨는 비슷한 고민이더라도 서울을 중심으로 이야기되어온 것들의 다른 면을 보여줄 수 있을 거라고 생각했다.

이런 기준을 가지고 인터뷰이를 물색하려면 지금 현재 하고 있는 일을 포함하여, 책으로 치면 제목이나 요약문 정도의 정보는 사전에 알고 있어야 했다. 또 세세한 이야기를 들을 수 있으려면 신뢰 관계를 고려하지 않을 수 없었다. 다시 말해 내가 그 사람에게 어느 정도 믿을 수 있는 사람으로 나타나는, 또 이를 내가 확신할 수 있는 관계여야 했다.

그리하여 찾게 된 것이 트위터에서 비슷한 관심 분야나 문제의식을 매개로 연결된 사람들이었다. 트위터는 실명이나 직장 등을 구체적으로 밝히지 않아도 한 계정이 하나의 통합되고 연속적인 개체로 나타나며 혼잣말을 공유할 수 있는 포맷이기에 나 역시 나를 드러내며 얻은 관계 속에서 사적인 경험이나 기억에 대해 들을 수 있는 타인들이 꽤 있었다. 얼굴을 본 적은 거의 없어도 그들의 중요한 관계(가족, 친밀한 관계 등)나 과거의 경험들에 대해 알 수 있었고 어디로 휴가를 갔는지, 요즘 어떤 책이나 영화를 보는지 등의 동시간적 맥락을 두텁게 형성할 수 있었다. 트위터에서 인상 깊게 본 이야기들을 토대로 네 명에게 인터뷰를 요청했다. 그 밖에, 만날 때마다 '이런 책을 쓰고 있다'는 이야기를 함으로써 인터뷰이를 소개 받았다.

트위터 사용 여부를 포함해 성별, 직종, 출신지와 가족 형태 등에서 다양성을 취하려고 노력했으나 인터뷰를 마치고 깨달은 사실은 이들이 모두 대학 교육을, 절반 정도는 미국 유학을 포함해 명문대를 경험했다는 사실이었다. 또 그들의 부모 혹은 그 역할을 대리했던 보호자들은 그들의 성장기 시점을 기준으로 대부분 중산층이라고 할 수 있는 사람들이었다.* 그리고

---

* 물론 이러한 '편중'에 대해서 이렇게 해명할 수는 있다. 부모는 중산층이 될 수 있었으나 자녀에게는 그 것이 기대조차 어렵다는 것이야말로, 또 고등학교를 졸업하거나 그에 준하는 자격을 갖추었을 때 대학 진학이 거의 당연시되던 것이야 말로 이 세대의 리얼리티라고 말이다. 실제로 1997년 IMF 위기 이후 중요한 변화 중 하나는 중산층의 양적인 감소, 중산층이 될 수 있다는 기대나 희망의 감소다. '자신을 중산층으로 체감한 이들의 비율'은 외환위기 전인 1994년에는 (OECD의 산술적 중산층 기준에 의거하면 한국이 아직 도달한 바 없는) 80퍼센트 이상이었으나 2013년에는 OECD 기준보다 약 10퍼센트포인트 낮은 51.8퍼센트에 불과했다. 중산층이라는 자의식은 "전셋집에 살며 아반떼를 몰아도 내 집 마련과 쏘나타가 멀리 있지 않을 때" 비로소 주어지는 것으로(박정현(2016), '계획 복합체 신도시와 한국 중산층의 탄생',《중산층 시대의 디자인 문화 1989-1997》156, 161쪽) 각 가정의 계급적 상황만큼 이런 감각이 가능했던 '시대'의 영향이 작용한다. 인터뷰이 대부분이 중산층 가정에서 자랐지만 본인들에게 비슷한 기대가 없는 것 자체가 IMF 키즈 전체를 둘러싼 상황을 말해준다는 것이다. 대학 진학률의 경우 1980년에 11.4퍼센트, 1990년에 아직 23.6퍼센트에 머무르던 것이 2000년에는 52.5퍼센트에 이르렀고 2005년에 65.2퍼센트, 2008년 70.5퍼센트에 최고점을 찍고 2010년부터 하락세를 보인다(e-나라지표 '취학률 및 진학률', 이는 '취학적령 인구 가운데 고등교육 기관에 재학 중인 학생 비율'을 나타내는데 '고등학교 졸업자 중 상급 학교 진학자'를 기준으로 하면 2004년부터 2009년까지 고교 졸업자의 80퍼센트 이상이 대학에 갔다.) 이는 미국, 캐나다, 일본, 독일 등 다른 OECD 가입국가와 비교해도 압도적으로 높은 숫자로 '한국 1980년대생(특히 1980년대 후반생)'의 세대적 특징이라고 할 수 있다.

'IMF 경제위기로 인한 극적이고 불행한 사연'의 수집이 되는 것을 일부러 경계했다 하더라도, 의아할 정도로 인터뷰이 대부분의 가족은 경제위기에서 무사했다. 이 책에 싣지 못한 인터뷰이를 포함하여 가장이 실직 위험이 없는 공무원이었던 이들이 셋이었고, IMF 위기 당시 가장이 보유한 환차익으로 오히려 '이득'을 본 경우, 가장의 사업이 '잘 된' 경우도 있었다.

　이것은 나의 한계, 즉 주어진 시간 안에 신뢰를 얻을 수 있고 접근할 수 있는 이들이 어느 정도 유사한 경험을 가진, 비슷한 언어를 가진 이들로 제한될 수밖에 없었다는 한계이며, 이 책이 시작부터 품은 한계였다. 어떻게 해도 지울 수 없는 이 '편중'의 배경과 관련해 나는 하나의 기억을 갖고 있다. 2016년 2월 어느 행사 뒤풀이 자리에서 나는 여느 때처럼 이 책을 이야기하며 혹시나 있을 인터뷰이 소개 가능성을 열어두고 있었다. 그때 한 방송 PD가 IMF 경제위기로 직장을 잃고 삶이 완전히 파괴되어 게임중독에 빠진 가장과 그 아들인 고등학생을 10년 전쯤 취재하러 간 적이 있다고 말했다. 나는 아마 내 또래일 그 '학생'을 만나고 싶다며 연락처를 요청했지만, 그는 이후로는 그들과 연락이 닿지 않았다고 했다.

　결국 내가 찾을 수 있었던 건 친구든, 트위터 지인이든, 소개 받은 이들이든, '살아남은 사람들'이 아니었을까. 분명 모든 인터뷰이의 삶은 그들 각자의 피곤과 근심과 불안에 젖어 있었지만 그래도 자기의 살아온 시간을 이 정도로 이야기한다는 것은 자신이 위치한 좌표를 이해하고 그 뒤를 돌아보거나 앞을 내다볼 수 있기에 가능한 일이다. 어쩌면 내가 보낸 이 사회의 30년을, 1997년 이후의 세계의 '진실'을 가장 분명하게 비춰줄 사람들은 이미 가시권 바깥으로 사라져버린 게 아닐까? 찾아낸다 하더라도 그들은 나를 사로잡는 '이야기'를 들려줄 수 있을까? 살아온 것과 살아온 것을 '말할 수 있는 것'은 또 다른 일이다. "자신만의 삶의 전기를 써내려갈 자원"은 곧 "자율적 선택의 폭"이며,* 이 선택의 폭이 적은 이들이야말로 'IMF 이후'라는 '구조'의 영향을 뚜렷하게 몸에 새긴 사람들일 것이다. 우리는 통계적 경향 속에 고통의 흔적을 남기고 있는 그 IMF 키드의 이야기는 영원히 들을 수 없는 것은 아닐까. 아니, '영원히 들을 수 없는 것은 아닐까'라는 의구심으로 사실은 내가 그 이야기를 찾아내려는 시도조차 하지 않은 것은 아닐까. 이 책에 실린 IMF 키즈의 이야기를 두 손으로 소중히 안아올리면서도 나는 이 한계와 한계가 말해주는 진실을 직시하며 시작하고자 한다.

4.

이 책은 기획에서 출간까지 약 3년이 걸렸다. 계약서에 사인한 것은 〈프레시안〉을 퇴직하고 반년이 지난 무렵 서울에서였고, 지금은 도쿄에서 이 서문을 쓰고 있다. 인터뷰 대부분은 2015년 가을 겨울과 유학을 떠나기 직전인 2016년 3월에 이루어졌다. 인터뷰를 진행한 시점으로부터 시간이 상당히 흐른 뒤 책을 완성하게 되었기에, 출간을 앞두고 지난 2, 3개월간 원고 확인을 주고받는 과정에서 인터뷰이들은 이미 과거가 되어버린 자신을 몹시 낯설어했다. 그리고 우리가 긴 이야기를 나눴던 그날 혹은 그 무렵의 자신을 조금 애틋하게 회상했다.

그도 그럴 것이 이 책에 적힌 것들은 인터뷰이 각각이 경험해온 일들 그 자체라기보다 인터뷰 당시 가장 최근에 접속한 '기억'의 흔적들, 회고라는

---

* 김혜경·이순미(2012), "'개인화'와 '위험'-경제위기 이후 청년층 '성인기 이행'의 불확실성과 여성내부의 계층화', 〈페미니즘 연구〉 12(1), 64쪽.

비교적 짧은 시간에 이루어진 행위의 결과들이다. 시간은 사람을 계속해서 다른 존재로 만들고 기억의 주체와 함께 상기되는 내용들도 바꾸어놓는다. 그러므로 지금 우리가 만난다면, 인터뷰이 모두는 자신의 인생을 전혀 다르게 이야기할지도 모른다. 이 책은 인터뷰이 그들 각자의 30년쯤 되는 인생의 기록이 아닌 청년 시절 한 시점에 대한 기록이라 하는 게 정확할 것이며, 지금 이 순간에도 흘러가는 한 인간의 삶과 반드시 어느 시점에는 마침표가 찍히고 마는 인쇄 작업 사이의 어긋남을 처음부터 한계이자 특성으로 내포하고 있었다는 사실을 세삼스레 덧붙여두고 싶다.

또 이야기를 듣던/쓰던 '나'의 분열이나, 조금씩 시차를 두고 쓰인 인터뷰 사이사이의 어긋남들, 이를테면 당시의 최신 정치 상황이나 여론 등을 반영하려 무리하여 애쓴 부분들도 보인다. 이런 복잡한 시간의 지층은 전적으로 나의 사정(이라 쓰고 불성실이라 읽는 것들)이 만들어낸 '부작용'이지만, 부작용이 다시 부작용을 부려, 지금 이 순간에도 어떤 경험을 통해 미세하게 다른 존재가 되어가고 있는 인터뷰이들의 '성장'을 상상하게 만들기를 바랄 뿐이다. 이 또한 쓰는 즉시 빛바랠 순간을 붙잡으려는 무용한 시도일지도 모르지만, 책의 마지막에 2017년 11월 현재 일곱 명의 인터뷰이가 서 있는 곳에 대해 에필로그 형식으로 짧게 덧붙였다.

지난 3년은 계약서를 쓸 때 그토록 뚜렷했던 이 책에 관한 현실감을 완전히 잃었다가 조금씩 다시 채워가는 시간이었다. '이 일만 끝내고'라는 식으로 닥쳐오는 일을 처리하며 틈틈이 책을 쓴다는 계획은 계획이 아니며, 이런 감각으로 책을 완성하는 것은 불가능하다는 사실을 터득한 시간이기도 했다. 한편 책 바깥에서 나는 30대가 되었고, 외국인이 되었고, 다시 학생이 되었으며, 세금을 무척 적게 내게 되었다. 임시 프리랜서 기간을 합쳐

수험생에서 대학원생에 이르기까지 불안정한 경제 주체로 살면서 회사 다닐 때 규칙적인 생활과 월급이 잊게 했던 문제들을 생각하게 되었고, 단순한 금전 문제로 시작된 불안의 회로가 과열되어버릴 때는 '대체 어디서부터 잘못되었나'라는 물음에 빠지곤 했다.

그럴 때는 기성의 서사라고 해도 좋고, 가상의 서사라도 해도 좋을 어떤 막연한 이야기들에 영향을 받았다. 나의 부모가 갑자기 마주칠지도 모르는 무성의한 관심에 대처 가능한 '그럴듯한 어른'이 되어야 했던 게 아니었을까, 부당하다고 생각해온 삶을 승패로 표상하는 방식들과 그 기준들이 사실은 일리가 있던 게 아니었을까, 나의 리얼리티 속에서 구축해온 자그마한 발판이 "그래 그것 봐. 좀 더 '현실 감각'을 키웠어야지"라는 말 앞에 저 깊은 나락으로 굴러떨어지는 듯한 느낌. 그런 불안 속에서는 내가 갖지 않은 것을 상상하는 방식 또한 무성의했다. 예컨대 가장 사적인 동시에 가장 사회적인 선택인 결혼에 대해서 그랬다. 여성이 비혼 1인 가구로 사는 것을 하나의 합리적인 '선택'으로 둘 수 있는 제도적 환경을 '함께' 만드는 것이 훨씬 더 중요하다고 이야기하면서도, 불안이 내모는 고독한 자리에서 만나는 것은 결혼이 '언젠가' '나에게는' '예외적으로' (지금 불안을 해결할) 안정에의 도약'으로 나타날지도 모른다는, 난수(random number)의 환상이었다.

그때 내게 열릴 수도 있었다고 착각하는 '가능성'들과 비교를 멈추고 진짜 나의 이야기에 집중할 수 있도록 도운 것이 조금씩 정리해온 인터뷰이들의 삶, 그들이 선택할 수 없었던 것들—사회 구조의 영향이나 출생과 성장 배경이나 우연들—속에서 그들이 내렸던 선택의 이야기 그리고 그것에 대한 태도들이었다. 또 그 하나하나를 통해 펼쳐지는 누군가와 같은 세상, 같은 시대를 살고 있다는 현실감이었다.

이 책이 누군가의 '안심'을 위해, 누군가를 '위로'하기 위해 쓰인 것은 아니지만 이 환란의 시대를 통과하는 이들을 같은 공간으로 초대하고 시대 감각을 나누는 기능을 할 수 있기를 바란다. 각자의 특수한 삶의 이야기가 대화를 통해 상대화될 때 공기처럼 자연화되어버린 '구조' 또한 매개적으로 사고될 수 있을 것이며, 어느 누구도 그 바깥에 서서 비판하거나 때려부술 수 없다는 사실을 확인하는 것은 무력함의 조건이 아니라 더 나은 사회를 상상하는 계기가 될 수 있을 것이다.

5.

이 책을 쓰면서 여러 사람에게 많은 도움을 받았다. 기획을 제안하고 구체적인 피드백으로 출간까지 이끌어준 코난북스의 이정규 대표에겐 몇 번을 고마워해도 모자라다. 인터뷰이를 소개해준 김민하, 오가진, 이랑, 황국영은 이 책 작업을 넘어 내 인생에서도 무척 소중한 인연이다. 결국 책에 싣지 못했지만 강렬한 인터뷰를 허락해준 오태경 씨와 한다에게도 감사하다. 아마 '도움을 주었다'고 생각하고 있지 않겠지만, 고엄마의 도움이 없었다면 이 책은 나오지 못했을 것이다. 또 이 책을 쓰는 동안 거의 내내 곁에 있어주었고 내가 당연시해온 것들에 진지한 질문을 가능케 해준, 내 글의 첫 번째 독자 K에게도 감사를 말하고 싶다.

당신들의 딸이 그들에게 익숙한 궤도에서 벗어나 있음을 알면서도, 동시에 그게 결코 잘못이나 배반이 아닌 한 명의 성인으로서 해온 선택의 결과임을 헤아리려고 하는, 그러나 나의 탄생과 언어조차 갖지 못했던 시간까지 기억하는 이들로서 가끔은 본능 같은 걱정에 사로잡히기도 할, 지금 이 순간도 그들 자신만의 내적 갈등과 함께하고 있을 어머니와 아버지를 포함하여 가족 모두에게 존경과 감사의 마음을 전한다.

무엇보다 일곱 명의 인터뷰이들—김마리, 김재욱, 김남희, 김팬저, 홍스시, 이동석, 서유진—에게 감사하다. 그들의 이야기를 쓰는 것을 허락해주었고 모든 과정 내내 나를 믿어주었으며, 이 책을 완성하는 가장 큰 동기가 되어주었다. 이 책은 그들과 함께 쓴 책이며 나는 대표 저자로서 책을 마무리하고 있다. 그들 삶의 이야기를 기록할 수 있어서, 그들 삶의 작은 일부가 될 수 있어서 너무나도 값진 시간이었다.

쓰는 동안 내게는 끝까지 보이지 않았던 부분들이 있다. 내가 놓친 것이 무엇이었는지는 이 책이 내 손을 떠나 독자들에게 갈 때 비로소 가시화될 것이며, 언젠가 들을 수 있으리라고, 그게 책은 끝나도 끝나지 않는 나의 삶에 값진 교훈이 될 거라고 믿는다. 이 책을 선택해줘서 감사하다.

차례

서문 | 저자로서, 인터뷰어로서, 독자로서, 또 한 명의 IMF 키드로서 5

여성의 가족, 여성의 일 ─ 김마리 25

1997년의 해법, 그 남자의 해법 ─ 김재욱 73

직업으로서의 정치, 삶으로서의 정치 ─ 김남희 115

당신 인생의 이야기 ─ 김괜저 173

잃을 쇠사슬도 없는 사장님의 '혼자를 기르는 법' ─ 홍스시 233

어느 '예술─지방러'의 불분명한(정확한) 생활 양태 ─ 이동석 279

어른인 듯 어른 아닌, 어른의 시트콤 ─ 서유진 331

후기 | 인터뷰이들의 지금 371

여성의 가족, 여성의 일

김마리(가명)
1981년생

김마리 씨는 치과 교정과 의사다. 학부에서는 건축을 전공했다. 그전에는 과학고를 조기졸업하고 카이스트에서 수학하며, 해외에서 연구원으로 살아가는 미래를 그리기도 했다. 모두 그의 재능과 노력이 가져다준 카드였고, 건축가나 이공계 연구원이라는 패를 쥘 수도 있었을 것이다. 사람은 지금까지 해온 선택의 결과이지만, 그것은 '총합'이라기보다는 '가능성'을 제거하는 '감산'에 가까운 법이다. 어쨌든 지금은 중소 규모 치과에 고용되어 일하는 교정 전문의이고, 그 일을 잘하는 것이 인생의 중요한 목표다.

29세에 결혼했다. 배우자는 유복한 가정에서 자랐고 일찍이 대학 교수로 임용되어 경제적 안정을 이룬 사람이다. 김마리 씨는 결혼 후 얼마 지나지 않아 두 아이의 엄마가 됐다. 4인 가족은 경기도 용인 수지의 자가 아파트에 산다. 인터뷰가 이루어진 2014년 4월과 2015년 12월 당시, 이 집엔 노년의 육아 도우미가 동거 중이었다. 남편도 고급 전문직인데다 본인 또한 고소득자지만 4인 가정 최소한의 운영과 친정에 들어가는 고정비용이 매달 7백만 원이나 되기 때문에 여유롭다고 느끼지는 않는다. 그는 스스로 "요즘 직장 맘의 전형"이라고 말한다.

'n포 세대'가 청년 세대의 지배적인 표상이 되고 n의 가짓수는 늘어가는 상황에서, 그래도 어떤 사람들은 경제적 안정이나 내 집 마련을 성취하고, 결혼하고 아이를 낳아 '원래 가족'으로부터 '자기 가족'으로의 전환을 완수한다. 물론 경제적으로는 그러한 삶을 충분히 살 수 있지만 그것을 거부하는 사람도 있을 것이다. 그러나 어쨌든 이성애-가부장제-가족주의의 틀 안에서 물리적인 보금자리를 포함한 '새로운 가정'을 구축한 전자의 경우에만 한국 사회에서 진정한 독립, 어른 됨으로 인정된다. 그 '진정한 독립'이야말로 대개 부모로부터의 지원이나 증여를 수반한다는 아이러니를 안은 채 말이다.

이런 의미의 어른 되기는 점점 더 어려워지고 사례도 드물어지고 있다. 혼인 실태를 보여주는 대표적인 지표인 조혼인율(인구 천 명당 결혼 건수)는 관련 통계를 작성한 1970년 이래 2016년에 최저를 기록했고, 출산 실태를 보여주는 합계출산율(여성 한 명이 평생 낳을 것으로 예상되는 출생아 수)은 2001년 1.3명으로 떨어진 뒤 15년째 OECD 가입국 중 최저 수준이다. 그리고 이렇게 낮아진 혼인·출산율은 주택가격·전세가 상승과 유의미한 관계에 있다는, 즉 집값과 전세가가 높아질수록 혼인율과 출산율이 낮아진다는 연구 결과가 나온 바 있다.* 일단 집을 사기가 어렵고, 그에 따라 가정을 갖기도 어려워진다. 결혼하지 않는 비혼족이나 결혼해도 아이를 갖지 않는 가정이 이전 세대에 비해 훨씬 늘었다. 결혼과 출산을 통해 생애의 다음 단계로 진입한 혹은 진입할 수 있을 것 같은 친구들이 그렇게 많지 않다는 우리의 실감은 결코 틀린 게 아니다. 이 책의 인터뷰이 일곱 명 가운데서도, 김마리 씨만이 이 경우에 해당한다.

그러한 삶과 그렇지 못한 삶('n포')이 흔히 승패로 표상되는 것을 그대로 따른다면 김마리 씨는 '성공자'다. 그러나 이 인터뷰는 무엇이 그것을 가르는지 찾아내기 위한 것이 아니다. 예를 들어 그는 결코 '금수저'가 아니었다. 그렇다고 '오로지 개인의 노력과 능력'으로만 귀속시킬 수 있는 것도 아니다. 그에게 일어난 일들 가운데는 불운 혹은 행운이라고밖에 설명할 수 없는 것도 많다.

다만 스스로도 이야기하듯 현재 삶의 양태에 지대한 영향을 끼친 것은 결혼이었다. 각각의 결혼이 각각의 역사를 갖고 서로 다른 얼굴을 하고 있음을 전제하더라도, 결혼이라는 사회적 제도적 결합이 한 여성의 삶에 그토록 큰 영향을 미친다는 사실은 우리에게 말해주는 바가 있다. 성별을 바꿔 그가 이공계나 건축에서 두각을 나타낸 남성이었다면 어땠을까. '인연'은 직업 기회나 임금 격차보다 불확실한 선택 자원에 속한다.

---

* 이삼식 외(2016), '결혼·출산 행태 변화와 저출산 대책의 패러다임 전환', 〈연구보고서 2016-44〉, 한국보건사회연구원.

한편 그는 지금의 삶에 만족하지만, 의도를 가지고 그런 삶을 구축해온 것은 아니었다. 선택지가 많았을 때는 '어리석은' 선택을 하기도 했고, 정말이지 선택지라고는 보이지 않는 역경의 순간엔 즉시 발 디딜 곳을 선택지로 삼으면서 순간들에 대처해온 결과다.

그렇기에 인터뷰는 어떤 표상과 구도를 염두에 두면서도, 거기서 탈락되는 것들을 이야기해야만 한다. 사실 한 사람의 삶을 구체적으로 들여다본다는 것의 의미는 거기에 있다.

한 사람 한 사람의 삶이 그의 속성과 준거집단의 지배적인 표상들을 빗겨나면서 고유하게 빚어진다는 것을 밝힐 때, 그리고 '사회'로는 설명되지 않는 어떤 불투명한 존재로서 개인의 일생이 있다는 것을 인정할 때, 속성들이 상대화될 수 있을 것이다. 그리고 서로 다른 각자의 삶 가운데서도 공통적으로 부딪치는 문제와 문제의식들, 철저하게 관통하고 있는 요인들을 더 잘 볼 수 있게 될 것이다. 특히 김마리 씨의 인터뷰에서는 인터뷰어인 나의 현재와 가장 큰 차이를 만드는 결혼과 출산 여부를 두고 여성에게 있어 '가족'의 의미와 가족주의에 대해 들여다보고자 했다.

'난 절대 결혼하지 말아야지'

인터뷰 후반부에 자세히 나오지만 김마리 씨 삶에서 결혼이라는 사건은 무척 중요했다. 결혼은 '내게 주어진 세계'에서 '내가 선택한 세계'로의 확실한 이동을 의미했다. 그는 어릴 때부터 "알아서" 공부하는 바람직한 학생이었고 과외 한 번 없이 과학고에 합격하면서 16세에 집을 떠난다. 그녀의 유년기와 청소년기는 자신이 선택하거나 바꿀 수 있는 문제가 아닌 '태어난 가정'을 벗어나려 했던 의지로 많은 부분이 설명된다.

아버지는 53년생 강원도 영월 출신, 어머니는 54년생 경북 영주 출신이세요. 어머니가 전화국에서 일할 때 누가 소개해줘서 만나 연애 결혼했대요. 어머니 말로는 통화를 그렇게 많이 했대요. 아버지는 대학을 나오셨다곤 하는데 진짠지 모르겠고요. 영월에 있는 공고 나온 건 맞는데 그 이후는 잘 모르겠어요. 아마 거기까지가 아닐까 싶어요. 아버지는 처음에 빙그레에 다니셨어요. 거기서 전기 배선 쪽 일을 하셨대요. 어릴 때 아버지가 빙그레 아이스크림이나 요플레 같은 걸 가지고 왔던 기억, 그 요플레 먹고 토한 기억이 있어요.

어머니도 일반 여자고등학교 나오신 것 같고, 결혼과 함께 일을 그만두셨어요. 제가 어렸을 때는, 부업을 많이 하셨어요. 구슬 꿰기, 플라스틱 제품 쪽가위로 자르기, 인형 머리 끼우기 같은 거요. 저도 엄마한테 일을 받아서 했는데 하나당 몇 원씩 쳐줘요. 그럼 그걸로 하드 하나 사 먹고 그랬어요. 엄마는 부업하지 않는 시간엔 동네 아줌마들이랑 화투를 쳤어요. 전 그걸 옆에서 구경했고요.

엄마 형제가 7남매인데, 어릴 때부터 부모님을 대신해 많은 동생을 혼자 돌보셨다고 해요. 성격이 수동적인 면이 많고, 미신 같은 거 잘 믿으세요. 아버지는 되게 공격적이고 기분 조절을 잘 못하는 사람이었어요. 어릴 때 엄마가 맞는 모습을 되게 많이 봤어요. 그것 때문에 오빠랑 같이 울다 잠든 기억이 있어요. 아주 어릴 때, 대여섯 살 꼬마 때부터 늘 생각이 '난 절대 결혼 안 해야지'였어요. 엄마처럼 되는 게 너무 싫었거든요. 아빠를 보고 배우다 보니 어린 나이에도 엄마를 되게 무시하고 막 대했던 거 같아요. 엄마가 왜 그러고 사는지, 엄마한테 문제가 있다고 생각했어요. 물론 아빠도 싫어했고요.

제가 여섯 살 때 아버지가 회사를 그만두셨어요. 제가 집에서 노는 아버지한테, 집에서 노니까 종이 인형 다 잘라놓고 있으라고 얘기한 기억이 나요. 그렇게 집에서 몇 달 쉬시다가 대림동에 조그만 회사를 차리세요. 다른 데 일거리(공사)를 수주해서 하는, 가게랄 수도 있고 공장이랄 수도 있는 그런 곳이었어요. 그때가 86년, 87년, 전두환 후반기 때라 사업은 잘됐어요. 직원도 대여섯 명 됐고요. 그때부터 10년 동안 그 사업을 하셨어요.

어릴 때 전 아버지가 되게 무서운 존재, 대단한 존재라고 생각했는데 어느 날 아버지 가방에서 일을 따 오기 전에 쓴 글을 봤어요. (초등학교) 1, 2학년 땐데도 엄청나게 비굴하다는 느낌이 드는 글이 쓰여 있었고, 그걸 보고 아빠가 밖에서 이런 일 하시는구나를 알았어요. 그렇게 사회적 지위가 높진 않았던 거죠. '전기쟁이'라고 할 수 있겠죠.

그래도 아빠는 절 많이 예뻐하셨어요. 거의 저 때문에 사셨던 것 같아요. 오빠보다 훨씬 더, 눈에 보이게 편애하셨어요. 오빠도 알고 나도 알았죠. 그래서 어릴 땐 예쁜 짓도 많이 했어요. 아빠 오는 차 소리 들리면 나가서 같이 차에 시트 씌우고, 아빠 구두도 닦아드리고, 아빠 세수하고 나올 때면 수건 들고 화장실 문 앞에 서 있고, 밤에 안마도 해드리고, 주무시기 전엔 물 떠다 드리고, 이런 일을 매일매일 하루도 안 빼먹고 하는 딸이었어요. 어릴 때는요.

태어나서 기숙사가 있는 고등학교에 입학하기까지 16년간, 그가 성장한 곳은 경기도 부천이다. 부천이 지금과 같은 모습을 갖게 된 것은 1989년 노태우 정부의 '200만 호 주택 건설' 정책으로 중동신도시가 1기 신도시(분당, 일산, 평촌, 산본, 중동) 중 하나로 개발되면서부터였을 것이다. 중동신도시 탄생을 기점으로 부천의 다른 주거 지역도 점차 비슷한 문법으로, 깨끗하고 현대적으로 개량되어갔다. 하지만 김마리 씨가 성장하던 80년대만 해도, 전국 각지에서 모여든 인구로 주택난이 심각하고 인천인지 경기도인지 정체성이 모호한, 혼란스러운 '변두리' 지역으로서의 특성이 강했다.

두 분이 자리 잡으신 곳은 경기도 부천이었어요. 역곡역 근처. 집에서 10분만 걸어가면 그린벨트로 묶인 지역이 있었어요. 약수터 있고 되게 더러운 하천 흐르고 기찻길 나 있고 논밭도 있는, 그런 데서 동네 애들이랑 놀곤 했어요. 지금도 그렇지만 잘사는 동네는 아니에요. 저희가 살던 곳은 3층짜리 연립주택이었는데 완전 지하인 방이 하나 있고, 저희 집이 1층이었는데 1층이 그 지하를 소유하고 있는 구조였어요. 그 지하방은 쥐도 많이 나오고 냄새도 많이 나고, 정말 못사는 사람들이 세 들어 살았어요. 처음엔 저희 집도 방 한 칸에 세 들어 살다가 나중에 그 집을 사서, 방 한 칸을 세 주고 저희는 두 칸에 살게 됐어요. 그러다 저랑 오빠가 초등학교 들어가면서 세 칸 다 살게 됐죠.

어릴 땐 최소한의 교육이랄까, 예컨대 겨울엔 로션을 발라야 한다든가, 이런 게 전혀 없었어요. 대충 컸어요. 유치원 1년 다니고 B국민학교에 입학했는데 입학식 날에도 엄마한테 맞은 기억이 나요. 당시엔 다 맞고 자랐기 때문에 제가 딱히 많이 맞은 것 같진 않아요. 특별히 말썽 피우는 아인 아니었고요.

아무래도 동네 환경이 그렇다 보니까, 학교 친구들이 잘사는 애들은 아니었어요. 어릴 때부터 '번듯한 집안'이나 아버지가 상냥한 집안 애들이랑은 어울리지 않았어요. 신기하게도 그런 애들은 서로 알아보는 거 같아요. 집안에 뭔가 문제가 있는 애들 말이에요. 집에서 방치하니까 애들끼리 보내는 시간이 많아서 그랬겠죠. 제일 친한 친구는 엄마가 없었어요. 그 친구 말로는 엄마가 도망갔대요. 그런데 4학년 말쯤에 한 번, 그 애 엄마가 만나러 왔어요. 근데 걔가 그러더라고요. 자긴 평생 엄마를 예쁜 사람으로 상상해왔는데, 너무나 못생긴 사람이 와서 실망했다고.

고학년 때는 공부도 잘하고 글씨도 잘 써서 항상 서기나 부반장 같은 걸 했어요. 당번이 아닌 날에도 청소하는, 어떻게 보면 이상할 정도로 모범적인 학생이었어요. 몸살이 나면서도 항상 남아서 청소를 도왔는데, 이유는 모르겠어요. 착해서? 그냥 그랬던 거 같아요. 그러면서도 5학년 때까지 밤에 이불에 오줌 싼 기억도 나요. 나름의 스트레스가 있었던 거 같아요. 엄마 아빠는 식칼을 들기도 하고 소파를 던지기도 하면서, 계속 심하게 싸웠으니까. 지금 생각하면 내가 어떻게 그런 환경에서 버티고 자랐나 싶지만, 어릴 땐 그게 기본값이니까, 세상은 그냥 이런 건가 보다, 그냥 그렇게 산 것 같아요.

부천에서 진리에 도달하고자

김마리 씨는 공부를 잘하는 학생이었다. 그냥 말 잘 듣는 모범생이 아니라 어린 나이부터 공부를 어떻게 해야 하는지 스스로 깨우친 "엄마 입장에선 너무 바람직한 애"였다. 초등학교 때는 담임 교사로부터 "내가 지금 믿을 사람이 우리 반에 너밖에 없다"라는 말을 들을 정도로 신임을 얻었다. 중학교는 전교 2등으로 입학했다. 연예인에는 전혀 관심이 없었고, 전혜린에 열광한 중학생이었다. 릴케의 시집을 읽으며, 아무리 바빠도 매일 한두 시간씩 하늘을 올려다보며 넓은 세계와 높은 곳을 꿈꿨다.

지금 생각하면 전혜린이 독일 흉내를 내고 싶어 했던 것처럼 저희는 부천 변두리의 변두리에서 전혜린을 흉내 내고자 했던 건데, 생각도 조잡하고 우리가 겪는 모든 게 조잡했을 거예요. 그런데 그때 하루하루 느꼈던 그 강렬함이라는 건, 다시 돌아오지 않는 거더라고요.

　전 그 부천의 변두리 역곡동 살면서도, 거길 벗어난 적 없으면서도, 제 나름대로는 되게 넓은 세계에 살고 있다고 믿었던 것 같아요. 어떻게 보면 시야는 더 넓었던 거구요. 내가 진리에 도달할 수 있다는 믿음이 있었고…. 물론 그때부터 문학이나 예술은 아주 특별한 재능을 가진 사람만이 하는 것이라는 인식이 있었어요. 제게 미술을 해보라고 이야기해준 선생님도 있었지만, 나 정도론 안 된다고 생각했고요.

　문학 소녀로서 이상을 키워간 그에게 '진리의 세계'로의 초대장을 보낸 곳은 문학이 아니라 이공계였다. 이 분야를 처음 접한 계기는 4학년 때부터 오빠를 따라 다닌 컴퓨터 학원이었다. 컴퓨터가 너무 좋아 학원 문 닫는 시간까지 앉아 있었고, 자리를 비켜달라는 선생님의 요청에 '컴퓨터가 없는' 집으로 돌아가며 엉엉 울기도 했다. 6학년 때는 경기도 컴퓨터 대회에서 1등에 올라 전국대회에 나가기도 했다.

　김마리 씨가 10대 초반을 보낸 시기는 냉전이 종식되고 세계 주도의 원칙이 정치나 군사 우위에서 경제, 기술 우위로 변하고 있다는 인식 하에, 이른바 '기술 선진국' 담론이 등장하기 시작한 즈음이다. 그전까지 '국가 산업의 국제 경쟁력'을 담보해오던 조립과 가공 부문을 후발 개도국에 내주었으니, 이제는 기술을 개발하고 인력을 양성해야만 산업의 경쟁력을 키울 수 있다는 인식이 확산된다. 기술 인력을 '효율적으로' 양성할 수 있는 통로로서 대학 공학 교육의 개혁이 이루어지는 한편, 이러한 '전략'을 반영하는 슬로건이 미디어를 통해 일상 속에 스며들었다고 짐작할 수 있다. 김마리 씨는 그 무렵

'삼성 반도체'가 국가적으로 광고되기 시작했던 것으로 기억한다. 그는 광고 속에 등장하는 하얀 가운을 입은 연구원들의 모습에 매료되었고, "화장도 안 하고 연구실에 나와 24시간 연구하고 있는" 30대의 김마리를 그리기 시작했다. 그리고 그것을 구체화하기 위한 첫 스텝으로서 과학고 입시를 준비한다.

과학고는 소수만 뽑기 때문에 갈 수 있을까 싶었죠. 되게 어릴 때부터 준비한 애들도 있었거든요. 엄두를 못 내다가, 컴퓨터 학원에서 한 살 위였던 오빠가 경기과학고에 들어갔어요. 그 얘길 들으니까 그 오빠가 너무 보고 싶고 나도 그 길을 가고 싶은 거예요. 아마도 TV에서 봤을 미국 고등학교를 상상하면서 과학고란 그런 곳일 거라고 생각했어요. 되게 자유로운 분위기에, 집에서 탈출할 수 있고, 완전 어른처럼 살 수 있는 곳. 그래서 더 열심히 공부한 거 같아요. 닥치는 대로 준비해나간 거죠. 한 1년 전부터 준비를 시작했는데, 동네 보습학원엔 과학고에 갈 만한 성적의 애들이 없었고 그렇다고 과외 받을 형편은 안 되고, 그래서 정든 학원을 떠나서 집에서 버스 타고 다녀야 하는 학원에 갔죠. 지금 생각하면 거기라고 특별히 수준 높은 애들이 있었던 거 같진 않아요. 엄마가 정보력 있는 사람이 아니었으니까, 제가 직접 서점 가서 알아보고, 책 사서 공부하고 그랬죠. 어릴 때부터 독학이 체질화된 사람이었어요. 수학 문제 하나 갖고 한두 시간 동안 끙끙대면서 즐거움을 느끼기도 하고.

과학고는 모든 면에서 부천에서 제가 갈 수 있었던 여고보다 훨씬 이상적으로 보였어요. 가자마자 굉장히 멋있어 보이는 선배들이 그린데이 연주로 맞아줬고, 너무너무 신났어요. 기숙사 생활도 너무 재미있었고요. 친구들하고 새벽까지 이야기하다 늦게 자서 학교에선 맨날 잤죠. 과학고 가서 오히려 공부는 잘 안 한 거 같아요. 나중에 친구들 얘기 들어보니까 일반고에 갔으면 훨씬 더 많이 공부했을 것 같아요. 대학에 대한 푸시도 별로 없었어요. 애들이 다 알아서 공부를 잘하니까. 애들이 몇 시에 자는지 신경 안 썼고, 수업도 되게 많이 빼먹었어요. 전 그때 이미 책을 통한 배움이라는 건 시시하다고 생각했고요. 친구들과의 교류 같은 게 더 중요하다고 생각했죠. 물론 늘 1등 하던 애가 갑자기 중간 정도로 처지니까 스트레스를 받긴 받았죠. 그리고 과학고인데 제가 수학, 과학을 못했거든요. 걔네들이 잘 못하는 영어나 국어로 성적을 메웠어요. (수학, 과학은) 워낙 잘하는 애들이 많으니까. 1년 동안 고등학교 3년 수학 과정을 다 떼버리니까 선행학습을 해온 애들이 많았고요.

과학고에 입학함으로써 그는 썩 좋아하지 않던 집을 안전하게 떠날 수 있었다. 하지만 그냥 잘하는 게 아니라 특별한 재능으로서 공부를 잘하는 아이들, 대개가 가정 환경도 유복한 아이들이 모인 학교에서 외부가 빈약한 상태로 10대를 보내는 동안, 자신의 조건들을 더 분명하게 인식하게 되었고, 긍정할 수 없게 되었다.

이즈음부터 열등감이 시작됐어요. 제가 갖지 못한 것에 대한 인식이 그때쯤 생긴 거죠. 좋은 집안에 예쁜 얼굴에 성격 착하고 공부도 잘하는, 그런 걸 다 가진 애들이 있었거든요. 아예 다른 세계를 동경한 건 아니었고 주로 옆에 있는 친구들을 보면서 그랬죠. 그런데 세상에 잘난 사람과 못난 사람이 있고, 그걸 구분 짓고 차별하면 안 된다는 생각도 있었으니까, 뭐랄까, 되게 양가적이었죠. 스스로가 너무 싫고 열등감을 느끼는 내가 있고, 한편으로는 모든 사람은 존중받아야 하니까 괜찮다는 생각도 있고.

여학생이 한 학년에 열여섯 명밖에 없었기 때문에 1등부터 16등까지 매기기 엄청 쉽거든요. 몇 등을 했는지는 모르겠어요. 그렇지만 순위권에 드는 학생은 아니었어요. 예쁜 애들이 아주 많았거든요. 너무 티가 나는 게 걔네 책상 위에는 항상 선물이 쌓여 있어요. 동기나 선배 남학생들이 항상 옆에서 말 걸고. 전 그런 거 없는 평범한 학생이었고 그런 데서 느껴지는 열등감이 강했어요. 지금도 그렇지만 선머슴 같은 여자애였고, 여성스러움이 전혀 없어서 내숭도 없고 외모로 인기 있진 않았어요.

그리고 처음엔 경제적인 차이를 거의 인식하지 못하다가, 조금씩 느꼈죠. 예를 들어 기숙사 한 방 쓰는 여자애들끼리 돌아가면서 과자를 사놓기로 했는데, 그걸 한 달쯤 하고 나니까 저랑 제일 친했던, 아버지 안 계신 단짝 친구가 그러더라고요. 자기한텐 이게 너무 큰돈이라고, 안 했으면 좋겠다고. 그리고 제가 동경하던 여자애가 있었는데, 엄마 아빠가 외국에서 살다 왔고 본인도 외국에서 좀 살다 와서, 집도 윤택하고 문화적으로도 풍요로운 거예요. (부모님이) 우리한테 맥주도 사주셨고…, 그런 차이를 조금씩 느끼면서 열등감으로 자리 잡기 시작한 것 같아요. 부천에서 비슷한 변두리 애들이랑 놀다가 여러 배경을 가진 애들과 섞이니까.

집에서 어머니 아버지가 싸울 때 '내가 계속 저런 사람들 영향을 받으면 얼마나 나쁜 사람으로 자랄까' 이렇게 생각한 적이 있어요. 그래서 어느 순간 다짐했던 기억이 나요. 이젠 전기를 차단하듯이 여기서 더 이상 영향을 받지 말자, 나한텐 내 세계가 있으니까. 가족 문제는 계속 있었지만, 전 거기서 최대한 영향을 받지 않으려고 흘려버리고, 기숙사 생활에 집중했어요.

집을 좋아하는 애들은 매주 집에 갔지만, 전 가능한 한 안 가려고 했어요. 집에 가기 싫었으니까요. 주말에는 기숙사에 몇 명 안 남아 있었는데 그때 기분이 좀 그래요. 쟤네들은 집에서 마음의 평안과 에너지를 얻으니까 저렇게 학교를 버리듯이 집에 가는데, 나는 애들이 버리듯이 떠난 학교에 남아서 그나마 안정을 찾고 있구나, 그게 좀 슬펐죠.

엄마는 지금도 저더러 되게 차가운 딸이라고 그러세요. 집이라는 개념이 아주 어렸을 때부터 남들과는 좀 달랐고, (집에 느끼는 감정이) 없었던 거 같아요. 고등학교에 진학하는 어린 나이부터 모든 결정을 스스로 했고, 집엔 한 달에 한 번 정도만 갔어요.

카이스트에 입학하다, 그만두다

1998년, 인터뷰이는 만 17세의 나이로 카이스트에 입학한다. 과학고에서는 2학년만 마치고 카이스트에 입학할지 3학년으로 올라갈지를 선택할 수 있었는데, 그중 전자를 선택한 것이다. 당시 그의 장래희망은 연구원이 아닌 '건축가'로 바뀌어 있었다. 삼성의 한 연구소로 견학을 갔을 때 그의 마음에 깊이 박힌 것은, 이번에는 가운을 입은 사람들이 아닌 최첨단 연구 시설 자체였다.

그럼에도 불구하고 건축과가 아닌 카이스트 행을 선택한 이유는 "빨리 대학생이 되고 싶다"는 단순한 마음이었다. 그렇게 선택한 카이스트도 1년 반, 즉 3학기만을 다니고 그만둔다. 그만큼 당시의 그에겐 수많은 선택지가 있었다. 아니, 있어 보였다. 당시 그의 젊음과 재능을 생각하면 당연한 일이다. 남들보다 먼저 대학생이 된 1998년, IMF 외환위기의 여파로 세상은 어두워져 있었겠지만, 외부와는 거의 차단된, '호빗 마을' 같던 카이스트 캠퍼스에 선 그의 눈앞은 무척 밝았다. 한편 그의 아버지가 건강 문제로 하던 사업을 접은 것도 이 무렵이었다.

아버지 사업은 그럭저럭 굴러갔던 것 같은데, 1997년에 IMF가 터졌잖아요. 그즈음엔 사업이 잘 안 되기도 했지만 뭣보다 아버지가 몸이 아프셔서 사업을 정리해요. 외환위기 직전이었을 거예요. 그런데 그때만 해도 집에 얼마간 돈이 있었어요. IMF 때문에 금리가 확 올랐잖아요. 사업 정리해서 생긴 저축도 있고 이자도 높고 하니까 당시엔 경제적으로 확 어려워졌다는 느낌을 전혀 못 받았어요. 부모님도 내색 안 하신 편이었고요. 95년에 분양 받은 아파트(부천 중동)도 있었어요. 그리고 98년에 저도 오빠도 무사히 대학에 입학했고요.

제가 그때 얼마나 순진한 상태로 입학을 했냐면요. 어떤 선배가 그러더라고요. '(신입생은) 밥 혼자 먹는 게 아니다. 항상 누구랑 같이 먹어라.' 그래서 언젠가 술을 엄청 많이 마신 다음 날 학생식당에 갔다가 갑자기 '맞다, 혼자 밥 먹으면 안 되지' 이런 생각이 들어서 앞에 있는 모르는 여자분한테 말 걸어서 "저랑 같이 밥 먹어요" 이랬어요. 엄청 소심한 애였는데, 그 말을 지켜야 할 규칙으로 생각한 나머지 그런 말을 한 거죠. 아직 술이 안 깨서 "숟가락질이 잘 안 되네요" 이런 얘길 하면서.

학교 공부는 그렇게 재미있지 않았다. 그리고 그 이상의 자극이 너무 많았다. 90년대 다양한 출판물로 활성화되었던 문화연구의 영향 그리고 걱정 없던 1학년 시기에 만난 바로 위 세대 공대 '오타쿠'들과의 교류를 통해 김마리 씨는 "재미없는 공대 공부"가 아니라 "예술적인 어떤 것", "현실"보다는 "이상"을 좇아야 한다는 결론을 내린다.

저도 처음 입학했을 때는 공대의 엘리트 코스를 밟아야겠다고 생각했어요. 예컨대 제 친구들을 보면, 들어가서 1, 2학년 때 학교에서 지원하는 어학연수를 갔다 와요. 그럼 영어를 잘하게 되고, 그러면 학부나 석사까지 마치고 나서 MIT나 스탠퍼드로 유학을 가요. 거기서 석박사 통합과정이나 박사과정을 해서 교수가 되든지 연구원이 되는 거죠. 저도 처음엔 당연히 이런 코스를 밟아야겠다고 생각했는데, 수학이랑 과학이 너무 재미없었어요. 대충 하는 척만 했어요.

그리고 뭔가 좀 넓은 세계를 만나버린 거죠. 지금 생각하면 카이스트에 뭐 그리 넓은 세계가 있었나 싶지만, 제 인생에서 제일 넓은 세계를 경험하고 제일 안온했던 시기 같아요. 뭐랄까, '덕후'들이 많았어요. 영화라든가 전쟁이라든가 어느 분야에나. 그 사람들이 또 학교 BBS로 다 교류하고 있었고요. 그런 자극을 받는 게 행복했고, 그러다 보니 재미없는 공대 공부하는 것보다는 예술가가 되고 싶다, 그냥 예술이기만 한 게 아니라 사회적인 부분도 건드리고 실용적인 부분도 있는 건축을 하면 좋겠다, 그런 생각을 하게 됐어요. 그때까지만 해도 문화연구 같은 게 아직 호황이었어요. 출판사도 많이 생겼고, 그런 데서 나온 책을 읽으니까 되게 재밌고, 나도 이런 일을 하고 싶고 그랬죠.

그때까지 카이스트는 등록금이 거의 없었어요. 부모님은 당연히 좋아하셨죠. 그런데 그때는 제가 완전히 동경에 취해 있던 시기였어요. 사람은 꿈을 좇아야 된다, 돈은 중요한 게 아니다, 좋아하는 일을 하다 보면 돈은 따라오는 거다, 좋아하는 걸 찾아서 그걸 좇으며 살아야겠다, 이런 아주 이상적인 생각을 하던 때였기 때문에, 얼른 졸업해서 얼른 돈 벌어야겠다는 생각은 조금도 하지 않았어요.

거기 있는 것 자체로 돈 걱정 없고, 집안 걱정에서도 벗어나 있고 새내기라고 예뻐해주는 사람들이 있고 넓은 세계가 있으니까 좋았죠. 그때를 생각하면 이런 느낌이에요. 세계에 오목한 분지가 하나 있어서 그 안에서 오순 도순 평화롭게 살던 느낌. '호빗 마을' 같은 거죠. 나에게 이렇게 소소한 즐거움을 누리면서 사는 시기는 다시 없겠구나 하는 걸 그때도 느꼈어요.

하지만 당시는 집의 경제 사정에 먹구름이 드리우기 시작한 시기였다. 아직 10대인 그녀는 구체적인 상황을 전혀 알지 못했다.

아버지는 아프셔서 1997년 말부터 집에서 계속 쉬셨는데, 그때만 해도 그냥 그런가 보다 했죠. 엄마는 깊게 설명 안 해주고 그냥 아버지가 아프다고만 했어요. 아버지가 좀 아프니까, 일 안 하신다고, 그래도 집에 벌어둔 돈 있으니 걱정하지 말라고. 고2 때부터 아버지가 실직 상태, 즉 소득이 없었는데 그 심각성을 전혀 몰랐죠. 엄마가 걱정 없다고 말하시니까, 그냥 내 할 일이나 잘하자. 그 일의 심각성을 알았더라면 카이스트를 그만두지 않았겠죠. 그게 지금도 되게 후회되는 일이에요.

그때…, 조금만 더 집안 사정, 집안의 경제적 상황에 대한 이해가 있었다면 좋았을 것 같아요. 조금 더 전략적으로 살았더라면 어땠을까 싶어요. 카이스트에서 소질을 잘 살려서 엄마 아빠 고생 덜 시키면서 잘살 수 있었을 텐데, 이런 생각이 지금은 드는데 그때 전 그렇게 현명하지 못했고 그냥 적당히 남들만큼 어리석었던 것 같아요. 물론 어떻게 보면, 모르고 죽었을 수도 있는 작가들도 알게 되고 이런 건 고맙긴 한데, 그 1년 반이란 시기가 소중하긴 했지만, 제가 카이스트를 그만둠으로 해서 이후의 인생을 많이 돌고 돌아서 지금의 길에 왔고 그사이에 가족들 고생도 많았으니까요. 말하자면 얻은 것 반, 잃은 것 반이 있는 거 같아요. 다시 돌아가면 좀 더 현실적으로 공부도 하고 학과 선택도 하고 그랬을 거예요.

건축과와 건설회사에서의 좌절

어쨌든 그는 건축과에 가기로 결심하고 1999년 11월, 수학능력시험을 치러 이듬
해 서울대 00학번으로 입학한다. 아직 남들이 대학 가는 나이, 스무 살이었다.

— 집에서 반대하진 않으셨어요?

반대 많이 하셨죠. 건축가라는 꿈 자체를 싫어하셨어요. "그 직업은 40,
50대 돼야 빛을 발한다더라. 그때까지 돈도 잘 못 벌고 고생도 할 텐데 어
떡할래" 그러셨어요. 근데 전 그때만 해도 그냥 다 좋아 보였어요. 돈 좀
못 벌면 어때, 고생하다가 40, 50대 돼서 빛 발하면 더 멋있는 거 아닌가?
다 즐겁게 견뎌낼 수 있을 거라 생각했어요. 부모님도 말릴 수 없었죠. 여
자가 하기 너무 힘든 분야라는 얘기도 있었는데 '그치만 난 해낼 거야' 이
렇게 생각했어요.

당시에 그래도 저축액이 꽤 있었는지 학비는 어쨌든 부모님이 다 대주
셨어요. 제 생활비는 과외로 벌었고요. 부천에서 통학했죠. 왕복 세 시간?
1학년 때는 아주 즐겁게 살았어요. 공대는 주변의 특수한 사람들이 재미
있었던 거지 사실 공대긴 공대였거든요. 그런데 서울대는 워낙 큰 학교고
그중에서도 건축과에는 책이나 영화 좋아하고 문화 감수성 넘치는 사람들
이 몰려 있었어요. 1학년 땐 매일 소풍 가는 기분으로 다녔어요.

당시엔 건축을 아주 아주 하고 싶어 했기 때문에, 그런 꿈이 생겼다는 것

만으로도 너무 벅찼어요. 가장 행복하고 짜릿한 순간이었던 거 같아요. 스스로에 대한 기대가 컸고, 굉장히 특별한 건축가, 유명한 건축가가 될 거라고 생각했어요. 카이스트에서도 건축과 1학년 때도 '아무튼 난 좀 특별해'라고 계속 생각했어요. 그게 무너지기 시작한 건 2학년 때부터예요. 그때부터 설계 수업이 시작돼요. 그런데 이게 괴롭기만 하고 창작의 기쁨이라든가 특별한 재주가 전혀 안 보이는 거예요.

— 그전까지는, 그러니까 1학년 때는 이론 단계였던 거죠.

그렇죠. 그전까지 제 생각은 그냥 망상이었던 거죠. 내가 정말 건축에 잘 맞는 사람일 거라고 생각했는데, 실제로는 저처럼 몇 년 동안 건축가를 꿈꿔온 애들이 아니라 그냥 아무 생각 없이 건축과에 온 애들이 뚝딱 설계한 게 훨씬 더 멋있는 거예요. 전 머리만 커져서 생각만 많고 실제로 그려놓은 거 보면 조잡하고 별거 없고, 밤새 끙끙대긴 하는데 별로인 게 나와서 괴롭기만 했죠. 그걸 어떻게 아느냐면, 매주 교수님이 크리틱을 하는데, 어떤 애들은 붙잡고 칭찬을 해주거든요. 그런데 별로인 애들한테는 "이게 뭐야, 갖다 버려" 이런 식으로 말을 막 하세요. 요만큼 칭찬받으면 그 주는 내내 기분이 좋았다가, 좋은 얘길 못 들으면 내 설계와 내 자신을 완전히 동일시하게 되는 거예요. 이건 내 일부인데, 작품에 받는 평가를 나라는 인간에 대한 평가로 받아들이고 그거에 따라서 기복이 심했어요. 열심히 했는데 뭔가가 안 되는 경험을 어릴 때부터 했더라면 그냥 쿨하게 받아들일 수 있었을 텐데, 그때까지만 해도 그런 일들을 크게 못 겪고 대학 2, 3학년 때부터 반복적으로 겪으니까 '나같이 평범한 사람은 건축에 재능이 없어', 이렇게 생각하게 됐어요.

그래도 어쨌든 들어오긴 했으니까 4학년 때까지 꾸준히 설계 수업을 들어요. 사실 설계가 잘 안 맞으면 굳이 안 들어도 돼요. 다른 분야 들어도 되는데 (계속 고집하다가) 졸업 전시회까지 하고, 드디어 인정하게 됐죠. 난 건축을 못하는구나. 게다가 설계사무소 가면 계속 밤 새워야 한다는데 전 체력도 딸려서 밤도 못 새우거든요. 이걸 어떻게 계속 할까 싶더라고요. 비슷한 고민을 한 친구들은 대학원에 가기도 했는데, 전 '아, 무슨 또 대학원이야' 해서 건설회사에 취직해요. 어쨌든 돈이라도 벌어야겠다 싶어서.

20대 초반까지 인터뷰이의 삶에서는 이상과 진리가 무척 중요한 요소였다. 그것을 좇을 능력도 충분했다. 한편 한국 최초의 과학고등학교인 경기과학고부터 카이스트, 서울대까지, 그가 거친 학교들에는 (공학 계열은 특히나 더) '국가적' 인재 육성이라는 국가주의와 결합한 일종의 엘리트주의가 부정할 수 없이 깔려 있었다. 게다가 그는 이공계에서 드문 여성이었다. 그러니까, 학교에 다니는 동안 존중과 선망 어린 시선 속에 놓여 있었을 것이라고 생각된다.

그런데 그가 처음으로 진출한 사회는, 실용적인 목적에 복무하고 이윤 추구의 과정에서 그 외의 가치들은 폭력적으로 제거되기도 하며, 술과 접대 위주의 기업 문화가 뿌리 깊게 남아 있고, 무엇보다 그에게 당장은 그 의미를 알기 어려운 '잡무'를 경험하게 하는, 건설회사였다. 자신의 이상과 반하는 건설회사에 취직했다는 사실부터가 그를 괴롭혔으며 어디까지나 '남자들의 세계' 속 들러리 같은 존재로 휘둘려지면서, 이상이 높았던 사람으로서 추락의 감각과 함께 영혼의 상처를 경험한다.

입사는 2004년 2월쯤이었어요. 애초에 대기업에 들어갈 생각이 전혀 없었기 때문에 영어 점수가 없었어요. 영어 점수를 부랴부랴 만들었는데 이미 늦어서 다른 곳엔 원서를 넣을 수가 없었어요. 당시 대기업 중 신입사원 모집이 가장 늦은 게 A건설이었어요. 다른 분야, 예컨대 광고회사랄지, 하여튼 건축과 나오고도 면접 볼 수 있는 곳에 몇 군데 지원했는데 비건축 분야에서는 다 답장이 안 왔고 A건설에서만 연락이 왔어요. 그때도 구직난이 심하긴 했어요. IMF 벗어난 지 얼마 안 됐기 때문에 A건설에서도 오랜만에 신입사원을 뽑은 거라고 하더라고요. 어쨌든 다행히 되기는 됐어요.

그런데 (취직을 한 게) 너무 괴로웠어요. 남들한테 건축 한다고 맨날 그렇게 자랑하고, 스스로도 건축 할 거라고 믿어 의심치 않다가 어느 순간 포기하고 대기업 건설회사 들어간 거니까요. 이 두 가지 길은 완전히 달라요. 하나는 예술 분야고 하나는 반예술가의 길이니까. 그래서 자기부정을 하는 느낌이 엄청 강했어요. 저는 그때부터 제 자신을 사랑할 수 없는 사람이 된 거 같아요.

지금 생각하면 건축이 그렇게 대단한 것도 아니고, 거기에만 그렇게 의미가 있는 것도 아니고, 어느 직업이나 비슷한 것 같거든요. 만화가나 화가나 일반 회사원이나 그렇게 다른 것 같지 않아요. 하지만 그때는 달랐어요. 스물세 살의 눈에는 제가 세상과 타협해서 돈을 좇아 (회사에) 들어온 것 같고, 이 일엔 아무 의미도 없는 것 같았어요. 그럼에도 버텨야 하는 거였고요.

회사에서는 복사를 하거나 잡일을 했어요. 할 줄 아는 게 없으니까. 주택지원팀이란 부서였는데, 직접 설계에 참여하거나 시공하는 게 아니라 그 둘을 연결해주는 일이었어요. 무슨 일을 하는지 정확히 몰랐고, 안 보였어요. 건축과 다니면서도 건설업이란 것에 관심도 개념도 없었던 거죠. 회사에서도 갑자기 애를 받기는 했는데 시켜 먹을 수 있는 게 없으니까 단순 업무만 시킨 거죠. 쫓겨서 입사하긴 했는데 이건 안 되겠다 싶어서 세 달 만에 그만둬요. 사실 다녔다고 할 수 없죠. 복사만 하고, 회식 자리에서 웃으면서 앉아만 있었으니까.

— 기업 문화는 어땠어요?

힘들었어요. 건축과에는 이상적인 이야기를 하는 사람들만 모여 있었거든요. 그런데 건설회사는 현실이잖아요. 특히 여자가 버티기 힘든 환경이었어요. 회사에서 옆에 있는 과장이나 이런 분들 통화를 들으면 대충 그랬어요. "오늘 누구 접대해야 되니까, 긴 머리 여자애로 두 명 준비해줘." 처음 들어가서 회식을 했는데 2차에서 저더러 집에 가라는 거예요. 여자 나오는 술집에 가야 되니까. 다른 남자 신입사원들은 데리고 가면서 저한테는 택시비 2만 원 주고 "너 이제 가라" 그래요. 그 택시비를 받아들고 지하철 타고 집에 오는데 계속 눈물이 나더라고요. 그런 대접을 처음 받아본 거죠. 교양 있는 사람들 틈에 있다가 갑자기 나락으로 떨어진 느낌이었어요.

연봉은 한 3천만 원 됐어요. 수습 때 월급은 백만 원 정도였고요. 그만둘 때 (회사에서) 엄청 욕했겠죠. 갑자기 그만둔다고. 부모님도 아쉬워하셨어요. 그냥 회사 다니다 시집이나 가지 하셨던 거 같아요. 지금 생각해보면 부모님 말이 맞았어요. 건축과 가지 말라고 했던 것도, 그냥 대기업 다니라고 했던 것도요. 하지만 그때만 해도 저는 나락으로 떨어진 느낌이었고, 친구들이 대학원 다니고 있으니까 저도 대학원에 가면 된다고 생각했어요. 그래서 대학원 면접까지 봤어요. 교수님들도 잘 아는 학생이니까 당연히 붙여준다는 분위기로, '나중에 보자' 이런 식으로 면접을 치렀어요. 그런데…

"오로지 출구 하나만 있으면 되었습니다"

한 번의 나락을 경험한 뒤 다시 자신다운 길로 돌아선 그에게 더 큰 시련이 기다리고 있었다.

어떻게 보면 이때까진 인생에서 그렇게 큰일이 없었던 거죠. 그런데 그 시절, 2004년에 회사 그만두고 대학원 준비하던 기간에 아버지한테 갑자기 정신질환이 생겨요. 1997년부터 아프셨다고 했잖아요. 파킨슨병을 앓으셨는데, 그 파킨슨병을 치료하기 위한 약물의 부작용이었어요. 파킨슨병에 걸리면 도파민 분비가 안 되는데요, 도파민을 약으로 투여하다 보면 환자의 몸은 편해져요. 하지만 정신분열증(조현병, 이하 인터뷰 당시의 입말대로 정신분열증으로 표기)이 오거든요. 약을 줄이면 환자 몸이 힘들어지고. 병이 오래 갈수록, 몸과 정신을 같이 가져갈 수가 없어요.

그런 부작용이 있는 줄 전 몰랐어요. 아버지가 거동이 좀 불편하시구나 생각했는데, 언제부턴가 이상한 얘기를 하기 시작하는 거예요. 우리 집 천장에 구멍이 뚫려 있고 국가에서 보낸 스파이가 위층에서 자기를 감시하고 있다고. 하루는 밤늦게 아버지가 주무시지 않고 현관문 앞에 정좌하고 앉아서 공기소총을 들고 현관문을 노려보고 계시더라고요. 그땐 정신병에 대한 개념도 없었어요. 그제야 찾아보기 시작했는데 그게 정신분열증 증상이더라고요. 이런 생활을 계속하다가 의사인 친구한테 아빠가 너무 이상하다고 상담했더니 정신과에 데려가보라고 하더라고요. 그 얘기를 했더니 아버지가 따귀를 딱 때리셨어요. 애가 날 정신병원에 보내려고 한다고. 아버진 자기에게 정신병이 있다고 생각하지 못하시죠. 다시 의사 친구한테 얘기했더니 어디에 전화하면 강제로 데려갈 수 있대요. 거기에 전화했더니 처음 물어본 게 알코올중독 여부였어요. 알코올중독인 사람을 가족이 신고하면 데려가는 게 제일 흔한 케이스래요. 결국 사람을 불러서 강제로 폐쇄병동에 입원시켜요. 애초에 병원에 데려갈 수가 없었기 때문에 진단은 못 받았어요. 우선은 인천 길병원에 있는 폐쇄병동에, 강제로 묶어서 데려갔어요. 이후에도 계속 재발이 일어나요. 어떤 약을 쓰느냐에 따라서⋯. 병원 데려가려고 택시 타면 아빠가 계속 뒤차가 미행한다고 돌아가달라고 그런다든지, 온갖 망상에 휩싸여 그걸 두꺼운 메모로 남긴다든지 했어요.

전 그제야 비로소 깨닫죠. '아, 내가 이런 지경이구나, 이런 나락에 살고 있구나.' 그래서 건축이 다 뭐고 대학원이 다 뭐냐고 생각했어요. 그래서 그때부터는 아예 반대로 돌아서요. '다 쓸모없어, 다 허상이야, 이제 난 현실적인 사람이 돼야 해.' 옆에서 누가 조금이라도 "이건 지나가는 일이야. 곧 괜찮아져"라고 이야기해줬으면 좋았을 텐데, 분명 어딘가에 그 중간 지점이 있었을 텐데, 그때는 그렇게 의논할 만한 상대도 없었고 꿈도 희망도 없었어요.

대학 2학년 때부터 졸업할 때까지 한 3년 동안 반지하에서 자취를 했다가 취직하고 나서는 다시 집으로 들어갔거든요. 내가 그렇게 도망쳤던 곳에 다시 끌려 들어간 거죠. 상황은 더 악화되어 있었고요. 그전까지는 집안 현실에 눈을 감고 나만의 이상을 좇았다면 이제 현실 파악이 딱 되는 거예요. 건설회사에서의 경험도 컸죠. 직원들이 매일 여자가 나오는 술집에 다니고, 여자로서는 이 회사에서 절대 클 수도 없고 미래도 없다는 걸 알았으니까. 이런 현실의 여러 일들을 겪으면서 굉장히 이상적이던 애가 갑자기 완전히 반대의 인간이 된 거죠.

이 와중에 대학원 면접을 본 건데, 나중에 등록하라고 연락이 왔어요. 근데 등록 기간을 그냥 지나쳐버렸어요. 대학원에서는 욕하고 난리가 났겠죠. 저를 위해 자리를 남겨놨는데 안 들어온 거니까. 그 후로 지금까지도 건축과 앞을 못 지나가요. 누군가를 만날까 봐. 어떻게 보면 별일 아닌데, 그 당시 저는 누구한테 그렇게 피해를 끼친 적이 없었기 때문에 타격이 너무 컸어요. 교수님한테 한번이라도 찾아가서 앞뒤 사정을 얘기했어야 했는데 그러지도 않았고, 건축과 사람들도 못 만났고요. 2004년에 제가 만나는 사람이라곤 그때 사귀던 남자 친구 한 명뿐이었어요.

아버지는 2004년에 그렇게 폐쇄병동 입원하셨고, 나중에 폐쇄병동 아닌 일반 병원으로 옮기셨어요. 그다음엔 치매 환자 돌보는 노인병원에 가셨고요. 그런 식으로 계속 정신병 때문에 치료를 받으세요. 증상은 어느 정도는 지속적인데, 업다운이 있어요. 심할 때는 아버지가 위층에 가서 위층 사람들을 죽이겠다고 난리를 치기도 하고, 경찰이 집에 오기도 했어요. 그러다 괜찮을 때는 대화가 좀 돼요. 안 괜찮을 때는 사람도 못 알아보시고. 저는 계속 알아보시긴 하는데 가끔은 저를 고등학생으로 착각하시기도 했고, 완전히 정신을 놓으실 때도 있었어요.

아버지는 자신의 감정적인 부분을 어머니한테 다 해소하셨기 때문에, 어머니마저 정신병에 걸릴 상황이었죠. 이혼하라는 얘기를 많이 들으셨어요. 이제 이만 하면 됐다고, 해줄 만큼 했다고. 그런데 어머니 세대만 해도 이혼은 절대 안 되는 것, 수치스러운 것, 생각조차 할 수 없는 것이었나 봐요. 이혼 생각을 아예 해보시지도 않은 것 같아요. 괴롭지만 꾸역꾸역 견딘 거죠. 그래서 어머니도 정신이 건강하지 않은 상태에 빠지죠.

그 뒤로는 저도 제정신이 아니었어요. 집 안에서 백수처럼 지내다 보니

(탈출구도 없으니까) 온갖 스트레스로 하루 종일 설사를 한다든지 밤에 불면증으로 잠을 못 잔다든지 대여섯 가지 질환을 1, 2년 동안 달고 살았어요. 이미 한 번 파토를 냈으니까 건설회사든 대학원이든 다시 건축계로는 못 돌아갈 것 같고, 새 길을 찾아야 되는데 취직이 될 만한 데가 없겠더라고요. 건축과 나왔으니 건축 쪽 아니면 할 줄 아는 게 하나도 없는 거니까요. 그래서 고시 같은 걸 보자, 이렇게 된 거예요. 왜 회계사라든가 그런 거 있잖아요. 공부하고 시험 봐서 결정되는 것들. 그런 건 잘하니까.

인터뷰이가 지금의 직업을 갖게 된 데는 이런 사정이 있었다. 위에서 그가 말한 대로, 지금까지와는 정반대의 길, 완전히 "현실적인" 선택으로 돌아서게 된 것이다.

디트(DEET)라는 치의학대학원 시험이 있다는 걸 알게 돼요. 다른 시험은 대부분 1, 2차로 나눠져 있고 준비 기간이 좀 긴데, 이건 서너 달만 하면 끝나는 거예요. 1, 2년 시험 준비하는 건 못 하겠더라고요. 그때 워낙 마음이 불안정했으니까. 빨리 어딘가에 소속되고 싶어서 적성이나 소질에 대한 아무런 고민 없이 (시험을 보기로) 결정했어요.

백수 시절 읽은《원숭이, 빨간 피터》라는 희곡집이 있어요. 거기서 원숭이가 "저는 결코 자유를 원하지 않았습니다. 오로지 출구 하나만 있으면 되었습니다"라는 대사를 하거든요. 딱 그런 심정이었어요. 뭐든 출구 하나 있으면 좋겠다, 거기로 빠져나가고 싶다…. 그래서 가장 빨리 준비할 수 있는 그 시험을 한 세 달 준비해서 치러요. 2005년 8월이었어요. 이때도 시험 성적은 잘 나왔어요. 그때는 공부하는 시간이 제일 행복했어요. 아버지는 그런 상태였고, 제 몸도 아팠고, 집안 문제에 건축을 그만뒀다는 자괴감이 겹치면서 진짜 밑바닥까지 간 시기였으니까. 근처 시립도서관에 자전거 타고 가서 일곱 시간 공부하고 돌아오곤 했는데, 그게 정말 평화롭고 모든 걸 다 잊을 수 있는 시간이었어요. 남자 친구 일주일에 한 번 만나는 거 외에는 사람도 하나도 안 만나고, 라디오에 정 주면서 새벽까지 듣곤 했어요. 그리고 디트 시험에는 생물 파트 비중이 큰데, 그 생물학이 주는 본질적인 아름다움, 그런 데서 행복을 느꼈던 것 같아요.

치의학대학원을 선택한 건 경제적 이유도 커요. 돈 잘 버는 사람이 돼야 한다고 생각했죠. 당시 제 눈엔 아주 매력이 없어 보이는 길이었지만 시험 잘 치르고 등록금만 버티고 나면 돈을 잘 벌 수 있을 테니까요. 들어갈 때 부모님은 "또 무슨 공부를 한다고 그러느냐"고 입으로는 핀잔을 주시긴 했지만 어쨌든 딸이 치대에 들어갔다는 걸 좋아하시긴 하더라고요. 등록금은 친척들이나 당시 취직한 오빠가 좀 도와줬어요. 마이너스 통장을 쓰기도 했고요. 치대는 학생 때부터 (마이너스 통장을) 만들 수 있거든요. 그게 졸업할 때까지 1, 2천 됐죠. 그건 나중에 남편이 갚아줬어요.

그런데 치대에 간 게 그렇게 현명한 결정은 아니었어요. 4년 동안 등록금이 너무 비쌌고, 막상 졸업하고 보니 치과의사 수입도 그렇게 많지 않은 거예요. 제가 그냥 대기업에 계속 다니고 연차가 올랐을 경우를 가정하면 그 월급과 비슷할 거예요. 등록금과 학교 다닐 때 쓴 비용, 그동안 돈 못 번 걸 생각하면 오히려 마이너스일 수도 있겠더라고요. 지금 생각하면 가장 현명한 결정은 카이스트를 그만두지 않고 거기서 석사까지 마친 뒤에 어디든 대기업에 들어가 빨리 돈을 버는 거였죠. 그러니까 전 제 자신의 계급을 깨닫지 못했고 그 계급이 아버지 병환으로 한 단계 더 추락했음에도 그걸 너무 늦게 깨닫고 인생을 허비했다고 볼 수 있죠.

하지만 그때 그 상황에서 그보다 나은 선택이 있었을까. 아주 약간의 희망이라도, 진지하게 의논할 상대라도, 불안을 견딜 만한 여유라도 있었다면 그의 말대로 조금은 다른 생각을 할 수도 있었겠지만, 삶이란 그런 것들이 나타나기 전에 선택을 종용한다.

그때 제게 아주 약간이라도 희망이 있었더라면, 치대 말고 다른 길을 찾을 수도 있었을 거 같아요. 치대 들어가면 4년간 돈 내는 공부를 해야 되잖아요. 사실 치과의사라는 직업이 제가 가진 능력과는 다른 능력을 요구해서 너무 힘들거든요. 근데 그때는 몇 달을 버티는 것도 힘들었어요. 시험이 그해 8월에 있다는 이유 하나만으로 시험을 본 거예요. 그게 너무 아쉬워요. 그때 조금만 더 장기적인 전망을 할 수 있는 멘탈이었더라면 좋았을 텐데, 그땐 지나간다는 걸 몰랐어요. 이게 어쨌든 지나가는 시간이고, 지나가면 나는 돈을 벌게 되고, 사실은 엄청 젊다는 거, 그런 게 완전히 가려진 상태였어요. 그래서 지금 20대 중반쯤의 (제가 했던 것과) 비슷한 고민을 하는 사람들 보면 얘기해주고 싶어요. 너무 걱정하지 말라고, 기회는 계속 있고 아직 너무너무 젊다고.
건축을 그만두면서 제 자신을 사랑할 수 없게 됐다고 했잖아요. 그리고 또 다른 자기혐오의 원인은 아버지였어요. 아버지를 사랑하지 않는 것. 이제 병자가 된 아버지를 부모로 이해하지 못하고 어렸을 때부터 축적된 미움으로 바라보는 것. 왜 저 사람은 엄마와 오빠와 나를 이렇게 괴롭힐까, 이런 식으로밖에 받아들이지 못하는 것, 그게 성숙하지 못하다는 사실을 아는 것. 그런데 최근에 와서야 이런 생각이 들었어요. 그렇지만 내가 어쨌든 여기까지 내 인생을 끌고 왔다고. 그래서 오히려 자부심이 생겼어요. 치대에는 어릴 때부터 과외도 많이 받고 부모님이 뒷바라지해줘서 치대 온 친구들이 많았거든요. 나는 그것과 전혀 다르게 좌절하기 쉬운 환경이었지만, 쟤네들과 똑같은 걸 해냈다는 자부심. 지금 와서 좋은 남편 만나고 아이도 둘 낳고 치과의사란 직업도 있고 하니까 결과적으로 '난 이런 고생도 했어'라고 얘기할 수 있게 된 것 같지만요.

2014년의 첫 인터뷰에서 김마리 씨는 치과의사라는 직업이 자신이 가진 능력과 너무 다른 것을 요구한다며, 그 진로를 선택하기에 앞서 좀 더 신중히 고민했으면 좋았을 것이라고 말했지만, 1년 반 후에 진행한 두 번째 인터뷰에서는 자신의 일에 대한 생각이 긍정적인 방향으로 많이 바뀐 상태였다. 이 변화를 상술하기 전에, 2004년부터 몇 년에 걸쳐 절망에 가까웠던 인생의 방향을 크게 바꾼 계기를 이야기하려 한다.

결혼, 반전이 되다

아버지의 병환과 어렵게 선택한 치대 공부도 자신을 괴롭히던 시기, 김마리 씨는 연애 문제로도 상처를 받고 있었다. 이야기를 들어보면 상대는 인터뷰이가 20대 초중반까지 좇던 '이상'을 대표하는 사람이었다. 이 관계에서 문제를 겪으면서 그는 "내게 빛이고 이상향이었던 것들이 다 떠나갔다"는 절망을 더 깊이 절감하게 된다.

지금의 남편이랑 연애하기 전에 만난 남자 친구 중에, 중요한 관계는 한 명밖에 없어요. 제가 많이 좋아한 관계였어요. 내가 항상 그 사람을 즐겁게 해주고 그 사람 앞에서 재롱을 피워야 한다고 생각했지 제가 기댄다든지 이런 건 엄두를 못 냈어요. 데이트할 때도 항상 제가 왕복 세 시간을 서울까지 다녔거든요.

제가 가장 힘들 때 그분이랑 완전히 헤어졌어요. 건축, 세상을 보는 데 영향을 많이 줬던 남자 친구, 이렇게 소중한 걸 하나둘 잃고 나니까 내가 누군가라는 생각이 들었어요. 내게 빛이고 이상향이던 것들은 떠나가고 날 좋아해주는 남자는 아무도 없고, 집에 돈도 없고, 아버지 때문에 너무 힘드니까. 그렇게 엄청 크게 좌절하고 바쁜 학교 스케줄에 의지해 겨우겨우 살다가 지금의 남편을 만나게 됐어요.

알고 지낸 건 1998년부터였고 그로부터 10년 뒤인 2008년 4월쯤에 (사귀는 사이로) 만나게 됐는데, 만나보니까 되게 좋더라고요. 그때까지 만난 분들의 장점만을 결합한 남자인 거예요. 자세히는 모르던 사람인데 알면 알수록 좋고, 연애도 되게 술술 했어요. 결혼 준비도 술술, 어려움이 없었어요. 그런 생각이 들더라고요. 여태까지 연애는 고통이었는데, 이 사람하고 만나서는 어려운 게 하나도 없네, 인연이란 게 따로 있나 보다. 확실히 '이 사람이랑은 부모님처럼 살지 않을 수 있을 거야'라는 생각이 들었어요. 나이도 나이였고요. 스물여덟 살이었거든요.

1년 3개월 정도를 고통 없이 '술술' 연애하고, 2009년 8월 양재역 엘타워에서 결혼식을 올린다. 안정적인 중산층 남편과 가정을 이룸으로써 인생은 전기를 맞는다.

남편 직업은 대학 교수예요. 남편이랑 가끔 왜 이렇게 서로 팔자가 다르냐고 얘기해요. 그렇게 큰 고생 없이 수월하게 교수까지 된 거 보면 너무 신기해요. 그래서 저한테 잘하라고 하죠.(웃음)

남편의 가족은 중산층이에요. 남편의 아버지, 그러니까 시아버님은 엄청 지적인 사람이고, 학계는 아니고 기업에 계시긴 하는데, 그 집에 가면 영어로 된 두꺼운 원서들이 쌓여 있어요. 두 분 다 서울대 나오셨고요. 전 결혼할 때 돈 한 푼도 없었거든요. 혼수도 하나도 안 했고 예식장비부터 다 시댁에서 내주셨어요. 그것도 빼기면서 한 게 아니라 결혼식 당일에 "저희가 다 내겠습니다" 하고, 이후로도 한 마디 언급도 안 하셨어요. 아파트 전세자금도 시가에서 마련해주셨고요. 저는 그야말로 몸만 시집 왔죠. 결혼하기 전에 인사드릴 때 집안 배경 차이 때문에 반대하시지 않을까 걱정했는데 별로 그런 것도 없었어요.

지금도 물론 아버지는 아프시고 어머니 역시 힘들게 하고 집에 돈은 하나도 없기 때문에 제 상황이 급변한 건 아니지만, 어쨌든 인생에서 제일 힘든 시기는 지난 것 같아요. 물론 애 둘 키우는 게 힘들고 내 시간 하나도 없는 게 힘들고 직장도 힘들지만, 너무 힘들면 직장은 그만둘 수 있고, 아이를 키우는 건 어쨌든 위기는 아니거든요. 애들이 어리면 키우기 힘든 건 당연한 거죠. 이 모든 게 다 남편 덕이죠. 제가 타고난 가정에서는 결코 얻을 수 없는 경제적 여유와 심리적 안정, 이런 걸 다 해줬거든요. 남편이 정말 큰 힘이에요.

미혼일 때 누리던 연애 관계 같은 건 전혀 그립지 않아요. 다른 남자를 더 만나보고 싶다, 이런 생각 전혀 안 들어요. 지금 남편이 너무 좋고요. 다시 태어나도 이 남자와 결혼하고 싶어요. 아니, 다시 태어나면 이 남자랑 스무 살 때 결혼할 거예요. 그전에 만났던 네 명은 다 소용없는 것 같고 생각만 해도 너무 고통스럽거든요. 그냥 이 남자를 빨리 만나서 빨리 결혼하고 빨리 애 낳고 키워서 중년에 같이 놀았으면 좋겠다 싶어요. 남편과의 연애 말고 다른 연애는 다 고통이었던 거 같아요.

일의 기쁨과 슬픔

다시 그가 선택한 직업 이야기로 돌아와보자. 인터뷰이는 결혼 후 한 학기를 더 다니고 치대를 졸업해 치과의사가 되었다. 치과의사'다운' 연봉을 받으며 일하게 된 건 얼마 되지 않았다고 했다.

치과의사엔 인턴으로 수련하는 코스가 있고 바로 취직하는 코스가 있는데, 인턴을 하고 싶진 않았어요. 그리고 그 고민을 하던 타이밍에 덜컥 첫째를 임신하죠. 2010년을 임신과 출산으로 보내고 2011년에서 2012년에 걸쳐 2년 2개월 동안 일을 했는데, 일을 가르쳐주는 병원이어서 실수령액이 월 150만 원밖에 안 됐었어요. 그다음 해(2013년)엔 둘째 임신해서 또 쉬었고요. 올해(1차 인터뷰를 했던 2014년)부터, 한 달 전부터 드디어 치과의사다운 연봉을 받는 거예요. 정말 이제야 비로소 돈을 벌어보는 거죠.
병원에 의사는 세 명 있고요. 분야별로 나뉘어 있어요. 일반 보철하시는 분, 신경치료 하시는 분 그리고 교정하는 저 이렇게. 그런데 일이 제 능력을 벗어나는 것 같아요. 어떻게 치료해야 할지 모르겠는 환자들이 많아서 버거운 상태예요. 그전 병원에선 의사가 오더 내리면 그걸 제가 수행하는 거였어요. 그러니까 제가 치료 계획을 세우는 입장이 아니었는데, 지금 하는 일은 저한테 되게 새로운 일인 거예요. 거기에 두 아이 엄마라는 것도 새롭고, 첫째도 놀이학교 들어가면서 거기 적응하게 하는 것도 새롭고, 그래서 3월이 되게 힘들었어요. 저는 힘들면 푹 자질 못해요. 그럼 몸도 힘들어지거든요. 그럼 다시 마음도 힘들어져서, 안전장치 없이 쭉 다운되는 거예요. 그래서 죽고 싶다, 죽으면 쉴 수 있을 텐데 이런 생각까지 가기도 해요.

2014년 4월에 처음 겪어보는 일들, 특히 일터에서의 압박감으로 힘들어했던 마리 씨는 1년 반이 지나 다시 만났을 때 힘든 시기를 무사히 넘긴 사람의, 그 일을 객관화한 사람의 시선으로 당시의 자신에 대해 다음과 같이 보충했다.

그때 취직한 자리가, 나중에 알고 보니 의사들이 조금 하다 도망가고 조금 하다 도망가고 그런 자리였어요. 6개월 동안 의사가 세 번 바뀌었고, 제가 네 번째 의사였죠. 진료가 다 산으로 가 있고, 환자들은 의사가 계속 바뀌니까 화가 머리끝까지 난 상태였어요. 그 사람들 다 달래고 치료 수습하고, 말도 아니었죠. 저도 경력이 많지 않으니까 그런 일 자체가 너무 버겁고 능력 밖이었고. 그래도 어쨌든 또 내가 맡은 이상 책임감이 드니까 진짜 열심히 해서 수습했거든요. 내가 저지른 일이 아닌데도 환자들은 계속 나한테 화를 냈고, 내가 수습하려는 노력조차 이해를 못 하죠. 자기 치료는 예전에 끝났어야 하는데 너는 나한테 왜 이걸 하자고 하느냐며. 그런데 그걸 해야지 치료가 끝나거든요. 이걸 설득하고 달래야 하는데, 제가 기가 센 사람 앞에선 확 죽는 성격이어서 되게 무서웠죠. 그래도 몇 달 지나니 대부분의 환자들이 이해해주고 좋아해주셨어요.

당시의 어려움 가운데는 '여성의 일'이 무엇인지 보여주는 일화도 있다. 남성이라면 고려하지 않아도 될 위험이나 위협이 상존하며 그것이 선택의 중요한 옵션이 되는 것, 그것이 직종을 불문하고 여성의 일이다.

그런데 7월부터 한 환자의 괴롭힘이 시작돼요. 40대 후반 남자분인데, 나중에 병원 앞에서 절 기다리는 거예요. 잘못은 전에 있던 의사가 한 건데 그분 입장에서 항의를 하려면 저한테 할 수밖에 없으니까요. 제 책임인 것도 맞고요. 그 환자분이 거의 매일 찾아왔는데 그때마다 스트레스를 받아서 잠을 못 잤어요. 어쨌든 환불을 다 해드리긴 했는데, 그렇게 병원 앞에서 기다리니까 더 이상 출근을 못 하겠더라고요. 동네다 보니 애들도 걱정됐고요. 그래서 이듬해(2015년) 3월 말까지 일하고 그만뒀어요. 제가 여자라는 것과 여자가 어떤 존재인지를 크게 느꼈어요. 제가 남자고 덩치가 있는 사람이었다면 감히 누가 그랬겠어요.

치과의사 업계에도 구직난이 있으며 그것이 구직자를 힘들게 하는 건 다른 직종과 마찬가지였다. 그리고 그 어려움은 일과 육아를 병행해야만 하는 기혼 여성 인력을 가장 약한 고리로 하여 작동한다.

일을 그만두고 2개월은 완전히 쉬었어요. 될 수 있는 한 아이와 여행을 많이 가려고 했고, 4월 중순엔 첫째랑 단둘이 좀 길게 오키나와도 다녀왔죠. 그런데 놀면 마냥 행복할 줄 알았는데 일에서 받던 스트레스가 없어진 딱 그만큼 불안한 거 있죠. 다시 취직할 수 있을까 싶은 거예요. 5월 말부턴 근처 동기 오빠네 병원에서 주 1회로 일했어요. 주 1회만 일할 순 없으니까 다른 데서도 일하려고 했는데 일이 안 구해지더라고요. 그러다 제 친구가 임신을 하면서 자기가 하던 자리를 12월부터 저한테 물려줬어요. 그러니까 올해 일한 두 곳 다 사실 동기 인맥으로 구한 거죠. 지금 다니는 병원은 안산에 있고 한 달에 14일 일하고 있어요.

구직이 잘 안 될 때 인터뷰했으면 또 우울했을 거예요. 내가 치대에서 그렇게 열심히 했는데도 자리가 없다는 데 좀 좌절했거든요. 치과 쪽 일자리는 치과협회에서 운영하는 구직 사이트에 올라와요. 그럼 연락해서 면접 날짜 정해서 면접 보고 그런 식으로 뽑는데, 올해 여름 가을 내내 사이트에 자리가 잘 뜨지도 않았고 조건 맞는 두 군데랑 면접을 봤는데 둘 다 안 됐어요. 어느 분야나 힘들지만 요즘 경기가 안 좋아서 이쪽도 그런 거 같아요.

어떤 사람을 가장 잘 알려면 함께 고생을 해봐야 한다는 말이 있다. 힘든 순간에 나오는 성격이 그 사람의 인격이라는 둥. 하지만 그런 궁지에 몰린 상황은 일시적인 예외일 뿐이라는 반대의 의견에 더 동의한다. 자신에게 일어난 일을 냉정하게 판단할 여력이 있을 때, 그때의 모습을 그 사람의 진실에 가깝게 봐주는 게 온당하지 않을까.

하지만 동시에, 한 사람의 역사 속에서, 힘들어서 아무거나 붙잡고 싶을 때의 감정과 모습과 행위들도 진짜이며, 그걸 벗어난 상태에서 '지금의 나라면 그런 선택을 하지 않았겠지'라고 약간은 후회하는 모습도 진짜라고 생각한다. 모든 감정은 진짜다. '지금은 맞고 그때는 틀리다'라는 말은 변명이 아니라 진실에 가깝다. 김마리 씨의 일에 대한 생각은 첫 번째 인터뷰와 두 번째 인터뷰에서 크게 달랐지만, 어떤 모순 없이(혹은 모순이 있기 때문에) 그의 리얼리티를 보여준다.

어쨌든 이 일은 누군가를 좋게 만들어주는 일이잖아요. 내가 이 일을 함으로써 세상에 해가 되거나 하는 부산물이 생기는 건 아니잖아요. 세상엔 그런 일도 많거든요. 누굴 해친다거나 해고한다든가 하는. 근데 이건 사람을 좋게 해주는 일이죠. 그리고 이런 생각이 들어요. '이 정도도 못하면 정말 사람 구실 못하는 거다, 이것도 힘들다고 징징대면 도대체 넌 뭘 할 거냐.' 그래서 힘들다기보다는 더 잘하고 싶은 마음이 너무 커요. 열심히 해서 어서 실력을 쌓아서 어떤 어려운 케이스의 환자가 와도 치료를 잘 진행했으면 좋겠어요. 이 고민이 크기 때문에 적성에 맞고 안 맞고는 더 이상 중요한 문제가 아니에요.

환갑을 앞둔 치과의사를 만난 적이 있어요. 경력도 엄청 오래됐고 진짜 많은 케이스를 치료하셨고 지금도 왕성하게 활동하고 계신데, 아직도 교정이 어렵다고 하시더라고요. 끊임없이, 엄청난 양의 공부를 계속해야 하는 직업이에요. 저도 요즘 치과의사 친구들이랑 교정 스터디를 하고 있어요. 교정 책 읽고 서로 발제하는 거예요. 아직 효율적인 공부 길이 없어서 고민이에요. 만들어가는 중이죠.

일로서는 되게 만족스러워요. 한 열 명 치료했을 때 한 명이 잘 안 돼서 그게 엄청 힘들긴 하지만 아홉 명은 보람 있게 끝나거든요. 계속 공부할 수 있는 일이라는 것도 좋고, 약간 협소한 분야이다 보니 오타쿠처럼 파는 재미도 있어요. 그리고 일과 생활의 균형이 굉장히 좋아요. 주 3회 정도, 한 달에 14일만 일할 수 있으니까요.

가족과 가족 사이에서

새로운 가정을 만들면서 여러 문제가 중첩된 '원래의 가정'으로부터 떠나올 수 있게 되었지만, 그것은 졸업이나 퇴사처럼 분명하게 선을 그을 수 있는 분리가 아니다. 친정의 문제는 현재진행형이며, 그는 '나와 내 아이들을 보호하기 위한 선택'을 했다고 판단한다. 여기서 금전은 명확하고도 중립적인 매개로서, 그 자체의 힘뿐만 아니라 '자식 노릇'이라는 심적 부담을 완화하는 힘을 지닌다.

어머니는 입주 도우미로 일하면서 월 2백만 원을 버세요. 그거 외에 제가 어머니께 백만 원씩(1차 인터뷰 때는 70만 원씩) 보내드리고 있어요. 오빠도 좀 보내드리고 있고요. 원래는 어머니가 저희 집에 같이 살면서 아이를 봐주셨고 제가 그 대가로 돈을 드렸거든요. 그런데 어머니가 신흥 사이비 종교의 다단계에 빠지시면서 갈등이 생겨서 지금은 어머니가 다른 집으로 입주 도우미 일을 나가고 전 다른 분을 입주 도우미로 쓰죠.

파킨슨병 증상 중 하나가 중독이거든요. 온갖 종류의 중독, 강박이 생겨요. 그래서 아버지가 인터넷 경매 같은 걸로 돈을 몇 천만 원 날렸어요. 포르노에도 빠져 계시고요. 어머니는 그런 아버지를 돌보시느라 본인 정신도 같이 이상해지는 거예요. 그래서 사이비 종교의 다단계에 빠진 거 같아요. 너무 속상한 게 그 종교단체는 신천지 같은 이름 있는 데도 아니고 완전 무명이었어요. 외삼촌이 먼저 거기에 빠졌고 어머니를 끌어들였어요. 방법은 다 비슷한 것 같아요. 일단 대형 교회에 침투해서 거기 있는 사람들을 데리고 나온 다음에 이상한 물건들로 다단계 판매를 하는 거죠. 이 문제에 대해서 저랑 오빠는 결국에 그냥… 상관하지 않기로 했어요. 어머니가 '이건 내 자유다'라고 선언하셨거든요. 당연히 조사는 해봤죠. 그런데 이 문제는 정말 법적으로도 건드릴 수가 없더라고요. 우리나라 종교 문제는 경찰에 신고해서 될 문제가 아니에요.

그래서 오빠랑 저랑 어머니를 놔두기로 한 거죠. 아버지 정신병이 너무 심하고 어머니도 망가질 수밖에 없다는 걸 아니까요. 다만 거기다 너무 큰 돈만 쓰지 말라고 당부했는데, 결국엔 한 번 크게 사기를 당한 적이 있어요. 2011년에 살고 계시던 부천 아파트를 자기 마음대로 전세를 놓으신 거예요. 그래서 대체 어디 가려고 그러느냐 했더니, 그 종교 단체에서 알려준

곳인데 돈이 없어도 1년 들어가 살 수 있다더라, 그러는 거예요. 알고 봤더니 유치권 분쟁하는 데였어요. 거기 점유하고 있는 사람들 있잖아요. 그런데 어머니는 엄청 좋은 기회를 마치 자기만 알아낸 것처럼 생각하는 거예요. 이미 (전세) 계약금이 3100만 원 들어갔고, 그 돈을 이미 거기에 다 줘버리셨더라고요. 그때 아빠가 너무 아프시고 그래서 이사 갈 수 있는 상황도 아니었어요. 결국 세입자로 들어오기로 한 분한테 전세 계약금을 돌려드려야 했는데, 그 돈을 남편이 물어줬어요. 너무 미안했죠.

제가 이 문제 때문에 경찰이랑 상담도 했거든요. 그때 제가 어쩌다 이런 뒷골목 세계에까지 기웃거리게 됐나 싶더라고요. 이런 갈등을 겪으면서 결국 이게 다 경제 격차 때문이라는 생각을 했어요. 시댁은 어머님 아버님 두 분 다 서울대 나오시고 중산층의 삶을 살면서 여유로운 노년을 보내고 계시는데 우리 엄마는 어두운 지하 세계의 이단, 그것도 이름 없는 이단에 빠져 있는 그런 상황. 돈 없고 아프고 약한 사람들이 사기꾼의 타깃이 되고, 그럼 더 가난해지고 그렇게 점점 더 진흙탕 인생을 살게 되는 거 같아요. 사기꾼은 제일 절망적인 사람들한테 다가가서 사기를 쳐요. 금세 혹하니까. 그 사람들은 정상적인 방법으로는 도저히 삶을 회복할 수 없거든요. 그러니까 '진짜 좋은 게 여기 있다' 이런 식으로 접근하면 확 믿는 거예요. 그게 제 눈엔 딱 보이는데 어머닌 아무리 설득해도 완전히 세뇌되셔서 안 되더라고요.

사이비 종교, 사기 범죄의 유혹은 이미 약해져 있는 사람들을 노린다는 사실을 새삼 깨닫는다. 어떤 종류의 위험이 잘 실감나지 않는다면, 과장되어 있다고 느낀다면, 그만큼 자신이 어떤 속성에 의해 보호받고 있다는 사실도 함께 느껴야 할 것이다.

엄마 아빠가 절 키우느라 고생하셨지만 저는 여기까지라고 생각해요. 동시에 그러면 안 된다는 것도 늘 알고 있기 때문에 이런 점에서 또 한 번 제 자신을 좋아할 수 없게 되는 것 같아요. 이런 점에선 엄청 못되게 살고 있기 때문에 제가 아무리 주변 사람들이나 친구들에게 잘 해도 어떤 자기혐오를 느껴요. 친정 쪽 관계를 완전히 희생시켜 만든 반쪽짜리 생활이니까요.

하지만 그렇게 분리해냈기 때문에 지금 그래도 안정된 생활, 경제적 여유를 가질 수 있는 것 같아요. 예전에 치대 교수님이 병리학 시간에 그랬거든요. 파킨슨병을 설명하면서, 집에 이 병에 걸린 환자가 있으면 집안 전체가 몰락한다고. 아이들은 대학에 떨어지고 취직도 못 하게 될 거라고. 정말 그런 병인 것 같아요. 암처럼 병상에서 앓다 죽는 병도 아니고, 죽진 않으면서 온갖 육체적 고통과 중독, 강박, 사람이 겪을 수 있는 안 좋은 건 모조리 다 겪거든요. 살면서 지옥을 겪는 병이에요. 가족이 이런 상황에 놓이면 우선 자신을 보호하는 게 먼저라고, (소아정신과전문의) 서천석 선생님도 언젠가 그렇게 얘기하더라고요.

어떻게 보면 1997년부터 집이 그렇게 되고 나서 그 자리에 주저앉을 수도 있는 상황이었는데 저랑 오빠 둘 다 잘 헤쳐나갔죠. 오빠는 모 대학교 교직원으로 취직했어요. 결혼은 저 하고 나서 2년 뒤에 했고요. 계속 부천 집에 살다가 결혼한 뒤 전세로 수도권 여기저기를 떠돌며 살고 있죠. 저는 과학고로 탈출해서 10대 시절을 지킬 수 있었는데 오빠 그러지 못해서 부채감을 많이 느껴왔어요. 지금도 그렇고요. 그래도 오빠 역시 부모님의 삶의 여파에서 벗어나 자기를 지키고 자기 가정을 꾸려갈 수 있어서 다행이라고 생각해요.

하지만 '원래의 가정'에서 벗어난 것은 책임을 더는 일이 아니라, 특히 여성에게는 새로운 책임의 세계로의 진입, 책임의 이중화를 의미한다. '새로운 가정'을 누구보다 아끼고 사랑하는 김마리 씨지만 부모 노릇이 결코 행복하기만 한 것은 아니다. 부모로 태어나는 사람은 어디에도 없다. 사람은 어떤 시점에 갑자기 다른 버전으로 업그레이드되는 존재가 아니다. 자기 자신에게도 이물감을 느끼는 그녀에게, 두 아이를 위해 늘 항상성을 유지해야 한다는 사실은 매 순간이 과제다. 여기서 배우자와의 관계 역시 로맨스의 연장이라기보다 같은 배를 움직여나가는 육아 파트너의 관계로 재정립된다.

— 내 삶을 그 이전과 이후로 가르는, 삶에서 가장 큰 사건이 있었다면 뭔가요?

가장 큰 건 역시 아이를 낳은 거예요. 너무 커서 이루 말할 수가 없네요. 인간이 사실 자기 자신 하나도 버거운데, 누군가를 책임진다는 게 정말 힘든 거잖아요. 누군가에게 항상성을 유지하는 사람이어야 한다는 게 참 굉장한 것 같아요. 자유롭게 사는 사람들 보면 약간 배가 아파요. 다들 애 낳아서 한번 족쇄에 묶여봐라 이런 심보가 들곤 하죠.(웃음)

애가 있는 부부관계란 연인의 의미는 잘 없어요. 남편은 이제 아이를 같이 키우는 사람이에요. 남편이 아프면 예전엔 걱정됐는데 이젠 화가 나요. '몸 관리를 어떻게 했길래! 우리가 지금 겨우겨우 해나가고 있는데 자기 몸 관리를 이렇게 하면 안 되지' 하는 생각이 들고요. 그래서 싸우는 부부들도 많대요. 저희는 그렇다고 트러블이 생기진 않았어요.

어쨌든 육아 이전에, 임신도 출산도 주변 사람에 비해서 고생을 좀 했어요. 친구들이랑 얘기해보면 다들 "너 너무 고생했다" 그래요. 첫째 임신 때는 입덧이 심했고요. 출산 그 자체는 물론 아프긴 했지만 지나가는 거였고 괜찮았는데 첫째가 젖을 안 물더라고요. 그거 물게 하려고 고생했고, 또 첫째가 야경증이라고 밤에 한 시간씩 우는 증상이 있었어요. 그걸 한 2년 겪으면서 잠을 못 자니까 서로 힘들었죠. 둘째 땐 무통주사 맞아서 낳을 땐 안 힘들었는데 이후에 치질이 생겨서 정말 극한의 힘든 시간을 보냈어요. 힘을 주니까 혈관이 확 팽창돼서 일부가 바깥으로 나온 거예요. 그걸 절제했는데 그 부위가 커서 되게 힘들었어요. 진통제 주사를 한 3주 동안 매일 맞았어요.

저는 제 자신한테 이물감을 느끼는 타입이에요. 내가 나 자신과 동일시 되는 느낌을 잘 못 받아서 계속 환기해줘야 해요. 아침에 일어나서 거울 보면 '앤 누구야' 이런 생각이 들거든요. 이인증이라는 용어가 있더라고요. 그런 게 항상 있었고 애초에 내가 나 자신과 동일시가 안 되다 보니 큰 야심이나 욕심을 갖기 어려웠어요. 지금도 그냥 책 보고 혼자 노는 게 제일 행복해요. 그렇지만 어쨌든 아이가 생겼고, 책임감이 강하기 때문에, 책임을 지게 되더라고요. 책임감으로 버티는 것 같아요.

첫째는 굉장히 예민하고 까칠한 성격이에요. 어린이집 선생님도 특별히 이야기해주시고 그랬거든요. 저도 예민하지만 어른이 되면서 그걸 조절하는 법을 배운 거고, 얘는 날것 그대로 예민한 거예요. 그렇게 예민한 두 사람이 같이 있으니 피로가 너무 크죠. 아직 (육아가) 즐겁다는 생각은 안 들어요. 인간의 발달과 성숙을 볼 수 있는 건 좋아요. 처음엔 이러저러한 말을 시작해서 나중에 이러저러하게 발달하게 되는 거라든가. 이런 재미가 쏠쏠하고 문득 좋을 때가 있긴 하지만 전반적으로는 늘 힘들고, 하루만이라도 쉬고 싶어요. 그렇지만 신기하게 또 둘째까지 낳게 되더라고요. 애를 하나 낳고 나면 뭐랄까, 혼자 크는 게 좀 그래요. 동생이 하나 있어야지 하고 첫째를 위해 낳는 거예요. 첫째가 안 그래도 낯을 많이 가리는데 동생이 있으면 그 관계에서 사회성을 좀 배워나가지 않을까 싶어서. 근데 학교 선배가 말리더라고요. 애가 둘이면 한 5년 정도 지옥 같은 생활을 하게 된다고. 근데 그때는 뭔가 더 좋아질 것 같았어요. 근데 경험자 말대로 역시.(웃음) 형제 많아서 좋아지는 때가 오긴 오려나요?

애 낳고 나니까 몸도 힘들고 육아도 힘들지만 결정해야 할 것과 고민이 너무 많아져요. 예를 들면 미세먼지 같은 거. 나 하나에 대해서가 아니라 아이들에 대해서까지 세 배로 고통을 겪는 거죠. 가끔 너무 낯설어요. 내가 두 아이의 엄마라는 게. 그렇다고 애한테 내 감정을 배설하거나 육아를 대충 하면 그걸 뒷감당하는 게 더 힘들어지거든요. 그 뒷감당을 경감하기 위해서라도 조금만 더 참자, 조금만 더 참자 이러면서 버텨요. 지금까지는 엄마도 흔들리는 사람이라는 거 아이들한테 잘 안 들키고 정말 잘해온 것 같아요. 물론 버럭 할 때가 있기는 하지만 3초 만에 후회하고 바로 안아주고 화해해요.

동시에, 비교적 평등한 부부 관계 속에서도 육아 문제를 둘러싼 남녀 간의 기울어짐은 존재한다. 그의 말대로 "임신과 출산이라는 경험에서 생기는 갭, 아이가 엄마한테만 느끼는 친밀감"까지 사회 곳곳에 스며든, 아니 사회와 한 몸처럼 붙어 있는 가부장제 이데올로기로 설명할 수는 없을지도 모른다. 그러나 그렇기에 더더욱 실제 육아 노동에 있어서 인위적인 배분의 노력이 필요하다.

남편도 육아 참여도가 굉장히 높긴 한데 그래도 총 책임은 항상 제가 지고 있어요. 차이가 있죠. 전에는 그 차이를 인정하지 않았어요. '엄마나 아빠나 아이에게 지는 책임은 동등한데 왜 엄마가 주 책임자가 되어야 하지?' 그런데 실제로 겪어보니 임신과 출산이란 경험에서 생기는 갭, 아이가 엄마한테서만 느끼는 친밀감은 극복이 안 되는 것이더라고요. 그래서 주 책임은 엄마 쪽이 지는 건 어쩔 수 없더라도, 엄마의 사적인 시간이 너무 인정이 안 되는 것 같아요. 이제는 인정해달라고 말할 기운도 없네요.

남편한테 이번 생일 선물로 데이오프를 하루만 달라고 했어요. 일요일이니까 나 하루만, 아니 한 여섯 시간만 해주면 안 되겠느냐고. 그랬더니 남편이 무척 난감해하면서 돈으로 해줄 수 있는 거 없냐고, 확답을 안 해주더라고요. 남편 혼자 두 명은 못 보고 그러면 시어머니한테 부탁드려야 되는데 시어머니는 토요일에 애들 봐주시거든요. 이틀 연속으로 부탁드릴 순 없는 노릇이죠.

저한테 지금 제일 필요한 건 시간이에요. 일주일에 서너 시간이라도 좋아하는 걸 할 수 있는 시간이요. 의무나 책임으로 보내는 시간이 아니라 즉흥적으로 보내는 시간, 그게 너무 간절하고요. 그 외의 것들은 이제 상당히 포기가 되는 것 같아요. 이를테면 외모 같은 거요. 예뻐져봤자 소용도 없고 알아주는 사람도 없고, 사람들이 저한테 기대하는 건 그게 아니거든요. 하여간 제 시간을 갖고 싶어요. 그걸 국가 차원의 제도를 통해 취할 수 있으면 좋겠죠. 사설 놀이학교가 아니라 국가 보육시설 같은 거요. 그런데 육아가 굉장히 노동집약적인 거라 국가에서 도와주는 데도 한계가 있을 것 같아요. 전 따로 입주 도우미도 쓰고 놀이학교에 보내는데도 이렇게 힘든데, 아무 데도 안 보내고 두 아이를 키우는 전업주부들은 얼마나 힘들까요?

지금, 중산층 워킹맘으로 살아간다는 것에 대하여

첫 번째 인터뷰와 두 번째 인터뷰 사이에는 내게도 큰 변화가 있었다. 두 번째 인터뷰는 내가 4년 6개월 다닌 직장을 그만두고 소속 없는 상태로 지낸 지 1년 반쯤 된 시점에 이루어졌다. 회사 다닐 때 모아둔 돈과 퇴직금까지, 이때쯤엔 거의 다 떨어져 있었다. 다만 부정기적으로 원고를 써서 10만 원, 20만 원을 벌어도 며칠은 살아갈 수 있었다. 이런 식으로 무척 작은 수입이라도 이어 붙이며 살아갈 수 있었던 건, 상환해야 할 대출금이나 부양가족이 없기 때문이었다. 한편 김마리 씨는 결코 적지 않은 액수를 받으며 일하고 있었지만 "여유롭지 않다"고 했다. 수입이 큰 만큼, 주거비용이나 두 자녀 양육, 친정 케어 등에 들어가는 고정 지출도 컸기 때문이다.

한 달 고정적으로 나가는 비용이요? 도우미 비용 210만 원, 친정에 드리는 돈 100만 원, 이렇게 해서 310만 원 나가고, 여기에 애들 유치원, 어린이집, 학원, 통신비 합하면 한 400만 원, 여기에 관리비와 보험료 합치면 450만 원, 식비 포함한 최소 생활비가 한 200만 원 드니까 결국은 한 700만 원 쓰는 것 같아요. 저랑 남편 둘 다 돈을 잘 벌어도 매달 700만 원이라는 돈은 어마어마하죠. 많이 부담스럽고, 또 제가 작년에 구직하느라 모아둔 돈을 거의 다 썼거든요. 그렇게 여유롭진 않아요.

여유롭지 않다는 감각을 공유한다고 해서 우리의 삶이 비슷한 것은 아니다. 김마리 씨는 나보다 겨우 다섯 살 연상이지만 실제로 만나기 전에는, 그러니까 트위터 계정으로 그녀의 직업이나 아이 둘을 낳아 기르고 있다는 사실만 알고 있던 때에는 나보다 열 살쯤 많다고 생각했다. 다른 세대에 속한 '어른'이라고 착각했다. 그런 느낌을 받은 원인은, 앞에서 말한 바대로 '내 집 마련'과 결혼-출산을 통한 '가정 이루기'가 사회가 승인하는 어른 되기에서 필수적인 과업으로 여겨지기 때문일 것이다.

집은 자가예요. ○○건설에서 지은 수지 신도시 아파트. 여긴 30평대나 50평대나 전세 가격 차이가 크게 안 나요. 그래서 아이 많은 집들, 좀 넓게 살아야 하는 부부가 많이 살아요. 수지는 광교나 판교보다는 싸요. 강남권으로 출퇴근하는 사람들이 대안으로 많이 사는 곳이에요.

지금 교류하고 있는 사람들은 치대 친구들, 과학고 친구들 그리고 동네 유치원 엄마들 정도예요. 그리고 이들과 전혀 겹치지 않는, 트위터로 알고 지내는 분들이 있죠. 유치원 엄마들도 카톡하면서 알게 됐는데 직업이나 배경은 천차만별이지만 사는 환경이나 씀씀이가 비슷해서 훨씬 편해요. 예컨대 치대 친구들은 애들 옷도 꼭 백화점에서 사는데, 여기선 빌려 입히고 물려주고 이런 문화가 있으니까요. 확실히 사는 지역이 그 사람을 말해주는 거 같아요. 반대로 안산에 출근하면서 느낀 건데 거긴 정말 달라요. 중앙역 도착하자마자 다른 느낌이 오죠. 그래도 수지는 여유로운 사람들이 사는 곳이라는 걸 확 느끼게 돼요.

지금 신도시의 중산층, 전문직 엄마로 살아가지만 사실 제가 제게 쓰는 돈은 크게 바뀌지 않았어요. 옷은 여전히 이마트에서 사서 입고요.《확률 가족》(김형재·박재현 편집, 마티, 2015) 읽어보면 주거비가 싸면 여자가 살기 위험하다든지 기본적인 냉난방이 안 된다든지 그런 내용이 나오잖아요? 거기에서 벗어나게 된 건 되게 좋죠. 집은 늘 따뜻하고 물도 잘 나오고 편한 곳이고, 인간적으로 살 수 있으니까.

나는 가끔 이미 내 손에서 떠나보냈지만 감촉이 완전히는 씻겨나가지 않은 다른 선택지가 떠오를 때마다, 이것은 지금은 힘들어도 나에게 주어진 조건에서 마주한 선택들이 내게 어울리는 방향, 만족할 수 있는 방향으로 축적되어온 결과라는 생각과, 사실은 정말로 잘못된 선택을 했지만 돌아가는 것보다 지금 이 길 위에서 전의 선택에 책임을 지고 다음 번에는 좀 더 나은 선택을 할 수밖에 없다는 생각이 교차한다. 최종적인 답은 나오지 않을 것이다. 김마리 씨는 후자에 가까웠다. 그리고 그것은 더 이상 과거에 얽매이지 않는다는 증거이기도 했다.

내가 그를 '어른'이라고 생각한 것은, 일찍이 사회에서 요청하는 어른 되기의 과업을 수행했다는 사실 때문만이 아니라, 바로 이러한 의미에서다.

제 20대는 풀로 칠해서 딱 붙여버리고 다시는 들여다보고 싶지 않을 정도로 끔찍했어요. 30대가 훨씬 더 좋죠. 20대 후반에 남편을 만남으로써 제 인생을 긍정하게 된 것 같아요. 그전의 20대를 생각하면 후회만 가득해요. 후회 안 한다는 게 말이 되나 싶어요. 후회 안 한다는 사람들 있잖아요? 실패나 삽질에도 다 의미가 있다고. 전 그렇게 생각하지 않거든요. 내가 저지른 일, 잘못된 선택으로 나와 가족들이 겪은 고통과 삽질의 시간들이 아까워요. 어제 읽은 책에서 의미부여하는 사람들이 훨씬 행복하다고 그러더라고요. 저도 언젠가 시간이 나면 의미부여를 해줄 수도 있지만, 그래도 삽질은 삽질이었어요. 그리고 20대 내내 너무 가난했기 때문에 돌아보고 싶지 않은 것도 있어요. 지금이 인생에서 제일 편안하거든요. 다시는 그렇게 살고 싶지 않아요. 물론 인생은 알 수 없는 거고, 제게 또 큰일이 일어나 그렇게 되다면 어쩔 수 없이 그렇게 살아야겠지만요.

지금까지 살면서 가장 고마운 사람은 당연히 남편이죠. 사실 어떤 사람을 아무리 오래 알고 지냈어도 결혼은 그 사람이 결혼 후 어떤 사람일지 전혀 모르고 하는 거잖아요. 근데 다행히 결혼 후의 남편은 제가 알아온 사람보다 훨씬 더 좋은 사람이었어요. 그리고 저 혼자였다면 지금 같은 안정적인 생활을 누리지 못했을 거예요. 공부를 굉장히 잘했고 돈을 잘 번다고 알려진 직업을 갖고 있지만, 결국 남편을 만나서 중산층 비슷한 게 됐죠.

지금 제가 정말 하고 싶은 거요?··· 계속 얘기했지만, 지금은 오로지 교정을 정말 잘하고 싶어요. 그거 외엔 다 내려놓은 상태예요. 그거부터 잘해야죠. 다른 생각을 할 수가 없어요.

1997년의 해법,
그 남자의 해법

김재욱
1986년생

생판 남이던 김재욱 씨와 나를 이어준 건 한 편의, 출간되지 않은 소설이었다. 나는 2016년 초 유학을 앞두고 지인들과 몇 번의 송별회를 가졌는데, 그중 한 자리에서 이 책에 대해 이야기할 기회가 있었다. 출판사 편집자인 O 씨가 곰곰이 듣다가 자신이 과거에 검토를 의뢰 받았던 중편소설과 그 작가 얘기를 들려줬다. "그 소설 내용이 지금 얘기한 책 콘셉트하고 되게 비슷해요. 우리랑 동갑인(1986년생) 주인공이 IMF 위기 이후에 자기 인생이 어떻게 변했나를 이야기하는 소설이에요." O 씨가 일하던 출판사에서는 원고를 반려했고, 2017년 9월 현재까지 출간되었다는 소식은 듣지 못했다. 소설의 제목은 〈1997 방사능 치킨 극장〉, 작가가 바로 김재욱 씨다.

즉시 김재욱 씨에게 메일을 보내 책의 취지를 설명하고, 소설 원고를 받아 읽어보고, 직접 만나서 이야기 나누기에 이르기까지, 인터뷰이 중 유일하게―온라인으로도, 오프라인으로도―일면식이 없던 인물과의 인터뷰가 일사천리로 이루어졌다. 이 인터뷰는 애초에 그에 대해 정보가 부족했기 때문에, 그리고 인터뷰 시간도 가장 짧았기 때문에, 전후의 인터뷰들과 조금 다를지도 모른다고 미리 고백해야겠다. 하지만 가장 구별되는 점은 그가 이 책과 비슷한 주제 의식을 이미 자신의 방식으로 풀어낸 경험이 있고 인터뷰가 그 소설을 중심으로 전개되었다는 사실일 것이다.

hwp 파일 함초롱바탕 10.0pt로 55페이지에 달하는(원고지 5백 매쯤 된다) 소설은, 주인공 남성이 문학상에 당선되어 고료 1억 원을 받는 장면으로 시작된다. 통장 잔고에 여유가 생긴 주인공은 그동안 고생한 가족을 데리고 20년 만의 가족 여행을 떠난다. 목적지는 경주. 그동안의 고생을 서로 다독이며 화기애애하던 순간 갑자기 지진이 나더니 월성원전에 멜트다운이 일어나고, 유출된 방사능의 영향으로 치킨 조각들이 팽창해 집채만 한 거대 치킨으로 변한다(다분히 후쿠시마 원전 사고를 연상케 하는 이 설정은 실제로 후쿠시마 사고의 영향을 받은 것이지만, 소설은 2016년 9월 경주에서 '1978년 지진 관측을 시작한 이래 한반도에서 발생한 역대 최대' 규모인 진도 5.8의 지진이 일어나 월성원전의 안전이 문제시되기 훨씬 전에 쓰였다.) 그 치킨의 배 속으로 들어가니 1997년 당시 이 가족이 살던 분당의 주택이 재현되어 있고 거실에 있던 '손으로 채널을 돌리는 14인 치 TV'도 그때 그대로다. 그 TV를 틀자, 그들의 지금을 규정한 사건의 시작부터 '재생'되기 시작한다.

그 사건이 1997년 IMF 외환위기다. 흔히 'IMF'라 불리는 그 사건은 한국이 IMF(국제통화기금)에 구제금융을 요청하고 그들의 해법을 받아들인 일뿐만 아니라, 위기를 극복하고 한국 경제가 안정을 되찾는 과정에서 특정한 계층에 대한 선택과 배제가 이루어진 일, 이에 따라 사회의 어떤 집단들을 특권적으로 만든 동시에 어떤 집단들은 반대로 더 가장자리로 밀어냈음에도 불구하고 그 위기를 온 국민이 "하나 되어"* '극복'한 것으로 기만한 채 '생존 경쟁'만을 내면화해온 시간을 모두 의미한다. 소설은 이 과정 내내 계속 바깥으로 밀려난 한 가족을 통해 우리 시대에 IMF가 무엇 이었는지를 정면으로 묻는다.

큰 문학상을 받고 등단했는데 그 후로 한동안 발표한 작품이 없다고 해서 처음엔 멋대로 '우울하고 사람 안 만나는 문학 청년'을 상상했다. 이메일을 보내자 곧장 한순 간이라도 진지하면 큰일 나는 사람처럼 문장마다 찰랑찰랑한 유머와 키득거림이 깔 린 답장이 돌아왔고, 이 말투는 이후에 그가 보내준 소설에서도, 실제 대화에서도 똑 같이 반복되었다. 다소 냉소적이고 위악적이라고도 할 수 있는 이러한 '말하기'가 김 재욱이라는 사람 안에서 얼마나 자연스러운지 이 글의 끝에서 독자에게도 전해졌으 면 좋겠다. 또 내게도 IMF 위기에 대한 좋은 공부가 되었던 〈1997 방사능 치킨 극 장〉이 출간되어 이 책과 함께 읽힐 수 있다면 더할 나위 없이 좋겠다.

---

* 한국연예제작자협회가 IMF로 실의에 빠진 국민들에게 꿈과 용기를 주기 위해 기획했다는, 김건모, 김경 호, 신승훈, 이선희, 룰라, 핑클, H.O.T. 등 62명의 정상급 가수들이 한 파트씩 녹음해 1999년에 발표한 노래 제목이다.

"차곡차곡 모아서 뭘 해요?"

김재욱 씨는 인터뷰이 가운데 가장 정보가 적은 상태에서 만났지만, 인터뷰이 가운데 유일하게 인터넷에서 본명으로 된 프로필을 찾을 수 있는 인물이었다. 그 프로필과 〈1997 방사능 치킨 극장〉을 양 손잡이 삼아 인터뷰를 진행했다. 그의 첫 장편소설 《쇠당나귀》(2013, 웅진지식하우스)의 저자 프로필은 다음과 같다.

"1986년 서울 출생. 중학교를 졸업하고 한국 교육에 회의를 느껴 미인가 대안학교인 금산간디학교에 1기로 입학했다. 1년 반을 다니다 학비가 없어 학교를 자퇴하고 검정고시 후 노량진 재수학원에서 대학 입시를 준비했다. 중앙대학교 문예창작학과를 조기 졸업한 뒤 반년 동안 백수로 지내며 첫 장편소설 《쇠당나귀》를 집필했고, 이 작품으로 삼성리더스허브문학상 대상을 수상했다."

이 첫 소설로 문학상을 수상하고 받은 상금은 1억 원이었다. 인터뷰를 위해 만난 2016년 3월까지 추가로 출간된 소설은 없었고 상금은 아직 남아 있었다.

2012년에 받은 상금으로 지금까지 놀고 있는데 돈이 거의 다 떨어졌어요. 지금은 3백만 원도 안 남았어요. 다른 경제 활동은 안 했죠. 그냥 그 돈으로 놀았어요. '아 신난다!' 하고. 물론 계속 글도 썼어요. 그다음에 쓴 게 〈1997 방사능 치킨 극장〉이에요. 작년 8월까지 장편을 하나 썼고요. 원래 계획은 그걸 공모전에 내서 한 7천만 원 받고 또 3년 놀자 이거였는데, 안 되더라고요. 저는 단편을 안 써요. 그런 게 한국 문인들이 활동하는 방식이잖아요. 문예지랑 관계를 맺고, 단편을 문예지에 발표한 다음에 책으로 내는 거. 그걸 하기 싫더라구요. 너무 멋 없는 거 같아요. 돈도 많이 안 주고. 큰 한 방이 있는데. 한번 큰돈의 맛을 봐서 그런지 귀찮더라고요. 아 뭐, 큰 거 하나 쓰면 1억 버는데. 근데 다시 안 되더라고요. 요즘 1억짜리 문학상도 없어요. 세계문학상도 7천만 원이고요. 다 줄었어요. 이제 돈 없으니까 예술인복지 신청하려고요. 3백만 원 준대요.

— 이제 태어났을 때부터 시간 순으로 질문 드릴 건데, 86년생이시죠?

네. 아, 취조 받는 것 같다.(웃음)

— 부모님은 어떤 분들이시고, 어떻게 만나셔서 가정을 이뤘어요?

아버지는 1954년생, 어머니는 1956년생이고요. 두 분 다 출신지는 서울이에요. 저는 본적이 종로구거든요. 이건 주변에서 본 적이 없어요. 그럼 뭐해. 하하하하. 엄마도 원래 삼선교 쪽에 살았다고 들었어요. 서울의 메인 스트림이었던 거죠. 두 분 결혼하고 처음에는 종로구 필운동이었나, 할아버지랑 같이 살았을 거예요. 그러다 자양동으로 이사했고 거기서 제가 태어났을 거예요. 누나는 1982년생. 누나는 소설에 나오는 거랑 좀 비슷해요. 성균관대 공대 나와서 큐브 타고 다녀요.

아빠 친구 동생이 엄마예요. 아버지는 옛날 홍대, 전문대 시절의 홍대(홍익공업전문대학)를 나오셨고요. 거기에 요업학과라는 게 있었대요. 어머니는 회사 다니면서 야간으로 한성대를 나왔을 거예요. 아빠가 자기 얘길 자세하게 안 해서 잘 모르겠는데, 어쨌든 딱히 내세울 것 없는 전문대졸이었던 거죠. 졸업하고 유공(대한석유공사)에 취직하셨어요. 지금의 SK. 저 어렸을 때까지 다니시다가 나와서 주유소 캐노피(지붕) 짓는 사업을 시작하셨어요. 어머니는 결혼하자마자 일을 그만두셨는데, 옛날 유한킴벌리에서 타이피스트 하셨대요. 문국현도 있었대요. 하하.

할아버지 할머니가 어려운 계급은 아니었던 것 같아요. 저희 할아버지는 고등학교 체육 선생님이었어요. 엄마 쪽은 외할아버지가 일찍 돌아가시고 할머니 홀로 아이들 키우셨는데, 그렇다고 옛날 어른들 얘기처럼 생계 위협 받는 수준은 아니었던 것 같아요. 그 시대 어른들이 다른 형제 공부시키려고 공장 가고 이러잖아요? 그런 건 아니었던 거죠.

아버지는 5남매 중 넷째이고 남매 중에 고모가 한 분 계신다. 〈1997 방사능 치킨 극장〉에는 1970년대 말 남편과 함께 미국 LA로 건너간 고모가 결혼 20주년 기념으로 괌 여행을 가다가 1997년 8월 6일의 KAL기 추락 사고로 남편을 잃고, 그 후 불행히 살아가다 거액의 보상금을 노린 두 번째 남편에게 비극적 죽음을 맞이하는 엄청난 이야기가 나오는데, 1997년부터 이후 10년간의 신문지를 오려 만든 듯한 그럴듯한 삶은 "물론 뻥"이라고 한다. 실제 김재욱의 고모와 고모부는 한국에서 '잘 살고' 계시다. 다른 형제들 역시 그들 간에 큰 경제적 격차 없이 "비슷비슷 고만고만하게" 살고 있다고 한다. 누구 한 명 몰아서 교육시키고 나머지는 그걸 지원하는 역할로 물러나는 그런 그림은 아니었던 것이다. 소설 속 고졸 학력에 피나는 노력으로 동남은행 지점장까지 올라갔다가 IMF가 터지자 하루아침에 직장을 잃고 우울증에 빠지는 '큰아버지' 또한 신문지를 오려 만든 듯 시대의 풍파를 고스란히 담아내고 있는데, "역시 뻥"이라고 한다. 다만 아버지가 주유소 캐노피 짓는 건설 하도급 업체를 동업자 두 명과 운영하다가 IMF 즈음 정리한 것은 소설과 같다.

어렸을 땐 별거 없어요. 딱히 시키는 것도 없었고 뭐가 되어라, 이런 것도 없었어요. 엄마 아빠가 저랑 누나한테 바란 게 없진 않았을 거예요. 왜 베이비붐 세대의 열망이 있잖아요. 소위 '사' 자 들어가는 직업을 갖기 원

했을 거고. 그런데 특이하게도 저희 집은 민주적인 성격이 강했어요. 아빠는 되게 엄격한 가정에서 자라셨거든요. 조부모님 두 분이 개성 출신으로 한국전쟁 때 피난 오셨는데, 할아버지 직업이 고등학교 체육교사라서 엄청 보수적이었어요. 그래서 할머니는 말하자면 소심증, 늘 '조심해라, 이거 하지 마라, 저거 하지 마라' 이런 잔소리하는 성격이셨어요. 아버지는 어렸을 때 뭐 하지 말라는 얘기를 너무 많이 들어서, 자기 아이들한테는 하지 말라는 얘기를 하지 않겠다고 생각했대요. 그래서 자라면서 억압이나 압박을 느낀 적은 한번도 없는 것 같아요.

이 "민주적인" 4인 가족은 서울 광진구 자양동에서 강동구 고덕동의 주공아파트로 한 번 이사했고, 인터뷰이가 초등학교에 들어갈 무렵인 1990년대 초 분당으로 또 한 번 이사한다. '성남시 분당구'가 수도권 1기 신도시 다섯 곳 중 하나, 계획인구 40만 명(10만 5천 가구)이라는 다섯 곳 가운데 최대 규모의 '분당'이란 고유명사로 거듭나는 사업이 시작된 것은 서울올림픽 이듬해인 1989년, 최초 입주가 시작된 것은 1991년 9월의 일이다. 서울 강남 지역의 전체 아파트가 23만 가구에 불과하던 시절, 이제 막 입주가 시작된 신도시에는 상업 시설 부족을 포함해, 자족 기능이 미비했던 시절이다. 김재욱이 기억하는 그때 살던 32평형 아파트의 매매가는 3000만 원, 전세가는 1500만 원이었다.

고덕동 주공아파트는 14평이었으니까 분당으로 이사 갈 때 집이 훨씬 넓어지긴 했죠. 입주할 때 그 집이 3천인가 그랬대요. 근데 그 3천이 없었던 거예요. 전세 1500만 원인가 그랬는데 그것도 되게 힘들게 했대요. 저희 집은 계속 전세로만 살았어요. 집을 가져본 적이 없어요.

분당 집은 서현역 근처였는데 당시에는 진짜 허허벌판이었거든요. 저는 아파트만 있는 그런 데서 죽 자랐어요. 콘크리트 키드죠. 생각해보면 그 건축이 되게 끔찍해요. 그리고 옛날에는 디지털 도어락이 없었잖아요. 그래서 키를 안 가져가면 학교 갔다 와서 집에 못 들어가는 거예요. 그런 날은 아파트 계단 있잖아요, 거기서 하루 종일 기다렸던 기억이 있어요.

분당이라는 동네는, 보통 강남의 하위문화라고 치면 돼요. 강남 워너비. 당시에는 혼자 갈 수 있는 세계가 학교, 아파트 단지가 전부죠. 버스도 잘 안 탔던 것 같아요. 근데 '펌프'를 하려는 강변역에 있는 테크노마트까지 가야 했어요. 펌프는 분당에도 있는데, 그냥 그걸 거기 가서 해야 됐어요. 이유는 몰라요.

1기 신도시의 공사가 완료된 1995-96년까지만 해도 이 사업은 실패에 가깝게 묘사되었다. 도시의 자족 기능 미비로 사람들은 여전히 서울로 출근했으며 서울로 놀러 소비하러 다녔다. 출퇴근 시간엔 인근 도로가 꽉 막히고 낮엔 텅 비는 베드타운이라 놀림받았다. 김재욱의 가족이 서현역 근처 아파트에 살았던 때는 이런 비난과 걱정 속에서 젊은 학부모들이 대거 유입되던 이 과도기에 해당한다. 하지만 1기 신도시 착공이 10년 된 시점인 1999년부터는, 특히 분당과 일산이 최신 유통업체가 일순위로 진출하는 유통 천국이자 부동산 경기를 주도하는 곳으로서 수도권 내 가장 경쟁력 있는 주거 지역이 됐다.* 이 과정에서 아파트 매매, 전세, 분양권 가격은 크게 올랐고 이와 동시에 어떤 이들은 바깥으로 밀려났다.

---

* '분당-일산 신도시 10년 ⟨1⟩', ⟨조선일보⟩ 1999. 3. 9. 27면.

초등학교 때는 계급적 생각을 한 적이 없어요. 잘 모르죠. 중학교 가면서부터 알았어요. 애들이 잘사는구나. 애들이 막 섞여 있긴 했는데 우리 집보다 다 잘살았던 것 같아요. 아버지는 그때 계속 주유소 캐노피 사업을 하고 있었는데 한번도 잘된 적은 없어요. 늘 고만고만했어요. 아 그렇지, 엄마가 이 얘기 하면 싫어할 텐데(웃음) 초등학교 4, 5학년 때 기억인데, 당시에 생일잔치를 하면 맥도날드 같은 데서 햄버거 세트 하나씩 사주고 그러잖아요. 엄마 아빠가 웬일로 생일잔치를 해준다는 거예요. 아주 깜짝 놀랐죠. 피자헛에서요. 근데 엄마 아빠가 피자를 기본 피자로 시킨 거예요. 도우에 치즈만 올린. 애들이 먹으면서 맛없다고 말은 못 하고 저한테 인상만 찌푸리는 거예요. 나름 어렸을 때라 '아 우리 집은 왜 이러지?' 이런 생각을 했었죠.

중학교 때 서현역에 삼성플라자라고 있었어요. 애들이 거기서 그때 유행한 '노티카' 이런 거 쇼핑해 오고 이랬는데, 저는 백화점에서 옷을 사본 적이 없거든요. 애들이 맨날 그런 걸 많이 사니까 그때부터 위화감이 조금 있긴 있었죠. 제가 다닌 학교가 분당 안에서도 공부 제일 잘하는 학교였거든요. 저는 중학교 때 나이키 잠바를 너무 갖고 싶어 해서 아빠가 진짜 큰맘먹고 십 몇만 원짜리 롱잠바를 한 번 사줬어요. 근데 서예 시간에 (의자에) 먹물이 묻은 줄 모르고 앉았다가 나이키 로고에 까맣게 묻어서 슬펐던 기억이 있어요. 저한테 진짜 귀한 잠바였거든요.

중학교까지 계속 분당에 살고 분당에 있는 학교에 다니긴 했지만 초등학교 5학년 때인 1997년에 수내동 주택 단지로 이사한다. 여기는 법정동으로는 서현역에서도 그리 멀지 않고 분당 시가지의 중심부를 이루는 지역이며 주민들은 대부분 중산층이다. "그 주택가는 산을 밀고 나무를 다 베어버리고 조성한 데였어요. 저희 집은 그 언덕의 제일 꼭대기였어요. 제일 싼 곳. 거기서 학교까지 뛰어 내려왔어요." 언덕의 제일 꼭대기에 있었다던 그 집으로의 이사를 그는 역설적이게도 "밑으로 내려가서"라고 표현했다. 동네가 서현동에 비해 살짝 남쪽에 위치해 있었는데, 물론 '내려가서'가 의미하는 건 이 약간의 지리적인 하강만은 아니었다. 이후 가족의 이동은 전라도 광주, 경기도 수원·화성으로 이어졌고, 거기에서 중국으로 분기(分岐)된다. 그것도 처음에는 비교적 큰 도시에서, 또 다시 외곽으로. 서울의 "메인스트림"에서 시작된 가족의 여정이 30년에 걸쳐 계속 밀려나는 과정이다.

이 이사 전후에 김재욱의 아버지는 주유소 캐노피 사업을 정리했다. 이 일을 가공하여 〈1997 방사능 치킨 극장〉에 쓴 내용은 다음과 같다.

"아빠가 사업을 시작할 때만 해도 집집마다 한 대씩 자동차를 갖게 된 자가용 붐을 입어 한국의 주유소 건설 사업은 호황을 누렸다. 게다가 1995년 주유소 간 거리 제한이 완전 폐지되면서 정유사들은 자사의 주유소를 세우기 위해 개인사업자들에게 대규모 자본을 투입했다. 좋은 시절이었다. 아빠는 건설 의뢰가 들어오면 강원도, 전라도, 경상도, 경기도, 심지어는 제주도까지 전국 어디든 가리지 않고 도면을 들고 달려가 여기저기 비슷한 모양의 주유소 지붕을 올려댔다. 그러나 전국에 주유소가 급속히 확산되어 동 단위까지 빽빽하게 들어차자 주유소 건설 사업은 금세 쇠퇴기로 접어들었다. 아빠가 1년간 시공하는 주유소의 수는 급속히 줄어갔고, 세 명의 사장은 그 공백을 메우려 각자의 인맥을 총동원하여 신규 사업을 수주하기 위한 로비에 나섰다. 바로 그때, 안 그래도 그렇게 힘겨운 타이밍에 IMF가 빵 하고 터져버린 것이다."

그의 아버지는 사업을 정리한 후 자신도 그 풍경을 만드는 데 손을 모았던, 주유소가 늘어선 국도변으로 직접 나갔다. 봉고차를 구입해 "전국에서 열리는 중소기업박람회와 축제를 돌아다니며 요술행주나 수세미, 나무 식기 등을 파는 일"을 했다. 트럭에서 센베이를 팔기도 했는데, 나중엔 떠돌아다니는 생활을 멈추고 상가 내에 가게를 열기도 했다. 재욱 씨는 "아버지가 사업을 접으신 이후로 직업이 없이 20년을 산 셈"이라고 했는데, 어쨌든 경제 활동이 멈춰진 적은 없었다. 다만 가장이 출퇴근하며 돈을 버는 집보다 훨씬 더 불안정했을 뿐이다. 4인이 함께 모여 사는 것조차 어려웠다. 당연히 자녀의 성장에 맞추어 주거의 확장을 도모하거나 사교육에 투자하는 식의 중산층 가정에서 흔히 볼 수 있는 기획은 언감생심이었다.

IMF 이후로 미래에 대한 전망이 사회적으로 없어진 지 오래잖아요. 차곡차곡 쌓아서 뭔가를 한다? 아버지 직업이 없는데 뭘 모아요? 아버지는 그때 전국을 돌아다니고 있었어요. 맨날 전라도 갔다 오고 경상도 갔다 오고. 중소기업박람회 같은 데 가서 물건 파는 걸 하셨고. 집에는 엄마랑 저랑 누나만 있었죠. 엄마도 일을 하긴 했을 거예요. 누나는 독서실 갔다가 열두 시, 한 시나 돼야 집에 오니까 제가 맨날 데리러 갔거든요.

저도 학원을 다니긴 다녔어요. 근데 엄마 아빠는 그런 데에 전혀 관심이 없었어요. 보통은 애를 어떤 학원에 보낼지, 그 정보를 부모들이 알아보잖아요. 근데 전 제가 알아봤어요. 저는 공부를 잘하고 싶었다기보다 당시 속셈학원에 가면 종합반이 23만 원인가 24만 원인가 했는데 친구를 데려오면 한 달 치의 절반을 돌려준대요. 그거 돌려받아서 맛있는 거 사 먹자 해서 잠깐 다닌 거예요.

엄마는 나중에 고백하더라고요. 너무 바빠서 너네 클 때 신경 쓸 시간도 여유도 돈도 없었다고. 그런 여유가 있었으면 했을 수도 있었겠죠. 근데 두 분 다 성격이 뭘 강제해서 시키는 분들도 아니고. 하여간 사교육 받은 건 거의 없어요. 그래서 공부를 못했어요. 수학 이런 건 아예 안 됐죠. 공부를 한 적이 있어야지.

'다른' 교육의 비용

〈1997 방사능 치킨 극장〉의 주인공에게도 누나가 한 명 있다. 소설 속 누나는 1997년 설 명절 때는 비만이었지만 1998년 설에는 다이어트로 몰라보게 살이 빠진 데다 차로 40분밖에 안 걸리는 할머니 댁에 가는 동안에도 국사 참고서를 읽고 있을 정도로 '빡세게' 사는 인물로 묘사된다. "아마 좀 더 예뻐지고 좀 더 좋은 대학에 가는 것만이 이 험악한 세상에서 자신이 살아남는 유일한 길이라고 생각한" 사람처럼. 이는 인터뷰이가 실제 누나의 10대 시절 모습을 바탕으로 만든 설정이다. 누나는 그렇게 열심히 공부해 좋은 대학에 갔고 졸업 후에는 대기업 연구직으로 취직했으며 역시 안정적인 직업을 가진 남성과 만나 결혼했다.

누나는 인터뷰이와 성향이 정반대였다. 김재욱은 억압적이고 권위적인 걸 조금도 참지 못하는 성격이었고, 누나는 그런 데에 큰 불편을 느끼지 않았으며 오히려 사회적 승인을 넘어서는 행동에 부담을 느끼는 성격이었다. "'왜 나대? 왜 깝치는 거야? 좀 조용히 살지' 이런 입장인 거죠." 그런 차이는 두 사람의 고등학교 선택에서 분명하게 나타났다. 누나는 '분당에서 좋은 고등학교'에 들어가는 입시를 치렀고, 재욱 씨는 TV 시사교양 프로그램에 나온 모습을 보고 대안학교인 간디학교에 지원한다.

말씀드렸다시피 아빠가 굉장히 민주적인 분이라서 저는 중학교가 약간 충격이었던 거예요. 그런 군대적인 문화 자체를 받아들이기 너무 힘들었어요. 아침에 등교하면 이렇게 '학주'가 막대기를 들고 서 있잖아요. 저는 맨날 지각을 해서 맨날 맞고 운동장 돌고. 이해가 안 되는 거예요. 저희 아버지는, 어머니도 그렇고, 아침에 저를 깨운 적이 없어요. 지각을 하든 말든 네가 늦는 거지 내가 늦는 거냐고. 그냥 알아서 하는 거죠. 내가 알아서 하면 되지 도대체 나한테 왜 이러는 거야, 바지를 줄이든 머리를 염색하든 뭔 상관이야, 이런 생각을 하니까 선생들한테 많이 대들고 싸웠죠. 굉장히 논리적으로 따졌어요. 저는 그것 때문에, 논리의 허점이나 꼬투리 안 잡히려고 공부도 열심히 하고 그랬어요.

중학교 3학년 정도 되니까 이걸 3년을 더 할 수는 없겠다 싶더라고요. 내가 졸업장 따려고 학교에 다니긴 하지만 고등학교 때도 이런 문화가 반복될 거고 교복도 너무 싫고 머리 깎는 것도 너무 싫더라고요. 머리 짧으면 못생겨지니까. 초등학교 때는 문희준 스타일로 머리를 막 5 대 5 가르마 하고 다니고 이랬는데, 그때 H.O.T.를 어떻게 안 좋아할 수 있겠어요. 장갑도 샀지.(웃음) 안 사도 이상한 사람 아니야?

— 장래희망이라든가 앞으로 어떻게 살아야지, 이런 비전이 있었나요? 간디학교도 스스로 알아보고 선택한 거잖아요. 내가 처한 상황을 바꿔보고자 선택한 걸 텐데.

포지티브한 선택은 아니고 네거티브한 선택이었죠. '뭘 하겠다'가 아니라 '뭘 안 하겠다', '이대로는 더 못 다니겠다'.

인터뷰 전엔 전혀 의도하지 않았던 부분인데 인터뷰를 모두 마치고 보니 인터뷰이 중에 대안학교를 경험한 이들이 꽤 있었다. 하자작업장학교를 다닌 서유진, 그리고 간디학교에 1년 반을 다닌 김재욱. 이 대표적인 대안학교에 인터뷰이 김괜저가 나온 민족사관고등학교도 '다른 교육'이라는 맥락 속에 포함시켜 봤을 때, 이 세 학교가 개교한 때는 1996년(민사고), 1997년(간디학교), 1999년(하자작업장학교)으로 그 출발이 90년대 말로 모아진다. 민주화 이후 약 10년, 문민정부의 등장과 세계화의 물결 속에 기존 교육에 대한 문제의식과 새로운 교육에 대한 사회적 관심, 그걸 뒷받침할 수 있는 힘의 결과가 실물로 드러나기 시작한 시기였다고 볼 수 있을 것이다.

　간디학교는 양희규란 사람이 만들었대요. 그 사람이 한국에서 고등학교, 대학교 나와서 나중에 미국 캘리포니아주립대에서 철학박사 받아서 왔어요. 한국에 돌아와서 신문을 봤더니 애들이 입시 때문에 자살을 한다는 거예요. 그래서 '행복한 학교를 만들자' 해서 시작했대요. 간디의 이념이 좋아서 간디학교라고 붙였대요. 그때 그 사람이 교장이었거든요.

　1959년생인 양희규는 캘리포니아주립대 산타바바라 캠퍼스에서 학위를 받은 철학박사로, 박달재에서 자연과 함께한 생활과 간디의 톨스토이 농장을 모델로 삼아 비인가 고등학교를 운영했던 그루터기 공동체에서의 경험을 토대로 1997년 경남 산청에 한국 최초의 비인가 상설 대안학교인 간디청소년학교를 설립했다. 산청 간디학교 이후 금산 간디학교, 제천 간디학교가 차례로 개교했다.

— 간디학교는 뭐가 좋아 보였어요?
　그 다큐멘터리(TV 시사교양 프로그램)에 되게 좋게 나왔어요. 애들이 일단 다 염색을 했거나 머리가 길어요. 교복도 안 입고. 그리고 산에서 놀고 있더라고요. 어렸을 땐 그거죠. 제가 염색을 하고 싶었던 게 아니라 누가 나한테 뭐라고 하는 게 싫었어요. 내가 하는 걸 놔두면 되지 네가 뭔 참견이야, 이런 거.

　문제는 대안교육엔 일반 학교보다 돈이 많이 들어간다는 사실 그리고 그의 가족이 당시 더 이상 중산층이라고 하기 어려운 상황이었다는 사실이었다.

간디학교가 생각보다 경쟁률이 되게 세요. 제가 쓸 때 스무 명 뽑는데 150명 넘게 왔어요. 제가 쓴 덴 산청 간디학교인데, 산청 간디중학교도 있거든요. 스무 명 중에 거기 중학교 졸업한 애들로 열 명을 채우고 나머지 열 명을 일반 학교 출신으로 뽑는 거예요.

우선 원서를 넣었죠. 서류 전형 통과하고, 3박 4일 정도 예비학교를 갔어요. 정원의 두 배 정도를 뽑아서 거기서 다 같이 먹고 자면서 간디학교를 체험하는 거예요. 그리고 마지막 날에 학부모들이 와서 면접하고 애들을 집으로 데려오는 거죠. 그런 식의 입시였어요. 가을인가 겨울인가, 학기 중에 학교 빼먹고 간 기억이 있는데, 다니던 중학교에서 미친놈 소리를 많이 들었죠. '그게 뭔데?' '거길 왜 가?' '거기가 외고보다 좋은 거야?'

거긴 떨어졌어요. 그런데 거기 교장이 그해에 미인가 학교를 또 하나 만든 거예요. 그게 금산 간디학교예요. 산청 떨어진 애들한테 다시 연락을 했어요. '우리가 이런 걸 만들 건데 같이 할 거냐. 그런데 이건 학위 인정은 안 되니까 중졸인 상태로 대학 가고 싶으면 따로 검정고시 봐야 한다.' 입학할 때 보증금 5백만 원을 내야 한대요. 그쪽도 무일푼으로 시작하는 셈이니 20명이 모이면 1억 원이니까, 그걸로 시작한다는 거죠. 그러면 다음 기수에 들어오는 애들한테 메워서 졸업할 때 보증금 돌려주고.

계산해보니까 거기 가면 보증금 포함해서 1년에 천만 원 넘게 들겠더라고요. 어린 나이에도 다닐 수 있을까 싶었죠. 그런데 전 예비학교를 하고 왔잖아요. 그 체험을 하고 오니까 '아 이거다, 교육은 이래야 된다' 싶어서 부모님한테 고집을 좀 부렸죠. 나는 일반 학교 못 간다, 이걸 3년 더 하는 건 도저히 안 되겠다.

— 부모님은 어떤 반응이었어요? 예를 들어 돈이 좀 많이 드니까, 어떻게든 설득을 해 보려는 입장이셨는지….

이건 지금 와서 드는 생각인데 그때 저희 엄마 아빠 둘 다 별로 주관이 없었던 것 같아요. 그러니까 애가 한다고 하면, 그냥 믿을 수밖에 없는 상태. 자기들이 정보를 알아볼 열의도 없고 시간도 없고, 그러니 '네가 정 그렇게 하겠다면 해봐라.' 나를 말릴 만한 논리를 갖추기도 힘들고, 자식이 하겠다는데 돈이 없다고 말하기도 그러니까 그냥 보내줬겠죠. 그리고 저는 좀 그런 것 같아요. 인생에서 중요한 선택을 해야 할 때는 그냥 한번에 결정해버리고 뒤를 안 돌아보는 편이에요. 그게 최초였겠죠. 제가 한 최초의 결정.

— 간디학교 생활은 어땠어요? 주로 어떤 친구들이 왔다든지, 교육은 좀 다른 게 있었나요?

친구들은 엄마 아빠가 애초에 (대안교육에) 관심이 많았던 경우가 많죠. 전교조 아들딸도 있었고, (부모님이) 민주화운동 했던 사람도 있었고. 아니면 진짜 양아치라서 공교육에서는 더 이상 어떻게 할 수가 없다, 이런 애들도 있었고. 다 그랬어요. 부모가 뜻이 있어서 보낸 애들이 한 무리, 양아치들이 한 무리. 저만 이상한 경우였죠.

학교는 마음에 들었죠. 막 노니까. 커리큘럼이 빡빡하거나 체계적이지 않아요. 그냥 맘대로 하는 거예요. 사실 교육 자체에 별다른 건 없었어요. 제가 중학교 때 거길 선택했던 건 높은 수준의 학문을 기대했기 때문이기도 해요. 수준 높은 토론이 벌어지고 그럴 줄 알았는데, 가서 보니까 그게 아니더라고요. 거기도 주입식이었고요. 선생님들도 다 고교 교사 자격증

있는 사람들이니까 교수법도 딱히 특별할 게 없겠더라고요. 선생님들은 나름의 뜻이 있어서 혹은 전교조 출신이라서 거기로 갔던 것 같아요. 월급은 아마 많이 못 받았을 거예요. 부양가족 있는 사람 더 몰아주고, 이런 식이었어요.

근데 거기서 만난 친구들하고는 다른 친구들이랑 관계가 좀 달라요. 지금도 다 연락하고, 그냥 고등학교 친구들이 아니라 가족 같은 친구들이에요. 저희는 학부모 모임 같은 것도 많이 했으니까, 부모님들하고도 다 잘 알게 됐거든요. 친구 집에 놀러 가면 걔네 부모님들도 다 엄마 아빠 같은 그런 거. 졸업한 다음에도 친구네 집에 가서 살기도 많이 살았고, 오늘 인터뷰 끝나고 가는 집도 간디학교 때 친구네 집이에요.

기숙사비가 30만 원, 학비가 35만 원으로 한 달에 65만 원이 들었다. 2학년 때는 호주로 3개월간 단체로 연수를 갔다고 했다. 그 비용이 250만 원. 무척 좋은 경험이었다고 한다. 하지만 이제 가족의 금전적 현실 상, 간디학교는 더는 다닐 수 없다는 상황을 받아들이게 된다.

2학년 1학기 때 호주에서 3개월 동안 있었어요. 학교의 해외연수 프로그램이죠. 그런데 귀족 학교에서 하는 것처럼 그렇게 하진 않아요. 호주의 멀라이니(Maleny)라는 친환경 마을에 단체로 방문한 거예요. 옛날에 우리 교장이 배낭여행하다가 그 동네 사람들하고 친해졌대요. 거기에 학생들 데리고 가서 캠프를 하겠다 이런 구상이었죠. 산청 간디학교 애들이랑 합쳐서 40명이 갔거든요. 동네 주민들이 학생 두 명씩 맡아가지고 총 스무 가정에서 홈스테이를 하는 거예요. 낮에 학교 가서 수업 받고 각자 홈스테이 가정으로 흩어지고, 이런 식이었어요. 좋은 집 걸린 애들도 많은데 전 또 못사는 집에 걸린 거예요.(웃음) 집에서 바퀴벌레 나오는. 이탈리아계 이민자 가정이었는데 아버지 없고 엄마 혼자 애들 둘 키우는 집이었어요. 맨날 못 해줘서 미안하다고 그러셨죠. 그 아줌마 아직 살아 있겠지?

호주 생활은 완전 충격이었어요. 그 좁은 데서 콘크리트 키드로 크다가 대자연을 보게 됐으니. 거긴 완전 산촌이에요. 동네 중간에 울타리가 쳐져 있는데, 그 안에 소를 방목해요. '텔레토비 동산' 같아요. 완전 그림이었죠. 진짜 재밌었어요. 외국도 처음이었으니까. 당시에 또 이민 붐이 있었거든요? 저 중학교 2, 3학년 때 하루 걸러 한 명씩 이민 가고 그랬던 거 같아요. 캐나다 가고 뉴질랜드 가고 호주 가고. 당시 저는 학교 교육이 너무 마음에 안 드니까, 이 교육을 안 받으려면 저렇게 유학을 가야 되겠구나 생각했어요. 돈이 있었다면 그렇게 했을 거예요.

그런데 호주 갔다 오니까 진짜로 돈이 다 떨어진 거예요. 제 기억에 아마 입학할 때 낸 보증금 5백만 원 돌려받지 않을 테니 지금까지 학비 못 낸 거 퉁치자, 이렇게 하고 그 돈 다 떨어질 때까지만 다녔을 거예요. 그러고서 그만뒀죠.

그만두기 전에 사건이 하나 있는데, 제가 호주를 갔다 와서 부모님 만나러 전라도 광주에 갔어요. 근데 진짜 궁상맞게 살고 있는 거예요. 그때 아빠가 중소기업 물건 파는 것도 망했을 때라, 트럭에다 센베이 과자 팔았거든요. 두 분이 돈 한 푼이라도 아끼려다 보니 식단부터가 이미 망했어요. 밥이 잡곡밥밖에 안 나오고… 밥 먹고 나서 엄마가 잠깐 보자고 하더라고요. 아파트 주차장 있잖아요? 거기 앉더니 너 이렇게 학교 다니는 건 좋은데 우리가 널 더 이상 밀어줄 능력이 안 된다고. 만약에 네가 고3 때까지

이 학교에 다닌다면 대학은 어떻게 보내야 할지 모르겠다고, 이런 얘길 하는 거예요. 그만두라는 거잖아요. 그 얘길 듣고 어떻게 다녀요. 그래서 그만뒀죠. 뭐 어떡해요. 고2니까 어른이잖아요. 어른 아닌가? 만으로 열여섯인데 어른이죠. 그래서 받아들였죠.

IMF, 치킨집, 교회, 중국

그만두고서 한 6개월 놀았죠. 검정고시는 학교 그만두기 전에 이미 통과해놨었어요. 그때는 저도 막 혼란스러웠어요. 낮에 제가 대안학교에 안 갔다면 진학했을 고등학교 앞을 지나가는데, 보통 애들은 이 시간에 다 학교에 있는데 저만 할 일이 없는 게, 이래도 되나 싶은 기분이 들었죠. 나는 진짜 다른 사람들하고 다르구나.

열여섯을 어른으로 생각한다는 게 인상 깊었다. 그렇지만 남들 다 학교에 있는 시간에 혼자만 텅 빈 동네를 걷는 건 제아무리 진짜 어른이 머리에 들어 와 앉아 있었대도 열여섯에겐 힘든 경험이었을 것이다. 당시 김재욱이 떠돌던 동네는 중학교 때까지 살았던 분당이 아니고 수원의 어느 곳이었다. 잠시 돌려감기를 해 그가 간디학교에 입학하던 시기부터 자퇴한 이 시점까지 네 명의 가족 구성원이 어떻게 흩어졌다 다시 모였는지 들어보자.

제가 간디학교 들어갔을 때 누나는 대학교 2학년이었어요. 성대 공대는 수원에 있는데, 이모네 집이 바로 그 캠퍼스 앞에 있어서 이모네 집에 살면서 대학을 다녔고, 엄마랑 아빠는 전라도 광주로 아예 이사를 가셨어요. 아버지가 하던 일들이 다 전라도 부근에서였으니까. 그리고 전 기숙사 생활을 하니까 무주에 들어가 있었죠. 금산 간디학교가 학교 건물 없이 시작한 거라서 여기저기 돌아다녔는데, 처음이 무주였거든요. 무주에 있는 폐교를 1년인가 2년 빌렸어요. 1층은 슬레이트 벽 치고 난방 깔고 이래서 기숙사로 쓰고, 2층은 교실로 썼죠. 집에는 한 달에 한 번 정도 갔어요.

이렇게 1년 반쯤 뿔뿔이 흩어져 있던 가족이 그가 자퇴하던 즈음에 수원에서 다시 모인다. 그러나 이번에 구한 집인 14평 주공아파트는 다 큰 자녀를 포함한 네 명이 살기에 좁았고, 거기서 걸어갈 수 있을 정도로 가까웠던 '이모네'가 가족의 추가 거처가 된다. 자퇴 후 잠시 놀 때는 김재욱의 누나가, 재수학원에서 입시를 준비하던 시기엔 누나 대신 김재욱이 이모네 집으로 들어갔다.

누나랑 저랑 교대하듯이 이모네 집에 산 거예요. 전 거기서 2004년에 노량진 재수학원으로 왔다 갔다 했죠. 그 이모네 집에서 저희 집까지 걸어갈 수 있었어요. 그래서 그때는 그랬죠. '아니 이렇게 가까운 데에 이렇게 집이 많은데, 우리는 왜 같이 못 살고 이렇게 떨어져 살지?' 이모네는 32평에 새로 지은 아파트였고 우리 집은 주공아파트였으니까. 네 식구가 같이 살지를 못했죠.

그러다가 제가 수능 보고 대학 가면서 다시 합쳤어요. 아파트는 못 가고, 단독주택인데 방 세 개 있는. 그게 전세 4천만 원 했나? 어쨌든 다시 가족이 모여 살게 되었어요. 1년인가 2년 정도를.

김재욱 씨의 부모님은 이즈음 동네에 가게를 열고 자영업 전선에 뛰어들었다. 김재욱은 이때를 자신의 소설에 이렇게 그렸다.

"2003년. 우리 부모님은 어두운 IMF의 미로를 돌고 돌아 피자와 치킨을 배달하는 조그만 가게를 경기도 수원에 차렸다. 물론 지금이나 그때나 자본 없는 영세업자들이 다 그렇듯 그 가게는 2년도 채 못 가고 사라져버렸다. 그러나 아직도 당시 가게의 이름을 네이버에 검색하면 재미있는 간판 사진 모음에 가게 풍경이 나온다. 가게 이름은 당시 고등학교를 자퇴하고 고2 나이에 집에서 놀고 있던 내가 지었다.

돌이켜보면 엄마 아빠한테 존나 미안하다. 엄마 아빠는 매번 주문 전화를 받을 때마다 얼마나 뻘쭘했을까? 그 가게 이름은 '먹다보니 라지두판'이었다. 이것도 다 IMF 때문이다."

그때 엄마 아빠가 처음 시작한 가게는 칼국숫집이었어요. 아마 배달을 하셨을 거예요. 한식 배달. 그러다가 맨날 반찬 바꾸는 게 힘들다고 피자집으로 바꾼 거예요. 순살치킨도 같이 팔았어요. 실제로 가게 이름이 '먹다보니 라지두판'이고 네이버에 치면 나와요. 이름은 체인점이 아니긴 한데, 결국엔 다 체인점이에요. 그게 다 업자들이 있어요. 재료부터 전부 다 표준화되어 있는 거죠. 도우 만드는 거나 이런 건 배웠을 거예요. 근데 그것도 반죽기가 있으니까. 치킨이야 그냥 튀기면 되고, 파우더도 다 따로 팔아요. 그런데 그거를 계속 하기가, 엄마 아빠가 너무 힘든 거예요.

진짜 쉬는 날 없이 일했어요. 주말에도 일해, 명절에도 일해, 1년에 딱 하루 쉬는 거예요. 아르바이트 당연히 안 쓰고 둘이서 했어요. 자기네 노동력을 착취하면서. 그때 아빠 엄마 논지는 그거였어요. 나가서 무조건 앉아 있으면 만 원이든 2만 원이든 팔기는 판다, 일단 나와서 앉아라도 있

자. 그러니까 사람이 쉬지를 못하는 거예요. 여유도 없고 어디 놀러 갈 생각도 못 하고. 그걸 한식집까지 합쳐서 한 2년은 했을 거예요. 그런 일을 오래 하니 지치죠. 게다가 그때가 더 싼 피자집들이 생기는 타이밍이었어요. 피자스쿨 한 판에 5900원 이러잖아요. 근데 우리는 라지 두 판에 만 5900원이었나? 이러니까 다른 데랑 비교해도 안 되잖아요. 그러니 아빠도 접어야겠다고 생각하신 거예요. 접었어요, 접었는데 그다음 대책이 있었던 건 아니에요. 그냥 쉬고 싶어서 접었는데 어쨌든 돈은 계속 벌어야 되잖아요.

"근데 사실 생각해보니까 '먹다보니 라지두판' 시절 이야기를 꺼내는 건 우리 가족 사이에서 지금껏 암묵적으로 금기시된 일이었다. 확실히 그건 가게 이름만큼 장난스럽거나 재미있었던 일은 절대로 아니니까. 그때는 모두가 힘들었던 만큼 서로 손톱을 세우고 상처를 주고받은 일들이 너무나 많았다."

김재욱은 픽션 화자의 입을 빌려 이렇게 말한다. 자영업에 뛰어들었다가 실패를 경험한 베이비붐 세대 이야기는 클리셰지만, 그런 전형성 뒤에는 이렇게 대체될 수 없는 하나하나의 고유한 상처가 있었을 것이다. 50대의 중년이 1년 내내 하루도 제대로 쉬지 못하면서 '일단 나와서 앉아 있자'라는 심정으로 피자집을 계속하는데 옆집에 더 싼 피자 프랜차이즈가 들어서는 상황은 IMF 이후 세계의 고단함을 축약한다. 정규직, 사회안전망, 복지의 벽은 높기만 하고, 홀로 벌어 홀로 책임지는 영세 개인사업자가 되는 세계로의 진입 장벽은 지극히 낮은 사회, 노동은 더 고되어지고 휴식의 질은 더 낮아지고 노동자는 소비자가 되는 순간 이 울분을 보상을 받으려는 듯 째째해지며 결국 대부분의 싸움이 약자와 더 약자 간의 싸움이 되고 마는 사회. 배달 치킨과 피자는 시작하기 가장 쉬운 사업이자 가장 흔히 선택하는 초과노동의 파트너로서, 그 악순환의 어딘가가 나와 너의 혀끝을 반드시 떠도는 우리 시대의 맛이다.

한편 그의 가족이 '라지두판' 뒤에 겪게 된 일은 더욱 상징적이다. 그의 부모님은 우연한 기회에 이 시대의 기회의 땅 중국에서 가느다란 길을 개척하게 된다. "젠트리피케이션의 끝이죠, 중국이. 점점 밀려가지고 중국까지 간 거예요."

아빠는 이제 막막하잖아요. 어떻게 살아야 될지 모르겠고. 아빠는 당시에 자신감이 너무 떨어져 있어서 누구 만나기도 힘들고 이런 상태였어요. "요즘 뭐 하니?" 이런 얘기 들을까 봐. 그러다 아빠의 먼 친척분한테서 연락이 와요. 너무 먼 친척이라 관계가 어떻게 되는진 모르겠는데, 이분이 중국에 계셨어요. '여기서 피자집을 하고 싶다, 기술 좀 알려달라', 이렇게 연락이 온 거죠. 아빠 입장에선 사회적 시선도 있으니 차라리 외국에 가는 게 더 나았던 거예요. 그래서 제안이 오자마자 중국으로 가셨어요. 거기서 피자집 기술을 전수하고 돌아오더니, 다시 가서 누구랑 한식집 동업을 하겠다는 거예요. 지금이라면 말렸겠지만 그때는 저도 잘 모르니까, 이번엔 엄마까지 데리고 갔어요. 아마 그때 집 전세금 빼서 4천만 원을 가지고.

처음에 간 데는 심천(선전)이었어요. 홍콩이랑 붙어 있는 데. 그다음이 광저우, 지금은 계림(구이린). 엄마 아빠는 중국에서도 너무 왔다 갔다 해가지고. 노마드 쩔어요. 엄마가 그러는데 통계를 내보니까 우리 가족이 한 30년 동안 평균적으로 2년에 한 번씩 옮겨 다녔대요.

어쨌든 심천에서 한식집 동업을 했는데 사기 비슷한 걸 당했어요. 장사가 너무 안 됐대요. 근데 엄마 아빠는 한번 거기 갔으니까 다시 돌아오는 게 힘든 거예요. 여기 돌아와봤자 뭐 하나, 할 일이 없다는 생각을 하다가 중국에서 선교사로 어떻게 지원을 받고 살 수 있는 방법이 없나 알아보신 거예요.

교회는 이 4인 가족의 삶을 관통해왔고, 결국 부모님이 중국에서 새 길을 찾게 해줬다. 그들과 교회의 만남은 그 출발점이 1997년 IMF 외환위기 때였다.

(교회에 나간 게 IMF 때문인 건) 당연하죠. 그건 진리죠 진리. 가족 중에 외환위기 전에 교회에 다녔던 사람은 없어요. 그때 저희 말고도 신자가 많이 늘었을 거예요. 분당에 J교회라고 있어요. 지금은 엄청 커요. 신도가 4만, 5만 명? 메가 교회인데 당시만 해도 그렇게까지 크진 않았어요. 주일 아침마다 셔틀버스가 다녔어요. 원래는 25인승 학원 버스인데 주말에는 교회 버스가 되는 거예요. 원더랜드 어쩌고 학원, 그런 게 붙어 있는 버스가 주택단지까지 와서, 그걸 타고 가족 모두가 교회에 갔죠. 주말은 늘 그렇게 보냈던 것 같아요.

하여간 두 분이 중국에 남기로 결정했을 무렵에, 은퇴한 사람들을 위한 평신도 선교사 제도가 교회에 새로 생긴 거예요. 신학 공부 안 했어도, 목사가 아니더라도, 은퇴한 사람들이 외국에 가면 지원해주는 제도예요. 엄마가 그걸 알아봐서 한국 왔다 갔다 하면서 면접도 보고 통과했어요. 그게 벌써 한 10년 된 거죠. 처음에는 심천에 있다가 광저우로 옮겼고 이제는 더 시골로 들어갔는데, 심천, 광저우, 계림 순으로 더 시골이라고 이해하면 돼요. 거기서도 리빙코스트, 집값에 따라 계속 옮길 수밖에 없어요. 지금은 대충 잘 사는 것 같아요. 거기선 돈 모을 일 없고 그냥 살면 되는 거니까. 우리한테 돈 안 들어가니까.

네거티브한 선택의 끝에서 소설 쓰기

그의 말처럼 이제 더 이상 두 자녀에게 "돈 안 들어가는" 시기가 왔다는 점도 부모님이 중국에서의 새 길을 선택할 수 있었던 배경이다. 재욱 씨는 2005년에 대학에 입학한다.

그전에 고등학교 공부를 한 적이 없잖아요. 검정고시 통과할 정도로는 했지만. 재수학원에 가서 그때 수능 공부를 처음 시작한 거예요. 해보니까 할 만 하더라고요. 언어가 제일 재미있었어요. 비문학 지문 있잖아요. 거기서 문제의 논리가 틀린 걸 찾는 거예요. "이게 논리적으로 말이 되냐" 이러면서 선생한테 가져다주면 놀라면서 "야, 니 말이 맞다" 그래요. 이게 일이었어요.

원래 글은 좀 썼거든요. 초등학교 저학년 때, 글짓기 학원에 다녔었어요. 근데 글짓기 선생님이 극찬을 해놓은 거예요. 책도 잘 안 읽었는데 독후감 써 내면 맨날 상을 받았으니까, 그때부터 재능이 있다는 건 알고 있었죠. 물론 그게 나중에 커서 하고 싶은 일은 아니었어요. 다만 잘하는 게 그거밖에 없다는 것도 알고 있어서, 이런 일을 하게 될 거라는 막연한 예감이 있었던 것 같아요. 손재주가 정말 없거든요. 수학도 진짜 못하고. 근데 논리적인 것에는 되게 관심이 많으니까, 아마 '말로 사기 치고 살지 않을까' 이런 생각을 했죠.

입시원서를 쓸 때가 돼서는 한예종 영상원에 가고 싶었어요. 당시에는 뮤직비디오 감독이 하고 싶었거든요. 그래서 1차를 붙어서 면접에 갔어요. 근데 간디학교 다니다가 자퇴했다 그랬더니 면접관들이 그러더라고요. 여기도 다니다가 마음에 안 들면 자퇴할 거냐고. 거기서 "그렇죠" 해버린 거예요. 떨어졌죠. 하하하하. 떨어지고 나서 마음이 싱숭생숭해졌죠. 그러고서 수능을 봤고 재수를 하긴 싫으니 그 점수로 가야 되는 거죠. 가고 싶은 과도 별로 없었어요.

제 관심사는 그거였어요. 어디에 가야 최고 수준의 교육을 받을 수 있을까? 그렇게 치면 서울대인 거 같은데 서울대는 제 점수로 못 가고. 그리고 그때는 '크리에이티브'란 단어에 꽂혀 있었어요. 크리에이터가 되겠다는 거죠. 어리니까 잘 모르잖아요. 진짜 웃기다. 하하하. 진짜 유치하네.

그래서 입학한 곳이 중앙대학교 문예창작과로, '원래 좀 썼다'는 글과 입시 때 꽂혀 있었다는 '크리에이티브'가 합쳐진 듯한 선택이다. 입학 때 반액 장학금을 받았고 이후에도 약간의 학자금 대출에 엄마가 교회를 비롯한 여기저기서 끌어온 돈들 그리고 성적장학금 등으로 학비를 메워가며 경제적으로 큰 곤경 없이 학교를 마쳤다.

— 학교는 어땠어요?

가자마자 실망했어요. '아 구리다, 잘못 왔다.' 너무 구려서 '이게 뭐야, 돈 아까워' 이런 생각 엄청 했어요. 문창과 수업은 열 몇 명이 듣는데, 한 주에 두 명씩 자기 단편소설을 내서 그걸 가지고 다 같이 얘기하는 거예요. 선생이 사회를 보고. 저는 항상 자신 있었죠. 나는 잘 쓰니까. 그리고 남들 글을 엄청 지적했어요. 맞춤법부터 시작해서. 재미없고 다 구려요. 애들이 너무 수준이 안 되는 거예요. 그러면 애들이 제 작품 크리틱 순서 오면 다 벼르죠. '하나만 찾자, 너 이제 죽었다.' 무슨 평가를 받았는지도, 첫 소설이 뭐였는지도 기억이 안 나요. 기억이 안 난다는 건 어차피 안 들었다는 애기죠. 누가 뭐라고 해도 '내가 왜 너희가 하는 평가를 들어야 되느냐, 제대로 된 지적이면 듣겠다', 이러고 팔짱 끼고 있었어요. 그러다 두 시간 끝나면 '뭐야? 말이 되는 얘길 해야지' 이러고 집에 가고. 전 다른 사람 평가는 별로 신경 안 써요. 공모전에 떨어져도 아무렇지도 않아요.

그래서 그냥 책을 열심히 읽었어요. 대학 가서 보니까 다른 애들에 비해서 고전 같은 걸 너무 안 읽은 거예요. 도스토옙스키 이런 거, 다 재밌었죠. 저희 집에는 책이 없어요. 성경 딱 세 권 있어요. 하하하하. 우리 집이 이런 집이었구나, 그걸 느끼기 시작했죠. 그 밖엔 사회과학 세미나 좀 하고, 별거 안 했어요.

그렇게 학교가 마음에 안 들었던 그는 남들보다 학교를 일찍 떠났다. 무려 수석으로, 3년 반 만에 조기 졸업을 했다.

— 조기 졸업 하려면 성적이 좋아야 되잖아요. 애초부터 그럴 계획이었던 건가요?

딱히 노렸다기보다 집이 어려우니까 장학금을 받아야겠다는 생각이 늘 있었어요. 장학금을 못 받으면 알바를 해야 되는데 알바는 너무 싫은 거예요. 고1 때 돈이 필요해서 주유소에서 한 달 동안 먹고 자면서 일한 적이 있어요. 한 달 동안 휴일도 없이 일해서 80만 원을 받았어요. 시급이 2200원이었나? 그때 느꼈죠. 이건 말이 안 된다. 이렇게 해서 돈을 언제 버나. 일을 못 하겠구나.

미친 듯이 일해도 겨우 제자리인 아르바이트를 할 바에 그 시간에 공부를 해서 장학금을 받겠다는 생각은 앞서 그가 말한, 단편의 고료로 살기보다는 '큰 거 한 방'을 노리겠다는 방향과도, 일반 학교의 군대식 문화가 싫어서 대안학교에 가기로 했다는 '네거티브한' 선택과도 일맥상통한다. 무엇을 한들 '차곡차곡 쌓아서 뭔가를 이루기'보다 단속적으로 시달리고 소모될 가능성이 높은 시대, '확실히 아닌 것'부터 정하고 그걸 피하는 데 전력을 쏟는 그의 행동은 차라리 합리적으로 보인다.

무척 당연한 얘기지만 그는 군대 역시 피하기 위해 전력을 기울였다. 군 복무를 면제 받을 수 있다는 코이카(KOICA, 한국국제협력단)의 해외 봉사활동 선발을 위해 1년간 휴학하며 자동차 정비 일을 배웠지만 두 번 떨어졌다. 결국 어쩔 수 없이 정훈병으로 평범하게 군 생활을 했다.

복학하고 나서도 미래에 대해서는 별로 생각 안 했던 것 같아요. 근데 막연하게 망할 거란 생각은 안 들었고요. 졸업할 때쯤 돼서는 돈도 돈이고 마냥 놀기는 싫고. 제가 집에서 논다고 잘 노는 커리큘럼이 있었던 건 아니니까요. 그러면 사회적으로 보람이 있으면서 쓰레기 같지 않으면서 영혼이 지치지 않는 일, 내가 소진되지 않는 일, 칼퇴근 할 수 있는 일을 찾자, 그렇게 찾아보니까 없더라고요. 그런 직업은 없어요. 그러면 다 됐고 보람 있는 일만 찾아보자. 그것도 잘 없더라고요. 다 쓰레기 같고 제 양심이랑 안 맞는 거죠.

그는 그나마 조건에 어느 정도는 맞아 보이는 두 가지 일을 시도했다. 하나는 나의 전 직장이기도 한, 진보적 뉴스 매체 〈프레시안〉에 기자로 지원한 것이고, 다른 하나는 대학 시절 가장 친했던 선배를 따라 편집자가 되기 위해 출판학교에 지원한 것이었다. 두 시도 모두 낙방으로 끝났다. 소설 쓰기는 여기서 또 한 번 '다른 건 하기 싫다'라는 네거티브한 동기를 밀어붙인 결과였다.

우리 과 학벌로는 에디터 되기가 힘든데 출판학교를 다니면 된대요. 거길 6개월 다니면 어떻게든 다 취직이 된다나요? 그래서 출판학교 시험을 보러 갔는데 무슨, 맞춤법도 잘 모르겠는 거예요. '밀어붙이다'인가? '밀어부치다'인가? 답안지 쓰고 나오는 순간 알았어요. 떨어졌구나. 거기 애들 보니까 학벌도 다 스카이고 되게 열심히 공부하고 있더라고요.

떨어지자마자 다시 생각을 했죠. '취직은 안 되겠다, 내가 취직을 안 할 수 있는 방법은 큰돈을 버는 거다, 그걸 벌면 떳떳하고 내가 일을 안 하고 있어도 뭐라 하는 사람도 없다, 그러면 내가 큰돈을 벌 수 있는 일이 뭘까? 차라리 내 세계를 그냥 밀어붙이는 게 낫겠다, 그럼 소설을 쓰자', 이렇게.

그래서 썼죠. 돈 벌려고 쓴 거예요. 1억, 1억, 1억 이러면서 썼어요. 상을 목표로 한 것도 아니고 1억짜리 공모전이면 됐어요. 최대한 빨리 끝내자, 하기 싫으니까, 이런 생각으로 했어요.

《쇠당나귀》 구상은 군대에 있을 때부터 있었거든요. 그런데 이걸 써야 겠다는 생각만 있었지 배경 지식은 아무것도 없었던 거예요. 그래서 파기 시작했죠. 나중에는, 도서관에 조선 후기 역사 분야 있잖아요? 여기서부터 저기까지 다 읽었어요. 논문 저자한테 메일 보내서 묻기도 하고. 그런 식으로 낮에는 공부하고 밤에는 쓰고 해서, 다 합치면 6개월 정도 걸렸을 거예요.

근데 절박한 게 있으니까. 내가 여기서 이걸 못 하면 취직해야 되니까. 너무 싫었죠. 저는 모든 동기가 네거티브한 거 같아요. 하기 싫으니까, 그걸 안 하기 위해 다른 걸 열심히 하는 거예요.

1억 소설가의 경제 프로필

김재욱을 섭외하고 약속 장소를 잡기 위해 어디 사느냐고 물었을 때 그는 경기도 화성이라고 답했다. 동탄 신도시가 저 멀리 보이는 아파트에서 살고 있다고 했다. 인터뷰 서두에서 그의 가족은 한번도 집을 가져본 적이 없다고 했었는데, 실은 이 집은 자가 주택이다. 어머니가 중국에 가기 전에 분양을 받아놓았고, 누나의 회사 기숙사 기한이 다해가는 시점에 맞춰 6천만 원과 빚 1억 4천만 원을 끼고 들어갔다고 한다. 머지않아 인터뷰이가 제대를 했고, 누나의 결혼이 임박해 있던 인터뷰 시점까지 둘이 함께 살았다.

─《쇠당나귀》를 쓰던 당시부터 이미 부모님과 떨어져 지낸 거네요. 부모님은 '얘는 대체 뭘 하는 걸까' 걱정하진 않으셨어요?

부모님은 그러지 않았어요. 원래부터 네가 하고 싶은 거 하라고 그러셨으니까. 근데 누나 입장에선, 자기는 열심히 회사 다니는데 얘는 밤마다 뭐 하는지 모르겠는 거죠. 맨날 밤낮 거꾸로 살고 집에서 노는 거 같고. 내가 열심히 하는지 어떤지도 모르죠. 마감 얼마 안 남았다, 이래도 관심 없어요. 그때 경제적으로는 제가 체크카드 긁고 누나가 막아주고 하는 식이었어요. 한 달에 딱 30만 원만 썼어요.

당선되었다는 연락을 받은 날엔 평범하게 아르바이트를 하고 있었다. 당선을 예상했다고 한다.

전화 올 줄 알고 기다리고 있었어요. '왜 안 오지? 올 때가 됐는데?' 이러고 있었죠. 미술은행에서 대여 전시품 아카이브 작업 아르바이트를 하고 있었어요. 그거 하느라 여기저기 돌아다니고 있었는데, 쉬는 시간에 전화가 온 거예요. 당선됐다고. 알겠다고 하고 나서 아무 일도 없던 것처럼 다시 일했죠. 그리고 집에 가서 으하하하하 하면서 엄마한테 얘기했더니 엄마가 뻥 치지 말라고. 근데 그때 엄마가 왜 집에 있었지? 중국에서 잠깐 오셨었나 보다.

〈1997 방사능 치킨 극장〉은 그 상금 1억이 입금되는 장면에서 시작된다. 실제로도 입금자 '조선일보' 이름으로 9560만 원이 한 번에 입금되었다.

"2013년 1월 16일은 내 평생 잊을 수 없는 날이었다. 무슨 날이냐고? 그날 내가 문학상 대상으로 받은 상금이 발표 두 달 만에 내 통장에 입금되었다. 당시 내 통장 잔고는 593원이었는데 상금에서 세금 4.4%를 제외한 9560만 원이 드라마틱하게 꽂혀 내 통장 잔고는 9560만 593원이 되었다."

그거 되니까 돈 빌려달라는 전화가 진짜 많이 와요. 장난 아니었어요. 어떻게 알았는지. 방세 내달라고 하기도 하고, 로또 당첨된 거랑 완전 똑같아요. 입 닦고 가만히 있어야 했는데 많이 빌려줬어요. 천만 원까지 빌려간 놈도 있어요. 우리 엄마 아빠도 옛날에 주변 사람들한테 돈 많이 꿨었거든요. 그래서 나도 '당장 필요 없는데 써라', 이러고 빌려줬죠. 큰돈은 다 받았고 자잘한 돈들은 아직도 못 받은 게 있어요.

화성 아파트에 입주했을 때 안고 있던 1억 4천만 원의 빚을 대기업에서 일하는 그의 누나가 갚아나가고 있었고, 남은 빚을 이 상금으로 해결했다. 2억짜리 집인데 빚이 없다는 사실을, 그는 놀랍다는 듯이 두 번 강조했다. "엄만 지금까지 평생 동안 빚 없이 살아본 적이 없다는 거예요. 처음으로 완전히 빚을 클리어한 거예요. 그리고 자기 집 생기고. 빚 갚고 돌아오는 길에 엄마가 완전 막 울었죠." 돈을 빌려주는 일보다 돈을 빌린 상태로 있는 게 더 힘든 법이다. 돈 꿔달라는 연락이 몰려드는 건 빚을 다 청산한 일에 비할 바 아니었겠다고 생각했다.

— 당선되고 인생이 바뀌었나요?

안 바뀌더라구요. 그냥 잘 놀았어요.

— 작가라는 자의식은 생기나요?

없어요. 전 문인협회 이런 것도 모르고 가입도 안 되어 있을 거예요. 심지어 그 책 저작권을 제가 아니라 삼성이 갖고 있어요. 무슨 문인 자격증이 있는 것도 아니고, 그렇다고 교류가 있는 것도 아니고. 인터뷰도 이게 처음이에요. 으하하하하. 듣보잡 소설 하나 나온 거죠. 근데 전 1억 받았으니 됐다고 생각해요. 어차피 책 써서 1억 못 벌잖아요. (명성 같은 것은) 너네 다 가져라. 그걸로 뭐 할 건데? 이런 생각이죠.

그 후로 지금(2016년 3월)까지는 다른 경제 활동을 안 했느냐고 물었더니 "돈 있는데 왜 해요"라는 답이 돌아왔다. 만약 내게 그런 상금이 생겼다면, 상당 부분 가족의 빚 갚는 데 썼다면 더더욱, 받고 나서도 비축을 한 뒤 비교적 지속적으로 할 수 있는 일을 구한다든지 소심하게나마 미래를 대비한 투자가 될 만한 것들을 시도했을 것 같다고 상상했는데, '놀아야지 왜 하느냐'는 단호한 반문을 들으니 오히려 대번에 눈이 뜨이는 부분이 있었다. 어차피 삶의 판도는 바뀌지 않을 것이다. 그가 선택한 경로 또한 달라지지 않을 것이다. 앞서 그가 아버지와 어머니에게 했던 말을 그 자신에게 그리고 나에게 다시 던져보자면, "IMF 이후로 미래에 대한 전망이 사회적으로 없어진 지 오래잖아요. 차곡차곡 쌓아서 뭔가를 한다? 직업이 없는데 뭘 모아요?" 벌어서 쓰고 돈이 떨어지면 그다음 걸 이어 붙인다는 이 인식, 이 방식이야말로 오히려 가장 현실적인 게 아닐까.

물론 그가 이렇게 말할 수 있는 것은 이미 그가 조금은 '다른 길'에 들어섰고 그 경로를 되돌릴 수 없다는 점을 알고 있기 때문이다. 결단이 반쯤, 또 운명이 반쯤 작용하여 그는 창작자이자 8백만 비정규직 중 하나로 살아간다. 소설 당선과 함께 얻은 '소설가=문화예술인'의 자격은 얼마든지 영리하게 삶의 기반을 만드는 용도로 쓸 수 있다. 인터뷰를 하기 1년 전에는 한국문화예술위원회 소설가 레지던스 프로그램 지원을 받아 슬로베니아에 3개월간 무상으로 체류했고, 2016년 가을에 이메일로 근황을 나누었을 때는 예술인 복지재단의 예술인 파견지원 아르바이트로 '시급 무려 4만 원, 한 달 10번 출근, 30시간 일하고 한 달에 120만 원'을 벌고 있다며 이렇게 적었다. "예술가 존나 좋죠?ㅎㅎ"

— 그래도 사회적인 정체성이나 직업이나 이런 게 확실하지 않은 상태에 대해서 불안하진 않으세요? 왠지 아니라고 할 것 같지만…(웃음)

아뇨. 불안해요. 고등학교 때 느꼈던 감정이랑 많이 다르진 않은 것 같아요. '나는 왜 이렇지? 왜 이렇게 살지?' 요즘엔 옛날보단 정리가 됐어요. 왜 그러냐면, 요샌 제대로 안정된 애가 하나도 없거든요. 진짜 아무도. 친구 중에 대기업 다니는 애들 보면 오래 못 다니고 일하다가 쓰러지고. 사회 자체가 안정적이지 않으니까. 다른 애들도 미래는 없는 거예요. 그래서 내가 다르다는 위화감은 옛날보단 훨씬 덜해요. 간디 출신 친구들 중에 제가 알기로 지금 월수입 2백 넘는 애는 아무도 없어요. 4대보험도 아무도 없는 거 같고.

그가 자신의 친구 중에 "제일 잘살고 있는 애"라며 든 예는 대기업 정규직이라거나 돈을 잘 벌고 유명하다거나, 하여간 일반적으로 '잘됐다'고 이야기되는 경우가 아니었다. 그는 20대에 간디학교 선생님과 결혼해 세 아이의 아빠가 되어 '딱히 경제 활동은 안 하지만 이제 농사 지을 궁리 중'이라는 친구 얘기를 했다. 중산층적인 삶의 모델이 우리 세대 대다수에게 불가능하다는 사실을 알 분만 아니라 그 자신이 그 모델에 환상도 미련도 없다는 점에서 김재욱 씨는 인터뷰 내내 일관적이었다.

— 결혼에 대해서는 어떻게 생각하세요? 인생에 결혼이라는 계획이 있나요?

아뇨. 결혼은 못 하겠죠 아마. 이번에 누나 결혼하는 걸 봤더니 대기업에 다녀야 결혼할 수 있는 것 같아요. 매형이 마흔인데 매형도 대기업 다니거든요. 부모 도움이 없으면 집을 사지도 못하거니와 전세도 2, 3억은 하는데 10년 일해서 그 돈을 어떻게 모아봐요. 둘 다 대기업에 다녀도 그 돈을 못 모았더라고요. 결국 대출을 받아야 돼요. 매형이랑 누나랑 모아놓은 게 1억 5천이고 대출을 1억 5천쯤 받았을 거예요. 그래서 3억짜리 전세로 들어갔어요. 서울도 아녜요. 수원 영통이에요. 물론 큰 아파트긴 하지만. 그걸 보면서 '저렇게 해야 되나?' 아니 '할 수 있나?' 싶은 거죠. 주거 문제가 제일 크니까. 그걸 안정적으로 할 돈을 마련하는 거 자체가 불가능한 것 같아요 지금은. 이건 제가 딱히 자유로운 사람이라서 그런 것도 아니고 그냥 사회 제도 자체가 잘못된 거 같아요. 그걸, 이 상태로, 시작할 수 있어요?

우리 시대의 한국전쟁과 생존자의 윤리

— 〈1997 방사능 치킨 극장〉 얘기를 해보고 싶어요. 이건 아직 책으로 안 나온 거죠? 언제 쓰신 거예요?

2013년 하반기 정도에 썼어요. 《쇠당나귀》가 책으로 나오고 나서, 한창 돈 많고 좋을 때. 그것도 원래는 상금을 노린 거였어요. 3천만 원쯤 더 벌면 2, 3년 더 놀겠다. 3천 벌자, 그러고 쓴 거예요. 역사소설 쓸 때는 너무 고생했으니까, 그렇게 공부해야 되는 소설은 다시 쓰기 싫다, 대신 주제는 무거운 게 좋겠다. 그러면 어떤 주제가 좋을까 생각했을 때, 저한테 그런 문제의식이 있었던 거죠. 1997년도의 IMF는 나 자신뿐만 아니라 우리 세대한테 정말 한국전쟁 같다는 생각을 많이 했어요. 우리 사회 전반의 이데올로기를 아예 바꿔놓은 사건인데, 지금까지 문학 작품에서 구조적으로 재조명된 적이 없는 것 같단 느낌이 있었고, 그래서 그 주제를 택했죠. 그러고서 소설을 쓰려고 또 공부를 했죠. 그러니까 어차피 고생이 똑같더라고요.

실제로 고생이 상당했을 것이다. 소설을 읽었을 때 한 번, 이 글을 완성하면서 또 한 번 그렇게 느낀다. 〈1997 방사능 치킨 극장〉은 스스로도 'IMF 키드'이자 이 책을 쓰고 있는 내게도 한눈에 파악하기 어려웠던 IMF 위기의 기승전결에 대한 알기 쉬운 강의이기도 했다. 소설 주인공이 거대 치킨의 배 속에서 마주하는 아날로그 텔레비전 화면 위로는, 인터뷰이 가족의 가공된 역사뿐 아니라 1997년 전후 IMF 외환위기를 둘러싸고 한국과 세계 경제 무대의 막후에서 벌어진 일들도 생생하게 비춰진다. 이걸 술술 읽히는 이야기로 재구성하는 건 그의 말투를 흉내내자면 '개고생'이었을 것이다.

소설 화자는 시종일관 유머가 넘침에도, 당시 위기를 해석하고 관리했던 한국과 세계 경제 주체들에 대한 분노만큼은 무척 단호하다. 1억을 받아 통장 잔고에 여유가 생기자마자 "내가 겪은 전쟁"인 IMF에 대한 기록을 당장 조금이라도 해놔야겠다는 의무감을 느낀다고 소설 서두에는 적혀 있는데, 왜 그렇게나 IMF가 그에게 절박한 문제였는지, 이번에는 소설 화자가 아닌 '김재욱' 개인에게 굳이 되묻고 싶었다.

— 저는 소설을 읽으면서, 그런 문제의식이 화자의 분명한 어조로 나와 있기도 하고, 그런 문제의식 속에서 IMF 외환위기라는 사건과 한 가정의 풍비박산이 무척 설득력 있게 그려졌다고 생각했는데요. 그런데 실제 재욱 씨의 삶에서는 사실 '별다른 기억이 나지 않는다'라고 말씀하셨고 소설의 사건 중 대부분은 허구인 거잖아요. 그래서 IMF 외환위기라는 게 '내 인생'에서, '나'한테, 그 전과 후를 가르는 엄청난 사건이고 경험이었나를 굳이 다시 되묻고 싶어요.

저도 말씀에 동의해요. 그런데 한국전쟁 같은 거라고 해도 정말 폭탄이 떨어진 건 아니었잖아요. 진짜 어떤 스펙터클이 있었다기보다, 한 방에 바뀌긴 한 건데, 여파가 점점 온 거죠. 사건 자체도 물론 큰일이었지만 이후의 사람들의 생각이나 사회 전반적인 분위기, 이런 것들이 제게 미친 영향이 분명히 있다고 생각해요. 그게 인생을 좌지우지할 정도의 강력한 것이었냐고 한다면, 백 프로 그렇다고 보긴 힘든 부분도 있겠지만, 그럼에도 불구하고 신자유주의적인 이데올로기 자체는 저희 삶을 규정짓는 거였다고 생각해요. 우리 세대뿐만이 아니고. 세대로 볼 필요도 없을 것 같아요. 저희 어머니 아버지도 똑같은 일을 겪으셨으니까. 전쟁 같은 변화가 사회 내에서 일어난 거니까, 사회 구성원 모두가 겪은 거니까, 굳이 세대론으로 보고 싶진 않아요.

"위기의 해법은 사물들이 움직이는 방식을 오랫동안 규정한다"고 프랑스의 철학자 레지 드브레는 말했다. 이는 〈1997 방사능 치킨 극장〉에도, 김재욱이 이 소설을 쓰면서 IMF 외환위기를 묘사하기 위해 가장 많이 참고했다는 지주형의 《한국 신자유주의의 기원과 형성》에도 인용되는 말이다. 오래전에 쓰인 이 문장은 '한국전쟁' 같은 물리적 파괴가 아니었음에도 IMF 위기가, 그 해법이 왜 우리 삶에 그렇게 큰 사건이었는지를 함축해 보인다.

지주형은 현실의 위기 해석과 그 관리를 결정하는 것은 그 위기의 객관적 구조에 의해서가 아니라 "위기관리에 따라 이익을 보거나 손해를 볼 수 있는 사회세력들 사이의 직간접적인 사회적·정치적 투쟁"에 의해서임을 역설한다. 단순한 외환위기가 아니라 금융, 산업, 발전 모델, 정치까지 아우르는 넓은 분야에서, 그 시점 한국이 내외적으로 경험해온 역사 속에서 형성된 매우 복잡하고 특수한 현실의 위기였던 IMF 위기 역시 그야말로 이런 정치적이며 구체적인 투쟁 과정을 통해 '해결'되고 그다음 단계로 진입했다. 그 싸움에서 승리한 것은 "미 재무부와 월스트리트, 그리고 그동안 여러 차례 신자유주의적 개혁을 시도해왔던 한국의 경제관료들"이었다. 그리고 그들에게 유리한 방향으로 지배적인 위기관리의 방식이 결정되자 승리한 집단에겐 전리품이, 패배한 집단엔 고통이 배분되었다. 하지만 중요한 것은 이 승패의 여파가 거기서 끝나지 않았다는 것이다.

"하지만 이보다 더 중요한 것은, 위기로 증폭된 불확실성 덕택에 열렸던 여러 대안적인 미래의 가능성들이 위기 효과와 위기관리 비용이 불균등하게 배분되면서 하나둘씩 제거된다는 점이다. 지배적인 위기관리 방식에 순응하면 생존하거나 보상을 받고, 저항하거나 적응하지 못하면 처벌을 받거나 도태된다. (…) 특정한 수준의 위기에 초점을 맞춘 위기관리를 통해 다른 종류의 경험이 배제되고 특정한 종류의 경험이 반복됨으로써 행위자들은 특정한 교훈과 형태를 내재화한다. 보상을 받고 선택되는 행태는 강화되고 처벌을 받거나 도태를 가져온 행태는 약화된다. 그 결과 초기의 차별적이고 불균등한 사회적 배분이 구조화되면서 새로운 사회 구조로 나아가는 장기적 발전 경로가 형성된다."*

"1997년의 해법은 여전히 우리가 움직이는 방식을 규정하고 있다"고 재욱 씨는 소설에 썼다. 인용한 지주형의 통찰을 빌리자면 이 해법은 우리가 움직이는 방식뿐 아니라 다가오지 않은 미래를 상상하는 방식마저, 가능성을 셈하는 시야마저 규정하고 내면화시켰다고 할 수 있을 것이다. 아무리 눈에 띄는 상처 없이 살아남았다 해도 이 사회에 사는 이상 우리의 선택들이 이 특정한 발전 경로의 작용에서 벗어나 있다고 하긴 어렵다. 김재욱은 소설에서 그 점을 말하려 했고, 인터뷰에서도 마찬가지였다. 그는 자신의 미래도, 이 사회의 미래도 변하지 않을 것 같다고 말한다. 스스로가 '한국 사회'와 어떻게 관계 맺을 것인지를 묻는 질문에 그는 이렇게 답한다.

참여할 수 있는 방법이 없는 것 같아요. 가령 제가 작가로서 작품을 쓴다고 해도 누가 보는 것도 아니잖아요. 80년대처럼 그게 사회적으로 영향력, 파급력을 갖는 것도 아닌 거죠. 그냥 돈 벌기 위한 수단인 거죠. 글 쓰는 사람이라는 게 허울만 좋지 이야기 메이커들이고, 그것도 이제는 자본한테 잠식당했고, 글 자체는 사회적 참여성이 없는 것 같아요. 글 쓰는 사람 아니고 개인으로서요? 그건 혁명. 으하하하하하. 언제나 무력혁명의 꿈이 있죠.

예를 들어 저는 그런 건 별로예요. 인권운동 이런 거 있잖아요. 너무 위선적인 거예요. 인권이란 말 자체가 냉전 때 소련 공산주의로부터 평등에 대한 압박이 너무 심하니까 미국에서 만든 말 아니에요? 약간의 권리를 더

---

* 지주형(2011), 《한국 신자유주의의 기원과 형성》, 책세상

찾는 걸로는 충분치 않은 것 같고, 갈아엎어야 된다, 이런 생각이 있는 거죠. 저는 활동가 타입은 아닌 것 같고요. 이론을 많이 봐요. (작은 변화들로는) 한계가 있는 것 같아요. 진보정당 지지도 하고 선거 때 되면 투표도 하겠지만, 대의제 자체가 잘못됐는데 그렇게 한다고 해서 되나 싶은 무력감은 있는 거죠. 내가 원하는 건 이 정도가 아닌데. 그러니까 전 맞으면 맞고 아니면 아닌 것 같아요. 지금은 분명히 아니긴 아닌 거고, 아니면 바꿔야 돼요. 근데 '어떻게'라는 말이 나오면 "나도 잘 모르겠는데?" 이렇게 되죠. 그런데 대안학교를 다녀서 그런지 어릴 때부터 비판을 하려면 대안이 있어야 된다는 강박관념이 있었어요. 그러니까 폭력혁명을 지지할 수밖에 없죠. 어떡해? 그거밖에 없는데?

마지막으로는 인터뷰의 계기가 된 소설의 독자 입장에서, '소설가'로서 그의 앞으로의 계획을 물었다. 단기 계획과 장기 계획 혹은 작가로서 어떻게 살아가고 싶은지에 대해서.

단기 계획은 그거예요. 제가 〈1997 방사능 치킨 극장〉 다음에 쓴 소설이 하나 더 있어요. 그건 부산에서 진짜로 원전이 터지는 얘기예요. 고리원전이 터져서 사람들이 다 도망가는데, 거기로 다시 돌아가려고 하는 고딩들 얘기거든요. 장편인데, 출판사에도 내고 문학상에도 내고 서너 군데 냈는데 다 떨어졌어요. 지금 표류하고 있죠. 그걸 출판하고 싶어요.
앞으로 어떤 작가가 되고 싶나라, 모르겠어요. 지금까지는 돈 벌려고 쓴 게 있는데요. 어느 순간 그런 생각이 들더라고요. 작년 8월에, 방금 말씀드린 소설을 다 쓰고 나서 보니까 '아 진짜 예술을 해볼까'라는 생각이 들었어요. 큰 카테고리로 말하면 클래식 하나 남기고 싶어요. 백 년 후에도 읽을 소설. 백 년 후에도 한국 소설 중에 이런 게 있었다고 회자될 만한 작품을 하나 쓰고 싶어요. 남의 눈치 보지 말고. 다음 번에 쓸 작품은 그런 작품이에요. 저한테도 도전이긴 한데 저도 그만큼 그전보다 훨씬 더 노력해서 한번 해볼 생각이에요. 글 쓰는 건 학교 다닐 때도 지금도 그렇게 재밌진 않아요. 재미있는 일은 아닌 것 같아요. 행복한 일도 아니고. 솔직히 너무 힘들어요. 진짜 죽을 거 같아요. 너무 힘들어.

앞서 여러 번 강조되었듯이 인터뷰이는 '하기 싫은 걸 안 하기 위해 다른 걸 열심히 한다'라는 선택 방식을 취해왔다. 그리고 그의 '하기 싫다'는 그때그때의 기분을 넘어 반드시 사회의 부조리에 대한 반발을 내포하고 있었다. 군대 같은 공교육이 싫고, 군대가 싫고, 반드시 '더 약자'에게 윽박지르게 되는 자리가 싫어서. '1997년 해법'의 승리자의 논리가 여전히 지속되는 세상을 바꾸려면 결국엔 무력혁명밖에 없다는 과격한 주장은, 아무리 본심이라 해도 실제로 그렇게 행할 가능성은 적을 것이다. 오히려 그는 (스스로는 그렇게 생각하지 않더라도) 누구보다 조용히 혼자, '앞뒤가 맞게 할 수 있는' 개인적인 저항을 계속하고 있으며, 그것이 우리에게 가능한 윤리는 아닐까 생각했다. 김홍중은 IMF 외환위기 이후 펼쳐진 '97년 체제'의 세계 속에서는 살아남는 것을 추악한 것으로 인지하는 '진정성의 주체'가 불가능함을 고하며, 그 속에서 두드러지는 인간형으로서 "정치적 생명은 없으나 언제나 더 연명하며 살아남는 '생존자'의 이미지"를 발견했다.* 그러나 어떤 생존자들은 그렇지 않으며, '다른' 정치적 생명을 갖는 것이다. 예컨대 그가 이렇게 말한 것처럼. "너무 쓰레기 되지 말고."

---

* 김홍중(2009), 《마음의 사회학》, '1장 진정성의 기원과 구조', 문학동네

— 현실적으로 선택지가 얼마 남지 않은 상황에서, 지금까지는 '아니다'라고 생각했던
　일도 해야 되지 않나, 그런 생각을 하게 되진 않으세요?

　전혀 없진 않죠. 돈 주면 하겠죠. 근데 하는 데까진 제 스타일대로 해보
려고요. 어쨌든 작품으로 승부하는 게 좋고, 제일 양심적인 것 같아요. 사
기를 쳐도 좀 양심적으로, 말이 되는 정도로 하자, 너무 쓰레기 되지 말고.

직업으로서의 정치,
삶으로서의 정치

김남희
1981년생

한국 대통령 중에서 현재까지 내 인생에 가장 존재감이 큰 이는 이명박이다. 2008년부터 2012년까지 내가 가까이했던 세계의 소속감에서 나는 언제나 이명박과 맞선다는 감각이 있었다. 광우병 사태 때는 외국에 있으면서도 매일 '명박산성' 기사를 봤고, 기자가 되겠다고 진로를 결정한 2008년과 2009년 사이에는 굳게 닫힌 '진보' 신문사 취업문 앞에서 좌절하며 친구들과 자주 거리로 나섰다. 용산 참사를 기점으로는 인간관계마저 크게 바뀌었으며, 취업 직후 통일부 기자실에 출입하자마자 천안함 사태와 5.24 조치를 겪었다.

무엇보다 폭력적인 도시 개발 문제를 도시 젊은이들의 코앞까지 끌고 온 '두리반'에 드나든 경험이 있었다.* 이명박으로 상징되는 것들이 이제 막 진보 성향 신문사에 취업한 나의 불안과 광란의 게임장이 된 도시 풍경을 좌우하는 적대적 항으로서, '권력'으로 상정되었다. 요컨대 적대할 것이 분명한 시대였다.

이때마다 이명박은 나와 느슨하게 연결된 세계의 적으로서 나타났다. '나와 느슨하게 연결된 세계'라는 감각은 이전에 학교에서 맺은 인간관계와는 다른 방식과 내용의 새로운 인간관계가 폭발적으로 확장한 것과 관련이 있다. 일단 직업이 사람 만나서 이야기 듣는 게 일인 기자였고, 문학인·미술인·음악인·학생·운동권 등 다양한 이들을 볼 수 있는 두리반에 드나들었으며, 전혀 상관없던 사람들을 투쟁이나 프로

---

* 두리반은 서울시 마포구 동교동 167번지에 있다가 현재는 서교동으로 이전한 칼국숫집의 이름이다. 하지만 여기에서는 2010-2011년 구 두리반에서 일어난 철거 투쟁을 말한다. 2006년 공항철도 공사 관련 마포구 '지구단위 계획지정' 구역으로 지정되자, 두리반이 입주해 있던 상가 건물이 건설사 GS건설이 내세운 유령회사 남전디앤씨에 매입된다. 그리고 이에 의한 철거에 맞선 세입자들 중에 두리반만이 유일하게 최후까지 남아 2009년 크리스마스이브 용역철거반의 기습을 기점으로 이후 537일에 이르는 긴 농성을 시작하게 된다. 두리반 투쟁은 이전의 일반적인 철거 투쟁과는 달리 '직접적인 이해당사자(세입자, 전철연 등의 단체)'를 넘어 문학가, 음악인, 학생 등 다양한 이들과 연대의 주체를 형성하여 철거 문제를 공공 이슈화했으며, 그 과정에서 '51 플러스' 등의 음악제나 문학포럼, 촛불미사 같은 이벤트가 기획되고 개최되었다. 철거 투쟁의 장소인 동시에 토론, 공연, 작업, 서로 다른 분야 사람들의 친교와 각종 자치적 행위가 영위되는 장소로서, 두리반은 2010-2011년 그곳을 거쳐 간 많은 젊은이에게 일종의 '학교'로 기능했다.

젝트 단위로 일시적으로 묶어줄 수 있는 스마트폰-SNS라는 새로운 매체 환경도 결합했다. 비슷한 적대 감각을 공유하는 사람들과 헐겁게나마 '우리'로 엮일 수 있었던 시기, 그 '우리' 중에서도 인상 깊은 친구가 한 명 있었다. 2000년대 초중반 인터넷 게시판에 글을 쓰며 논객으로서 이름을 알리고, 진보 정당과 노조 등 '운동권' 직장에서 일하며 몇 권의 책을 쓴 김민하 씨(1982년생)다. 처음에는 정신없이 확장되던 '우리' 중 한 명으로 시작해 나중에 그가 다른 인터넷 신문에 기자로 취직하면서 동종업계 종사자로서, 글 쓰는 동료로서 친교가 이어졌다.

그의 관심은 다양한 분야에 걸쳐 있었지만 기본적으로는 자신을 '배출한' 운동권에 대한 애정과 책임감이 늘 중심에 있었다. 그런데 적어도 내 눈엔, 우리가 친해진 그 시기, 즉 이명박 시대는 운동권, 특히 진보 정치 운동에는 무척 혼란스럽고 어두운 하락의 시기였다. 민주노동당이 탄생하고 분당하기 전까지만 해도 대중적으로 확장되는 것처럼 보였지만 이후 분열, 불안한 통합, 파탄을 겪었으며 존재감마저 잃어갔다. 생활을 위해 신문사에 취직했지만 언제나 당에 돌아갈 것을 염두에 두었던, 그러나 당의 미래도, 당에서 일할 경우 자신의 미래도 밝지 않은 것을 아는 '직업 운동권'인 민하 씨를 보면서 저들의 어려움과 좌절이 저들 각자의 문제만이 아니라 '우리' 시대 청년들이 처한 정치적, 경제적 상황을 여실히 반영하는 것이 아닐까 생각하곤 했다.

이 책의 세 번째 인터뷰이는, 김민하 씨의 전 배우자인 김남희 씨다. 인터뷰를 하러 광주로 내려가기 전까지만 해도 남희 씨를 알지 못했다. 민하 씨와 운동권 동지로 만났고 동거 중에 아이를 임신했으며, 출산과 함께 고향인 광주로 가서 민하 씨와는 조금 다른 노선에서 정치 활동을 계속 하고 있다는 것이, 김민하 씨의 20대의 기록인 《레닌을 사랑한 오타쿠》(2009, 텍스트)를 통해 내가 아는 전부였다. 2016년 초 어느 날 민하 씨를 만났을 때 인터뷰이를 찾고 있다고 얘기했더니 그가 남희 씨 이야기를 간략하게 해주었다. IMF 외환위기와 관련된 개인사보다는 그녀가 운동을 직업으로 삼아온 여성이라는 점이 나의 흥미를 끌었다. 또 출산을 통해 엄마가 됐지만 끝내 '아내'는 되지 않았다는 점(두 사람은 출산 이후 법적으로 부부가 되었지만 함께 살지는 않았고 8년 만에 이혼을 결정했다), 고향인 광주에서 정치 활동을 계속하고 있다는 점, 민주노동당 당원·당직자로 정치적 행보를 시작했지만 지금은 '진보 정당'이라 하기 어려운 국민의당에서 일하고 있다는 점이 그의 인생을 흔든 고민과 선택들을 궁금하게 만들었다. 조심스럽게 이메일을 보내 인터뷰 허락을 받았다.

2016년 3월 16일 2박 3일 일정으로 광주에 갔다. 그는 당시 안철수가 이끄는 국민의당 광주시당에서 공보국장 겸 부대변인으로 일하고 있었다. 4월 총선이 코앞인 시기라 무척 바빠 보였다. 정당 스펙트럼을 자유한국당과 민주당으로 양분하는 이들에게 국민의당은 민주당 계열의 '좌파' 정당이겠지만, 군소 진보 정당 사이에도 거스를 수 없는 커다란 차가 있다는 사실을 아는 이들에게 국민의당은 오히려 자유한국당-민주당-국민의당 대 나머지로 양분되어도 이상할 게 없는 보수적인 정당이다. 20대부터 10여 년에 걸쳐 진보 정치에 투신해온 김남희 씨가 당시 국민의당에서 일하게 된 경로가, 스스로 칭하길 "우클릭"해올 수밖에 없었던 그 경로가, 이 인터뷰의 중요한 내용 중 하나가 될 것이다.

네모반듯하게 정비된 광주 상무지구, 광주시청 바로 앞 국민의당 광주시당 사무실 건물 1층 카페에서 17일 늦은 저녁 만났다. 인터뷰 내내 김남희 씨에게 일 관련 전화가 울렸고, 도중에는 아예 사무실로 자리를 옮겨 인터뷰를 계속했다. 지금 하고 있는 일과 사회 경제적 양태에 대한 질문으로 인터뷰를 시작했다.

'엄마가 깔아놓은 판'에서 투덜이로 자라다

당의 임금노동자로서 공보국장을 하면서 부대변인을 함께 맡고 있어요. 여기 광주시당의 경우 일터로서의 규모는 임금을 받는 당직자가 저를 포함해 다섯 명입니다. 한국에서 거대 양당 외에는, 특히 진보 정당 같은 데서는 정당을 직장으로 해서 살기란 예나 지금이나 많이 어려워요. 제가 국민의당으로 오게 된 여러 이유 중 하나가 최소한의 경제적 조건이 됐기 때문이기도 하고요.

지금까지 단 한 번도 안정적인 직업을 가져본 적이 없어요. 다만 직업의 내용과 경제적 상황에 불만족은 없었어요. 돈 문제로 어려움을 겪고 있다는 생각은 안 해요. 다만 아이를 키우다 보니 점점 보수적인 관점으로 직업을 선택하게 돼요. 육아를 안 했다면 원래는 고려하지 않았을 직업들이죠.

진보 정당에 있을 때는 내용에 만족도가 컸다면 지금은 성과가 커요. 진보 정당에서 (시작해) 조금씩 우클릭해서 여기 오면서 기대한 것들이 그거죠. '진보 정당으로 현실을 못 바꾼다면 내가 하는 진보 정당 운동이 그냥 누군가의 집을 지키는 것밖에 안 된다, 그렇다면 내가 해야 할 이유가 없다, 나도 더 이상 희생을 못 하겠다, 나는 나를 챙겨야겠다.' 이 당은 제가 그동안 쌓아온 모든 것과 이념이 많이 다른 정당이지만, 이 정당을 통해서 (할 수 있는 일의) 50퍼센트 이상을 표출하고 있다는 성취감은 많이 느껴요.

그가 2016년 3월 국민의당 부대변인으로 있기까지, 진보 정당이라는 특수한 사회를 안팎에서 겪어온 역사는 나중에 듣도록 하고, 먼저 가족과 유년 시절에 대해 물었다.

아버지가 53년생, 어머니가 55년생이에요. 저는 3남매 중 둘째고, 위로 두 살 많은 언니가 있고 아래로 세 살 어린 남동생이 있어요. 아버지는 새벽에 나가 나무 해서 저녁에 귀가하는 보성 촌구석 소년이었는데, 초등학교도 졸업 못 하고 광주로 와서 공장을 다녔대요. 60년대 말 70년대 초 개발 시기여서 건설 관련 하청 일을 하시면서 경제적 기반을 다질 수 있었어요. 엄마는 도시 부잣집 딸이었는데 여러 사정이 있어서 중학교 때 집안이 망했고, 광주에서 공부 잘해야 가는 여상을 갔어요. 거기 나와서 금융기관에서 일했고요. 요즘 말로 하면 나름 '결혼 시장에서 먹어주는' 존재였죠.

그런데 시골 촌놈이 개미처럼 일만 하다가 엄마를 사랑하게 되어서 아주 오랜 시간 쫓아다녔어요. 그때는 이미 가난하고 힘들었는데도 여상 나와 금융권에서 일하는 딸이 초등학교도 안 나온 시골 남자한테 시집 간다고 하니까 엄마 집에서는 '우리 집 망했네' 하면서 반대했죠. 그런데 다행히도 아빠 사업(철강 사업)이 잘되었어요. 80년대가 건축 호황기여서 먹고 살 만했고, 집안 반대를 무릅쓰고 결혼한 엄마가 인생에 자부심도 느끼고 그랬죠.

모든 가계 활동은 엄마가 주도했어요. 단칸방에서 시작해서 주택 전세, 27평짜리 아파트, 48평짜리 아파트, 이렇게 옮겼는데 이것과 관련된 투자와 저축은 다 엄마의 성과였죠. 두 분이 처음 산 데는 월산동 달동네였어요. 그 동네가 그때도 그렇지만 지금도 좀 낙후 지역이에요. 제가 태어난 데가 거기고 그때까지는 아빠가 다른 공장에 직원으로 있었어요. 엄마 말로는 집 안에 수도가 없었대요. 밖에 나가서 야채나 쌀을 씻어서 밥을 해야 되는데 (겨울에는) 수도가 꽁꽁 얼거나 쌀 씻을 때마다 손이 다 터지는 줄 알았다고 얘기하시죠.

그 후에 주택으로 이사를 갔다가 그다음에 J동 아파트에서 살았어요. 시내 중심지는 아니지만 학군이 꽤 좋은, 20-30평형대 아파트가 밀집한 곳이었어요. 그러다 94년에 문흥지구로 이사 왔죠. 당시엔 개발된 지 얼마 안 된 외곽 지구였어요. 이후로도 더 이상 개발이 안 됐죠. 94년 그 상태로 박제가 됐어요.

어쨌든 집도 계속 넓어지고 상승하는 시기였어요. 그런데 아빠가 크지 않은 규모였지만 자기 사업체를 갖게 되고 사장 놀이를 하면서 원하는 만큼 소득을 올릴 때, 아빠는 그 자체로 성취감을 느꼈지만 엄마는 그걸 잃는 것에 대한 굉장한 불안감을 느꼈어요. 어렸을 땐 유복하게 자랐기 때문에 그걸 잃는다는 게 얼마나 힘든 건지 경험한 터라, 한번 손에 들어온 건 절대 놓지 않으려고 하셨죠.

엄마 가족은 3남 3녀였는데 외삼촌들은 다 돌아가셨어요. 엄마의 언니, 저희 큰이모는 초등학교만 나와서 외할머니 도와 바느질 일이나 시장 일을 같이 했다고 해요. 그 뒷바라지로 엄마는 여상을 다닐 수 있었고, 엄마의 동생인 작은이모는 두 언니의 희생을 발판 삼아 인문계 고등학교를 나와 대학에 다녔고요. 작은이모는 울산의 현대차 다니는 분과 선을 봐서 결혼했어요. 그런 경험 때문인지 몰라도 엄마는 학벌이 있어야 된다는 신념, 미래의 배우자가 되었든 직업의 전문성이 되었든 학벌이 미래를 결정한다는 아주 확고한 신념을 가지고 절 키웠죠. (교육열이) 어마어마했어요. 저 어렸을 때부터 엄마는 흔히 말하는 '치맛바람 센' 엄마였고 전 그게 너무 부끄러웠어요.

— 우리 집이 '좀 잘산다'고 느낀 건 언제부터였어요?

48평 아파트로 이사 갈 때 제가 중학교 1학년이었는데, 나한테는 그냥 '큰 집'인데 부모님한테는 이게 어마어마한 의미인 거예요. 전에는 집에 손님 초대하는 일도 없었는데 거기로 이사하고 나서는 방도 꾸미고 저희한테 주말에 친구를 데리고 오라고 권유까지 했어요. 그 동네 비슷한 환경을 가진 사람들과의 모임 같은 게 확 늘어나고. 그때 '아, 뭔가 변화가 시작됐구나' 생각했죠.

그때는 또 일주일에 한 번씩 시외로 놀러 갔었어요. 토요일이나 일요일에 온 가족이 자가용 타고 외식하고 온천 가고 드라이브하고 영화 보고 쇼핑하고 그랬죠. 본인들이 어렸을 때 누리지 못한 문화적인 혜택을 자식들은 좀 누렸으면 좋겠다 싶었던 거죠. 때마다 백화점에서 '신상 나왔습니다 고객님', 이렇게 문자가 와요. 그러면 애들 셋 데리고 가서 옷 입혀보고 "이거, 이거, 이거 주세요." 이렇게 드라마에 나오는 재벌 흉내 내면서 마음의 위안도 좀 얻고. 잘나가는 중산층이고자 하는 욕구가 있었고 그걸 할 수 있는 선에서 최대한 하려고 했던 거죠.

그리고 다니던 학원비 수준이 올라갔죠. 그 학원 다니는 친구들은 다 잘사는 아이들이고, '아무나 못 들어가는' 곳이었어요. 집에 단순히 예금이 많다, 이런 거랑은 달랐던 거 같아요. 그런데 교육을 통해 성공하길 바란다는 거 외에 엄마한테 디테일한 교육 철학이 있는 건 아니었어요. 두 분 다 교육 혜택을 많이 받은 사람이 아니기 때문에, 돈 버는 거나 저축은 열심히 했지만 교육적인 면에서는 창의적이거나 유연하지 못했던 것 같아요. 오로지 비싼 학원, '잘하는 애들이 모인다더라' 하는 데만 쫓아다녔죠. 그래서 학원을 되는 대로 막 보냈어요. 웅변, 테니스, 태권도, 모든 예체능을 다.

엄마는 내가 인정하든 안 하든 그런 게 특혜라고 했어요. 그런데 저는 그게 반가운 적은 없었어요. 그렇다고 결핍을 느껴본 적도 없고요. 내가 먼저 좋다거나 하고 싶다고 한 적도 없는데 그걸 하라고 했을 때는 기회라는 걸 어느 정도 인정했어요. 하다가 싫어지면 투쟁해서 그만두면 되는 거니까.

엄만 저를 맨날 불만덩어리, 투덜이라고 표현해요. 동의되지 않는 것을 인정하지 못하는 편이라서 자꾸 질문을 하고 납득이 될 때까지 의견을 계속 내고 하니까. 게다가 가정은 전혀 민주적일 수 없는 곳이잖아요. 그러다 보니 엄마로선 절 설득해야 하는 데서 오는 스트레스가 엄청 심했어요. 저한테 늘 너는 왜 모든 문제를 그렇게 삐딱하게 보느냐고 꾸짖었어요. 원래 타고난 기질이 그런 것도 있지만 다른 계기도 있었죠.

'빨갱이' 스승과의 만남

거기에 불을 지핀 인연이 있어요. 중학교 1학년 겨울부터 논술학원에 다니기 시작했는데, 그 학원 선생님이 사회주의 운동을 하셨던 분이에요. 우리한테 사회주의를 가르친 건 아니었지만, 역사관이나 세계관을 만드는 과정에서 비판적으로 보는 훈련을 그분으로부터 받은 것 같아요.

그 스승은 황광우라는 사람인데요. 네, 《철학콘서트》작가.* 이 사람이

---

* 1958년 광주 출생의 저술가·정당인. 1977년 검정고시를 거쳐 서울대학교에 입학했으나 이듬해 6개 대학 연합시위에 연루되어 긴급조치 9호 위반으로 2년형을 선고 받았고 1980년 광주민주화운동을 겪었다. '정인'이라는 필명으로 발표한 《소외된 삶의 뿌리를 찾아서》(1985)가 운동권을 중심으로 큰 반향을 일으켰고 이후 황인평, 최윤회 등의 필명으로 저술 활동을 이어갔다. 황광우라는 본명으로 책을 펴내기 시작한 것은 1991년 《뗏목을 이고 가는 사람들》부터다.

일고(광주일고) 다니면서 학생 운동을 하다가 잘렸어요. 검정고시를 봐서 서울대를 갔는데, 거기서 또 학생 운동을 했고요. 운동권 역사로 봤을 때 굳이 구분하자면 PD 계열**인데, 노회찬, 주대환, 황광우 이 3인이 인민노련 활동을 하고 위장취업을 해서 활동한 운동사가 있고요. 그러면서 운동에 진입한 사람들에게 교과서 격인 책들을 냈어요. 첫 책을 스물여섯에 냈더라고요. 어쨌든 90년대가 되고 소련이 붕괴되면서, 운동권들이 살길을 찾아야겠다든지 이후를 도모해야겠다든지 해서 잠시 조직이 재정비되고 있을 때였죠. 그러다 94년에 저 같은 애들을 만난 거죠.

본인이 광주일고를 다녔잖아요. 이런 지방에서는 그 동네 일급 학교 졸업생들이 나중에 다 해 먹고 방귀 좀 뀌고 그러잖아요. 서울의 경기고가 그렇듯이 광주에서는 광주일고 출신들이 관공서부터 해가지고 주요직에 다 포진해 있어요. 당시엔 일고에서 학생 운동 했던 사람들도 많이 있고, 거기서 전대(전남대) 간 사람도 꽤 되고 그 길로 교수도 하고 있고, 하여튼 동네에서 뭐 좀 하는 인간들은 다 일고 출신인 거예요. 그래서 자기 입맛에 맞는 사람들한테 죽 카드를 돌린 거예요. '당신들도 잘 아는 천재 4형제***의 막내 황광우가 광주에 다시 돌아왔습니다. 나한테 맡겨주시면 당신들의 아이를 최고로 키우겠습니다', 이렇게요. 거기에 의리 때문에 걸려든 사람도 있고 실제로 황광우의 논리적인 사고를 높이 산 사람도 있고 해서 아이들이 20여 명 모였어요. 처음에는 학원 건물도 없어서 황광우의 선배

** PD(People's Democracy, 민중민주) 계열은 NL(National Liberation, 민족해방) 계열과 함께 운동권의 노선을 가르는 양대 범주다. 전자는 노동해방과 반자본주의를, 후자는 민족성과 반미·자주를 중요한 가치와 노선으로 삼는다.

*** 황광우의 실제 형제인 황승우, 황병우, 황재우 등을 포함한 형제를 말한다. 황재우의 다른 이름은 황지우 (1952-, 시인)다.

가 하는 학원 강의실을 하나 빌려서, 꼴을 갖추지 않은 곳에서 단체과외처럼 두세 팀 운영한 거죠.

그렇게 1, 2년 하고 학원(건물)을 얻었어요. 페이를 되게 비싸게 받았거든요. 그 학생들 부모는 거의 다 재력가기 때문에. 광주에서 94년만 해도 교육비가 그렇게 비싸지 않았어요. 그런데 당시에도 (한 달 학원비가) 35, 40만 원 했고 고등학교 올라가니 50, 60만 원 했던 것 같아요. 아무튼 그렇게 모인 아이들을 가르쳤고, 저도 거기 들어가 교육 받으면서 그 친구들 보고 '아 우리 집은 그냥 아빠가 열심히 일해서 돈을 많이 번 거지 우리 사회의 진짜 성골, 진골은 따로 있구나'라는 것도 알게 됐죠. 그때는 그게 얼마나 큰 차이인지 몰랐어요. 나중에 진로 선택하는 과정에서 그 차이가 더 극명하게 드러난 것 같아요.

— 남희 씨 부모님이 남희 씨를 그 학원에 보낸 건 그런 (일고 출신) 연줄 때문이 아니었나 봐요?

아, 그렇죠. 운이 좋았어요. 처음에 막 카드를 보내서 일고 출신 성골 자식들을 모으고 있을 때 저는 다른 과외를 받고 있었거든요. 선생님이 고대 출신 운동권이었는데, 이분 남편이 교수 임용을 앞두고 중국에 가야 하는 상황이 생긴 거예요. 남편하고 떨어져 살기는 어려우니 우리를 누군가에게 토스하고 가야 하는데, 고민 끝에 같은 운동권 출신에 믿을 만한 선배가 재기한다고 하니 우릴 그쪽으로 보낸 거죠. 처음 가서 한 스무 명이 앉아 있는 걸 보고 '저 친구들도 나처럼 어딘가에서 다른 과외를 하다 왔을 수도 있겠다' 생각했는데, 나중에 알고 보니 걔네는 다 성골 자식들이었고 저는 운 좋게 들어간 케이스였죠.

— 10대 시절에 그 학원의 의미가 되게 컸겠네요. 학교보다 컸나요?

학교는 그냥 친구들 만나는 곳이었고, 나한테 진짜로 교육을 하는 곳은 학원이었어요. 과목은 논술이지만 그걸 수업하기 위해 철학과 사상, 이런 걸 가르쳤단 말이죠. 영문으로 된《역사란 무엇인가》를 읽게 한다든지 사회주의나 진보 운동 하는 분들이 참고할 만한 그런 연설문을 예시로 준다든지. 겉으로는 우리한테 영어를 가르치는 것처럼 보이지만 사실은 그게 사상 교육이었던 거죠. 그래서 중학교 때부터 학교 수업은 사실 하나도 재미없었어요. 거기서 하는 건 저한테는 그냥 문제를 맞히기 위한 수업이었고, 학원에서 하는 게 진짜 나를 생각하게 하고 나한테 자극이 되고 그다음 뭔가로 이어지는 흥미를 주는 참교육이었어요. 중학교 때부터 학교에서는 수업 시간 태반은 그냥 잤던 것 같아요. 시험 점수가 높아도 그게 기쁨이 된 적이 없어요.

(학원에서 배운 건) 약이 되기도 하고 독이 되기도 했어요. 내가 세상에 적응하기 위해 다양한 노력을 하고 실패를 거듭하면서 시행착오를 통한 배움을 갖기도 전에 나의 확고한 생각과 취향이 정해졌으니까요. A 또는 B가 있을 때, 저는 두려움 없이 A를 선택했던 거죠. 20대 때도 줄곧 그랬던 것 같아요. 이게 젊을 때는 빠른 판단이고 추진력이고 여러모로 장점이긴 한데, 너무 일찍 온 게 아닌가 싶기도 해요. 사회에서 내 힘으로만은 할 수 없는 일을 겪었을 때 그런 생각이 들더라고요. 그때 그 시간이 나한테 조금만 더 늦게 찾아왔다면, 내가 좀 더 성숙한 이후에 그걸 받아들일 기회가 왔더라면, (삶이) 좀 더 풍요롭지 않았을까 싶어요.

'김대중 말고 다른 게 있어?'

— 1997년에 두 가지 일이 있었는데 하나는 그해 연말 IMF 외환위기, 또 하나는 김대
중의 대통령 당선이었어요. 광주 지역에서 김대중 대통령의 당선은 의미가 남달랐
을 텐데, 그때 특별히 기억에 남는 게 있나요?

97년에 황광우 선생이 그런 얘길 하더라고요. "너네는 아직도 김대중이
대안이라고 생각하냐?" 사실 광주는 김대중 외의 대안을 생각해본 적이
없었거든요. 나도 그랬고 부모님도 그랬고. 저희 부모님도 김대중이 대통
령 당선되는 날 시청 앞에 나가서 함께 환호하고 그랬어요. 심지어 '김대
중'이라고 하면 혼났어요. '김대중 선생님'이라고 해야 한다고요. 저는 당
이 여러 개 있는지도 몰랐어요. 어릴 때 노태우가 선출되는 뉴스를 본 기
억이 나요. 그때 우리 아빠가 되게 뭐라고 했거든요. 그게 뚜렷한 기억으
로 남아 있어요. 그러고 나서 정치에 전혀 관심이 없다가 바로 점프해서
김대중으로 오게 된 거죠. 그 10년 사이에 어떤 다른 정치가 있다는 것도
몰랐어요.

그런 환경에서 내가 존경하고 좋아하는 황광우 선생님이 그런 얘기를 하
니까 너무 신기한 거예요. 전 선생님이 지지하는 게 나랑 똑같을 줄 알았거
든요. '이 사람이 김대중 계열이 아니구나. 근데 그럼 어떻게 하겠다는 거
야? '민주'가 이거 말고 또 있단 말이야?' 그때 처음으로 권영길이라는 이
름을 들었어요. 물론 벽보에 붙어 있는 건 봤지만 그걸 선택 가능한 거라고
생각하지 않았으니까. 그때 처음으로 우리나라나 다른 나라의 정당 구조나
현대 정치 역사를 보기 시작한 거 같아요.

그가 처음으로 한국의 정치에 관심을 가지기 시작한 것은 외환위기 여파로 세상이 흔들리기 시작한 무렵과 일치한다. 그리고 그즈음부터 조금씩 '나'를 둘러싼 상황이 달라질 것이라는 조짐이 보이기 시작했다. 그가 안정적인 학생 시절과 조금 특별한 논술 수업을 누린 배경이 되어준 아버지의 사업이 기울기 시작했다.

외환위기 영향은 있긴 있었겠죠. 그런데 97, 98년도 이때는 잘 돌려 막은 거죠. 쓰러지지 않을 정도로 겨우 아슬아슬하게. 저는 잘 몰랐어요. 뉴스에서 하도 떠드니까 우리 집도 힘들어지겠구나 예상은 했는데, 그래도 아빠는 제가 얘기하면 늘 수표를 주셨거든요. 아빠 주머니를 보면 막 수표가 있어요. 그런 날은 좀 더 많이 부르죠. "나 오늘 친구랑 이것도 해야 되고 학원비도 내야 되고" 하면서. 주머니 확인이 안 된 날은 눈치를 좀 봐가면서. 아직 대부분의 애들이 핸드폰 안 가지고 있던 고1 때도 전 이미 핸드폰을 가지고 있었고 머리 염색도 하고 엄마가 선생님들한테 뒷돈을 찔러주기도 하고 그랬어요. 그러다가 점점 (아빠한테 돈을 달라는 요구에) "그거 오늘 필요해?"라는 답이 돌아오기 시작하는 거예요. 늘 원하는 만큼 준비돼 있었는데, "그거 내일 갖다줄게"라고 말하는 날이 늘어나더라고요. 제가 되게 못된 게, 그걸 알면서도 한편으로는 아빠가 완전 망하기 전에 내가 할 수 있는 걸 최대한 취해야겠다는 생각을 하게 되더라고요. 다른 한편으로는 이제부터 내가 선택해야 할 때는 내가 온전히 책임질 수 있는 것만 해야겠다, 이렇게 두 가지 생각을 동시에 했었어요.

그리고 2000년이 되자 상황이 일변한다.

(아빠 사업이) 완전히 부도 처리되고 난 다음이었는데, 어려울 땐 어려운 일들이 겹쳐 일어나잖아요. 늘 현명한 우리 엄마가 이런 일이 일어날 줄 예상하고 플랜B를 짜놓았었거든요. 그런데 열심히 돈 버는 것 말고 할 줄 아는 게 없던 우리 아빠가 사기를 당한 거예요. 사기 내용은 구체적으론 잘 몰라요. 그냥 친척이랑 어떻게 잘 해보려다가, 그 사람이 돈 낼름 하고 땅을 그냥 넘겨주게 되고 그런 일들이었어요. 소송이 몇 년 전까지도 계속됐을 거예요.

엄마는 차라리 자신이 사회생활을 했으면 좋았을 텐데, 왜 아무것도 대비할 수 없는 상황을 만들었느냐고 아빠를 질타했어요. 근데 전 그걸 보면서 '아빠가 25년 동안 우리가 부유하게 살 수 있도록 고생했는데 왜 그 실패의 책임을 혼자 져야 하나'라는 생각이 강하게 들었어요. 그래서 엄마한테 그렇게 얘기했어요. '물론 엄마가 남은 인생, 그동안 고생했더라도 이제 편해야 되는 그 시기에 곤란한 상황을 맞은 건 마음이 아프지만, 그 정도는 누구나 인생에서 겪는 어려움 아니냐.' 그래서 엄마가 절 미워했죠. 제가 그 문제를 지나치게 객관화했던 것 같아요. 하지만 전 지금도 그래요. 엄마 아빠가 잘산 것은 엄마 아빠가 잘산 거고, 난 그걸 노린 적도 없고, 이건 엄마 아빠의 실패지만 그것 때문에 나한테 미안해할 필요도 없다고요.

아빠가 사업 망하고 도망 다니다가 겨우 돌아와서 다시 사기 당하고 완전히 바닥을 쳤을 때, 어느 날 치킨을 사오셨어요. 그렇게 치킨을 사오신 게 그 주에 두세 번이나 돼요. 돈이 없어서 그런 거 사기도 벅찬 상황이었는데. 그때 아빠가 표정이 안 좋았어요. 우리한테 치킨만 주고 조용히 안방에 들어갔다 나오시더라고요. 그리고 다시 외출을 하셨어요. 잠깐 어디 간다고. 그러고 두세 시간 뒤에 돌아오셔서는 "미안하다" 하고 다시 방으로 들어가셨어요. 며칠 후에 알았어요. 그날 아빠가 너무 감당하기 힘들어서 자살을 하려고 했다는 사실을요. 애들한테 너무 미안하니까 일주일 동안 죽 갈등하신 거예요. 애들 얼굴 보면 '그래도 살아야지' 했다가 밖에 나가서 뭔가를 다시 해보려고 하면 세상은 더 이상 기회를 주지 않고. 그래서 '내가 가족한테 짐이 되고 있으니, 여기서 죽으면 혹시 경제적으로는 도움을 줄 수 있지 않을까', 이렇게 고민을 하신 것 같아요. 전 그 얘길 듣고 엄마를 되게 많이 원망했어요.

어쨌든 망하고 나서 엄마는 보험도 하고 노인요양 자격증도 따서 병원 일도 하고 하여튼 일을 계속 하셨어요. 아빠는 사업할 때 파트너로 있던 공장들 다니면서 자기가 할 수 있는 일을 찾으려고 했죠. 그런데 대장을 하다가 누구 밑에 들어가면 견디기 쉽지 않잖아요. 그래서 몇 년 다니다가 그만두고 한 한 달 쉬고, 그러면 엄마 잔소리가 시작되고, 거기에 못 이겨 다른 데를 또 나가고, 또 그만두는 일의 반복이었죠. 지금은 건강도 안 좋고 나이도 많이 드셔서 어디 새로 들어갈 기회 자체가 희박하니까, 제발 할 수 있게 해달라고 사정해서 다니고 있는 거죠. 하는 일은 뭐, 어릴 때부터 해온 건설 현장 일이죠. 노가다, 용접, 철판 자르고, 수식 계산하고, 이런 일들 다 하실 수 있거든요. 그러니까 처음에 사장 대 사장으로 사귄 친구들은 관리자를 제안하죠. 그러다 성질 못 이겨서 그만두고 하시다가 나이 드니까 관리자 자리도 이제 안 와요. 점점 급이 떨어져요. 이제는 아빠 말에 의하면 "싸가지 없는 어린 애들"이 일을 시키는, 그런 상황에 처해 있죠. 그 세계 안에서 계속 노동을 하시는 건데 이제는 최하위인 거죠. 일을 시켜주면 감사한 거.

대학생이 아닌 민노당원으로

집안이 경제적으로 완전히 기운 2000년은 그가 대학에 진학한 해이기도 했다.

공부를 잘하지도 않았고 대학에 가고 싶지도 않았는데 "일단 대학에 가기만 해라. 그다음부턴 네 맘대로 해라" 이러니까 가긴 갔어요. 조대(조선대) 행정학과였어요. 그런데 당시 만나던 제 첫사랑이 서울에 있는 대학에 갔거든요. 우리가 어떻게 떨어져 있느냐며 재수를 하네 마네 하던 상황이었는데, 이때도 황광우가 등장해요. 저한테 두 가지를 말하더라고요. 하나는 공무원노조. 그때 합법적 공무원노조가 없었거든요. 우리나라에 공무원이 몇 백만이다, 공무원을 한번 조직해보지 않겠냐 그러는 거죠. 또 하나는 조선대 그 자체. 조대가 2만 학우다, 조대, 전대 잡으면 광주는 다 잡는 거다, 그래서 그만두든 말든 일단은 (학교에) 들어가 놓자, 이렇게 된 거예요.

학교에 대한 기억은 안 좋아요. 일단은 학내 운동권 질서가 있잖아요. 저는 황광우로부터 교육을 받아서기도 하고 워낙에 기질도 그래서 수직관계를 너무너무 싫어해요. 그리고 민족주의 운동을 체질적으로 받아들이지도 못하고요. 근데 광주에 있는 학교들은 특정 정파, 그쪽 흐름(NL)이 절대 다수였거든요. 조대 학생회 측, 남총련 측에서 '우리 학교 애들인데 우리 손에 안 잡히는 이상한 애들이 (민노당에) 가입했다'는 식으로 해가지고 환영받지 못했어요. 그래서 학내에서 뭔가를 할 수 있을 거라는 기대를 처음부터 안 했어요. (운동권이 아닌) 사람들하고 가식적으로 만나는 것도 너무 싫더라고요. 사귀면 좋은 애들이긴 한데 가치관도 다르고 역사의식도 다르고 지향하는 바도 너무 다르고, 그러니까 내가 그 친구들이 하는 일상적인 대화에 끼기도 힘들었어요. 내가 이 사람들과 같아지거나 적응해야 한다는 게 너무 힘든 거예요.

그래도 집이 망한 와중에 엄마가 등록금도 내줬으니까 다니는 시늉은 해 봐야겠다 하고 나가는 거죠. 근데 그게 열흘도 못 가요. 학교를 다니려고 마음먹었다 좌절했다 마음먹었다 좌절했다를 세 번 했어요. 도합 세 학기를 다녔는데 학점이 합쳐서 1점도 안 됐을걸요? 학교에 갈 때마다 예비역들이 여자 후배들한테 하는 짓들, 모든 여자를 다 성적 대상으로 보는 그런 행동이 혐오스러운 거예요. 나를 후배로 보는 게 아니라 술자리에서 한 번 더 보고 싶은 여동생으로 보는 거죠. 그리고 누군가 나를 되게 예뻐해서 데리고 다니고 밥도 사주고 하면 주변 관계도 어그러져요. "왜 언니는 왼팔 오른팔에 다 끼고 다녀요?" 그래요. 전 그냥 대화를 통해서 친해진 건데, 대학 내의 인간관계가 동지나 동료로서가 아니라 모두 이성 관계로 왜곡되는 게 너무 싫고 저질스러웠어요.

이런 게 지방에서 좀 더 심해요. 그때는 과실에서도 담배 피우던 땐데, 여성들은 다 여자화장실에서 피웠어요. 나만 과실에서 피웠어요. 그러니까 특이한 누나가 되는 거죠. 그런데 나는 "이게 왜 특이해? 내가 특이하다는 네 생각부터 고쳐" 이렇게 되는 거죠. 그러면 또 까르르거리고. 그냥 저는 '특이한 사람'인 거니까.

결국 20대 초반의 김남희가 선택한 것은 학내에서의 운동이 아닌 정당 활동이었다.

저한테 물론 반골 기질이 있었지만, 운동을 진로로 고민한 적은 없었어요. 그런데 대학이 나한테는 무의미한 곳이라고 정의를 내리니까 그다음엔 그렇다면 내가 하고 싶은 건 뭘까 고민하게 됐죠. 아르바이트도 이것저것 했어요. 스무 살 때부터 민노당에 있으면서 제가 알게 된 건 저는 세상을 변화시키는 데 관심이 있고, 아닌 건 아니라고 말해야 직성이 풀리고, 또 욕먹는 걸 두려워하지 않는다는 것이었어요. 그리고 이런 것들을 맘 놓고 이야기하면서 있을 수 있는 공간이 어쩌면 진보 운동(의 공간)이 아닐까 하고 자연스럽게 느낀 것 같아요.

그러다가 2002년에 대선이 있었잖아요. 그때 운동권의 다수가 노무현의 당선을 기뻐하는 걸 보면서 이건 아니라고 생각했어요. 물론 노무현은 훌륭한 대통령이기도 했지만, 늘 최악을 막기 위한 투표만 하는 민주주의가 과연 괜찮은가, 이래가지고 한국이 바뀔 수 있겠는가 싶었죠. 조대 운동권조차 (민노당 당원으로서) 권영길을 후보로 내고 선거 운동하면서 노무현 찍고, 노무현 당선을 '승리'라고 공개적으로 표현하는 걸 보면서, '이게 누구의 승리지? 노동자의 승리? 너희가 그렇게 줄기차게 얘기하는 민중의 승리?' 그런 의문이 들었죠. 그 대선이 정당 안에서 뭔가를 보고 싶다, 현실 정치를 경험해보고 싶다고 생각한 계기가 된 것 같아요.

서울에서, 아니 정당과 노조에서

대선이 끝난 뒤 그는 "어린 당원"으로 환영받으며 진보 운동과 관련한 다양한 모임에 어울렸다. 그 가운데 '민주노동당을 지지하는 네티즌 모임(민지네)'의 운영위원을 맡게 되었고, 여기서 구상하고 있던 '시각장애인 정보접근권 보장을 위한 프로젝트 사업'에 참여해달라는 제안을 받고 처음으로 상경길에 오른다. "별 생각 없이 '한 달이면 되겠지' 하는 마음"으로 시작한 서울 생활은 2007년 말 광주로 돌아올 때까지 5년간 이어졌다. 서울에 가서 처음 느낀 것은 수많은 정보가 주는 자극과 "나랑 비슷한 생각을 가진 사람들" 사이에 있다는 편안함이었다. 그 사이에서 스스로를 좀 더 다듬어가겠다는 생각으로 "아예 눌러앉게" 된다. 최초의 '직업' 경력이라고 할 수 있는 것은 민주노동당 종로지구당에서 시작된다.

민지네 사업 끝나고 광주에 내려가야 하나 말아야 하나 하고 있는데 민노당 종로지구당에서 제안이 왔어요. 그게 저한테는 상근 직책으로는 처음이었어요. 이걸 결정할 때가 직업적으로 운동을 하고 싶다는 생각도 슬슬 들던 무렵이었어요.

민노당이 2000년 이후에 소기의 성과를 냈음에도 불구하고 2002년 대선을 그렇게 치르는 걸 보면서, 정당 운동의 안착화가 중요한 과제라고 생각했어요. 물론 그런 게 있었어요. 예전에는 (운동권 내에서) 현장 출신을 쳐주는 게 있었거든요. 운동권 안에서도 성골, 진골이 나뉘는 거죠. 내 선배들은 분명히 학출이고 노동 운동에 대한 집착이 있었거든요. 그래서 제가 당에서 상근한다고 했을 때 심지어 이렇게 얘기하는 선배도 있었어요. "남희야. 너 현장부터 가야지." 되게 당혹스러웠어요. '지금이 80년대야?' 예전처럼 어떤 전위조직을 위해서 정당과 정당 운동이 조직되는 데 엄청난 거부감이 있었어요. 저는 오히려 정당 운동에 정통성을 확립해나가는 게 중요하다고 생각했어요.

— 일 자체로는 어땠어요? 여러 아르바이트를 해봤지만 정말 직업이라는 개념으로는 처음인 거잖아요.

처음에는 직장 개념으로 생각을 안 했어요. 할 줄 아는 것도 없었고요. 대학 때 레포트 써본 적도 없는데 무슨. 그냥 당이 하는 일을 내가 돕는다는 정도로 생각했는데, 지역위원회에서 상근하는 사람이 저밖에 없었어요. 위원장, 사무국장, 저 이렇게 셋이었는데 두 분 다 비상근이거든요. 그러니까 상의하고 결정하는 건 다른 사람이랑 해도 집행은 온전히 제가 다 했죠. 할 일이 너무 많은 거예요. 회의 자료 만들기, 홍보, 사람들 의견 모으고 토론하는 거, 언론 상대하는 걸 다 배우고, 정치가 할 수 있는 모든 영역을 경험한 것 같아요.

진보 진영은 회의를 진짜 많이 해요. 그런데 20대 땐 회의가 싫은 적이 없었어요. 논리적으로 약했던 부분들이 계속 채워지니까. 이 얘기 듣고 저 얘기 들으면서 내 생각을 확립해나가는 과정이 회의였기 때문에 저한테는 가장 좋은 학습 시간이었거든요. 또 회의 자료를 만들면서 여러 고민을 하게 되잖아요. 그런 과정에서 정치적인 학습이 많이 됐어요. 20대 초반에 정당 활동을 해봤다는 게 지금 제 또래들과 비교해보면 정말 값진 경험 같아요. 제 나이가 지금 서른여섯인데 (주변에) 상근으로 정당 일 해본 사람도 많이 없거니와 저만큼 여러 선거를 치러본 사람도 없거든요. 선수, 스태프 다 할 수 있는 사람이 없는 거죠. 그때 경험이 지금의 저한테 아주 많은 비중을 차지하고 있다는 생각이 들어요.

민노당 종로지구당에서는 1년 반을 일했다. 월급은 처음엔 60만 원, 이후에 80만 원까지 올랐다. 여전히 다른 사람 집에 얹혀살고 있었지만 부모님으로부터는 도움을 받지 않았다. 부모님은 실제로 살림이 넉넉하지 않기도 했고 남희 씨가 '진짜 안 내려올'까 봐 지원을 하지 않았다. "나중에 그러시더라고요. 찢어지게 가난하고 힘들어야 내려올 것 아니냐고." 그는 종종 물질적으로 힘들 때가 있었을 뿐 그 외의 모든 것이 만족스러웠다고 한다.

그러다 당에서 "코드가 안 맞는 집행부와 활동해야 하는 시기"가 와 고민하던 중, 아는 선배로부터 공공연맹 한국공항공사노동조합 상근직으로 일해보라는 제안이 온다. 군 공항과 인천공항을 뺀 대한민국 내의 나머지 모든 공항이 공항공사 소속이라고 하며, 관제탑을 지휘하는 중요한 역할도 맡고 있다. 2002년 출범한 화물연대의 활약에 영향을 받아 '공공'과 '운수'라는 키워드에 꽂힌 김남희는 이른바 '노동계급'과는 다소 다른 정서와 분위기의 공항공사노조 구성원 사이로 뛰어든다.

— 정당에서 일하는 거랑 많이 달랐나요?

엄청 달랐죠. 정당에선 제가 만나는 사람들이 주로 당원이고, 당원이 아니더라도 (그들로부터) 굉장히 존중을 받죠. 또 어릴 때부터 당에서 일해서 그런지 사람들하고 얘기할 때 구어체보다 문어체를 많이 쓰거든요. 그게 몸에 배어 있으니까 말의 무게가 달라지고 사람들이 절 볼 때 스물셋, 스물넷의 여자애로 대하기보다 당직자로 대하는 태도가 있었어요. 노조에서는 안 그렇죠. 위원장이 절 절대적으로 신뢰하고 지지해줬기 때문에 '쟤한테 함부로 하면 안 돼. 커피도 가져다 달라고 하면 안 돼' 이런 분위기는 있었거든요? 그런데 얘가 위원장이랑 친하니까 조심은 하겠는데, 그래도 얘는 비정규직이고 어린 여자애고 그냥 왔다 가는 애다, 자기들은 여기 뼈를 묻는 사람들이다, 이런 인식을 처음부터 깔아두고 있어요. '젊은 여자'를 대하는 남자들의 태도는 똑같은 거죠. 아무리 민주노조에 있어도 남자들의 가부장적인 시각은 여전하다는 걸 그때 되게 현실적으로 느꼈어요.

제가 정식 직원이 아니고 의결권을 갖지 못했기 때문에 '어떻게 굴러가

느지만 보자' 해서 업무적으로는 처음부터 욕심을 별로 안 냈어요. 절반은 현장 체험 같은 느낌이었죠. 다행히 위원장이 중요한 결정 사항마다 발언 기회를 주고 상의를 해주기는 했죠.

그런데 그를 신뢰하고 지지했던 위원장이 결국 선을 넘고 만다. 이 "불미스러운 사건"이 그가 공항공사노조를 그만둔 계기가 되었다.

그 사람과 제가 서로 호감을 갖고 있던 건 맞아요. 그게 동지적 존중과 여러 가지가 복합적인 거였는데. 그런데 그분이 얘기를 하다가 넘지 말아야 할 선을 넘는 경우가 있었어요. "이혼을 고려하고 있다"든지. 전 싫었어요. 서로 호감을 갖는 건 어색한 일이 아닌데, 그 이상으로 발전하는 건 고려해본 적도 없고 싫었어요. 그런데 내가 싫다고 하니까, 비상식적으로 반응하는 일이 몇 번인가 생긴 거예요. 예컨대 회식 자리에서 술 마시다가 사람들 다 보는 데서 버럭 화를 낸다거나 술을 붓는다거나 하면서 다른 사람들이 둘을 말리는 상황이 오는 거죠. 그러다가 제가 "사과하셔야 됩니다. 사과하지 않으면 문제 제기할 겁니다." 이러면, "내가 미안했다. 노력하겠다"라며 편지를 써요. 그 편지를 내가 갖겠다고 하면 그게 또 증거가 되니까 그 사람은 폐기하자고 하고, 이렇게 몇 번 실랑이가 있다가 제가 만남을 피하니까 이분이 이제 집으로 찾아오기 시작하는 거예요. 언제부턴가 집에 들어갈 때 항상 두리번거려야 하는 상황이 됐어요.

같이 사는 선배가 그 사람한테 전화 와도 절대 나가지 말라고 만류했는데 하루는 못 견디고 나갔어요. 혼자 술 마시고 있길래 이러지 말라고 했는데, 분위기가 너무 안 좋은 거예요. '이 사람이 앞에 있는 술병으로 날 때리면 어떡하지?' 하는 공포감이 생기더라고요. 그날 술에 취해 막 뭐라 말을 하다가 절 끌고 가려고 해서 도망쳐서 집에 왔어요. 막 울면서.

그리고 다음 날 (민주노총에) 제소했죠. 그 사람은 위원장직을 내려놓고 다른 곳으로 발령을 받았어요. 저는 그때 좀 갈등하다가 어쨌든 그만두기로 결정하죠. 평생 직장인 사람한테는 (이 일이) 투쟁의 대상이겠지만 저는 현장 체험처럼 간 입장이었기도 해서요.

사과는 간접적으로 받았어요. 제가 직접 사과는 받고 싶지 않다고 했거든요. 괜찮다고 생각했는데 문득문득 닮은 사람이 지나가면 깜짝 놀라기도 하고 꿈에 나오기도 하고 진짜 공포였어요.

노동 현장에서 남희 씨가 겪은 일과 비슷한 위협을 경험한 여성은 적지 않다. 이런 경험이 여성에게 얼마나 일반적인지, 2016년 10월부터 한동안 트위터로 불거져 나온 '○○계 내 성폭력'이란 고발의 물결이 여실히 말해주었다. 그때까지는 그 가해가 제도적 처벌의 규격에 완전히 맞아떨어지지 않는다는 이유로, 피해 공론화에 너무 큰 부담이 가해진다는 이유로 '아는 언니'에게 털어놓고 위로 받는 것 외에는 별 도리가 없었던 노동 현장 내 성폭력 사실들이, 서로가 서로의 언어 공간을 열어주고 고백의 용기를 북돋우는 연쇄였다는 점, 그것이 이 물결의 본질이다. 그 고백들은 잘못을 저지른 개인만이 아니라 가해자들이 가해자라는 의식도 없이 마음 놓고 숨 쉴 수 있었던 그 환경까지 겨냥하고 있었다. 그래서 그 고백에는 업계의 위험 인물을 공유하고 퇴출시키는 효과뿐 아니라, 그 '계'가 얼마나 남성 중심으로 구조화·고착화되어 있는지 근본적인 물음을 던지는 힘이 실려 있었다.

그렇게 몇 달 쉬다가 겨울에 민주버스노조에 들어가게 돼요. 공항공사노조는 어쨌든 공공기관이잖아요. 그러면 그 사람들 의식 수준이 얼마나 노동자적인가와 상관없이 '이렇게 살면 살 만하다'라는 생각을 하게 되는데, 버스노조는 안 그래요. 버스, 택시, 화물이 이쪽에서 흔히 바닥이라고 하거든요. 그리고 버스 노동자 조직률을 보면 한국노총이랑 민주노총의 조직률 차이가 열 배가 넘어요. 민주노총에 겨우 2천 명 있었어요. 너무 열악했어요. 그런데 이걸 맡아서 하고 있는 집행부가 또 저랑 코드가 너무 잘 맞는 거죠.

버스노조에서 정말 많은 걸 배웠어요. 건전한 노력들이 보이더라고요. 이건 저한테는 그냥 '현장을 본다'는 개념하고는 또 다른 경험이었던 것 같아요. '노동자들은 주인의식이 없다'라는 비판에 '그렇지 않다'고 얘기할 수 있는 사례였던 것 같아요.

민노당 종로지구당, 한국공항공사노조, 민주버스노조를 거치는 동안 그도 20대 중반의 나이가 되었다. 당시의 진로 고민에서, 흔히 말하는 '취업'의 길에 들어서는 선택지는 전혀 없었던 것 같다. 운동에 삶을 투신하겠다는 결심은 흔들림이 없었을뿐더러, 오히려 가야 할 길이 분명해졌다. 노조에서 일하는 동안에도 그는 계속 정치를 생각하고 있었다고 한다.

제가 운동을 하는 이유는 정치거든요. 노조에 있으면서 노동 운동을 한 것도 결국 이 문제를 정치로 풀기 위해서였어요. 늘 정당으로 돌아갈 생각을 하면서 노조에 있었어요. 밥벌이 수단이 안 되더라도, 정치로 (세상을) 바꾸려는 원칙 자체는 변한 적이 없었어요. 노조에는 오래 있지 않겠다고 생각했어요. 거기가 삶의 터전인 사람들하고 이질감이 끊임없이 있었거든요.

그러다 2006년 지방선거에 출마해보면 어떻겠냐는 제안을 받는다. 당시 만 스물네 살이었기 때문에 애초에 후보가 될 수 없었다는 사실을 뒤늦게 알게 되기까지 그는 자신의 쓰임과 진로를 놓고 심각하게 고민했다. "그때 처음으로 저 스스로를 이 판에서 좀 더 확대시켜 활용할 수 있는 방법에 대해 생각했어요."

정당 운동에서 자신을 어떻게 배치할 수 있을까 고민을 계속하던 2007년의 어느 여름 날 그는 충격적인 사실을 알게 된다.

임신과 출산

김남희 씨에게는 당시 남자 친구가 있었다. 맨 앞에 언급했던 인터뷰이의 '전 배우자' 김민하 씨다. 두 사람은 민노당 내의 한 좌파 조직에서 활동하면서 가까워졌다.

그 조직은 아무나 들어갈 수 있는 조직이 아니라, '쟤는 뭐 좀 하는 애' 이런 게 부여되는 조직이었어요. 김민하랑 그 조직 활동을 같이 했죠. 저는 어리지만 직책을 갖고 활동하고 있었고 민하는 인터넷에서 유명했으니까. 날짜는 정확히 기억이 안 나는데, 제가 버스노조에 있을 때 김민하가 덤프 연대에서 일을 시작했을 거예요. 그래서 주변에서 너네 나이도 비슷하고 둘 다 (노조) 상근하고 있으니까 얘기 좀 자주 해보고 도움도 주고받으라고 그랬죠. 그렇게 친해지고 연애를 하게 됐고, 조직에 공개하기 좀 껄끄러워 하다가 2006년인가 조직 총회를 갔다 돌아오는 길에 사귀는 걸 공개하기로 합의했어요. 그전엔 주변에 아주 친한 몇 명만 알고 있었죠. 그즈음 저는 (처음에 살던 곳에서 나와) 다른 자취방에 있었고 김민하는 수원에 있는 본가를 왔다 갔다 했어요. 그러니 너무 힘든 거죠. 둘이 얼마 안 되는 돈을 빡빡 긁어서 봉천7동에 옥탑 단칸방을 얻었어요.

임신 사실을 알게 된 것은 2007년 6월이다. 임신 6개월째였고, 이미 중절수술이 어려운 시점이었다. 김남희 씨는 스물일곱, 김민하 씨는 스물여섯이었다. 아직 스스로의 정치적 행보와 쓰임을 위해 무엇도 포기하고 싶지 않은 청춘의 한가운데, 부모가 될 생각도 준비도 전혀 없었던 두 사람은 큰 혼란에 휩싸인다.

> (…) 메신저를 통해 그녀가 나에게 말을 걸었다.
> "산부인과에 다녀왔다."
> "그래, 무슨 병이 있다니? 돈은 많이 드나?"
> "임신이다."
> "……. 뭐라고?"
> "6개월이다. 손가락도 움직인다."
> 이 순간의 충격을 어떻게 표현해야 할지 모르겠다. 나는 마치 동작을 멈춘 컴퓨터처럼 몇 초간 넋을 잃었다.
>
> 김민하, 《레닌을 사랑한 오타쿠》, 170쪽

그때 여러 가지 상황 때문에 임신을 (중절수술을 할 수 있을 만큼 일찍) 감지할 수 없었어요. 배는 자꾸 나오니까 '살 빼야지' 이러고 있었죠. 그러다 알게 됐는데, 사실 낳고 싶다는 생각은 정말 안 했어요. 전 어렸을 때부터 내걸 포기하는 선택을 해본 적이 없거든요. 제가 이기적이고 인간미 없는 사람이란 걸 인정했고요. 그런데 아이를 낳으면 내가 나 외에 다른 걸 고려하면서 살아야 하는데 그게 자신이 없는 거예요. '내가 내 걸 포기하고 다른 것에 헌신한다' 혹은 '내가 편하기 위해 다른 누군가를 희생시켜야 된다', 그런 걸 받아들이기가 너무 힘들었어요.

어느 날 민하가 술을 먹고 와서 헤어지고 싶지 않다고 하더라고요. 이 임신이 문제가 되어 너랑 헤어지는 일이 없었으면 좋겠다고, 자기는 다 받아들이고 싶다고. 그러면서 제가 원하는 활동도 계속할 수 있게 해주겠다고. 물론 책임질 수 없는 말인 건 알았지만, 그 친구가 그때 겨우 스물여섯 살이었는데, 군대도 안 다녀왔고 학교도 졸업 안 했고 집도 찢어지게 가난한 저 남자가 나한테 그런 말을 하는데, 내가 적어도 존중해줘야 하지 않을까 싶었어요. 동시에 내가 저 애가 뭘 하고 싶어 하는지 아는데, 어떤 삶을 추구하는지 아는데, 나와 아이를 위해서는 그걸 포기해야 할 텐데, 그걸 포기하고 희생해야 한다는 얘기를 감히 하고 싶지도 않더라고요.

그래서 아이를 낳았죠. 사실은 낳을 수밖에 없다는 사실을 알았고, 그래서 방치하고 있다가 받아들인 거죠. 제 인생에서 가장 불안한 시기였던 것 같아요. 가난해서 불안한 적도 없었고 누가 나를 겁줘서 불안한 적도 없었는데, 임신을 알고 출산할 때까지는 매주 로또를 안 사면 불안해서 그 주를 견딜 수가 없는 거예요. 그리고 더 이상 출근하지 않아도 되는 며칠 동안은 매일 육아, 아동복지 관련한 모든 사이트에 들어가봤어요. '내 아이를 어떻게 키우지? 아이를 혼자 키울 수 있는 방법은 없나?' 그걸 알아보고 있지 않으면 불안해서 아무것도 할 수 없는 거예요. 저는 인생에 결혼 계획도 없었고 아이는 더더욱 계획이 없었고, 로맨스의 연장에서 하는 결혼이 아니라 (어쩔 수 없는) 혼인신고로 하는 결혼이었으니까요. 아이를 낳기 전 두 달 동안은 정말 지옥 같았어요.

광주에 있는 가족에게 이 사실을 전달하러 간 길이 특히 그랬다.

> (…) 미래의 장인이 마침내 우리 쪽을 향해 앉더니 내게 물었다.
>
> "자네, 학교는 졸업을 했는가?"
>
> "아직 안 했습니다."
>
> "그러면, 군대는 갔다 왔는가?"
>
> "아직 안 갔다 왔습니다."
>
> 미래의 장인은 한숨을 쉬었다.
>
> "그러면 직장은 있는가?"
>
> 여기서는 모처럼 자신 있게 대답을 할 수 있었다.
>
> "네! 민주노동당에서 일하고 있습니다."
>
> 갑자기 미래의 장인은 눈을 부릅뜨고 목에 힘을 주어 말했다.
>
> "그건 직장이 아니네!"
>
> 김민하, 《레닌을 사랑한 오타쿠》, 174쪽

제가 서울에 올라가 있었어도 부모님이 굳이 반대하지 않은 건, 그게 네 '직업'이 아니니까 '하고 싶은 거' 다 하고 '놀다가' 와라, 이런 마음이었던 거거든요. 그랬던 애가 배가 불러서 오니까 엄마 아빠는 납득이 안 되죠. 그런데 엄마가 민하를 앉혀놓고 그래도 옛날엔 우리 집이 부자였다, 자산이 몇 십 억도 됐었다는 얘길 하는 거예요. 그 상황에서 웃으면 안 되는데 정말 너무 웃겼어요. 한편으론 그냥 (예전에 잘나갔다고) 자랑하고 싶은 게 아니라, 딸이 이렇게 된 데 대해 자책하는 것처럼 들리기도 하더라고요. 이 웃긴 상황을 민하는 얼마나 받아들이기 힘들었겠어요. 자기가 가난하고 싶어서 가난한 것도 아니고, 어쨌든 둘이 성인으로서 결정을 내리고 왔는데. 그때 걔가 땀을 삐질삐질 흘리면서 그 자리를 버티고 있는 게 되게 대견하다고 생각했어요. 주변 친구들도 아직 다 대학생이고 앞으로 대학원에 가네 유학을 가네 하고 있는데, 그 친구는 나보다 어린데 힘든 길이지만 가려고 애쓰고 있다는 게. 밖에 나가면 쟤도 그냥 스물여섯 살 꼬맹이 남자앤데 본인 행동에 책임을 지겠다고 하는 그런 게.

부모님은 김남희 씨가 출산할 때까지 이 사실을 받아들이지 못했다. 아이 낳을 때도 곁에 있지 않았다고 한다. 부모님에게 정신적으로 그다지 의지하지 않은 인생을 살아왔음에도 불구하고, 처음 경험하는 출산을 앞두고 가장 공감할 수 있는 사람이 오지 않은 것에 대해, 그에겐 한두 달 정도 서운함이 남았다.

이렇게 뜻밖의 임신과 출산으로 김남희 씨의 20대 서울 살이는 막을 내린다. 남들처럼 출산과 함께 '아이 아빠'와 결혼식을 올리고 신혼집을 마련해 이른바 '정상가족'을 만드는 방법도 있었을 것이다. 그러나 정확히 말하자면 그 방법은 가능하지 않았다. 첫 번째로 가로막힌 것은 주택 문제였다. 《레닌을 사랑한 오타쿠》를 읽으면서 가장 인상 깊고 안타까웠던 일화는 젊은 3인 가족이 서울에서 살 만한 유일한 방법으로 공공 임대주택에 당첨되었는데, 고작 4백만 원을 내지 못해 물거품이 되어렸다는 이야기였다. 그 돈이 있었더라면, 이후의 상황은 어떻게 달라졌을까?

여자 친구는 우리와 아이가 같이 살 집이 꼭 있어야겠다는 생각을 했던지 공공 임대주택을 알아보기 시작했고, 다행히 강서구의 모 임대주택에 당첨이 되었다. 나 역시 뛸 듯이 기뻤다. 하지만 임대주택에 내야 하는 계약금과 전세 비용도 만만치 않았다. 그래서 은행에서 대출을 받는 방법을 알아보았다. 다행히 당첨된 임대주택을 담보로 잡고 돈을 대출하는 방법이 있었다. (…) 하지만 몇 가지 절차를 거치고 나서 우리는 새로운 사실을 알게 되었다. 가계약이라도 성립되어야 임대주택에 대한 권리가 생기는 것으로 볼 수 있기 때문에 계약금은 임대주택 당첨을 담보로 해서 대출해줄 수 없다는 것이다.

그때 계약금이 400만 원 정도였다. 나는 얼른 돈이 있을 만한 몇몇 사람에게 전화를 걸었다. 모두들 돈이 없다고, 갑자기 그런 돈을 어디서 구하냐고 대답했다. 임신한 여자 친구의 얼굴을 쳐다보았지만 그쪽도 마찬가지인 듯했다. (…) 집에 가기 위해 분당선 개포동 역으로 터덜터덜 걸어가는데 임신한 여자 친구가 울기 시작했다. 나는 위로의 말을 건네고 싶었지만 뭐라고 해줄 수 있는 말이 없었다.

김민하,《레닌을 사랑한 오타쿠》, 175-176쪽

하지만 김남희가 그 임대주택에 들어가는 것을 백 퍼센트 원한 것은 아니었을지도 모른다는 생각이 들었다. 이미 임신 6개월이 넘은 아이를 낳고 기르기로 한 선택이 반드시 그 아이의 아버지와 함께 사는 미래까지 포함하는 것은 아니기 때문이다. 김남희는 그 시점에 이미 두 문제를 분리하고 있었던 것처럼 보인다. 둘 사이에 아이가 생겼다고는 하지만, 이미 연애 감정이 다한 두 사람이 반드시 결혼을 해야 할까? 서로 물러설 수 없는 '자신이 될 자유'를 누리면서도 육아 문제를 슬기롭게 해결할 수 있는 다른 방법이 있지 않을까? 아이를 낳은 것은 10월이지만 혼인신고와 출생신고를 이듬해 2월에 한 것도, 이 물음에 답을 유보한 가운데 앞으로 어떻게 할지를 확실히 결정하지 않아서였다.

출산하고 몇 개월 동안 혼인신고를 안 한 상태였거든요. 다음 연도 2월에 했어요. 그때까지 제가 아이를 혼자 키울지 말지 마음을 못 정한 상태였어요. 민하가 용기를 내줬지만 정말 얘랑 아이를 키우면서 미래를 계획할수 있을지 확신이 없었고, 내가 사회 운동을 해온 사람으로서 부끄럽긴 하지만 앞에 펼쳐진 불 보듯 뻔한 가난을 세 명이 이겨낼 수 있을지도 자신이없었고요. 둘 다 주장도 강하고 고집이 세니까 자주 싸울 것 같고요. 사이가 좋을 때는 둘도 없이 가깝지만 틀어지는 문제에서는 절대 또 합의가 안되는, 그래서 여러 번 대판 싸우고 헤어지자 하는 마당에 (임신을) 알게 된거거든요. 신뢰의 문제부터 가난의 문제까지 여러 문제가 복합적이었어요. 그렇게 시간을 끌다가, 그래도 아이 출생신고를 더 늦추면 안 되니까 '내가누군가와 결혼을 한다면 일단 민하에게 기회를 주는 게 맞다', 이렇게 결론을 내렸어요.

민하가 이런 얘길 했거든요. 넌 왜 단 한 번도 아이 입장 혹은 내 입장에서 생각을 안 하느냐. 왜 너 하고 싶은 대로만 하려고 하느냐. 이런 얘기가좀 컸죠. 그래서 일단 혼인신고를 했는데, 당장은 함께 살 집도 없고 민하도 군대를 갔다 와야 하니까, 이런저런 핑계를 대면서 시간을 보냈어요.

진보의 혼란 속에서

남희 씨가 아이를 낳고 산후조리 후 광주로 돌아간 그 시기, 즉 2007년 말, 이명박이 대통령에 당선되었다. 당시 여권의 후보인 대통합민주신당 후보 정동영이 얻은 득표율 26.1퍼센트의 두 배 가까운 48.7퍼센트를 기록한 압승이었다.

2007년 초 열린우리당 탈당 러시로 시작된 최악의 분열 사태를 대선의 해 내내 겪은 민주당 계열의 참패 원인이 도마 위에 올랐다. 같은 시기에 민주노동당도 참혹한 성적표를 받아든 채 자기 자신을 향한 변혁의 칼을 겨누어야 했다. 단순히 권영길 후보의 득표율이 목표에 미치지 못했다는 문제 때문은 아니었다. 2005년 북한 외무성의 '2.10 핵보유 선언'을 둘러싸고, 2006년 10월 '일심회 사건'을 둘러싸고, 그리고 이 대선을 앞두고 당의 대선 후보를 결정하는 과정에서 계속해서 불거진 NL과 PD의 근본적인 대립이 더 이상 수습 불가능한 상황에 이르렀다는 판단 때문이었다. 권영길이 아닌 심상정이나 노회찬을 대선후보로 내세우는 것이 진보 정당에 대한 대중적 지지는 물론 당의 변화를 이끌 수 있는 계기라고 주장해왔던 평등파는 대선 참패를 계기로 신당 창당 가능성을 내비치기 시작한다.

진통 끝에 노회찬, 심상정, 조승수 등을 중심으로 2008년 3월 탄생한 것이 진보신당이다. 사회민주주의, 여성주의, 생태주의, 평화주의 등 민주노동당 시절에는 작은 목소리에 불과했던 이념들을 주요한 노선으로 내걸고 4월 총선에 돌입했다. 그리고 이러한 당의 새로운 이념들은 새로운 피의 수혈을 필요로 했다. 그 가운데 출산을 경험한 김남희 씨가 드디어 '선수'로 뛸 기회를 얻는다.

아이를 낳고 민하랑 이런 얘길 했어요. '이명박 체제에서 애를 키워야 하는데 대체 어떻게 해야 되냐?' 둘 다 관심사가, 뭐 아기자기한 삶 이런 게 아니라 보통 그런 거였으니까. 어쨌든 광주에 돌아가 있으면서도 당장 서울 올라갈 일은 없겠다, 뭘 좀 준비해야겠다, 하지만 언제 어떻게 (복귀) 해야 할지 모르겠다, 이러고 있었죠.

그러다 진보신당이 만들어진 거죠. 앞서 말씀드린 조직에서 같이 활동했던 광주 선배들이 주축이기도 했고, 고등학교 때부터 황광우 밑에서 맺은 인연들도 있고 해서 당에 슬슬 나가보자고 생각했죠. 출마할 생각은 전혀 안 했어요. 새로운 정당에서는 당선이 어렵잖아요. 하지만 누군가는 (후보로) 뛰어야죠. 그런데 당시 유력하게 거론되어온 선배들이 민주노동당이 분당될 줄 몰랐던 상황이라 스탠바이가 안 되어 있는 거예요. 그렇지만 선거구가 여덟 개인 광주에서 아무 후보도 안 내고 선거를 치를 순 없었죠. 그런 상황에서 진보신당 이미지에 걸맞게 청년, 여성, 교육, 복지라는 카테고리로 후보들을 거론하기 시작했고 저랑 제 친구들 이름이 오르내리게 된 거예요. 그러면서 '아이를 출산한 엄마의 입장에서 보는 사회' 이런 것들이 가능하지 않겠냐고, 조직적인 결정이 있었죠. 만약 당선이 유력한 자리였다면 경쟁률도 높았을 거고 반드시 준비된 후보가 필요했겠지만, 그때는 당이 비례라도 후보를 몇 명 내야 한다는 목표였기 때문에 큰 부담 없이 결정했어요. 개인적으로도 저의 정치 진로에서 한 번쯤은 거쳐야 하는 것이라는 데 동의했고, 많은 선배들이 (도와주기로) 결의했고요. "알겠습니다, 하죠 뭐."

"(…) 20대의 나이로 출산과 육아를 경험 하게 되었는데, 이를 통해 상근 활동을 시작하면서 전업 활동가를 꿈꿨던 이후 제 인생의 두 번째 전환점이라 볼 수 있을 만큼 중대한 인식을 얻게 되었습니다.

그것은 임신과 출산, 육아에 얽힌 여러 가지 사회적 문제들이었습니다. 임신 이전까지 저는 이러한 문제들에 대해 머리로만 이해했지, 실제 겪어본 일이 없어 그간 완전하게 공감하지는 못하고 있었습니다. 하지만 지금은 이러한 문제들이 저 자신에게 너무도 절실하게 다가옵니다.

(…) 저는 진보 정당의 국회의원이라면 반드시 이 문제와 싸우지 않으

면 안 된다고 생각합니다. 그리고 선거 과정 중에 이러한 측면의 문제제
기를 가장 공격적으로, 진정성 있게 할 수 있는 사람이 바로 저라고 생각
하고 있습니다."

　　2008년 3월, '진보신당 광주광역시 서구갑 김남희 후보 출마의 변' 중

—출마의 변에 쓰셨듯이 출산으로 인해서 정치적 고민에 큰 변화가 있었나요? 당이
남희 씨를 후보로 내기로 결정한 것도 '출산을 경험한 여성'이라는 데 초점이 맞춰
져 있었던 것 같은데, 꼭 조직적인 차원에서가 아니라 개인적으로도 출산이 예전에
는 잘 보이지 않던 문제들에 더 깊은 문제의식을 갖게 된 계기가 된 건가요?

　아이를 낳기 전에는 '이것도 이렇게 됐으면 좋겠고, 저것도 저렇게 됐으
면 좋겠다'라는 느낌이었는데, 아이 낳고 나서는 '이것만큼은 꼭 해야 될
것 같아'라는, 좀 더 적극적이고 구체적인 요구로 바뀌었어요. 선거 당시
슬로건이 "엄마, 2억 3000만 원 있어요?"였거든요. 그게 한 아이를 대학
까지 보내는 데 드는 비용이에요. 의료비 교육비 등등을 합치면. 내가 출산
직전 지옥 같은 2개월을 보낸 것도 여기에서 기인한 거고, 또래의 많은 친
구들이 감히 결혼을 결심하지 못하는 이유도, 제가 민하와 적극적으로 미
래 계획을 세우지 못한 이유도 이거고요. 결국 금전적인 기반이 있느냐 없
느냐. 아이를 키울 수 있는 사회가 저한테는 큰 화두였어요.

　2004년 총선도 2006년 지방선거도 유세단장으로든 사무총괄로든 계속
경험해왔기 때문에 그 생리를 이해하는 데는 어려움이 없었어요. 대중 앞에
서 연설하고 카메라 앞에서 인터뷰하는 데서도 딱히 어려움은 없었죠. 근데
"안녕하세요. 기호 6번, 진보신당 김남희입니다. 미래를 위해서 선택해주세
요." 사람들한테 이렇게 말을 걸면, 후보자는 어디 있냐고 물어봐요. 나이

드신 분들한테는 만 스물여섯 여자가 구의원, 시의원도 아니고 국회의원 선거에 나온다는 것 자체가 어색하죠. 유권자가 여성 후보를 대하는 태도, 악수하는 문화도 그렇고, 남성적인 선거 문화가 저한테는 큰 벽이었어요.

그는 선거구에서 5퍼센트의 지지를 얻었다. "다른 지역에서 5퍼센트와 광주에서 5퍼센트는 그 의미가 다르다"고 말한다.

광주에서는 2등이 10퍼센트 나오면 완전 성공한 거거든요. 소위 민주당 깃발만 꽂으면 되는 데니까. 그때도 실제 당선된 후보가 한 80퍼센트 지지를 받았어요. 그리고 또 진보신당 지지도가 광주에서 가장 높게 나왔어요. 다른 지역에서 3퍼센트라면 여기선 (제가 후보로 나옴으로써) 7, 8퍼센트의 지지를 받을 수 있었죠. 그래서 전역에 존재감을 보이진 못했지만 진보신당이 망하지 않게 약간의 기여는 한 것 같아요.

그리고 내부적으로는 광주 지역 진보 진영에서 차세대 주자로서의 위상이 생겼다는 성과가 있었죠. 개인적으로는 정치의 책임이라는 걸 느낀 것 같아요. 그냥 하고 싶은 얘길 하면 안 되고 내가 뱉은 말을, 이것만큼은 정말 반드시 실현하기 위해 노력해야 한다, 제가 국민들과 약속한 거기 때문에. 이후에 진보신당을 나오고 다른 행보를 하면서도 가장 마음 무거웠던 게 그거였어요. '내가 가는 길이 그때 그 사람들에게 약속했던 복지국가를 만들기 위한 길인가? 내가 내 사익 때문에 그 약속을 잊은 거 아닌가?'

총선을 치른 후에도 그는 진보신당에 남아 광주시당 부위원장으로 일했다. 그러나 이제 갓 새로 만들어진, 지금까지의 인적 기반 중 절반을 잃은 진보 정당에서 평범한 직장만큼의 월급을 지급할 수 없었음은 물론이다. 문제는 더 이상 혼자가 아니라는 사실이었다. 삶의 보조 수단으로 지역아동센터의 영어 교사를 겸하며 진보신당 당직자로 일하던 중 2011년 '진보 대통합'의 진통을 겪게 된다.

광주에서는 진보 정당이 독자적으로 살아남기 어렵다는 걸 피부로 많이 느껴요. 민주당 옆에선 정말 아무것도 할 수 없어요. 그렇다고 '주사파는 싫어요.' 하면서 (민주노동당에서 분당해 나와) 진보신당을 만들었는데, 다시 만나야 되는 곤혹스런 상황이 왔잖아요. 그래도 전 진보 정당이 자기 대중성을 확보하기 위해서 합리적인 민족주의자들과 진보의 재구성은 해야 한다는 데 동의했고, 그래서 분당파가 되죠. 김민하는 독자파였어요.

2008년 진보신당 창당 이후 진보신당(평등파)과 민주노동당(자주파)으로 갈라졌던 진보파는 2011년 초부터 두 정당 및 민주노총을 포함해 진보 정치의 대통합을 논의한다. 이것이 "광범위한 진보 세력이 참여하는 진보 정치 대통합과 새로운 진보 정당 건설"을 목표로 한 진보 대통합, 김남희 씨가 말한 '곤혹스러운 상황'이다. 진보신당의 심상정, 노회찬, 조승수 등이 당을 빠져나와 새진보통합연대라는 탈당파를 구축하고 여기에 민주노동당, 유시민을 중심으로 한 국민참여당까지 합세해 진보 대통합의 합의에 이른 것이 그해 11월, 이윽고 그 결과로 통합진보당이 창당된다. 남희 씨는 일단 이쪽에 선다.

한편 진보 대통합에 동의하지 않았던 독자파가 남은 진보신당은 이듬해 2월 사회당과 통합하여 두 달 뒤 총선을 치른다. 이 선거에서 정당 득표율 1.13퍼센트를 기록해 당이 해산된 이후 2013년 여름 창당된 것이 노동당이다. 김민하 씨는 진보 대통합의 시기인 2011년부터 2012년까지 진보신당 홍보실과 기획실 국장으로 일했고, 직장으로서의 당을 떠나면서도 노동당원으로서의 정치 생활을 이어갔다.

이즈음부터 민하와 정치적으로 노선이 갈라지면서 점점 멀어지게 된 것 같아요. 저는 이제 중앙 정치보다는 이 동네에서 차세대 진보 주자가 됐기 때문에 그 흐름에서 할 수 있는 역할을 해야 한다는 압박감이 있었어요. 그래서 통합진보당에 동의하고 상근은 안 하겠다고 했는데, 협상하는 과정에서 선거 때까지만 상근을 해달라고 해서 결국 하게 돼요. 통합진보당 홍보위원장이랑 중앙위원을 하게 됐죠. 그런데 이후에 경기동부연합이 중앙위원회에서 조준호 위원장, 심상정 위원장에게 폭력을 가한 사건이 벌어지고, 저는 당무 거부를 하죠. '이제 나 안 하겠다.'

'경기동부연합이 중앙위원회에서 조준호 위원장, 심상정 위원장에게 폭력을 가한 사건'은 어렵사리 통합진보당으로 하나가 된 진보 정치권이 다시 분열에 이르기까지 2012년 봄 연일 뉴스를 뜨겁게 만든 일련의 사건, 이른바 '통진당 사태'의 가장 파행적인 순간이었다.*

진통 끝에 통합진보당은 9월 창당의 두 축이었던 국민참여당계와 진보신당계가 탈당함으로써 분당되었다. 이듬해 8월에는 이석기 의원이 국가정보원에 의해 내란음모

---

* 시작은 2012년 4월 국민참여당 출신 이청호 금정구 공동지역위원장이 당 홈페이지에 올린 '부정선거를 규탄하며'라는 글이었다. 비례대표 후보 경선 과정에서 조직적인 부정 선거가 자행되었고, 이 과정에서 경기동부연합과 광주·전남연합을 중심으로 한 당권과 후보들이 특혜를 봤다는 내용이었다. 얼마 후 진상조사위가 이 글의 주장을 뒷받침하는, 즉 "비례대표 후보 선거는 총체적 부실, 부정선거"였다는 조사 결과를 발표하면서 사태는 확산된다. 당권파는 자기들을 겨냥한 부실 조사라고 반발했고, 비당권파는 부정 선거에 대한 책임을 지고 비례대표가 총사퇴해야 한다고 맞섰다. 당권파 출신인 이석기, 김재연 비례대표 후보는 사퇴 의사가 없다고 밝혔다.
  그리고 이 조사 결과와 관련해 지도부 총사퇴, 비상대책위원회 구성, 경선 부문 비례대표 총사퇴를 핵심으로 하는 수습책을 논의하려 했던 5월 12일 전국운영위원회의(중앙위원회)에서 큰 충돌이 벌어진다. 당권파 당원들이 회의장에 난입해 단상에 뛰어들었고 이를 제지하려는 진행위원들과 그들 사이에 주먹과 몸싸움이 오갔다. 이 난입으로 회의를 진행하던 심상정 의장, 유시민, 조준호 부의장은 단상을 떠났는데, 이 과정에서 유시민, 조준호 부의장이 당원들에게 폭행을 당했다.

와 선동 및 국가보안법 위반 등의 혐의로 고발을 당한다. 이윽고 법무부가 헌법재판소에 통진당의 정당해산심판을 청구하고, 이듬해 강제 해산 및 소속 국회의원들의 의원직 상실을 겪기까지, 2년여에 걸쳐 통진당 당권파(구당권파)는 정치적인 힘을 잃어간다.

진보 대통합의 시기, 통합에는 동의했지만 애초에 구 당권파와는 거리가 먼 민중민주 계열이었던 남희 씨가 이 혼란의 세계로부터 거리를 두기 시작한 것은 이 무렵부터다. 중앙위원회 폭력 사태 이후 그는 광주 청년유니온에 잠시 몸을 담는다. 최초의 세대별(19-35세) 노동조합인 청년유니온은 2010년 출범 이후 운동권에 국한되지 않는 새 시대의 다양화된 시민권력 주체를 대표해왔다. 2012년 3월 서울 청년유니온이 서울 지역 노동조합 설립신고를 획득해 법내 노조화된 이후 광주, 대전, 인천, 충북 등 4개 지역 지부가 마찬가지로 법내 노조의 길을 걷게 된다. 남희 씨가 기여한 부분이 바로 이 광주 청년유니온의 법내 노조화다.

청년 운동에 동의는 했지만 그걸 제가 할 생각은 없었거든요. 그러면서도 욕구는 계속 있었어요. 그러다가 청년유니온이 만들어지고, 동네에서 진보 쪽으로 이야기가 될 만한 친구들 긁어모아서 광주 청년유니온을 만들게 되죠. 민주당하고의 단절을 정당이 아닌 형태로 하고 싶었어요. (광주에서는) 청년들, 그러니까 대학까지도 민주당 세력이 잠식했거든요. 젊은이들이 운동을 대의로 하기보다 계산으로 하는 경우도 많고요. 그래도 노무현 당선을 경험했던 20대라면 비(非)민주로 청년 운동을 재구성할 수 있지 않을까, 이런 생각이 있었죠. 그래서 서울에 이어서 두 번째로 광주 청년유니온이 법내 노조가 돼요. 제가 조직 확대까지는 못 했는데 딱 하나 성과라면 그게 있죠. 당시 (광주광역시) 시장은 제 입장에선 인정할 수 없는 구태 정치인인 강운태라는 사람이었는데, 강운태 특보 중에 예전 민주노총 활동가 출신이 한 명 있었어요. 제가 진보신당에 계속 있었다면 그 사람한테 도움을 요청하지 못했을 것 같아요. 그런데 청년 운동을 하겠다고 마음먹은 이후에는, 이 운동을 위해서 나는 어떤 정치 세력하고도 연대할 수 있어야 한다, 그렇게 정치적 외연을 확대해야만 진정 청년의 문제를 정치적으로 풀어낼 수 있다. 그러지 않으면 정치 세력에 기여하는 것밖에 안 된다는 생각을 했어요. 그래서 강운태 시장 쪽을 설득해서 승인을 받고 법내 노조로 만들었죠.

'단절'과 '우클릭', 그렇지만 다시 '정치'

한편 같은 해 10월, 경기동부연합 주축의 통합진보당 구 당권파와 선을 그은 진보 세력들(국민참여당 계열, 새진보통합연대 계열, 인천연합 계열)이 빠져나와 진보정의당을 만든다. 초대 당대표로 노회찬·조준호가 공동으로 선출되었고, 2013년 7월 '정의당'으로 개명한다.

2008년 광주로 돌아오고 나서 이 무렵까지의 남희 씨의 정치적-직업적 행로를 간단히 요약하면, 18대 총선 출마 직전부터 3년여간 진보신당, '진보 대통합'부터 '통합진보당 사태'에 이르기까지 통합진보당, 이후 "정당이 아닌 형태"의 "민주당하고의 단절" 시도였던 광주 청년유니온 활동으로 이어진다. 그의 원점이자 지향점은 언제나 정당 정치였으니, 2012년 말부터는 활동이 정의당으로 이어졌어도 이상하지 않다. 그러나 이 5년의 파란을 겪는 동안 그에겐 자신의 거의 모든 것이었던 진보 정치에 대한 회의가 찾아온다. 약 1년 반 동안 그는 10여 년 몸담아온 세계와 단절하고 처음으로 자신의 살길만을 생각했다고 한다.

선배들이 정의당을 만든다고 나오라고 하는데, 그때부터는 이렇게 '정당 헤쳐모여'를 반복한다고 진보 정당의 살길이 나올까 의심만 들었어요. 이 거대 양당 체제 하에 진보 정당의 확대가 가능할까, 때만 되면 색깔 논쟁에 휩싸여야 하고, 매 선거에서 선거 연대를 해야 하고, (국회에서도) 연대 없이 는 어떤 이슈 하나도 법안 처리를 할 수가 없고… 어떤 성과를 냈느냐가 아 니라 '최악을 막을 수 있는가'만 생각해야 되는 거예요.

그래서 진보 정당 운동이 얼마간은 민주노동당 시절로 돌아가지 못할 거 라고 생각하고, 모든 사람과 단절해요. 1년 반 정도? 전화번호도 바꿨어요. 아이를 계속 어린이집에 맡기는 것도 힘들어 죽겠는데 부모님도 애도 민하 도 고생에 일은 일대로 안 되고 하니까, '내가 하는 운동에 미래는 없고 나 는 무엇을 위해 이렇게 하고 있나' 근본적인 물음을 던지게 되더라고요. 이 런 모든 게 한순간에 확 왔어요. '모든 운동을 다 접자, 앞으로는 내 살길만 찾아가자.' 아이가 여섯 살 정도 됐을 땐데요. 아이는 처음으로 엄마가 하 루 종일 집에 있는 경험을 했죠.

— 1년 반이면 꽤 긴 시간인데 흔들린 적은 없었어요?

글쎄요. 느낀 점은 있었죠. 정당하고 노조에서의 이력은 사회적으로 이 력이 아니라는 것. 우리 아버지가 민하한테 "그건 직장이 아니네!" 했던 것 같은 거죠. 제가 어디 가서 일 못한다는 얘기를 안 예쁘다는 얘기보다 듣기 싫어했거든요. 일을 어렸을 때부터 해서 그런지 일이라는 것에 자존심을 많이 걸었고, 다른 사람에게 조금이라도 꼬투리 잡히면 안 된다는 생각도 강했어요. 굉장히 완벽주의예요. 일을 다 안 마치면 불안해서 퇴근을 못 하 고 이랬죠. 제가 가진 (일하는 나에 대한) 눈높이는 이렇게나 높은데, 거기에 사회가 인정해주는 건 없는 거예요. 사람들은 내가 제출한 서류만 보고 판단하는 거잖아요. 그런데 사회 운동, 정당 운동 한 게 딱히 플러스가 되진 않는 거죠. 소위 제대로 된 직장을 못 구하는 거죠.

그렇다면 내가 해온 일의 연장선상에 있는 사회적 기업이나 협동조합 같은 데서 일을 해야 될 텐데, 한 다리만 건너면 아는 사람들이 있는 세계라 마음이 너무 무겁더라고요. 무너져가는 정의당이나 노동당에 있는 사람들한테(미안해서요.) 물론 그 사람들은 제가 아이를 키우는 걸 아니까 이해는 해주겠지만, 제가 하루아침에 단절해버렸거든요. 오히려 저한테 미안하다고들 하시는데, 그 사람들 볼 용기가 안 나더라고요. 보면 흔들릴 것 같고, 후보를 하면서 지역에서 뱉은 말이 있으니 책임을 져야 할 것 같고, 한번도 그렇게 도망쳐본 적이 없었는데, 의리와 양심과 대의가 아닌 나만을 위해 선택한 게 처음이었어요. 경제적으로도 되게 많이 힘든 시기여서 아르바이트도 계속했고요. 시간당 2만 5천 원 받고 일주일에 3일, 한 달 3주만 하면 되는 영어교사를 했는데 90만 원 가까이 받았어요. 집에 얹혀사니까 살 수는 있었어요. 그런데 이것도 프로젝트가 끝나고 나니까 할 수 있는 것도 없고, 불안함 때문에 불면증에 시달렸어요.

다시 정치권으로 돌아온 계기는 2014년 지방선거였다. 돌아온 곳은 그가 지금까지 있어온 진보 정당이 아니라 새정치민주연합, 즉 출발 지점에서는 그가 거리를 두고자 했던 민주당의 다른 모습이었다. 이것은 그가 말하는 "우클릭"에 해당하는 일이었다.

다만 새정치민주연합 시절의 민주당에는 그가 알던 그 민주당이 아닌 다른 요소가 있었다. 2012년 대선 출사표를 던지며 정치 활동을 시작한 안철수다. 2015년 말 그가 탈당하여 국민의당을 만들고 새정치민주연합이 더불어민주당으로 당명을 바꾸기까지,

범야권의 과도기적 통합 상태였던 2014년 그 시기에 남희 씨 역시 직업으로서의 정치와 자신이 원하는 정치, 지금 당장의 답답함과 미래를 내다보기 위한 인내 사이에서 괴로운 과도기를 겪는다.

저는 처음부터 안철수가 좋지 않았어요. 그럼에도 불구하고 지금 안철수보다 나은 대안은 없다는 생각도 했어요. '안철수가 변화의 계기가 될 거라는 걸 부인할 수 없다, 안철수란 산을 넘어야 정당정치 질서를 바꿀 수 있다', 여기에 동의한 거죠.

(새정치민주연합 쪽에서 구청장 선거를 도와달라는 제안을 받고) 하루 종일 고민하다가 이건 일이라는 생각으로 합류하기로 했어요. 물론 후보에 동의가 안 되면 안 하겠다고 했죠. 그랬더니 저를 소개한 후배를 통해서 그 (후보 캠프의) 선배한테 연락이 왔어요. 물론 진보 정당에선 상상도 할 수 없지만 일정 부분은 후보에게 동의가 되고 지금까지 구청장이 된 민주당의 다른 후보들에 비해서 훨씬 낫다고 생각했거든요. 이 사람을 통해서 내가 하고 싶은 지방정치도 있기 때문에. 사전 스크린 하고 후보도 한 번 만난 뒤에 말했죠. "(월급으로) 얼마 이상은 꼭 주십시오", 그렇게 다시 일을 하게 됐어요.

본 선거의 예비홍보물을 만들려고 제가 만든 10대 공약과 후보가 만든 10대 공약을 가지고 만났어요. 그런데 그게 그때까지의 모든 홍보 콘셉트와 다르게 이명박, 오세훈과 다를 게 없는 거예요. 그렇게는 못 하겠다고 몇 차례 회의를 했는데 합의가 안 되더라고요. 예비홍보물은 후보가 하고 싶은 걸로 하고, 공천 받고 나서 본 선거 때는 저 빼고 가라고 했어요.

그만두고 나서는 바로 윤장현 광주시장 캠프에서 콜을 받았어요. 전략공천 받기 며칠 전에 그 캠프로 가서 전략기획본부의 기획팀장을 하게 됐어요. 지금까지 진보 정당에서 한번도 못 했던 '승리하는 선거' 하자고 해서, 윤장현은 우리가 동의할 수 있는 수준이었기 때문에 오긴 온 거지만, 거기서 너무 힘들더라고요. 일단 페이도 없었고, 민주당의 지방선거는 그야말로 구태정치거든요. (일하는 사람들이) 시장한테 얼굴 들이밀려고 오는 거예요. 캠프에 50명이 있어도 일하는 사람은 열 손가락에 꼽아요. 나머지는 '내가 이 캠프에 기여했다'고 인정받으려고 오는 거예요. 그런 것도 싫고 일은 일대로 쏟아지고, 너무 힘들었죠.

하루는 친구한테 울면서 하소연했어요. 윤장현은 나 없어도 당선될 수 있는 사람이고 내가 이 선거에 큰 영향을 미치는 사람도 아니고 정말 심리적으로 너무 힘들다고. 새정치민주연합, 안철수는 필요하다고 보지만 걔네가 민주당과 통합한 이상 광주에서 새정치민주연합은 민주당이나 다름없다고. 그랬더니 친구가 제 손을 잡고 사정하더라고요. "남희야 한 달만 참아줘. 이 한 달이 우리한테는 4년을 버는 거야. 이 캠프에서의 경험은 너랑 내가 이 시장을 통해서 구체적으로 뭘 얻느냐의 문제가 아니라 앞으로 4년의 문제인 거야. 그러니까 우리 당선 되는 선거 한번 해보자."

그렇게 선거를 치르고 (윤장현은) 시장에 당선이 됐죠.* 그러고 나니 시장 선거 판에 있었던 사람들한테서 안부 전화도 오고 그랬지만, 내가 살아온 진보 정당의 역사를 팔기가 싫더라고요. 윤장현의 당선에 기여한 것도 맞

---

* 2014년 6.4 지방선거를 한 달 앞두고 새정치민주연합은 광주광역시장 후보로 윤장현을 전략공천한다. 당시 전략공천 문제를 놓고 안철수 대표와 민주당 출신 최고위원들 사이에 논의가 오가고는 있었지만 확정되지 않은 사이 같은 당의 강운태 당시 광주시장과 이용섭 의원은 각자 경선을 준비하고 있었다. 윤장현이 전략공천되자 강운태, 이용섭 두 사람은 낙하산 공천이라며 강력 반발하고, 강운태 후보로 단일화해 무소속으로 출마한다. 결과는 새정치민주연합으로 출마한 윤장현 후보의 당선이었다.

지만 그것 또한 빌미나 발판으로 삼고 싶지 않았어요. 그래서 몇 달 동안 또 조용히 지냈어요. 주변에서 가고 싶은 데 있느냐고 물어보면 생각 좀 해본다고 하면서.

한번은 재선거를 치르는 국회의원 후보자 선거를 도와달라는 부탁을 받았어요. 그걸 도와주고 성공시키면 보좌관으로 데려가겠다고 하더라고요. 민주당 후보였죠. 그때도 거절했는데, 고민을 많이 했어요. 어쨌든 먹고살아야 하니까, (보좌관으로 국회에 들어가는 건) 진보 정당에 있을 때는 불가능했던 거니까. 내가 가진 건 정치적인 자산밖에 없는데 지금까지 해온 역량이 가장 크게 발휘될 수 있는 기회는 그런 거잖아요. 제가 동의하지 않은 상태로 계속하기는 싫은데 한쪽에는 이것밖에는 할 수 없다는 현실도 있으니까요.

그동안 몸담아온 진보 정당의 세계를 1년 반 동안 떠나 있으면서, 자신의 노선과 일치하지 않는 거대 야당의 세계에서 깊은 고민을 겪으면서, 아예 정당 정치라는 세계 자체를 떠나 다른 길에서 새롭게 시작하고 싶었던 적은 없었는지 물었다. 전문 직업 교육을 받는다든지, 정당에서의 경험을 살릴 수 있는 회사에 들어간다든지. 물론 30대의, 아이가 있는, '일반 직장' 경험이 없는 여성 앞에 선택지란 개개인이 가진 경험자산을 무효화할 정도로 한정되어 있다는 사실을 우리는 안다.

네, 생각해봤어요. 공부하고 싶다는 생각도 들었어요. 사실 공부에는 별 관심이 없었는데 진보 정당 하면서 보니까 하고 싶은 분야는 생기더라고요. 예를 들어 세금 문제를 건드리지 않고서 복지국가는 불가능하니까 진보적인 조세 전문가는 꼭 필요하고, 다시 정당 정치를 안 하더라도 이 사회를 눈감고 살 수 있는 성격은 아니니 조세 공부를 하면 어떨까 싶었어요. 그래서 책도 사고 그랬어요. 그런데 막상 학원을 다니고 자격증을 따고 이런 것들을 내가 과연 할 수 있나 싶더라고요. 아무 준비도 안 됐고 돈도 없는데.

어쨌든 지금까지 해온 홍보 관련 경력을 살려야겠다 싶어서 직업훈련학교 같은 데도 가본 적이 있어요. 그런데 거기 오는 친구들하고 제가 함께 교육 받을 수 있는 프로그램이 아니더라고요. 그래서 경력 단절 여성을 위한 '여성 새로 일하기 운동본부'? 이런 곳에 가죠. 그런데 이런 데는 자기 전문성을 살리는 양질의 일자리를 구하기 너무 힘들어요. 대부분 비정규직에 최저임금이에요. 당에 있을 때 여성 일자리나 불안정 노동에 대해서 얘기했지만 이게 현실이 되니까 많이 다르더라고요.

'결국 내가 할 수 있는 건 이게(정당 일) 최선인 것 같다, 내가 가장 잘하는 거고 가장 높게 평가 받을 수 있는 일이고, 내 역사를 물거품으로 만들지 않는 일이다', 그래서 결국엔 돌아간 거죠.

"'정치 운동'이라는 경력은 그로 하여금 수많은 일을 할 수 있게 만들었다. 그러나 그 능력과 경력은 다른 세계로 좀처럼 호환되지 않는다. 그렇다면 '운동'에 방점을 찍고 한정된 일을 불안정한 상태로 계속하기보다 '정치'에 방점을 찍고 자기 능력을 최대한으로 발휘할 수 있는 곳으로 간다.' 그가 말한 '우클릭'을 내 식대로 풀어 써보면 이렇다.

국민의당 광주시당으로 가기 전 약 1년간은, 그러니까 어쩌면 다시 돌아오기 위한 시간이었을지도 모른다. 자신의 역사를 "물거품으로 만들지 않는" 그 세계로.

헤어짐과 또 다른 시작

— 출산 이후의 직업 경로는 죽 광주에서 거쳐오면서, 계속 부모님과 함께 사신 거잖아요. 성인이 되고 아이가 있는 상태에서 부모와 같이 산다는 건 예전의 부모자식 관계라기보다 성인 대 성인의 관계일 수 있는데, 여기서 어떤 갈등은 없었나요?

많았죠. 아빠는 저한테 늘 미안해하시고, 다른 요구나 질책은 없으셨어요. 미안함만 표현하셨어요. 마음속으로 (원망을) 갖고 있다 하더라도 그것이 다 본인 잘못이라고 생각해서 더 안타깝죠. 엄마는 화가 나면 그런 얘길 하죠. 하면 안 되는 얘기를 해요. 출산하고 얼마 안 됐을 땐데 애한테 "너네 아빠 집으로 가! 왜 여기 있으면서 나를 이렇게 힘들게 하니. 너네 엄마랑 너만 안 보이면 내가 진짜 행복할 텐데." 엄마도 밖에 나가면 사람들이 뭐라고 하니까요. "아니, 언니가 애를 봐주고 있으니까 걔가 돌아갈 생각을 안 하는 거야. 지가 (서울) 가서 왜 못 살아. 시댁이 길바닥에 앉아 있는 것도 아니고, 둘 다 젊고 능력 있는데 둘이 벌며 살면 되는 거지." 이런 얘길 듣고 오면 엄마도 열받죠. 물론 아빠처럼 스스로에 대한 원망도 있으니까, 그래서 더 모질게 얘기하신 것 같아요. 그런데 나는, 나한테는 그래도 되지만 애한테는 그러지 않았으면 좋겠는 거죠. 애도 가족이잖아요. 3대가 같이 사는 게 특이한 상황도 아니고.

어쨌든 때마다 이런 갈등이 계속 있었지만 엄마도 이제 많이 받아들이시게 됐어요. 처음에는 민하를 많이 원망했었는데 제가 하고 다니는 걸 보더니 그러더라고요. "그래, 네가 나쁜 년이지. 네가 마음먹고 결정했으면 셋이서 해결할 수 있는 문젠데 네가 쟤한테 결국 기회도 안 준 거 아니냐." 또 아이 보면 짠하니까 저한테 정신 차리라고 그러시죠. 애를 위해 살아야 부모지 저를 위해 사는 건 부모가 아니라고. 그리고 부모님이 집이라도 갖고 있으니까 이렇게 살 수 있는 것에 대해 늘 감사하죠.

— 그러고 보니 지금 사는 집은 1994년에 이사 온 그 집이에요?

네. 돈 있는 사람들은 망했을 때도 그런 걸 잘하죠. 망할 것 같다 싶으면 자기한테 돈 빌려준 다른 사람 이름으로 (집) 명의를 바꿔요. 담보 형식으로. 그리고 급한 태풍이 지나가고 나면 빌린 돈을 갚으면서 다시 명의를 찾아오죠. 부모님이 그랬어요. (이 집은 지키면서) 빚을 갚아나가셨어요. 그걸 다 갚은 게 정말 최근 2, 3년 전으로 알고 있어요.

예전에 집이 망했을 때 제가 상황을 너무 객관적으로 봤다고 그랬잖아요? 그때 제가 엄마한테 그랬거든요. "아니, 힘들면 집을 팔면 되잖아. 우리가 좁은 집에 안 살아본 것도 아니고, 살면 되지. 게다가 우리는 나이 먹으면 다 독립할 건데 뭐가 문제야." 그런데 찢어지게 가난했다가 어느 정도 올라온 사람한테 다시 가난함으로 돌아가라는 건 너무 힘들어요. 다시 그 정도를 되찾을 수 없다는 걸 아니까 엄마한테는 이 집이 마지막 보루 같은 거죠.

인터뷰를 진행한 2016년 3월은 김남희 씨와 김민하 씨가 합의 끝에 이혼에 도달한 지 얼마 안 된 시점이었다. 혼인신고를 한 뒤 8년간 한번도 함께 산 적이 없는 독특한 부부 생활은 다행히 서로 행복한 미래를 기원하며 종결되었다. 그 8년은 끼어드는 당장의 문제들 속에서, 서로 다른 두 성인 그리고 아이 이렇게 세 사람 모두에게 가장 좋은 길이 무엇인지 확실한 결정을 내리지 못한 시간이었다. '언젠가는 셋이 함께 산다'라는 하나의 그림을 향해 달려오다가 좌절된 것이 아니라는 뜻이다. 이들의 이야기는 우리가

'정상가족'이라고 불러온 것이 반드시 추구해야 할 '당연한' 목표로서가 아닌, 서로 다른 개인이 행복을 찾기 위한 선택지 중 하나로서 다른 선택지들과 나란히 서게 된, '제자리'를 찾은 모습을 보여준다. 아마 '정상가족'이라는 단어 자체가 언젠가는 사라지거나 이렇게 작은따옴표 안에서만 의미를 가질 수 있을 것이다.

그게(같이 사는 게) 애초에 될 거라고 생각하지 않았어요. 물론 정말 기적이 일어날 수도 있었겠죠. 그렇지만 처음부터 내가 서울로 올라갈 만큼의 용기가 없다는 걸 고백하고 시작한 거나 마찬가지고, 그래서 민하를 계속 기다리게 한 것에 대한 미안함이 계속 있었어요. 혼인신고만 했지 정작 기회를 못 준 거나 마찬가지죠. 혼인신고 하고 거의 3년 뒤부터는 빨리 헤어지는 게 서로한테 좋겠다고 생각했어요. 물론 '내가 조금만 마음을 다르게 먹으면 할 수 있을지도 몰라. 아니 뭐 진짜 지하에 사는 것도 아니고 둘이 돈을 못 버는 사람들도 아니고', 이렇게 용기가 나는 날이 1년에 하루 이틀 정도 있기는 했죠. 나머지 날은 함께 살면 얼마나 힘들지 가늠이 안 됐어요. 엄마 아빠랑 같이 있으면 내 모습이 백 퍼센트 리얼이어도 흉이 아닌데, 아무리 결혼해도 남인 사람한테는 바닥을 보이고 싶지 않은 게 있는 것 같아요. 더 나은 사람이 되고 싶고 더 나은 엄마가 되고 싶은 그 괴리감 때문에 괴로웠을 것 같아요.

처음에는 아이가 초등학교 가기 전에 결정하자고 했다가, 미루고 미루다가 1년 반쯤 전인가, 이제 정말 결정을 내릴 때가 왔다는 생각으로 아이를 데리고 민하가 사는 원룸에 갔어요. 우리가 정말 같이 살 수 있을까 보려고요. 그렇게 사흘인가 있었는데 거기서도 마음이 계속 흔들리더라고요. 그때 제가 (모든 일과) 단절한 때였으니까, 지금 결정하면 정말 여기로 옮길 수도 있는 타이밍이겠구나 싶었어요.

그런데 결국 도저히 안 되겠더라고요. 지금까지는 오로지 경제적인 부분이 무서워서 그랬다고 생각했는데, 막상 보니까 제가 이 사람과 너무 많이 멀어져 있었던 거죠. 이걸 부부와 가족이란 이름으로 억지로 회복하는 건 어렵겠다는 생각이 들더라고요. 물론 살면 그냥 살겠지만 그렇게 살고 싶진 않으니까요. 사실 진보신당 분당 무렵부터는 '아, 내가 이 친구랑은 더 이상 할 얘기가 없구나' 싶었어요. 전에는 정치적인 얘기도 하고 상의도 했는데 이때부터는 서로 정치적 노선도 다르다는 걸 느꼈거든요. 사실 함께 정치적 활동을 했던 것이 저한테는 관계를 유지하는 데 되게 큰 요소였어요. 민하의 입장은 다를 수도 있겠지만.

남녀 관계로도 끝이 났고 법적으로도 이혼했지만 제게 민하는 가장 의지가 되는 사람인 것 같아요. 동지로서 함께 한 기간도 길었고 미래를 계획하기 위한 노력을 함께한 시간이 있었기 때문에 인생에서 존재감은 퍼스트예요. 언제까지 그럴지 모르겠지만 현재까진 그래요. 지금도 진로나 이런 걸 두고 뭔가를 결정해야 될 때 민하랑 많이 상의하죠. 내가 계속 존중하는 사람이고 아이 아빠로서 자랑스러운 사람이고, 남은 인생을 꼭 행복하고 즐겁게 살았으면 좋겠고 그 과정에서 내가 부담이 안 됐으면 좋겠어요.

마지막으로 (이혼) 판결 받으러 가는 날도 그런 얘길 했어요. '이제 우리가 마음 놓고 다른 사람도 적극적으로 찾아볼 수 있는 기회가 왔으니 부디 너도 네 인생을 풍요롭게 할 수 있는 품 넓은 사람을 만나길 바란다.' 그랬더니 그러더라고요. '가능성이 전혀 없다, 나는 독거노인이다.' (웃음)

소영이와 함께하는 세상

소영(가명)이는 김남희 씨의 열 살 난 딸이다. 우리를 둘러싼 삶의 조건들이 변화하면서 사회의 주요한 관계의 양상 또한 달라지고 다양화하는 것처럼, 모녀 관계 역시 남희 씨 세대와 그들의 부모 세대가 맺었던 방식과는 다르게 전개된다. 절대적 애정과 보살핌이라는 역할에는 변함이 없지만, 내 또래의 엄마들은 보편적인 '엄마'로만이 아니라 구체적인 한 인간으로서 가장 친밀한 타인 앞에 드러나기에 좀 더 용기를 갖는 편이다. 김남희 씨가 소영이에게 자주 했던, 그리고 지키려고 했던 말은 이것이었다. "난 좋은 엄마, 착한 엄마는 못 되겠지만 널 존중하는 엄마가 될게." 모녀는 서로를 비춰주며 성장하고 있다.

제게는 황광우라는 스승이 있었기 때문에 제 자질이 다른 방식으로 발현될 계기가 생겼죠. 소영이한테 그런 대상으로서, 그런 얘기를 할 기회를 많이 주고자 해요. 출산 준비하는 동안 어떤 책을 봤는데 거기 그런 말이 있었어요. '아이들 중엔 이런 아이도 있고 저런 아이도 있다. 예민한 아이, 잠을 안 자는 아이 등등. 근데 이걸로 인해서 가장 힘든 건 그 아이 본인이다.' 그리고 엄마는 이 아이가 하는 이야기가 무엇인지를 알기 위해서 최선의 노력을 다 해야 된다고. 이게 저한테는 지침이 된 것 같아요. 그래서 아이를 키우면서도 엄마가 왜 이런 얘기를 하는지 설명을 많이 하고, 아이가 어떤 얘기를 했을 때 질문을 많이 하고, 이런 대화의 시간을 많이 가지려고 했죠.

소영이가 유치원을 두 달밖에 안 다녔어요. 당시에 제가 집에 있으면서 계속 같이 있었거든요. 그래서 다른 친구들이랑 좀 다른 게 있죠. 특히 질문이 좀 남다른가 봐요. 1학년 때 담임 선생님이 그러더라고요. (소영이가)

되게 내성적이고 소심해 보였는데, 자기 주장이 강하고 다른 친구들과 질문이 다르다고. 질문할 때 어른의 용어를 많이 쓴대요. 예컨대 반장선거를 하는데 그랬대요. "저는 사랑이 넘치는 교실을 만들고 싶어요." 그런데 떨어지고 나니까 선생님한테 이런 질문을 했대요. "사랑이 넘치는 교실이 틀린 거예요?" 선생님께서 엄마 아빠 직업이 그래서 영향을 좀 받은 것 같다고 그러시더라고요. 질문이 워낙 많아서 소영이 질문이 안 나오면 그 대목은 모두가 이해한 거라고 얘기하시죠. 또 저를 닮았는지 대장 하기 좋아하는 기질을 갖고 있고, 자기 주도적으로 놀기를 좋아하고, 주장이 굉장히 강해서 나중에 누군가한테 지거나 약자가 될 거라는 걱정은 안 해도 될 것 같다고도 하셨어요. 스스로를 부정적으로 느끼지 않는다고 하고요. 제가 다른 엄마들처럼 못해줘서 미안하지만 그래도 내가 이것만큼은 했다는 생각이 들었죠.

— 엄마 아빠 하는 일이나 두 분이 함께 살지 않는다는 사실이 다른 친구들과 다르다는 의식은 있어요?

있죠. 언젠가 우린 언제 같이 사느냐고 물은 적이 있어요. 그래서 말해줬죠. "잘 모르겠어. 노력은 하고 있는데, 사실 가족과 가정의 형태는 되게 다양해. 엄마 아빠가 너무 바빠서 할머니랑 사는 친구도 있고, 엄마 아빠가 자기 일이 중요해서 따로 사는 친구도 있고." 지금 이렇게 살고 있으니까 소영이가 할머니 할아버지한테도 더 많이 사랑받고 (떨어져 있어도) 아빠하고 엄마한테는 네가 늘 첫 번째고 최고라는 얘기도요. 그걸 잘 받아들이고 있고, 또 그리움이 있기 때문에 아빠를 정말 좋아해요. 아이는 (이 상황을) 자연스럽게 받아들이진 않지만, 한번도 아빠랑 같이 산 경험이 없기 때문에 아프게 받아들이지도 않아요. 아빠가 떠난 게 아니잖아요. 아빠는 자기의 최선을 자기 자리에서 하고 있는 거라고 생각하니까. 그게 소영이의 리얼리티인 거죠.

아이가 저한테 엄마는 커서 뭐가 될 거냐고 물어봐요. 그러면 "엄마는 세상을 바꾸는 사람이 되고 싶어"라고 대답해요. 그러면 소영이가 그래요. "어, 아빠랑 똑같네?" 애가 크면서 아빠 이름을 되게 많이 검색하고 말해요. "엄마, 키보드 워리어가 뭐야?" "삼류 기자는 뭐야?" "아빠가 오늘 이거 이거 했대!" 민하한테 얘기했더니 이제 글을 조심해서 써야겠다고. 하하하. 아빠가 기자라는 직업을 갖고 있고 책도 쓰고 라디오 방송에도 나오고 하는 걸 되게 자랑스럽게 생각해요. 그리고 엄마는 정치를 하는 사람, TV에도 나오는 사람이고. 그냥 동네에 흔한 월급쟁이 엄마 아빠에 비하면 뭔가 특색이 있잖아요. 엄마 아빠에 대한 서운함과 동시에 자부심을 많더라고요. 그게 저한테는 큰 힘이에요.

지금까지 우여곡절이 있었지만 아직 하고 싶은 일이 있고, 사회에 기여할 수 있는 능력과 기회를 가졌고, 앞으로도 선택지가 열려 있기 때문에, 아이가 동의해주는 선에서는 하고 싶은 일을 지속적으로 할 수 있을 거라는 확신이 들어요.

'하고 싶은 일' '사회에 기여할 수 있는 능력과 기회' '선택지' '아이의 동의', 그의 말 속에 지금까지의 인생과 앞으로 펼쳐질 인생을 잇는 키워드가 담겨 있다. 거기엔 스스로 통제할 수 있는 것에 대한 각오와 통제할 수 없는 것에 대한 인정이 섞여 있다. 그는 마지막으로 자신의 능력과 상황, 주변 조건을 객관화하면서, 스스로를 '바둑돌'로 두어보겠다고 말했다.

진보 정당에 있을 때, 그러니까 20대 때는 '10년 후'가 없었어요. 근데 이제 현실 정치 가까운 곳으로 왔고 아이는 열 살이 됐으니 요즘은 고민을 더 구체적으로 해요. 10년 후 내가 과연 어디에 있을까. 필드에서 선수를 할 것인지, 아니면 지금보다 업그레이드된 참모가 될지. 이전에는 선택의 기준이 정당이었다면 지금은 아닌 것 같아요. 정당은 훨씬 유연하게 보고, 어떤 정당에서든 내가 실현할 수 있는 일에 기회가 주어지면 적극적으로 활용하겠다고. 다만 그것이 가능한 환경이어야 하겠죠. 예를 들면 민주당에서보다 신생 정당인 국민의당에서 기회가 많겠죠. 그게 한국 정치 구조 속에 민주당이 아닌 다른 야당이 필요하다는 생각과 맞물리는 것 같아요. 정당도 성장해야 하고, 그래야 저도 여길 통해서 정당인, 정치인으로 성장할 계획도 가능한 거죠. 단기로 될 것 같진 않아요. 출마 경험이 있어선지 이런 얘기는 많이 들어요. 기회가 되면 꼭 출마해라, 젊으니까 비례라도 넣어봐라, 진보 정당부터 광주 청년유니온, 지역과 중앙을 아우르는 경력 등 이 바닥에선 나이에 비해 정말 화려한 커리어다…. 그런데 현실 정치 가까운 데 있다 보니 느끼는 건, 진보 정당에서 얘기하는 그런 정치의 기회는 정말 운이 좋지 않으면 잘 없어요. 그래서 이 구조 안에서 스스로 능력을 키우고 검증 받을 수 있는 사람이 되어야겠다고 생각하게 돼요. 앞으로 내가 하고 싶은 정치에 대해, 나를 하나의 바둑돌로 두고 계획해보려구요.

김남희는 지방의 중산층 가정에서 태어나 유복한 유년 시절을 보냈고, 워낙에 의문이 많고 사람 앞에 나서는 데 거리낌 없는 기질에 유복한 가정 환경이 제공할 수 있었던 교육 기회, 황광우라는 스승과의 교류 등을 통해 사회 비판적인 시각을 갖게 되었다. 그렇게 형성된 시각은 20세가 된 그에게 '취업 준비생으로서의 대학생'의 길을 거부하고 사회를 바꾸기 위한 운동의 길을 걷게 만들었다. 21세기, 개발주의 시대가 저물며 함께 휩쓸려가듯이 아버지 사업이 기울면서 집안은 더 이상 부유하지 않았지만, 상경의 자유를 얻은 성인 김남희는 민주노동당이 성장하는 가운데 다양한 동지와 일을 경험한다. 비록 가난했지만 행복과 용기와 동지를 얻으며 서울에서 정당과 노조를 두루 거쳤고, '정치'에 진로의 방점을 찍었다.

성장하던 민주노동당이 내부의 고질적 문제를 감당하지 못하고 흔들린 시기에 전혀 예측하지 못한 변수인 임신이 찾아왔고, 그 길로 광주로 돌아와 지역 정치인으로서, 엄마로서 살았다. 그러나 총선 출마 때 지역에 구체적인 약속을 한 정치인으로서의 자신과 누군가의 보호자로서인 자신 그리고 다른 직업 세계와 좀처럼 호환되지 않는 독특한 경력을 가진 성인으로서의 자신 사이에서 현실적인 갈등이 찾아온다. 그 시기는 진보 정당 운동에도 어지러운 시기였다. 김남희는 방황의 시간을 거쳤지만 결국 사회를 바꿀 수 있고 자신의 역사를 저버리지 않으면서도 성장할 수 있는 방법으로서의 '정치'를 선택, 민주당도 진보 정당도 아닌 또 하나의 선택지에 자신을 둔다. 동시에 최근 10년간의 가장 중요한 변수로서의 딸과, 자신을 포함한 모녀 관계 자체의 안정과 미래를 위해 이혼을 선택한다.

다시 정리해본 그의 삶과 선택들은, 우리 시대의 정치에 대해 말해주는 바가 크다. IMF 키즈들이 살아온 1987년 민주화 이후는 동서 냉전이 종결되고 자본주의라는 하나의 체제 속에서 많은 주체들이 '탈정치화'된 시대처럼 보이지만, 사실 우리 삶에서 정치와 그 중요성은 결코 사라지지 않았고 그 모양이 다양화되었을 따름이다. 그가 거쳐온 직업 세계가 보여주듯 사회를 바꾸는 데 참여할 수 있는 길은 무척이나 다양하다. 무엇보다 정치적 주체로서 개인이 오로지 대의와 집단적 목적에 복속되지 않고 스스로의 역사와 관점과 비전을 갖고 그때그때에 맞는 '수'를 두는 고유한 플레이어로 등장한다. 동시에 그 개인은 그가 지나온 정치적 현실과 사회적 현실을 나름의 문법으로 편집해

보여주는 매체가 된다.

　한편 그렇게 살아가는 것은 거의 모든 현장에서 불안정하고 금전 보상이 빈약한 노동을 동반한다. 이는 하고 싶은 일 내지는 사회적 존재로서의 신념과 자신의 밥벌이(직업)를 일치시켰을 때 대부분 공통적으로 나타나는 현상이다. 그리고 이 사이에서 끊임없이 고민하고 줄다리기를 해야 한다는 긴장감 역시 우리 시대의 지배적인 감각 중 하나다.

당신 인생의 이야기

김괜저(가명)
1988년생

한 남자 이야기로 시작해보자. 이름은 최명재. 1927년에 태어난 그는 모두가 빈곤했던 해방 공간에서 대학을 다녔고 그때부터 돈을 버는 일이라면 '도적질 말고는 다 했다.' 졸업 후 은행원으로 취직했다가 다시 택시 운전사로 변신한 그는 1970년대에 이란으로 건너가 트럭 운송업으로 '달러를 갈퀴로 긁어모아 부대에 담았'*다. 1987년, 민주화와 3저 호황의 해에 그는 파스퇴르유업이라는 우유회사를 설립한다. 수많은 도시 핵가족이 중산층이라는 이름과 풍요를 맛보기 시작한 80년대 말 90년대 초, 그는 '돈키호테' 등의 별명이 말해주는 독특한 카리스마와 추진력으로, 이 작은 우유회사를 그 기업이 갈 수 있는 가장 높은 지점까지 끌어올린다.

그런데 이 기업가의 머릿속에는 돈을 많이 버는 일보다 중요한 게 있었다. "민족이 잘 사는 길"에 대한 걱정, 그것을 가능케 할 유일한 방법인 "우수한 두뇌자원을 개발하는 일"이었다. 그리고 그것은 영재 교육으로만 가능하다고 믿었다. 한국의 이튼 스쿨을 만들자. 고교 3년 과정을 2년으로 압축하고 우수한 인재를 아이비리그로 보내자. 그러나 아무리 좋은 두뇌라도 결국엔 조국을 위해 바쳐져야 한다.** 그의 구상은 강원도 횡성군 안흥면 소사리 덕고산 38만여 평 부지 위에 민족사관고등학교라는 이름으로 구현되었다. 그리고 그 첫 해, 높은 보수와 극진한 대우로 모셔온 교사들 숫자보다도 적은 30명의 남학생이 입학한다. 1996년의 일이다. 그리고 2년 뒤인 1998년 파스퇴르유업은 부도를 맞는다.

1988년생인 김괜저*** 씨는 2004년에 민족사관고등학교 9기로 입학했다. 그 역시 설립자의 거대한 구상의 일원이 되어 이 산골에서 '세계(미국)'로 쏘아 올려질 준비

---

* 성공특강/김성회 리더십 칼럼 – 최명재 전 파스퇴르 유업회장 편 (블로그 'CEO 리더십연구소', 2004. 7. 22.)

** '만나봅시다—민족사관고교 개설 한국파스퇴르유업 최명재 회장', 〈조선일보〉 1995. 10. 22.

*** 김괜저는 그가 블로그 시절부터 써온 닉네임으로 지금도 SNS에서뿐만 아니라 회사 동료들도 이 이름으로 부르고 있다고 해서 본명이 아닌 이 이름을 사용했다.

를 했고, 성공한다. 그가 학부 유학으로 뉴욕에 건너간 것은 2007년 9월. 이윽고 월스트리트에 금융위기가 닥친다. 1987년에 태어나 온갖 대기업과의 사투를 통해 정점을 찍고 그 정점에서 '한국의 이튼스쿨'이라는 아름다운 꿈을 실현한 뒤 곧 외환위기 여파로 부도를 맞은 파스퇴르유업과, 잠깐 동안 대폭 확대되어 활황을 누린 사교육-미국 유학의 루트를 밟아 미국에 쏘아 올려진 뒤 바로 그 문이 닫히고 토대가 사라진 경험을 한 김괜저의 삶은 묘하게 얽힌다. "더 이상 올라갈 수 없는 데까지 올라갔는데 이후로 그걸 지탱할 만한 밑천이 없어져버린 것 같은 느낌을 받는 거죠."

아마도 그에게는 민사고 경험이 단순히 일생 가운데 3년이 아니라 평생 자신의 어떤 선택과 자리에도 붙어 다닐 라벨이자 IMF 이후의 한국 사회의 변화된 감각을 꿰뚫는 설명력까지 갖고 있다는 생각이 있었을 것이고, 이런 생각이 짙게 깔린 수기를 읽은 것이 그와의 첫 만남이었다. 2013년에 읽은 그 글의 제목은 '믿음으로 궤도 진입'이다.* 이 글은 "엘리트 코스가 딱히 눈에 보이지 않게 된 시대, 하지만 어쨌든 엘리트 코스라는 게 어딘가에 있기는 있고, 그게 어떤 것이며 그걸 거친 사람들은 어디서 뭘 하고 있을까"라는 질문에서 기획되었다. 이 글이 최초로 실린 한 독립잡지의 필진이었던 것을 계기로 나는 괜저 씨를 알게 되었고 그와 SNS 친구로 지내왔다. 2016년 3월, 서울에서 두 번에 걸쳐 인터뷰를 했다.

"그리고 마침내 우리는 학교와 가족 그리고 수많은 모르는 사람의 박수갈채를 받으며 한국 공교육 체계에서 광명성처럼 멋지게 쏘아 올려졌다.

발사 직후, 잠깐 동안 세상이 조용했다. (…) 생각보다 대입 이후 우리의 안녕을 물어오는 사람도 많지 않았다. 매체에서 유학생들을 다루는 방식은 성공이냐 실패냐에 완고히 초점이 맞추어져 있었고, 우리 역시 '유학 생활을 성공으로 이끈다'는 알쏭

---

* 〈도미노〉 3호, 전문은 http://gwenzhir.keithskim.com/3120670

달쏳한 말을 나름대로 정의, 아니 실은 정의랄 것을 거치지도 않고 날것 그대로 책상 맡에 놓고 살기 시작했다. 유학 후 적응을 못해 돌아오면 '리터니(returnee)', 그러고도 적응을 못해 다시 출국하면 '역-리터니'라고 부른다는데 그따위의 이름으로 불릴 수는 없는 노릇이었다."

이 글이 묘사하는 이들은 비교적 어린 나이에 갈 수 있는 가장 높고 가장 먼 곳까지 간 이들이다. 그것은 혼자 힘이 아니라 어떤 믿음으로 지탱되는 동력 시스템의 운동 결과였다. 그런 "발사체"들은 어느 순간 스스로 운동해나가야 한다는 사실을 깨닫는다. 그 공중에서 방향을 바꾸기란 쉽지 않고 비상은 늘 추락의 예감을 동반한다. 한편 그들을 발사해준 '고국'은 그들이 나라를 떠난 동안 그곳을 겪어낸 친구들에게 지옥이라는 이름을 얻었다. 1927년생인 '최명재 식'으로 생각해보면 발사체들은 "우수한 두뇌자원"을 기반 삼아 이 '헬'을 구해야 하겠지만, 21세기에 발사된 이들에겐 좀 더 오래, 좀 더 멀리 그 지옥으로부터 떠나 있는 데 운동에너지를 투입하는 것이 그나마 현실적이고 똑똑한 목표일지도 모른다.

아직 대학에서의 1년을 남겨두었을 때 쓴 그 글은 자신들, 즉 민사고 출신들에게 부여된 서사에서 자유롭지 못한 글이었다고 인터뷰이는 말한다. 그 서사란 무엇일까. 그리고 2016년 3월의 인터뷰에 이르기까지 그와 그 글의 한계 사이의 관계는 어떻게 변했을까. 이 인터뷰는 10대 때 국가가 발화하는 '너희는 특별하다'의 '너희'로서 부여받은 서사와, 그것을 탑재할 수밖에 없었던 개인이 그 서사에서 자유로워져 '자신의 서사'로 이행하는 과정에 초점을 맞춘다.

한편 이 인터뷰가 주목한 또 하나의 이야기는 인터뷰이가 한국 사회로부터 받는 또 하나의 '특별 취급', 그가 성소수자인 게이이기 때문에 나올 수 있는 이야기들이다. 이 두 가지, 상반된 의미의 특별 취급의 책임을 의식하고, 또 이용하기도 하면서 그는 한국 사회에 명민하게 개입하려 하고 있었다.

도적질 말고는 다 하거나 달러를 갈퀴로 긁어 모은 뒤 기업을 세우고 학교를 세워 '민족'과 '후대'에 공헌하는 반세기 사이즈의 사회 환원 스토리는 이제 여기 없다. 그런 진정성 있는 이야기에 몰입할 수 있는 사람도 거의 없을 것이다. 하지만 이런 이야기가 있다. 요약하자면, '민족이 잘 사는' 여러 가지 길이 막힌 시대, 그것보다는 작고 구체적인 '우리'들이 우리가 가진 기술로 우리의 판을 직접 키우고 돕는 이야기다. 이제 거기에 이르기까지의, 한 남자 이야기를 시작해보자.

훌륭한 아들

아버지는 57년생이고 한국도로공사에 죽 계시다가 작년에 퇴직하셨어요. 그 뒤로는 도로 관련한 민자 기업으로 가서 일하고 계세요. 어머니는 60년생이고 초등학교 교사로 30년 근속하시고 명예퇴직을 하셨고요. 지금은 간간이 강의를 나가고 계세요. 여동생은 1991년생이고, 관광학부를 나와서 저와 마찬가지로 스타트업에서 일하고 있습니다.

엄마는 오랫동안 서울에서 산 집안 맏딸로 유복하게 자라셨어요. 외조부모님들이 한남동 근처에서 사셨다고 들었고, 외할아버지가 60, 70년대에 IBM 같은 데로 출장 다닐 정도로 컴퓨터 쪽에서 성공하셨다고 들었어요. 엄마는 어릴 때부터 되게 곱게 자랐고 그것 때문에 콤플렉스도 있었대요. 어쨌든 '모던한' 분위기의 집안이었는데도 큰아들한테 올인해야겠다는 분위기가 있었던 것 같아요. 워낙 유복했으니 그게 겉으로 드러나진 않았지만요.

그러다가 엄마가 20대 초반에 1년 간격으로 조부모님 두 분이 다 돌아가셨어요. 외할아버지가 돌아가시고 가세라고 할 만한 게 없는 상황이 되고 그때 마침 진로를 선택해야 하는 상황이었는데, 엄마는 외삼촌이 공부를 더 잘할 수 있게끔 자기 욕심을 조금 접어서 원래는 가고 싶지 않았던 교직을 선택한 거죠.

친가 분위기는 굉장히 달라요. 할아버지가 지금 아흔대여섯 살 되시는데 종친회 회장을 하실 정도로 강직하신 분입니다.(웃음) 제가 유학 갈 때 저의 족보를 CD롬에 담아서 주셨답니다. 새로운 테크놀로지를 그렇게 활용할 정도로 가업에 열중하시는 분이에요. 제게는 할아버지니까 굉장히 가깝지만 사실 제일 이해하기 힘든 세계와 겹쳐 있는 분이고, 가끔 옛날 얘기하시는 거 보면 정말 어느 시절에 사셨나 싶은 분이에요. 그야말로 양반 집안이거든요. 그래서 집안이 전체적으로 "사람이 돈, 돈 하면 안 된다" 이런 분위기예요.

아버지는 남자 형제 중엔 가운데고 큰아빠 한 분, 작은아빠 한 분 계세요. 그 사이사이에 고모가 있는 형태로 6남매예요. 큰아버지는 군인, 아버지는 공무원, 작은아버지는 민간 기업에 가셨어요. 정말 우화 같은 구성이죠?(웃음) 고모들은 사실 그 구도에서 끼어들 만한 뭔가를 하는 데는 실패하셨고 지금은 상당히 출가하신 분위기죠.

두 분은 아버지가 막 사회에 진출했을 무렵, 어머니가 아직 대학에 다닐 무렵 친구 소개로 만나 1986년에 가정을 이루었다. 그리고 1995년경 그의 가족은 1기 신도시 중 하나로 개발 막바지에 이르렀던 평촌에 위치한 30평짜리 신축 아파트로 이사한다. 몇 번의 이사가 있었지만 가족의 삶은 지금까지도 기본적으로 평촌에서 이루어져왔다. 그가 기억하는 당시의 삶은 전형적인 신도시 중산층 4인 가족의 것이다.

그 이사랑 제 초등학교 입학이 거의 같은 시기로 생각돼요. 그 아파트에 오고 나서부턴 제 딴에는 확실히 잘 갖춰진 동네에 산다는 느낌을 받았고 생활이 되게 풍족하게 느껴지기 시작했어요. 그때부터 눈높이 선생님이 왔고, 피아노 학원에 다녔어요. 그냥 '나만 잘하면 되겠구나' 하는 생각을 했던 것 같아요. 아버지 차도 소나타로 바뀐 기억이 나고. 아버지가 도로공사에 계시니까 고속도로 여행을 되게 많이 다녔거든요.

아버지 직장은 개발이 전혀 이루어지지 않았던 시절의 판교에 있었고, 어머니는 경기도권 학교를 돌다 집 근처 학교에 부임했다. 경제적으로 안정된 가족이었고, 부모님은 자녀 교육에 관심과 뒷받침해줄 능력, 무엇보다 딱히 무리하지 않아도 옳은 방향성과 적절한 강도를 유지할 수 있도록 '내버려둘 줄 아는 태도'를 갖고 있었다.

전 어릴 때부터 야구, 축구, 이런 덴 관심 없고 음악, 미술 좋아했어요. 피아노는 꾸준히 잘했어요. 그게 '으레 피아노를 친다', 이런 게 아니라 정말로 여기에 재능이 있어서 피아노로 뭘 해봐야겠다, 이런 느낌이었어요. 그런데 부모님은 이상할 정도로 그것에 대한 평가를 안 하려고 하셨어요. 당시에 제가 엄마한테 '공부도 좋고 음악도 좋고 미술도 좋아, 이걸 다 할 수 있는 직업은 선생님밖에 없는 것 같아. 선생님이 (꿈으로서) 괜찮은 거 같은데 엄마 생각은 어때?' 이렇게 얘기했는데 별말 없으셨거든요. 나중에 보니 엄마는 제가 선생님은 절대 안 했으면 좋겠다고 생각했나 봐요. 그런데 저한테는 한번도 그렇게 얘기한 적이 없었던 거죠. 자신의 직업에 만족도 하고 객관적으로도 나무랄 데 없는 궤도였음에도 불구하고 꿈을 펼치지 못했다는 아쉬움. 아버지도 마찬가지예요. 좀 말이 안 될 정도로 클래식 음악을 좋아하시고, 본인 취향으로 뭔가를 하고 싶어 하는 게 있거든요. 전축에 많은 돈을 쓴다든지, 퇴직하고 나서는 취미 활동으로 사진도 많이 찍으세요. 뭔지는 모르겠지만 뭔가는 하고 싶었다, 이게 두 분에게 다 있는 것 같아요. 아마 그런 게 최대한 교육의 혜택을 많이 주되 의외로 구체적인 부분에선 집착이나 강박이 없는, 그런 방식으로 나타난 것 같아요.

그리고 무엇보다 김괜저 씨 스스로가 공부에 관심이 있었고 공부를 잘했다. 어릴 때부터 말썽과는 거리가 먼 모범생이었다. 이러한 자각은 그의 유년 시절에서 매우 중요한 요소다. 그는 어른들이, 친구들이 모범생이라 부르는 것에서 벗어나기 위해 부단히 노력했는데, 그 방향은 일탈이 아니라, 말하자면 '하이퍼-모범생'이 되는 것이었다.

사실 공부를 잘하게 된 건 나중이고 모범생이 된 게 먼저였어요. 엄마가 선생님이잖아요? 그거랑 제가 어떤 교육을 받는가랑 최대한 무관하게 보이고 싶어 했어요. 다니는 학교를 고를 수도 없었지만, 그래서 어쨌든 저하고는 (같은 학군에서도) 가장 먼 곳에 있었어요. 학부모로서도 자기가 상상하는 최고의 학부모 역할을 하려고 노력했고요. 저는 그냥 엄청 착하고 모범적으로 학교에 다니는 애였어요. 그런데 4학년 때까지는 단 한 번도, 내가 너무 착하다든가 너무 모범생인 것 같다는 느낌 자체를 가져본 적이 없어요. 그 신도시 애들이 자기 능력치 안에서 다 모범생인 상황이었으니까요.

5학년 때 큰 변화가 있었어요. 5학년을 반만 다니고 2년 정도 미국에 갔거든요. 그런데 한국에서 보낸 5학년 한 학기가 저에게는 몇 년처럼 느껴졌어요. 이때 처음으로 제가 '모범생'이고 다른 애들은 나 같지 않다는 걸 알게 되었어요. 그리고 무슨 수를 써서라도 모범생이 아닌 다른 애들하고도 잘 지내고 싶었어요. 제가 게이라는 자각을 처음 한 것도 그때 같아요. 물론 게이라는 말은 몰랐지만, 그래서 내가 모범생이고 또 '무엇'인데 그걸 그대로 보여서는 안 되겠다는 생각을 처음 한 시기예요. 그 계기가 된 일이 있었어요. 제 기억에는 《우리들의 일그러진 영웅》과 비슷한 상황이었어요. 반에 굉장히 위협적인 애가 한 명 있고 학급 내 권력이 모두 그 애 위주로 되는데 저만 좀 특별하게 그 바깥에 있는 구도. 그리고 담임선생님이 정말 저만을 희망으로 생각하는 그런 상황. 문제의 그 친구는 그냥 노는 애가 아니라 공부도 꽤 하는 애고, 더 뜨악한 건 이 친구가 성당에 열심히 다녔고 새벽미사에서 복사를 서고 있었어요. 엄마가 "쟤가 정말 걔란 말이야?"라는 말을 했던 거 같아요. 저는 세상이 이 싸움을 모르고 있고 난 이걸 어떻게든 해야 된다는 생각에 휩싸여 있었어요. 결국 그 친구랑 대면하게 되는데 제가 먼저 무너져내렸던 것 같고, 그 친구한테 솔직하게 다가가게 됐고, 굉장히 괴상한 방식으로 친해졌어요.

1997년 말부터 2000년까지는 초등학교 고학년 시절에 해당한다. 외환위기 여파는 뉴스 속 일이었을 뿐, 그가 살던 지역의 본질적인 부분이 변한다는 느낌은 전혀 받지 못했다고 했다. 그리고 조금씩 경기가 회복되던 시기, 가족 모두가 1년 반 동안 미국의 수도 워싱턴DC에서 살게 된다.

아버지가 도로공사에서 굉장히 근면하게 일하셨거든요. 회사 안에서 최고치를 하려면 뭘 해야 되나 보니까 해외 사업체 연수로 미국 워싱턴DC 연수가 있는 거예요. 회사 전체에 하나 있는 해외 근무직인 거죠. 제가 유학을 갔던 것보다 훨씬 더 말도 안 되는 목표였을 거 같아요.

제게도 첫 해외였고, 우리 가족 모두한테 마찬가지였어요. 가기 전에 동생도 같이 영어학원에 몇 달 다녔거든요. 그런데 학원에서 영어 이름을 하나씩 지으라고 했는데 제가 지은 이름이 '한스'예요.(웃음) 그렇게 영어에 대한 이상한 생각을 가진 상태로 미국에 갔죠. 그런데 저희가 거기서 어울렸던 사람들 중에 우리 같은 사람은 아무도 없다는 느낌을 많이 받았어요. DC는 그런 곳이잖아요. 주로 대사, 영사 이런 분들 가족이 있었고 연예인이나 연예인 친척들이 좀 있었죠. 저랑 동생은 워낙 어렸으니 괜찮았지만 엄마는 아마 좀 힘들었을 거예요.

저희가 들어간 학교는 정말 천국 같은 곳이었어요. 말도 안 되는 곳이죠. 나중에 찾아보니까 워싱턴DC가 미국 모든 주 가운데 공교육 지출 1위더라고요. 일단 학교 인프라가 너무 좋아요. 〈내 친구 아서(Arthur)〉라는 애니메이션에 나오는 거랑 똑같이 생겼어요. 보도블록부터 너무 예쁘게 깔려 있고 들어가면 벽에 애들이 그린 그림이 쫙 붙어 있고, 도서관은 웬만한 구립도서관 수준이에요. 미술실, 음악연습실, 체육관, 강당 따로 있고, 운동장도 뛰어 노는 곳이랑 농구장, 풋볼 필드가 다 따로 있었어요.

인원 구성도 굉장히 정치적으로 올바른 학교였어요. 교장선생님은 흑인 여성이었고, 선생님 중에 히스패닉계도 많았고 학생들은 그냥 미국 사람으로서 다양한 게 아니라 외국에서 단기적으로 온 친구들이 많았어요. 학교 안에서는 나쁜 기억이 거의 없었어요. 인종차별이라고 해봤자 캠프 갔을 때 아주 약간, '살다 보니 이런 일도 있네'라고 느낄 정도로만 겪었던 것 같아요. 영어를 아예 못할 때도 따돌림을 전혀 안 당했거든요.

커리큘럼은 학년별 교육이라기보다 능력별 교육이고 그 흐름이 되게 잘 되어 있었어요. 지체아반에 있는 친구들도 일반 학급 수업을 왔다 갔다 할 수 있었고, 특별히 잘하는 과목이 있으면 그 과목만 높은 학년 수업을 듣는다든지, 이런 게 다 가능했어요. 그래서 저는 입학하자마자 수학은 한 학년 위의 걸 들었고, 나중엔 고등반 수업을 들었어요. 가서는 영어가 안되니까 ESL(English as a Second Language)반 따로 모아서 가르쳐줬고요. ESL반 선생님이 정말 체계적이고 헌신적으로 가르쳐주셔서 저한테는 은인처럼 느껴져요. 그래서 5학년 말쯤엔 영어를 곧잘 하게 됐어요. 또 미술 선생님은 젊은 여자분이었는데 저를 수제자처럼 아껴주셨어요. 방과 후에 둘이서 따로 그림을 그리곤 했어요. 이만 한 캔버스에다가 막. 그리고 미국 가서는 피아노를 그만두고 클라리넷을 배웠거든요. 그것도 되게 세련된 경험이었고요.

그런 1년 반을 보내고 나니 모범생 콤플렉스도 없어진 것 같아요. 그리고 어릴 때는 유학이 뭔지도 잘 몰라서 '유학'이란 생각을 한 건 아니지만, 어쨌든 미국에 다시 와야겠다는 생각을 했어요.

"잘하면 외고, 더 잘하면 민사고"

가족의 영향 하에서 경험할 수 있었던 '세계 최고 수준의 공교육'과 그의 앞에 생긴 막연한 이상을 이어줄 징검다리가 필요했다. 그 징검다리로서, 당시 평촌에서 최고의 활황을 누린 학원가가 인생의 중요한 요소로 등장한다.

미국에서 돌아오면서 전에 살던 집을 팔지 않은 상태에서, 따로 전세를 내서 학원가 근처로 이사를 갔어요. 그때부터 이미 부모님은 생각하셨던 거 같아요. 교육 여건상 여기로 가야겠다고. 그게 딱히 민사고라든지 유학이라든지 하는 분명한 목표가 있는 건 아니었지만, 어린 저까지 포함해서 가족 전체가 '현실로 돌아와야겠다'는 생각을 강하게 한 것 같아요. 그래서 한국 돌아와서는 문 열면 학원가가 보이는 곳에서 지냈어요.

지금도 그런지는 모르겠지만 그때 평촌은 전국에서 고등학교 입시로 제일 유명한 학원가였어요. 그전에는 없던 대규모 거주지가 생겨서 비슷한 나이대 사람들이 한꺼번에 들어와서 가족 전체가 똑같이 커가니까, 그때그때 걸리는 것들이 다 붐이 되는 거죠. 제가 중학생일 때는 고등학교 입시가 가장 성행했어요. 좋은 고등학교를 갈 수 있는 중학교에 가는 게 온 가족의 관심사죠. 저희 집은 미국에서 돌아왔다는 알리바이로 쉽게 이사를 가서 소위 좋은 학교에 갈 수 있었어요. 학원가 사이에 있는 두 중학교 중 하나였는데, 당시 기준으로 전국에서 특목고 입학생을 가장 많이 배출하는 학교였어요.

재미있는 건, 제가 미국에 갔을 때 학교에 저보다 먼저 다니고 있던 한국인이 한 명 있었거든요. 그 친구는 대사는 아니지만 고위급 공무원의 딸이었고, 그 친구 동생은 제 동생이랑 같은 반이었어요. 그 친구네 가족은 미국에서 도합 5년 정도 있다가 저희보다 늦게 귀국을 했는데, 걔네가 귀국해서 온 것도 저희 중학교예요. 그때만 해도 저는 '어쩜 이런 우연이 있나' 생각했어요. 학교가, 동네가 그러니까 당연히 그리로 온 거라는 생각을 못 했죠.

돌아와서 한동안 적응하기 힘들지 않을까 걱정하긴 했죠. 일단 내신 공부를 안 한 양이 있으니까. 학교에 돌아가면 그걸 잘해야 되겠다는 생각밖에 없었고 '잘하려면 뭘 해야 될까', 이런 생각을 하면서 처음으로 학원에 갔어요. 그렇게 조금씩 따라잡게 되고, 따라잡다 보니 학원에선 외고반이 있고 민사고 반이 있다, 이렇게 알려주는 거죠. 그러니까 민사고가 뭔지 누구한테 물어볼 필요가 없었어요. 자연스럽게 '잘하면 외고, 그보다 잘하면 과학고 아니면 민사고' 도식이 머리에 이미 있었어요. 이 학원은 민사고 입시에 어떤 솔루션을 제공해야 하는지 아는 곳, 신도시 초창기에 정말 민사고 입시에 큰 역할을 한 학원, 이름도 '영재사관학원'이었어요.(웃음)

총천연색의 미국 생활 직후라 낙차가 클 법도 했지만, 어차피 과정이라고 생각했기 때문일까, 학원가에서 모두가 같은 곳을 바라보고 있는 시간은 그렇게 힘들지 않았다고 했다. 다만 그는 조금 다른 문제로 사춘기의 고뇌를 겪었다.

중학교 때는 학교 반, 학원가 반이 기억의 거의 전부예요. 살면서 제일 공부를 많이 한 때고요. 그런데 '모범생만은 아닌 쿨한 아이 되기'의 일환으로 방송부도 했기 때문에 '공부만 한다'는 생각, 뭔가 초인적인 걸 하고 있다는 생각은 안 했어요. 가족에게도 마찬가지였는데, 학원비를 걱정할 필요가 없었거든요. 경제적인 부분은 정말 쭉 평탄했어요. 그걸 신경 써야 되는 일은 한번도 안 벌어진 거죠. 평촌 학원가 안에 있으면서도, 거기가 그렇게까지 이상하다고 느끼진 못했어요. 다들 같은 곳을 바라보고 있는 게 이상하긴 했지만 거기 투입하는 노력 같은 게 비현실적이진 않았거든요.

사실 중학교 내내 했던 민사고를 가기 위한 여정의 좌충우돌은 민사고를 감으로써 깨끗하게 보상이 됐어요. 그 외에 제 생활의 고민은 대부분 제가 게이라는 사실과 연관이 있었던 것 같아요. 남자애들이 좋아하는 스타크래프트나 축구, 이런 데 못 낀다는 거. 그리고 그때 누구 하나를 콕 집어서 '이 사람이 좋다'라는 감정을 처음으로 느꼈는데, 당시 나한테는 설명이 안 되는 방식으로 나타났던 거죠. 되게 친한 친구한테 굉장한 집착이 있었어요. 내가 남자를 좋아하는구나, 라는 생각은 고등학교 입학할 때쯤 들긴 들었어요. 그런데 내가 게이라는 사실이 사회적으로는 어떤 의미가 있을 수 있다든지 이런 건 전혀 몰랐어요.

사실 중2 때 여자 친구도 사귀었거든요. 같은 학원에 다닌 친구였는데 중간쯤부터는 '나는 여자애를 안 좋아하는구나' 하는 자각이 이미 생겼어요. 결국 제가 티를 냈고 그 친구가 헤어짐을 통보하게 만들었는데, 마지막에 손편지를 쓰려다가 귀찮아서 컴퓨터로 써서 프린트해서 줬어요. 정말 한동안 부끄러웠던 기억이에요. 그리고 그 친구에 대한 미안한 마음이 한동안 절 지배했고요.

그 밖에는 스토리에 대한 관심이 있었어요. 디즈니를 너무 좋아했고, 초등학교 때는 시험 전날에도 도서관에 있을 정도로 책을 좋아했고요. 중학교 때는 유일하게 덕후 생활을 했던 때예요. '톨덕'이었거든요. 톨킨 덕후. 미국에 있을 때 영어를 못하는 애에서 잘하는 애가 될 때까지 자신감에 얼마나 추진력이 있었던지, 영어로 《반지의 제왕》을 끝까지 읽어야겠다고 생각했고 실제로 읽었어요. 그 나이 때 상당히 어려웠음에도 불구하고 재미를 느낄 때까지 읽었어요. 중3 때는 톨킨 설정 안에서 2차 창작으로 소설을 써서 친구랑 돌려 읽기도 하고. 아예 책처럼 생긴 노트를 사서 일러스트레이션까지 넣으면서 공을 들였어요.

약간은 제가 사는 세계가 아닌 다른 세계에 관심이 있었던 것 같아요. 지금 내가 있는 세상, 내가 알아볼 수 있는 세상 이야기는 별다른 관심이 없었어요. 어릴 때도 〈위니 더 푸〉나 〈메리 포핀스〉 시리즈 같은, 저한테 이국적으로 느껴지고 딴 세상 같은 얘기들을 좋아했고, 뭔지 잘 몰라도 왠지 다른 가능성을 가리키는 텍스트를 좋아했어요. 보통 중학교 때 헤세 같은 걸

들이밀잖아요. 보통은 그래서 더욱 재미없어하는데, 전 진심으로 좋아했어요. 여기엔 없는 느낌인 거 같아서 막연히 좋았던 거죠.

"마지막으로 발하는 빛 아니었을까요?"

어쩌면 강원도 횡성 38만 평 부지에 세워진 민족사관고등학교야말로 여기와는 다른 세계, 적어도 다른 세계를 열어줄 통과의례의 공간이 아니었을까. 1996년 이 학교의 첫 입학식을 소개한 〈조선일보〉 기사는 다음과 같이 묘사한다.

"입학식 장소는 99칸 전통한옥인 '민족교육관' 안마당. 신입생 수는 단 30명. 교사 수(정교사 17명, 강사 13명)와 똑같다. 이들의 교복은 미색 한복에 검은 두루마기와 검은색 교모. 물론 교장과 교사들도 한복 차림으로 참가했다. 행사에 사용된 모든 음악은 대금 북 아쟁 등을 이용한 국악. 그야말로 신토불이 입학식이었다."*

그로부터 8년이 지나 아홉 번째 입학식을 치른 2004년, 민사고는 여전히 고집스럽고 이상한 학교였지만, 입학생들은 이전보다 많이 기성화되어 있었다. 사교육에서 체계적으로, 또 어느 정도는 일률적으로 '민사고 입학생'이 되는 훈련을 받은 까닭이다.

처음 가면 친구가 없잖아요. 그런데 같은 학원 다닌 애들끼린 서로 알아요. 그런 애들이 삼삼오오 있고, 신도시 애들은 대치동 애들 다음으로 그게 잘 되어 있었기 때문에 상당한 심리적 안정이 있었죠. '여기 뭔지 알아' '이런 애들이겠지' 이런 생각을 공유하고 있었으니까. 그러니까 여기서 벗어난 친구들, 외국이나 지방에서 온 애들은 굉장히 낯설었을 거예요. 어쨌든

---

* '한복 교복에 판소리교가… 민족사관고 입학식', 〈조선일보〉 1996. 3. 2.

저희한테는 알고 있는 룰의 연장선상에 있는 곳이었기 때문에 적응이 힘들지는 않았어요. '우리는 제일 잘하면 온다는 그곳에 왔어. 그냥 해온 대로 잘하면 돼. 새로운 챌린지야.' 이렇게 생각했던 거죠.

저희가 입학한 때를 기점으로 민사고가 나름 현대화됐거든요. 제가 9기인데, 처음으로 정원을 크게 늘렸어요. 원래 70명 선이었는데 150명으로. 애초에 기숙사 지을 때 최대로 받을 수 있는 한 학년 인원을 전부 받은 게 그때가 처음이었어요. 그래서 분위기가 굉장히 달랐고, 선배들이며 선생님들이며 이 새로운 현상에 압도되었어요. 실제로 저희가 분위기를 끌었던 게 있었어요. 애들끼리도 이미 많이 알고 있었으니까. 학교 입장에서는 학부모들이 더 신경 쓰이기 시작했을 거예요. 처음으로 '서로 이미 알고 있는 대규모 학부모'가 등장한 시점이었던 거죠. 관리하기 굉장히 힘들었을 거예요.

민사고에는 '국제반'과 '민족반'이 있다. 민족반은 국내 대학, 국제반은 해외 대학(주로 미국 대학)을 목표로 하는 그룹이다(2006년 폐지.) 입학생을 뽑을 때부터 갈리기 때문에 두 그룹 사이 교류는 거의 단절되어 있었다. 기숙사 방도 따로 쓰고 수업도 겹치지 않는다. 그는 국제반이었고, 학교의 관심은 민족반보다는 미국으로 쏘아 보내질 국제반 학생들에게 집중되어 있었다.

민족반 애들 중엔 국내 명문 대학 수석합격자도 나오고 그러지만 상대적으로 주목을 덜 받을 수밖에 없죠. 정말 기억에 남는 게, 수능 날 학교로 버스가 와서 걔네만 태우고 가요. 그럼 나름의 전통이랍시고 북 치고 장구 치면서 그 친구들을 배웅하기는 하거든요. 그렇지만 솔직히 그게 뭔지 잘 모르고, 영혼이 없어요.(웃음)

다른 학교에서라면 교문 앞 플래카드로 내걸릴 명문대 수석 합격자도 보통 아이가 되는 학교, 당연히 거기에서 이루어진 교육은 한국 최고 수준이라고 할 만했다.

민사고가 이러니저러니 해도 대단하다고 느꼈던 순간들이 많은데, 특히 공부하고 싶은 것 중에 좀 높은 레벨이 있다 하면 AP(Advanced Placement) 반을 다 개설해줬어요 SAT는 수능 같은 시험이잖아요. AP는 과목별로 더 성취하고 싶을 때 보는 시험이에요. 대학에서는 '얘는 이 과목에 관심이 있어서 심화학습을 했구나' 하고 그걸 인정해줘요. 대학에서 입문에 분류되는 수준을 고등학교 때 하는 거죠. 그게 많으면 확실히 대학에 잘 붙어요. 그래서 웬만한 건 다 그 수준의 강의를 제공하려고 했어요. 미적분 AP과정, 미국 정치 AP과정… 식으로. 저는 환경과학이 하고 싶어 학교에 요청했더니 수업을 개설해준 거예요. 학생이 겨우 네 명인데 지리 선생님, 생물 선생님, 화학 선생님, 이렇게 세 분이 함께 한 과목을 가르쳤어요. 이런 식으로 한계 내에서 굉장히 많은 리소스를 투입해서 애들을 가르친 건 사실이죠.

— 선생님들은 어떤 분들이세요? 그러니까, 어떤 경로로 민사고에 오는 거예요?

민사고 선생님들은 자기 분야에서 어떤 의미로서는 재야의 고수들이에요. 예를 들어 아침에 검도나 태권도를 가르쳐주시던 선생님들은 그 분야에서 이미 나이 대비 대단한 성취를 이룬 사람들이더라고요. 그리고 경제학 선생님 같은 경우엔 고등학교에서 경제학으로 뭔가를 제대로 가르쳐야 된다는 생각을 갖기가 힘든데, 이분은 클래식한 시장경제를 반드시 가르쳐야 한다는 신념이 있었어요. 다른 걸 다 제쳐두고 민사고에 와서 교편을 잡는다는 건 뭔가 생각이 있어서잖아요. 결혼 안 하신 여자 선생님도 많았고 종교적인 색채가 드러나는 분들도 있었어요. 통일교 선생님이 세 분 정도 계셨거든요. 그중 두 명이 미국 출신이었는데 한 분은 아예 귀화를 하셨고 한 분은 하버드에서 공부하다가 통일교 인연으로 한국에 온 거죠. 이런 식으로 뭔가 다른 차원에서 온, 다른 기준을 가진 사람들이 많았어요.

아마 보수는 다른 걸 포기한 데 대한 보상이 되는 정도로 높게 받을 거예요. 그래도 그걸로는 도저히 다 설명이 안 되는 게 있어요. 제 생각엔 학생들이 뭔가를 해내는 거 자체에서 의미를 발견하려는 사람들이었던 것 같아요. 그게 학교가 훌륭하게 잡은 체계에서 나왔다기보다 개인 차원에서 각자가 자기 나름대로 설리번 선생님이 되고 싶은 게 아니었을까 싶어요. 그래도 어쨌든 모이게 한 것까지 했으니 (학교도) 대단한 거죠.

민사고 설립이 막바지 단계에 있던 1995년의 기사를 보면 교사 수는 모두 충원될 경우 75명으로 학생 1인당 교사 수가 1.3명이다. 대우는 "교장 월급 1천만 원, 수업시간이 많은 국영수 교사는 일반 고교의 3배인 510만 원, 그 밖의 교사는 350만 원. 원주 시내에 있는 32평형 아파트도 제공 받는다."[*] 즉 선생님들은 대부분 학교 근처에 조성된 마을에서 살고 있었다. 학생들뿐만 아니라 선생님들도 학교를 벗어나서 할 수 있는 게 거의 없었던 셈이다. 바깥이 없고 학교에서만 뭔가를 할 수 있다는 사실은 긍정적인 방향으로도, 부정적인 방향으로도 작용했다.

학교 생활은 저희에게도 그분들에게도 상당 부분 학업만으론 설명이 안 됐어요. 그래서 동아리 활동에 힘을 쏟는 경우가 많았어요. 저는 신문 디자

---

[*] 〈동아일보〉 1995. 9. 6.

인을 했는데 정말 말도 안 되게 본격적으로 했어요. 오케스트라에서 클라리넷도 계속했고, 심지어 연극반도 해서 도 대회에서 은상도 타고 그랬어요.

그런 식으로 동아리 활동으로 학교 생활에서 느끼는 갈증을 완전히 해소했어요. 그런데 자기가 좋아하는 것과 여기서 할 수 있는 게 병행이 안 된 친구들은 불행했어요. 게다가 저처럼 나를 숨기는 데 능한 게이 말고 이런 사회에 이런 식으로 엉겨 있는 게 상처가 되는 게이 친구들이 나중에 들어왔다는 걸 알거든요. 그런 친구 얘길 들어보면 거기 있는 거 자체가 고통스러웠다고 해요. 저 역시도 규율에 짜인 생활이 스트레스긴 했어요. 전 검도를 선택해서 매일 했는데, 그걸 하면서 한번도 즐겁다는 생각을 해본 적이 없어요. 그걸 매일 아침에 해야 되니까 너무 고통스러운 거예요. 그리고 사감 선생님 항상 계시고 방 청소 상태 점검하고, 심지어 초반엔 방 안에 카메라도 있었으니까요. 그런 게 억압적으로 느껴지긴 했는데, 어떻게 대항해야 되는지 감각이 없었어요.

그리고 워낙 작은 커뮤니티다 보니까 왕따를 당하면 출구가 없다고 느껴졌을 거예요. 확실히 일반 학교에 비해서 왕따 같은 건 훨씬 덜한 편이거든요. 어쨌든 똑똑한 애들이니까 그 방식도 겉보기엔 덜 잔인한 편인데 실제 당하는 사람한테 느껴지는 압박감은 더 심할 수도 있었을 것 같아요. 외부 세계가 없으니까. 저희는 끈끈하게 이루어진 저희끼리의 사회 안에서 성공적이지 않으면 다른 방법 자체가 없어요. 즐거움이든 뭐든 그 안에서 구축해야만 하거든요. 게임을 하려고 해도 그 안에서 해야지 PC방에 갈 수도 없는 거니까. 사귀고 헤어지는 일도 다 그 안에서 감당이 되어야 하니까, 피로감을 느끼는 애들이 많았어요. 보통 학교 같으면 가십 정도일 일을 "어떻게 그럴 수 있어?" 이러면서 이입하고 크게 받아들이는 거죠.

그 작은 사회에 영향을 미치는 또 하나의 중요한 요소는 멀리 떨어져 있는 가족과의 관계였다. 대부분은 가족을 그리워했지만, 일부는 부모의 큰 기대가 독이 됐다. 이렇게 엄격한 규율과 자신 혹은 가족, 나아가 '민족'에 대한 책임까지 부과되었지만 그로 인해 수위를 넘어 폭발하는 경우는 전무했다. 이 '최고의 기숙학교'는 열여덟 열아홉 살의 아이들이 그걸 버틸 수 있도록 제어하는 장치와 다 같이 어디로 가는 것인지 지각하게 하는 명백한 틀을 제공하는 곳이기도 했기 때문이다.

완벽하게 이탈하는 경우는 없지만 이런 일들이 조금씩 배경이 되어서 학교를 나가는 애들이 1년에 한 명씩은 있었어요. 그렇지만 확 미치거나 하는 정도로 가는 일은 없었어요. 있을 수가 없죠. 저도 혹시 그때 정말 힘들고 자살하고 싶은 친구들이 있었는데 내가 몰랐을지도 모른다는 생각을 하면서 (인터뷰에) 왔거든요. 그런데 그렇다기보다는 규율이 워낙 정교하게 잡혀 있어서 그런 생각을 못 하게 했다, 이게 맞는 것 같아요.

— 세계관이 완벽했던 거네요.

네 맞아요. 사실 기숙학교라는 제도는 민사고 전에도 계속 있어온 제도잖아요. 그런 걸 최대한 잘 컨트롤하기 위해서 나온 제도란 생각이 들어요. 딱 거기까지만 생각할 수 있게끔 많이 잡아주는 것 같아요. 목표에 이견이 없다면 기숙학교라는 방식에는 소극적으로 찬성할 수 있을 정도로 굉장히 효율적이에요. 민사고를 세우면서 한 얘기가 '한국의 이튼스쿨을 만들자'잖아요. '너희는 억압받는 존재가 아니고 엘리트니까 이 정도는 당연한 거다', 이런 식으로 프레이밍을 했고, 실제로 대우도 좋았고요. 초반에 있었던 회초리로 맞는다든지 이런 것도 부조리처럼 느껴지지 않게끔 제도화를 잘 했어요. 예컨대 벌점 제도가 있는데 벌점이 쌓이면 모의법정을 열어요. 그러면 우리가 선출한 법관이 판단을 하는데 사실 판단이랄 것도 없어요. 끽해야 2점 줄 거냐 3점 줄 거냐가 전부인 경우가 많아요. 그렇지만 우리가 자치적으로 벌주고 상 준다는 느낌을 갖게끔 제도화되어 있는 거죠. '룰이 있고 이 룰대로 하지 않았을 때 이런 결과가 생긴다'는 건 공부 잘하는 애들한테 잘 먹히는 방식이에요. 한 만큼 받는다, 합리적이고 공정하잖아요. 이런 차원에서 청소년 인권 관련된 문제 같은 건 거의 생각 안 하고 지냈어요.

나는 그의 이야기를 들으면서, 한복을 입는다든지 '민족교육'이라든지 하는 다소 시대착오적인 기호들에 둘러싸여 있기는 하지만 민사고가 그만한 명맥을 유지할 수 있었을 만큼 제대로 된 시스템이었음을, 그야말로 '민족을 위한 인재'들이 배양될 수 있는 정교하고 해상도 높은 제도였음을 인정할 수밖에 없었다. 또 학생들의 공부와 생활은 설립자, 재단, 학부모들을 넘어 한국 사회와 그 열망으로부터 무척이나 소중하게 보호되고 있었다.

그건 아무리 생각해도, 논리적인 방식으로는 설명이 안 되는 설립자 개인의 이상이었던 것 같아요. 일단 그게 1996년이니까 세울 수 있었을 거 아니에요. 그게 마지막으로 발한 빛 같은 게 아니었을까 하는 생각이 많이 들고, 그러다 보니 사회적으로도 소중한 존재(로서), 얘를 챙겨줘야 되겠다는 인식이 형성되어 있었던 것 같아요. 힘든 건 항상 있었지만 그래도 언제나 그 상징성을 인정받고, 정부라든지 사회라든지 여러 가지 지원이 있었던 건, 이게 그저 하나의 교육기관이 아니라 '호시절에 띄워 올린 무엇이다'라고 사람들이 생각했던 것 같아요. 진짜 다른 종류의 사람으로 우리를 대했어요. 그 뒤로 경영난이 오고 우리도 그걸 모를 수가 없는 상황이었지만 놀라울 정도로 타협을 안 했어요. 예를 들어 지금까지도 한번도 안 거르고 매년 미국 혹은 유럽으로 수학여행을 가거든요. 물론 학부모들이 돈을 내니까 가능한 일이기도 하지만 학교가 어려우면 그런 (학생들의 경험 확장에 들이는 규모를 유지하는) 생각을 하기 어려운데 계속 포기하지 않는 거죠.

저희가 설립자를 직접 볼 일은 드물었어요. 1년에 한 번이면 많이 보는 거였죠. 좀 신성화되어 있었던 것 같아요. '저분이 결단을 내려서 이렇게 계속 하고 있다'는 식으로. 실제로 이러다 학교가 문 닫는 게 아닌가 하는 학교 운영과 관련된 불안감은 늘 있었거든요. 심지어 학교 이사장 관계자들이 와서 우리를 앉혀놓고 "너희가 정말 잘되어야 한다"는 얘길 따로 할 정도였어요. 파스퇴르 직원들은 옆에서 보면서 때로는 얼마나 원망스러웠겠어요 이 존재가. 그들이 보기에는 말도 안 되는 생활을 하고 있는데.

민족사관고등학교의 설립자 최명재가 이끌던 파스퇴르유업은 IMF 외환위기로 1998년 최종 부도를 맞는다. 8백억 원을 투자해 세운 민사고 역시 함께 흔들릴 수밖에 없는 처지였다. 전액 무료로 운영해오던 파격적인 학교 운영에 차질이 생겼다. 1999년부터는 대부분의 입학생에게 등록금을 받는다. 괜저 씨가 입학한 2004년에는 한 달 학비가 120만 원이었다.

그래서 사실 '학교가 잘되고 우리도 잘되어야 한다'는 생각에 앞서서, 이 학교에 어떤 모순이 있을 것이라든가, 이런 점은 앞으로 고쳐야 된다든가 하는 생각을 전혀 못 했어요. 소위 똑똑한 학생들이었음에도 불구하고 '왜 민족교육을 한다면서 영어를 공용어로 쓰는가', 이런 논리에 의심이 전혀 없었죠. 목표의식이 워낙 뚜렷하니까 의심할 겨를이 없었고, 말하자면 그런 생각으로부터 보호되고 있었어요. 나중에 저희보다 한두 해 밑 기수가 국기에 대한 경례를 거부하는 퍼포먼스를 했단 말이에요. 저희는 이해가 안 됐어요. 머리가 있으니까 거부할 수 있어야 될 것 같기는 해요. 그런데 '왜 대체 지금 그게 중요하지?' 생각했던 것 같아요. 그런 차원의, 체제에 문제제기를 한다는 것이 다음 차원의 문제로 느껴졌어요. 일단은 이걸 해야 된다, 이게 중요하다는 생각. 정말 개국할 때 심정으로 지냈던 것 같아요.

―그 믿음이 언제까지 유지된 것 같아요?

제가 보기엔 오래 가진 않았어요. 학교에서 컨트롤할 수 있던 부분들을 저희가 3학년 때 온갖 사건사고로 깨났거든요. 그래서 저희랑 밑 기수가 불과 한 학년 차이지만 밑 기수들이 교직원들과 갖는 관계는 훨씬 더 관리자-피관리자 관계예요. 교사들이나 임직원들과 동질감을 갖는 관계라는 느낌이 저희한테 마지막으로 있었던 것 같고, 그 안에서 저희는 선을 많이 넘으면서 우리가 학교랑 같지 않다는 걸 졸업할 때쯤 서로 깨달은 거죠.

아무래도 학생이 70명일 때하고 그 두 배가 됐을 때 (다양성의) 편차가 훨씬 큰 거죠. 저희 중에는 그전까지 없던 캐릭터가 나오고, 예컨대 '다 같이 하버드 가자' '다 같이 서울대 가자' 이렇게는 안 되는 거예요. 우리는 각자 살 길을 찾아야 된다는 걸 희미하게 알고 있었고, 학교가 가르쳐주는 것만으로는 안 된다고 느꼈죠. 그래서 3학년 말에 남녀 할 것 없이 사고를 많이 쳤어요. 저 역시도 그 고교 사회 안에서 있을 수 있는 다양한 드라마에 파묻혀서 지냈어요.

뉴욕대의 이유

그가 말하는 사고는 다른 10대들에게라면 그다지 대수롭지 않을 음주나 연애였다. 음주를 위해선 문이 다 잠긴 기숙사를 빠져나와 오토바이를 빌려서 멀리 나가는 치밀한 준비가 요구되는 환경이었고, 연애는 애초에 금지되어 있었기에 둘 다 사건사고 수준에 오를 수밖에 없었다. 금지되어 있었기에 소리 없이 격하게 오가던 감정의 드라마 속에 김괜저는 다른 친구들과는 조금 다른 고민을 했다. 자신이 게이라는 것, 게이임을 밝히는 것이 여러 관계를 일거에 일렁이게 만들 수 있는, 무척 사회적인 문제임을 알았기 때문이다. 그는 질문을 피할 수 있는 자리를 찾아, 드라마의 등장인물이 아니라 내레이터가 되는 '전략'을 취한다.

이 연애시장에서 나는 뭘까, 어떻게 등장해야 되나. 학교에 있는 남자, 여자, 그리고 더 모범생, 덜 모범생—아예 안 모범생인 사람은 없을 테니까—그사이에 다 호환시킬 수 있는 위치에 저를 놓으려고 부단히 노력했어요. 그리고 그 안에서 저한테 의지하는 사람들이 많아졌고요.

감독이 되면 선수처럼 평가 받을 필요가 없는 것처럼, 내가 중재하는 역할을 하면 나는 이 게임에서 벗어나 있을 수 있다고 생각했던 거 같아요. 그리고 민사고 재학 동안 제가 정말 좋아한 남자애도 없었으니까요. 정확히 말하면 제 이성이 먼저 나서서 대처를 한 거겠죠. 조금이라도 마음이 갈 것 같은 친구가 있으면 빨리 포지셔닝을 해서 친하게 지내는 관계로 설정한 거죠. 내가 얘를 좋아한다는 의심이 결코 생기지 않게끔 행동하는 데 특화된 시기였어요. 그래서 남자를 좋아한다는 사실로는 실수가 한번도 없었어요.

— 괴로움이나 모순을 느낀 적은 없었어요?

항상 있긴 있었죠. 그게 고3쯤 되면서부터 제 속에 자리를 잡았는데 '미국에 간다면 바뀔까?' 이런 생각을 했던 것 같아요. 그전엔 미국에 간다는 걸 뜬구름 잡듯 생각했는데 '이런 이유로 난 미국에 가야만 하겠다'는 생각이 무의식에 자리를 잡았어요. 그리고 그게 학교를 결정하는 데 큰 이유가 됐죠.

3학년이 되어서 어느 대학을 갈지 정하고 지원하는 것도 3년 전 입시학원의 '잘하면 외고반, 더 잘하면 민사고반'의 연장이라고 했다. 미국 30위권 대학이라는 보다 세분화된 위계가 제시되었다.

심지어 저희는 자기에게 맞는 학교를 알아본다는 취지로 (수학여행으로) 미국에 다녀왔음에도 불구하고 실제로 원서 쓸 때가 오면 결국 서열화된 순으로 가요. 컬럼비아 위에 프린스턴, 프린스턴 위에 하버드. 이런 게 암묵적으로 있죠. '넌 어느 정도니까 여기랑 여기쯤 쓸 수 있겠다' 이게 각이 나와요. 그리고 아이비리그의 대학에선 '한 학교 출신 최대 몇 명' 이런 식으로 입학 제한을 한단 말이에요? 그래서 '우리가 개개인으로 생각해서는 승산이 안 난다', 이래서 다 같이 진심으로 동의해서 조정을 하게 돼요. 한 사람당 30위권 대학 내에서 여섯 개만 쓸 수 있게 정한 거죠. 저도 30위 내에서 여섯 군데를 썼어요. 그때는 학교에 대한 아무런 생각 없이 그냥 점수와 등수로만 쓴 거죠.

유일한 기준이라면 서부에는 가기 싫었어요. 지금 생각하면 이것도 게이라는 것과 관련 있는데요. 음, 이렇게 표현해보는 건 처음이긴 한데…

제가 가진 외모에 대한 콤플렉스와 게이라는 게 합쳐져서, 서부라는 곳은 나를 숨길 수 없는 곳으로 느껴졌어요. 뭔가 밝고, 다 벗고 다녀야 될 것 같고, 자기를 외모적으로 다 드러내는 사람들이 가는 데라는 느낌이 들었어요. 동부처럼 '컨벤션(관습)'에 의존하는 사람들 안에서 더 편하게 잘할 수 있을 거라고 생각했던 것 같아요. 그래서 동부에 있는 학교로만 여섯 개를 골라 썼죠.

그런데 지원서 넣고 제주도로 가족 여행을 갔는데, 뉴욕대가 아직 일주일 쯤 기간이 남았다는 거예요. 그래서 호텔에서 그때까지 쓴 원서를 대충 짜깁기해서 쓱 넣었어요. 뉴욕대는 35위인가 그래서 (애들끼리 조정할 때) 한번도 거론된 적이 없었거든요. '안전빵'도 안 하고 있다가 뒤늦게 넣은 거죠.

그는 듀크대, 노스웨스턴대, 뉴욕대에서 합격 통지서를 받았다. 세 대학을 '영재사관학원'이나 '민사고' 식으로 생각한다면 가장 순위가 높은 듀크대에 가는 것이 응당한 선택이었겠지만 그는 반대로 가장 순위가 낮은 뉴욕대를 택했다.

미국 대학은 가을에 시작하니까 고교 졸업 하고 나서 저희한테는 6개월이 있었어요. 그때 저희가 다 같이 어른놀이를 하면서 지냈거든요. 저는 말도 안 되는 오렌지색으로 염색도 했고요.(웃음) 자유를 농축해서 누린 거죠. 그때 친구랑 해외여행을 하면서 내가 통제할 수 있는 게 많아졌을 때 나는 무엇을 원할까 처음 생각해봤어요. 전엔 워낙 요만큼씩 주어졌으니까 제가 뭘 원하는지는 별로 중요하지 않았고 날 어떻게 통제할까만 생각했는데, 이제 내 선택에 따라 인생이 달라질 수 있고 그게 중요하겠다는 생각이 든 거예요. 그런 생각을 한 다음 보니까, 뉴욕대가 아닌 다른 데는 왜 썼는지도 모르겠더라고요. 무조건 거기에 가야겠다 싶은 거죠.

뉴욕대는 미국 대학 가운데서도 학비가 가장 비싼 축에 속한다. 게다가 뉴욕에 체류한다는 것은 주거비도 생활비도 가장 비싼 곳에 산다는 의미다. 일반적인 중산층 가정으로는 커버가 안 되는 규모다. 김괜저는 자신의 가정이 경제적으로 늘 평탄했지만 민사고에서는 저소득층에 속했다고 했다. 그런 그가 미국 사립대학을 갈 수 있었던 이유는 또 하나의 가족 혹은 또 하나의 국가, 삼성 덕분이었다. 갈 대학이 정해지기 전, 삼성에서 제도적으로 운용하는 삼성장학회를 통해 1년 최대 5만 달러 수준의 학비 지원을 약속 받은 상태였다.

제가 장학금을 안 받았다면 집을 팔지 않고는 유학을 갈 수 없었다는 사실을 나중에 알았어요. 뉴욕대 학비는 장학회에서 지원하는 최대치도 넘거든요. 결과적으로 5만 달러가 넘어가는 부분은 가족들이 보태줬어요. 뉴욕에서 지내는 비용만 해도, 집을 팔아야 할 정도는 아니었어도 부모님 월급의 주된 부분을 제가 먹어치웠다고 해도 무방해요. 어쨌든 부모님이 맞벌이로 계속 일을 해오고 있었기 때문에 커버가 가능했지만, 예컨대 집을 산다든지 땅을 산다든지 이런 가능성을 아예 죽인 거죠.

그러니까 어떻게 보면 삼성이 개입해서, 제가 갈 수 없었던 궤도 위에 저를 올려놓은 거예요. 이게 안 됐으면 이후에 저나 우리 집이 크게 달라졌을 테니까. 민사고에서 긍정적인 이상주의를 유지하면서 학생들을 발사할 수 있었던 시기가 제 위아래로 몇 년 안 되는 것 같다고 했잖아요. 그거랑 비슷하게 원래는 안 되는 사람을 되게 만들었던 이런 장학금 같은 문은, 열렸다가 바로 닫혔다는 생각도 들어요.

삼성 장학금은 그의 유학을 가능하게 했을 뿐 아니라, 사실상 어떤 분야를 공부할지에도 영향을 미쳤다. 또 그 전공 분야와의 첫 만남을 결정한 요소이기도 했다.

사실 저는 디자인 대학교를 준비했었어요. 저한테 무척 중요한 영향을 끼친 민사고 미술 선생님이 뉴욕대 출신인데, 그전까지는 민사고 방침을 거슬러가며 학생을 예체능계로 보내야겠다는 생각을 한번도 안 하다가 절 보고 처음 그 생각을 하신 거예요. 그때 신문은 물론이고 매 학기 치르는 자치회 선거 포스터, 학교 차원의 학술지를 포함해서 디자인에 포함되는 활동을 굉장히 많이 했거든요. 저희 선거는 웬만한 대학 수준으로 하는데, 전 한 학기에 네다섯 명씩 (후보 포스터 디자인을) 했어요. 그러니 선생님도 진지하게 디자인이 진로가 될 수 있다는 걸 얘기해주고 그 분위기에 휩쓸려서 포트폴리오도 준비했어요. 그런데 결국 그만뒀어요. 포트폴리오 대비 유학원이 따로 있고 그걸 통하지 않으면 도저히 준비가 안 되는 거죠. 그런 인위적인 건 못 하겠더라고요.

삼성장학회 면접을 보러 가는데 거기서 예체능은 확실히 안 되고 사회과학까지는 된다고 쓰여 있었어요. 이것도 디자인(지망)을 접는 데 큰 요인이 되었어요. 그러면 문과계 학문 중에서 내가 뭘 잘할 수 있을까를 보니, 사회학이 왠지 나하고 잘 맞을 것 같다는 느낌이 들었어요.

삼성장학회 면접 전에 사회학에 대한 에세이 몇 편만 읽고 갔어요. 그 장학금이 이공계 위주니까 어차피 심사위원 중에 잘 아는 사람도 없을 것 같았어요. 근데 가보니까 몇 안 되는 인문사회계 학생 선발을 위해서 삼성에서 서울대 사회학과 석좌교수를 심사위원장으로 앉혀놓은 거예요. '어떡하란 말이지?' 사회학에 대해서 아는 거 하나도 없고 이런 관점에서 배우고 싶은 게 있다는 식으로 솔직하게 얘길 했어요. 그런데 거기서 "촛불 시위에 대해서 어떻게 생각하느냐"라는 질문을 하더라고요. 저는 당시만 해도 '효순이 미선이 사건이라는 끔찍한 일이 있어서 사람들이 촛불시위를 한다' 이거 말고는 아무 생각이 없었어요. 그래서 그냥 "사람들이 자신의 뜻을 크게 보이기 위한 새로운 방법인 것 같아서 긍정적으로 생각합니다"라고 답하고 한 템포 쉬고, "그런데 자칫 잘못하면 누군가가 선동될 수도 있고 자세한 논의가 필요한 입장이 될 수도 있습니다" 이런 얘길 덧붙였어요. 이걸 물어본 이유는 이런 답이 듣고 싶어서라는 느낌이 순간적으로 들었거든요. 그리고 그 얘기를 했기 때문에 합격할 수 있었다는 생각이 많이 들어요. 저한텐 이 장면이 아주 기억에 남아요. 제가 사회학의 첫 문을 연 게 그거라는 생각이 들어서 이상한 부채의식이 있어요.

그래서 삼성에 대한 생각은 항상 이중적이에요. 한국 사람이면 누구나 그렇겠지만. 민사고에 대한 생각은 그렇게 이중적이지 않은 반면, 삼성은 내가 거기서 도움을 받는다는 것이 뭔지 정말 되게 생각을 많이 했어요.

발사되다

2007년 가을, 그는 뉴욕에 도착했다. 한국에서 가장 안정적인 직업을 가진 부모님, 한국에서 가장 높은 수준이라는 기숙학교의 교육, 한국에서 가장 유명하고 돈이 많은 기업의 재정적 지원, 그 삼각편대 속에서 나올 수 있는 가장 성공적인 그림이었다. 하지만 유학을 가서는 한국과 최대한 거리를 두었다. 입학 전 강남에서 있었던 뉴욕대 한인 신입생 환영회부터였다. 열아홉 번째 생일이었고, 생일임을 들켜 생일주를 강제로 마셔야 했고, 처음 보는 사람의 옷에 토했다. 최악의 그리고 상징적인 사건을 시작으로 그는 꽤 오랫동안 돌아올 생각이 없는 길을 떠났다.

뉴욕대의 한인 학생은 천 명 이상으로 많은데, 오히려 이것이 "숨어 지낼 수 있는 구조"이기 때문에 한국 학생이나 한인 커뮤니티를 피할 수 있었다. 한국 친구는 별로 그립지 않았다. 민사고에서 온 친구들을 가끔 만날 수 있었고, 무엇보다 뉴욕은 24시간을 풀 가동해도 다 담거나 소화할 수 없는 자극으로 넘쳐나는 곳이었다.

도착한 지 두세 달 지났을 때부터 내가 뉴욕대를 안 왔으면 안 됐을 거 같다는 생각을 했어요. 예를 들어 나만 숨어서 좋아하던 비요크가 거기서 공연하고 있다든지 하는 게 수시로 모든 방면에서 오니까 문화적인 부분이 갑자기 폭발적으로 팽창한 거죠. 그때 생각이 걷잡을 수 없는 속도로 달라진 것 같아요. 내가 지금까지 이것을 위해 테스트를 받아온 게 아닌가 하는 기분이 들었어요. 유학이라서 힘든 것도 거의 없었어요. 기숙사 생활이라든지 영어 공용제라든지 토론이라든지, 미국 유학 준비를 민사고가 정말 잘해준 거예요. 그래서 1학년 때는 아무 걱정 없이 정말 뉴욕을 스펀지처럼 흡수하면서 지냈어요.

유학 초기와 중기 이후가 많이 다른데, 첫 1, 2년은 모범생 삶의 연장선 상에 있었어요. 학교에서 나름 성적이 좋은 애들을 모아서 학과장 프로그램 같은 걸 만들어줬거든요. 거기서 만난 친구들, 그러니까 개중에도 모범생인 애들이랑 가깝게 어울렸어요. 뉴욕대가 미국의 주립대랑 맞먹을 정도로 크거든요. 맨해튼 안에 있어서 티가 안 나지만 정말 커요. 학비 수입 때문에 외국인 비율도 굉장히 높고요. 그러니 학교 전체를 우수한 엘리트 집단이라고 할 수는 없어요. 그래서 이런 프로그램을 따로 운영하는데, 제가 뽑힌 거죠. 여기서 피렌체도 한 열흘 보내줬어요. 파리, 상하이, 아부다비, 피렌체 등에 뉴욕대 분교가 있거든요. 그 친구들은 미국 전역에서 온 애들이에요. 백인 헤테로 남자애 하나, 앤 정말 금발에 WASP예요. 그리고 유대인 게이 남자애 하나, 인도계 여자애 하나, 중국계 여자애 하나, 백인 여자애 하나, 정말 아이디얼한 그룹에 껴서 재미있게 놀았어요.

아무튼 초기에는 상당히 면학적이었죠. 수업은 사회학 이론보다는 재미있는 것 위주로 먼저 들었어요. 인종 수업, 성정치학 수업, 이민자 수업… 사회학의 방법론을 배운다기보다 사회학이 나한테 가르쳐줄 수 있는 것 위주로. 내가 누군지를 그런 쪽으로 생각하는 과정이었어요.

— 중기 이후 유학 생활이 많이 바뀌었다는 건 어떤 의미예요?

한인 사회하고는 거리를 두고 미국 친구들이랑 지냈다고 했지만 미국 사회에 동화된다거나 정말 친한 미국 친구가 많이 생긴다거나 하는 상황은 쉽게 안 왔어요. 그때 가깝게 지낸 친구들도 정말 착하고 모범생이었기 때문에 잘 어울릴 수 있었던 것인데, 진정한 의미에서 미국 사회의 축소판은 아닌 거죠. 어쨌든 잘 걸러진 그룹이었을 뿐이고.

미국에 처음 갔을 때는 아무 문제가 없다고 생각했어요. 이 정도면 그냥 할 만 하네, 할 수 있겠네 생각했어요. 근데 지내면서 보니까 그중에서도 (내가 원하는) 정치적, 문화적, 사회적, 학문적 이슈를 다루는 데 있어서 주류 인텔리 사회에 들어가기에는 미국 문화나 세계 정세에 대한 지식이나 영어 실력이 너무 부족한 거죠.

이게 상당히 서서히 오는 이유가 뭐냐면, 사회학 수업을 따라가거나 토론하는 건 그렇게 어려운 일이 아니에요. 정해진 텍스트가 있고 그걸 공부하면 되니까. 사실 제2언어부터는 그런 어려운 말이 더 편할 때도 있고요. 근데 오히려 친구를 만나서 어린 시절에 본 거라든지, 이런 걸 얘기할 때 안 되는 거예요. 안 봤는데 어떡해. 전 고등학교 때 〈프렌즈〉를 열심히 봤는데 얘네한텐 맥락이 안 맞는 거죠. 얘네가 아주 어릴 때 나왔던 시트콤이니까. 전 영어나 미국 문화를 사후적인 레퍼런스로 갖고 있으니까 제대로 재미있는 걸 하는 친구들과는 자연스럽게 어울릴 수 없는 거예요.

알게 모르게 그런 콤플렉스가 있었어요. 민사고 친구들이 뉴욕에 놀러 오면 제가 뉴욕을 다 안다는 듯이 소개하고 놀러 다니는데 실제로는 진짜 뉴욕, 진짜 재미있는 걸 하고 있는 뉴요커들에게는 가까이 못 가고 있다는 콤플렉스. 물론 당시엔 잘 몰랐지만요. 목표가 좀 바뀌어서 그랬던 거 같아요. 보통 유학 가면 아무리 전에 살았던 경험이 있다 해도 아까 말한 주류 인텔리 사회나 문화에 백 퍼센트 동화되는 데까지 밀어붙이겠다는 기대는 안 하고 오거든요. 저도 그런 기대를 안 하고 갔는데 있다 보니 욕심이 생긴 거예요. 물론 주류 인텔리 사회라는 게 백인 사회에서 제가 마치 유색인종이 아닌 것처럼 된다거나 하는 기대가 아니라, 돌아가는 판국을 그 사람들만큼 내 입장에서 잘 이해하고 영민하게 행동하는 페르소나를 갖고 싶었던 거죠.

그 어떤 국제 도시라 해도 그곳에서 태어나 그 나라 말을 모국어로 하지 않는 이상, 아무런 카테고리나이 특별 취급 없이 '그곳 사람들'과 동화되는 일은 좀처럼 일어나지 않는다는 사실을, 서른이 넘어 대학원 유학을 온 지금 나는 그 누구보다 더 잘 이해할 수 있다. 대학(특히 대도시에 위치한 대학)은 다양성의 패치워크가 가장 잘 실현되는 장소, 다양한 문화권에서 온 이들의 자리가 언제나 마련되어 있는 장소지만 그만큼 그 자리, 기대되는 역할을 벗어나기는 힘들다.

그가 그런 변화를 느낀 뚜렷한 계기도 있었다. 3학년 1학기를 마친 뒤 8개월간 학과장 프로그램으로 파리의 뉴욕대(NYU Paris)로 유학을 갔을 때, 처음으로 미국에서 태어난 미국인 친구들과 같은 입장이 되면서부터다. 뉴욕에선 현지인 '일반 대학생'이었던 친구들이 파리에선 그와 똑같이 유학생이 됐다.

파리에선 열심히 놀았다고 한다. 뉴욕에선 까딱 잘못하면 큰일난다는 긴장감을 갖고 살았지만 파리에선 자유와 낭만을 만끽할 수 있었다. 연극과 연기에도 빠져 지냈다. 자신에게 언어를 배운다는 건 "그 나라 말을 잘하는 사람인 척하고 싶은 게 제일 큰 욕구"이기 때문에 연기로 언어를 배우는 것이 딱 맞는 접근이었다는 그의 말이 인상적이었다. 물론 그게 다는 아니었다. 고교 시절 연극부부터 그는 오랫동안 무대 위에 서왔고 연극을 자신의 중요한 부분으로 생각하는 것 같았다. 나는 그의 글이나 사진, 디자인은 접해봤어도 연기자로서의 모습을 상상하기는 어려웠다. 그래서 일부러 연기가 어떤 욕망이고 어떤 의미인지를 물었다.

사실 제가 연극 관련해서 피하고 싶은 질문은 뭐냐면, '(게이라서) 일상생활이 연기처럼 느껴지세요?' 같은 거예요. 서로 연관은 있겠죠. 잘 모르겠어요. 연기에 대한 환상은 잘 모르겠는데 무대에서 온몸으로 표현한다는데 환상은 있는 것 같아요. 그리고 일단 재미있죠. 그런데 나름 전체적으로 잘했음에도 불구하고 진짜 한계가 있는 일이구나 느꼈어요. 사실은 조금 충격이었어요. 왜냐하면 제가 진짜 하고 싶고 좋아하기도 하는 일인데 안 되는 거니까. 다재다능하다는 얘기를 듣는 제일 좋은 방법은 안 되는 걸 안 하는 것인데, 제가 아무리 해도 안 되는 건 당연히 있었던 거고.

어릴 때부터 저는 하고 싶은 걸 하겠다는 것보다 안 되는 걸 안 하겠다는 게 더 큰 욕구였던 것 같기도 해요. 그런 걸 안 하고 다른 걸 찾다 보니 소질이 개발된 부분이 있는데, 내가 하고 싶은 건데 못한다는 게 자존심 상했죠. 그런데 어차피 내가 프랑스어로 연기를 한다는 것 자체가 말이 안 된다는 걸 아니까 더 순수하게 즐길 수 있었고, 그래서 그때는 좀 한을 풀었다고 해야 하나? 내가 파리에서 프랑스어로 연극하고 있는데 뭘 더 해.(웃음)

프랑스에 있었던 경험 그 자체가 저한텐 한풀이 성격이 강해요. 뉴욕에서 외국인으로 있으면서 느낀 한, 유럽에 대한 막연한 동경과 진짜를 본 적 없는 변방인으로서의 한, 놀아본 적 없는 한, 그런 걸 짧은 시간에 다 풀었던 것 같아요.

'유학 속 유학'을 마친 뒤에는 입대가 기다리고 있었다. 졸업하고도 미국에 남아 다음 단계를 모색하고 싶었기에 한국에 갔다가 다시 '돌아올 수 있는' 방법, 마지막 학년을 남기고 입대하는 방법을 택했다. 카투사에 떨어진 뒤 공군 어학병으로 청주에 있는 공군사관학교에서 군 복무를 했다.

믿음으로 궤도 진입, 그 후

2013년 가을에 전역했다. 이때부턴 비로소 한국에 한 발 걸치고 있다는 느낌을 받기 시작했다고 했다. 다시 미국으로 돌아가 4학년을 다니는 동안에는 학생의 감각보다는 비자가 만료된 이후에도 뉴욕에 남을 수 있는 방법을 고민하는 모드가 생활을 지배했다. 결정이 필요한 모든 부분에 비자 문제가 가장 큰 영향을 미쳤으며 그런 일은 처음이었다고 그는 말했다. 궤도 진입 이후의 진로 문제가, 비자라는 분명하고 가차없는 형태로, 마치 방금 뒤집은 모래시계처럼 가시화된 것이다.

특히나 그가 유학하던 때는 외국인 학생들에게 좋지 않은 시기였다. 뉴욕으로 간 거의 직후인 2008년 글로벌 금융위기가 터졌다. 이는 환율을 50퍼센트 가까이 끌어 올리면서 유학 간 자녀를 둔 집안에 제2의 IMF나 다름없는 고난을 안겼다. 머지않아 환율은 안정세가 됐지만, 이때의 경험을 통해 진로를 재검토하는 계기를 맞은 유학생이 적지 않았다. 같은 시기 한국에서도 경영학과 등 취업이 잘 되는 학과로의 편중과 스펙 경쟁이 심화되고 있었는데, 미국 내 유학생 사회에서도 다를 리 없었다. 동시에 한국에서는 민사고를 비롯해 외고, 특목고에서 미국 대학 진학생의 숫자가 하향세에 접어들기 시작했다. 유학 비용은 오르는데 미국 내 취업(심지어 국내 취업도)의 가능성은 낮아지면서, 미국 유학의 메리트가 점점 사라져갔던 것이다.

그때까지는 한국 친구를 잘 안 사귀었잖아요. 근데 한국 친구를 사귀었으면 진로를 미리 생각할 수도 있었을 것 같아요. 그때는 한국 친구들 대부분이 활로를 찾아놓은 상황이었어요. 미국에 남을 수 있는 사람들은 전공을 금융이나 이과로 틀어서 포석을 마련한 상태였고, 과반은 한국에 돌아갈 준비를 마친 상태였죠.

이걸 좀 크게 보자면, IMF 직전에 세워진 민사고는 IMF를 겪고 나서도 최대한 자금을 들여 그 꿈을 보존한 거잖아요, 나머지가 망할 때. 2008년 글로벌 금융위기를 겪으면서 미국 역시 그렇게 되기 직전에, 문 닫히기 직전에 뉴욕에 간 건데, 그런 (평탄한) 뉴욕은 또 한 1년 만에 딱 끝난 거예요. 금융위기가 터지자마자 즉시 돌아가는 식으로 격하진 않았지만 많이들 고민하고 또 실제로 진로를 바꿨죠. 이런 상황을 다 통과하면서도 '지금 배우는 게 너무 재미있어서 계속 해야겠어' 하고 버틸 수 있었던 게 신기하기도 하고, 부모님이 정말 대단하다는 생각도 들어요. 물론 2008년, 2009년에 환율이 1500원 수준이 됐을 땐 정말 힘들었어요. 송금하면 돈이 반 토막이 되어서 오니까. 그렇지만 제가 하는 일에는 영향을 못 끼친 것 같아요.

그리고 한국 친구들 안 사귀고 저하고 비슷하게 사는 미국 친구들을 사귀다 보니까 저도 걔네하고 같은 입장인 줄 알았던 거죠. 그런데 제대하고 다시 돌아와서 보니까 저는 다른 활로를 찾아야 되는 입장이었던 거고, 그때부터 눈에 들어온 게 스타트업이었어요. 앞으로도 성장 가능하면서도 돈을 벌 수 있는 산업이 미국 전체로 봤을 때 그쪽 하나밖에 없는 거죠. 이미 뱅커들의 삶은 예전과 다르고. 미술 경매 시대도 끝났고. 디자인도 (산업적으로) 끝물인 게 눈에 보이는 거예요. 그래서 스타트업과 나를 어떻게든 엮지 않으면 내가 미국에 들어와 있을 수 있는 방법은 없다고 생각했어요. 그래서 4학년 때는 매니지먼트 수업도 들었어요. 저 그때 스턴비즈니스스쿨에서 체이스 은행 전직 간부가 가르치는, 정말 전통 신자유주의 매니지먼트 클래스하고 마르크스주의 세미나를 동시에 같이 들었어요. '어쩌라는 말이냐' 이런 심정으로. 머리가 터지는 줄 알았어요.(웃음)

이런 고민이 본격적으로 시작되기 직전, 아직 군 생활 중이던 2012년 12월에 쓴 글이 바로 서두에 언급한 '믿음으로 궤도 진입'이다. 팬저 씨는 2006년에 개인 블로그를 시작해 스스로의 궤적을 들여다볼 수 있는 아카이브로서 오랫동안 공들여오고 있었다. 블로그로 여러 사람들과 이어지기도 했다. 마침 2010년 전후로 트위터와 페이스북 등 SNS의 강화와 함께, 인적 네트워크도 창작의 기반도 독자군도 인터넷을 통해 형성되는 출판 프로젝트들이 하나둘 시작되었고, 그중 하나가 디자이너 김형재를 중심으로 기획되어 트위터로 필진을 섭외한 비정기 문화 잡지 〈도미노〉였다.* 당시 나도 1호부터 3호까지 연달아 이 잡지에 글을 기고하고 있었다. 김괜저 씨를 처음 만난 것도 〈도미노〉 편집 회의 때였다.

〈도미노〉에서 절 찾은 건 '한국에서 엘리트 코스라는 게 이제 우리 눈에 보이지 않고 신문에 나지 않는 시대가 됐지만 어쨌든 어딘가 엘리트 코스라는 게 있기는 있는데, 그걸 거친 사람들은 어디서 뭘 하고 있을까 궁금하다'는 이유에서였어요. 전혀 뜬금없는 사람들의 궁금함이긴 했지만 저한테는, '되게 궁금해할 것 같은데 왜 아무도 안 물어볼까' 하는 생각이 항상 있었어요. 아까도 말했지만 저는 어떤 주제들에 대한 입장을 정해야 한다는 생각을 많이 했어요. 내가 게이라는 것, 삼성 덕분에 유학을 갔다는 사실 그리고 민사고. 웃기지만 혼자 막 시뮬레이션 해보기도 했고요. 어쨌든 (민사고에 대해서는) 계획했던 것보다 일찍 과제를 받게 된 거죠. 글을 쓰면서 민사고 친구들을 만나서 얘기를 나눠봤어요. 놀랐던 건, 제가 혼자 생각했던 감정들을, 아예 다르게 생각할 것 같은 친구들 역시 비슷하게 느꼈다는 점이었어요. 그때 좀 자신감이 생겼어요. 이건 내가 대표해서 쓴다는 느낌을 가져도 되겠구나. 그래서 너무 복잡하게 생각 안 하고 썼어요.

---

* 예컨대 올해 9회를 맞는 독립출판물·아트북 페어 '언리미티드 에디션'이 시작된 것은 2009년이었다. 이 행사가 독립출판 부흥 그 자체뿐 아니라 인터넷을 통한 프로젝트 단위의 네트워크 형성 등 공동창작의 방식에 영향을 주고, 적어도 서로 호응했다고 보는 관점은 일반적이다. 이를테면 2016년 3월 패션잡지 〈더블유 코리아〉의 기사('어떤 큐레이팅', 에디터 황선우·정준화)는 이 행사를 '모바일 세대가 현실의 광장에 모여든 장면'으로 스케치했으며, '인터넷과 함께 성장한 세대가 SNS 타임라인을 통해 결집한 행사'로 보는 분석에 행사를 주관한 유어마인드 대표 이로 씨도 상당 부분 동의했다고 전했다. 한편 편집동인부터 필자까지 대개 트위터 아이디를 통해 연결된 〈도미노〉가 1호를 발간한 것은 2011년 말의 일이다.

글은 민사고에서 발사 준비를 마치고 한국 밖으로 쏘아 올려지고 어느 정도 시간이 흐른 후에 쓰였다. 그도, 그 글에 등장하는 이들도 아직은 일단 '유학생'이었던 시기다. 그 신분을 벗어난 뒤, 그러니까 궤도 진입의 '이후'에는 어떻게 되었을까. 적어도 괜저씨의 경우, 자신의 전공과 커리어가 외국인이면 더더욱 취업이 어려운 분야임을 이미 알았고, 그럼에도 불구하고 지금 하고 싶고 배우고 싶은 걸 굽히지 않았던 만큼 '기대되는 서사'대로는 흘러가지 않았다. 우선 그는 학교를 졸업하기 전, 즉 학생 비자 상태로 한국인이 운영하는 작은 IT기업에 들어갔다.

생긴 지는 오래된 편이지만 스타트업의 모양을 갖춘, 온라인 지도를 이용한 솔루션을 만들어주는 회사예요. 중소기업이긴 하지만 (운영자가) 한국과 미국을 오가면서 사업을 하는 분이라서 여기에 들어가면 제가 미국에 있는 동안 비자에 대한 입장을 정확히 이해해줄 수 있고 혹시나 한국을 오가는 상황이 생길 수도 있으니 다른 가능성도 있겠다 싶었어요.

가서 보니까 제가 할 수 있는 일들이 많았어요. 엄청 많이 배웠죠. 워낙 작은 회사라 제가 영업부터 인사, 프로그래밍, 디자인까지 거의 모든 부분을 다 건드렸어요. 취재 온 방송국 응대도 하고, (학계와 거래하면서) 사업하는 주체로서의 대학도 처음 경험해보고요.

거기선 한 2년 일했어요. 학교 다니면서는 무급 인턴으로 있으면서 한국지사를 통해 들어오는 아르바이트로만 돈을 받다가 정식 취업한 건 졸업하고 나서예요. 졸업하고 나서 1년 동안은 탐색 기간을 주거든요. (유학생이 대학 졸업 후 1년간 거주할 수 있는 '선택적 실무연수 비자(OPT)') 그 기간을 거기서 다 보낸 거죠. 다른 걸 안 찾았어요.

문제는 회사 자체가 너무 영세했고, 저는 비자 받을 걸 전제하고 제가 하는 일보다 훨씬 적게, 거의 인턴 정도의 급여를 받아야 했어요. 매일 망하느냐 안 망하느냐를 걱정하는 상황이다 보니, 제 신변 문제에 더해 회사를 마치 운영자처럼 걱정하며 생활하는 게 굉장히 스트레스였어요.

그러다 (2015년) 4월쯤 되어서, 4월이 미국에서 비자 신청이 일괄적으로 이뤄지는 달이거든요. 비자 진행을 하려고 준비하던 중이었어요. 생각해보니까 만약 이 회사를 통해 비자 문제가 해결돼도 여기 계속 있으면 회사도 망하고 나도 망할 것 같다. 첫 단추를 잘못 끼우는 게 될 수도 있겠다는 생각이 들었어요. 미국에 계속 남으려면 비자가 계속 나와야 되고 비자가 영주권으로 연결되려면 한 회사에 죽 있어야 되는데, 제가 이 회사에 5, 6년 있을 게 아니라고 본 거죠. 그래서 비자 신청을 앞두고 회사를 그만뒀어요. 회사 측에선 저의 사정을 다 이해한다고 했지만 굉장히 서운해했죠. 저로서도 회사가 멀리 갈 수 있을 거라고 생각하고 저를 굉장히 많이 퍼부었기 때문에 그만두는 일이 힘들었고요. 스트레스가 너무 심한 한편 모든 부분에 내 손길이 닿아 있고 하니까 제 나름대로 주인의식이 있었거든요.

이 시기, 개인적으로 진행하던 프로젝트 역시 크게 축소시켰다.

그 회사에 다니는 동안에도 스타트업을 직접 해보고 싶다는 생각이 있어서 후배와 꾸준히 준비를 했었어요. 실제로 회사 꼴도 갖춰놓고 등록도 하고 행사도 다 참여하고, 상당히 많은 에너지를 1년 반 정도 분산시켜서 넣었거든요. 그런데 확실히 느낀 건 회사 경영이란 내 전부를 요한다는 것, 두 개를 해서 그중에 하나가 잘되길 바라는 건 너무 어리석다는 것이었어요. 그래서 회사도 그만뒀지만 이 일도 '우리는 지금 안 되는 걸 하고 있는 거다'라고 결단을 내리고 프로젝트를 축소해 정리하자고 했어요. 확실하게 '했다'라고 할 수 있는 정도로 티만 내고 완성시켜서 집에 가자고. 이렇게 해서 시작한 게 'NY 30 NY(Not Yet 30 New York, 30세 이하 뉴요커들의 인터뷰 시리즈)'였어요. 그전엔 인터뷰 시리즈가 아니라 그들을 이어주고 애플리케이션도 만들고, 뭐가 엄청 크고 많았어요. 3개월 동안 일단 모든 걸 투입해보기로 하고, 실제로 투입했고, 상황이 바뀌지 않았다고 판단했어요.

이 모든 정리와 구조조정의 배경에는 당연히 비자 문제가 있었다. 체류할 수 있는 기간과 자격이 제한되고, 앞으로 미국에서 살 수 있는 다른 기회도 계산해야 했기 때문이다.

이 'NY 30 NY'을 한 때가 그냥 관광객 신분으로 미국에 체류하던 시기예요. 회사 정리하고 한국으로 돌아갔다가, 비자 없는 상태로 3개월씩 두 번을 미국에 있었어요. 그렇게 유학을 끝내고 즉시 다시 관광비자로 돌아오는 게 안 되네 걸리네, 의견이 많았어요. 그런데 전 뉴욕에 짐을 다 두고 왔거든요. 그래서 되게 불안했어요. 다시 못 가면 어쩌나. 그때는 수익도 없었어요. 불안감이 정점에 달한 시기예요.

그때 미국에서 살던 집이 뉴저지 공항 근처였거든요. 맨날 비행기가 뜨고 지는 게 보여요. 중학교 때는 문 열면 학원가가 보이는 데 살았고, 민사고 때는 영동고속도로를 바라보고 있었고, 이때는 뉴저지 공항이 보이는 데 있었네요. 이렇게 표현해보는 건 처음인데, 그때그때 보였던 것들이 제 신분에 대한 걱정과 정서적으로 굉장히 밀접하게 연관이 되어 있었던 것 같아요. 공항이 저토록 가깝다는 건 편하지만 한편으론 너무 불안하다는 느낌이었어요. 두 번의 관광비자 체류가 끝나고 처음으로 편도 티켓으로 한국에 가야 하는 상황이 왔는데, 귀국 날짜를 기다리는 동안 다시 못 돌아올 것만 같은 불안에 시달렸어요.

그리고 비자가 문제화되는 이유, 그러니까 당시의 문제들이 비롯된 진짜 이유는 반드시 미국에 남아야 한다는 집착이었을 것이다. 다시 한 번 '믿음으로 궤도 진입'을 인용하자면 "학교와 가족, 그리고 수많은 모르는 사람들의 박수갈채를 받으며 한국 공교육 체계에서 광명성처럼 멋지게 쏘아 올려"진 이들 중 한 명으로서, 그들이 자신들의 박수갈채에 대한 보상으로, '쏘아 올려진 이들'의 장래에 대한 완고하게 이분법적인 평가를 포함시키고 있다는 점을 잘 아는 당사자로서, "'리터니' 따위의 이름으로 불릴 수는 없는 노릇이었다." 다른 사람들 눈이나 매체의 이분법적 서사 이전에, 무엇보다 그들 한 사람 한 사람에게는 "밑그림 같은 순수함과 성공을 향한 운동에너지"와 "뭔가를 개척해야 한다는 중압감" 양쪽으로부터 숙성되는 "장래에 대해 어마어마한 진정성"이 자연스럽게 탑재되어 있었다. 그런 그에게 안정적인 비자를 얻지 못해 발사 장소로 돌아온다는 건, 이 '뭔가를 해야만 하는' 운동을 멈춘다는 의미로 받아들여진 것이 아니었을까.

그때까지만 해도 미국에서 직장을 얻는 기회를 미국 정착으로 연결시키지 못하면 그걸로 끝이라고 생각했거든요. '믿음으로 궤도 진입'에서 얘기한 그 믿음에 여전히 올라타 있는 상황이었던 거죠. 그래서 그때는 그 방법이 아니라면 굉장히 굴욕적이고, 앞으로 사는 데 많은 가능성이 축소되는 경험이라고 생각했어요. 그런데 이 기간 여러 가지 일을 겪으면서 좀 더 시야를 넓게 가져야겠다는 생각을 했어요. 미국에 있으려고 너무 집착하다

보니까 안 보이는 게 생기는 거 같았어요. 당장 견딜 수 있기는 한데, 이대로 쭉 가면 안 되겠구나 하는 생각. 그래서 그때 몇 주를 쉬고 여행을 다녀오면서 의식적으로 생각을 환기하려고 했어요.

그때쯤 민사고 친구들을 예전과 다른 곳에서, 다른 맥락에서 만나기 시작했어요. 맥락이 다르다는 건 예를 들어 여자애들은 이미 일을 시작한 단계였으니까요. 커리어를 시작한 사람들이 꽤 되었던 거죠. 제가 아는 친구들 중에 별 탈 없이 미국에 남았고 앞으로도 죽 남을 것처럼 보이는 친구들은 소수인데, 다 학계에 있어요. 아카데미아에 남기로 한 사람들이 제일 안정적으로 가는 것 같아요. (민사고 사람들을) 집단적으로 봤을 때, 아무래도 제일 잘하는 일이 공부인 것 같고, 실제로 공부를 선택해서 빠르면 벌써 박사까지 마친 친구들을 보면, 정말 분야가 뭐가 됐건 공부 재능이란 게 있구나 싶어요.

그다음 숫자로 제일 두드러지는 건 법대나 의대를 노리고 한국에 돌아오는 경우예요. 처음에는 그런 현상이 되게 실망스럽다고 생각했어요. 각자의 케이스로 보면 각자 결정인 거니까 실망스러울 일이 아닌데, 전체적으로 봤을 땐 실망스러운 결과. 그런데 저 역시도 나름의 고민을 거치고 친구들의 구체적인 경험을 듣고 하니까 생각이 바뀌더라고요. 각자의 입장에선 맞는 선택을 하는 것일 수도 있겠다 싶은 거죠. 어쨌든 각자가 다 나름대로 타고 있던 궤도가 있을 것이고 거기서 그 결정을 하기까지 뭘 거쳤을지는 (타인으로선) 상상할 수 없는 부분인데, 나는 그저 '실망스러운 결과다' 하고 있었으니 스스로가 되게 미웠어요. 그래서 요즘은 정말 진심으로 여기에 대해 이렇다 저렇다 평가하지 않아요. 그렇게 진로를 바꾸었던 본인들도 예전과 지금이 좀 다른 것 같아요. 예를 들어 몇 년 전에는 의대나 법대, 경영대에 들어간 친구들이 절 불러내서 "넌 재미있는 거 하는 애니까 네 이야기를 좀 들어보고 싶어" 이랬는데 이제는 그런 게 진짜 없거든요. 각자 분야의 전문가로 만나니까 훨씬 좋아요. 하여튼 그런 진통의 기간이 있었어요.

이런 큰 흐름이나 예측할 수 있는 길들로 돌아온 애들 말고, 정말 한국을 벗어나고 싶은 욕구가 강했고 영어 실력도 뛰어나서 미국 사회에 깊이 융합되어 사는 친구들도 몇몇 있어요. 페이스북이나 인스타그램으로도 한국말 볼 일이 거의 없고, 정말 거기 몰입해서 살고 있는 친구들. 그런 친구들은 저하고 비슷한 경로를 타다가 비자까지 성공한 케이스라고 생각됐어요.

그런데 어느 날 샌프란시스코에 갔다가 그런 완전히 그 사회에 몰입해서 사는 친구 중에 한 명을 만났어요. 원래는 저뿐만 아니라 다른 민사고 친구들과도 연락이 잘 안 되던 친구였는데, 갑자기 저한테 연락한 거예요. 그때 친구가 그 글, '믿음으로 궤도 진입'을 우연히 읽고 엉엉 울었다고 하더라고요. 전 그 친구가 그랬으리라고 생각 못 했거든요. 이 친구는 조국의 미래고 뭐고 하는 압박을 다 털어낸 줄 알았어요. 난 그냥 미국 왔으니까 여기에 동화돼서 살 거야, 이렇게 마음 편하게 생각하고 별 갈등 없이 거기에 필요한 것만 하며 살고 있는 줄 알았어요. 그런데 만나보니까 이 친구도 같은 갈등을 했고, 결정만 달랐던 거예요. 반대로 아까 말했던, 한국으로 돌아온 애들도 이런 과정을 다 똑같이 겪었던 거고요. 그때 뭐라 할 수 없는 복잡한 기분이 들었어요. 되게 고마웠어요. 제 글을 보고 누군가 '내가 하고 싶었는데 못 했던 얘기를 누가 대신 해준 것처럼 느꼈다'고 하니까. 그런 경험은 글을 아주 많이 쓴 사람만 할 수 있는 건 줄 알았는데… 어쨌든 그때 비로소 결정이 사람을 만드는 건 아닐 수도 있겠다는 생각을 했어요.

전 그동안 자유롭고자 했다기보다 이겨 먹으려고 했던 것 같아요. 그 서사가 예측하는 것보다 더 잘해야지, 서사에 충실하게 끝장을 봐야지. 그러니까 '서사에 지면 안 된다'고 생각했지, 서사에서 자유로워지겠다고 욕심을 부려본 적은 없는 것 같다는 생각이 들었어요. '믿음으로 궤도 진입'이라는 글이 결론을 안 맺고 있었던 건, 그런 의미라고 생각돼요. '난 이 서사를 잘 알고 있어' 과시하는 데까진 갔지만, 이 서사에서 자유로워지는 데까지는 못 간 글인 것 같아요.

여기서 마지막으로 다시 한 번 그 글을 인용하자.

"투자가 아닌 소비로서의 유학이 가능한 최고층 자제들과 대기업 입사 정도를 목표로 뛰는 중산층 수재들 사이에 서서 1보다는 착하고, 2보다는 잘나가는 그런 지점을 짚는 것이 우리가 택할 수 있는 전략이라고 할 때, 앞뒤로 부딪히는 불편함과 엉덩이 붙이고 살아남기 위해 애초의 믿음을 더욱 장렬히 가동하느냐, 아니면 '거기까지 갔다 와서'라는 말을 감수하고 그것과 마주하기를 시도하느냐, 이 질문에 답하지 않을 수는 없다. 그래서 지금 우리 가운데 누군가는 변함없는 믿음으로 초일류의 궤도를 벗어나지 않기 위해 속도를 높이고 있고, 누군가는 안전띠를 풀고 여느 사람과 같은 삶으로 뛰어내릴 준비를 하고 있으며, 누군가는 판단을 유보하고 모범 답안이 담긴 그다음 책을 찾고 있다."

그의 글은 불안을 머금은 채 여기에서 멈춰 있다.

그가 자유로워지지 못했다던 서사는 "이 질문에 답하지 않을 수는 없다"라는 문장에서 '질문'과 같은 게 아니었을까. 다음에 이어지는 인터뷰 내용은 이 질문에 답하는 과정이 아니라, 질문을 무효화하고, 다른 질문을 세우는 과정이었다고 생각된다.

커밍아웃의 자유와 짐

2015년 한 해 그렇게 두 번 미국으로 향하고 세 번 한국으로 향하는 동안, 삶의 중심도 조금씩 한국으로 움직이기 시작했다. 그러는 동안 처음으로 연애도 했다. 그가 뉴욕과 서울을 오가는 상황이었던 것과 마찬가지로 애인은 홍콩으로 돌아가야 했기 때문에 두 사람의 만남은 주로 여행지에서 이루어졌고, 지금은 서로를 위해 친구로 돌아간 상태다. 하지만 종종 함께 여행을 떠나고 서로의 도시를 방문한다.

홍콩에서 교환학생으로 한국에 온 대학생이었는데, 피차 서로에게 기대하는 게 매우 낮았어요. 저는 다시 미국으로 갈 거고 이 친구는 다시 홍콩으로 갈 거였으니까요. 기대치가 낮다 보니까 너무 재미있게 놀았고, 그러다 푹 빠진 거예요. 그래서 되게 이상한 방식으로 삶의 여유가 생기고 시야가 확 틀어졌어요. 이 친구는 한국 온 지 한 달밖에 안 된 상태였는데 서울의 또래 작가나 디자이너들이랑 굉장히 자연스럽게 어울리고 제가 온라인으로 알거나 협업해본 사람들하고 거의 다 아는 사이였어요. 신기하죠. 만약에 우리가 그런 연고 없이 따로 만났으면 제가 한국에서 아는 다른 사람들한테 남자 친구가 있다는 얘기를 굳이 안 했을 수도 있을 것 같은데 이친구가 너무 자연스럽게 제가 아는 사람들을 아니까, 제가 한국에 뿌려놓은 씨앗들, 일이나 인간관계가 갑자기 좍 연결되는 느낌을 받았어요.

이 관계가 없었다면 서울에서 만난 사람들 앞에서의 커밍아웃이 아마 더 늦어졌을 거라고 그는 말한다. 연애보다 커밍아웃이 우선이었다고, 커밍아웃하지 않은 채 연애를 하긴 싫었다고 한다. 하기 전까지는 "불완전한 삶"을 살고 있다는 느낌이 있었다. 그러므로 그것은 설령 그를 트위터 아이디로만 알고 있는 사람들 앞에서라도 "반드시 해야 되는 일"이었다.

그렇다면 가장 가까운 가족에게는 어땠을까. 가장 가깝기에 더 빨리 고백하는 것도, 오히려 늦어지거나 영원히 보류되는 것도 가능했다.

한국에 잠깐 와 있을 때, 미국으로 돌아가기 전날이었어요. 일단 저질러 보자는 심정으로 엄마한테 얘길 했어요. 엄마가 그런 말씀을 하더라고요. "다른 건 모르겠고 네가 내일 간다는 건 좀 말이 안 되는 것 같다." 그때 깨달은 거죠. '난 이걸 평생 준비했지만 우리 부모님은 준비가 안 되어 있다는 걸 생각 못했구나.' 아버지한테는 나중에 말하려고 했는데 엄마가 못 참고 얘기를 해버렸어요. 아빠는 큰 충격을 받았죠. 아빠가 지금까지 저에게 단 한 번도 뭐라고 하지 않은 배경에는 그만큼 큰 신뢰와 기대가 있었거든요. 아빠는 순간적으로 그게 무너졌다는 느낌을 받은 것 같았어요.

저는 그때까지 부모님이 나에 대해서 백 퍼센트에 가까운 신뢰가 있다고 확신하면서 살았어요. 그렇게 되게끔 행동했고, 또 그런 행동의 배경에는 '내가 언젠가 이분들에게 상처를 주겠지'라는 생각이 있어서였어요. 부모님도 조금은 예상했던 것 같아요. 예컨대 나중에 엄마가 그러는 거예요. 친구한테 '우리 아들은 속을 너무 안 썩여서 이상하다'고 했더니 그분이 그랬대요. '분명히 서른 되기 전에 뭔가 큰일을 터트릴 거다.' 반박할 수가 없더라고요.

그런데 며칠 뒤에, 두 분이 상당히 세련된 방식으로 저한테 '괜찮다'고 표현을 해왔어요. 그래서 좀 자신감이 생겼어요. 조금씩 해볼 만한 일인 것 같다. 지금 이만큼을 받아들였으니 다음엔 이만큼씩, 이만큼씩, 앞이 좀 보인다는 느낌까지 왔어요.

근데 가족들과 저와의 관계하고 게이로서 사는 것의 관계, 그건 첨예한 부분인 것 같아요. 전 사실 가족들한테 커밍아웃하고 나면 즉각 끝날 줄 알았어요. 근데 오히려 가족들이 그걸 받아들이기로 하고 나니까 저만의 얘기가 아닌 거예요. 그래서 가족들도 조금씩 적응할 수 있는 방식으로 오픈을 해야 된다는 레이어가 추가된 거예요. 오픈을 한다고 해도 사람들이 내가 게이라는 걸 아는 정도하고 실제로 누굴 만나고 게이로서 자각된 행동을 하면서 삶을 그 사실에 맞춰 구성하며 사는 건 다른 문제잖아요.

물론 저도, 모르는 사람들한테는 저지르라고 얘기할 수는 있죠. 근데 정작 저는 실제로 커밍아웃하고 나서도 백 퍼센트 오픈하고 살아야 된다는 기준치에는 못 미친 시간이 좀 있었던 것 같아요. 배부른 고민이긴 한데, 이해하려고 하는 부모님이 있다는 게 또 다른 종류의 챌린지이긴 해요. 부모님도 제가 게이인 걸 안다고 해서 그걸 배려해서 행동한다거나 하지는 않아요. 예를 들어 누가 제 결혼을 화제에 올릴 때마다 빨리 어물쩍 넘어간다든지 이런 식으로만 살짝 표출되는 건데, 그래도 다행인 건 조금씩 대화를 하려 한다는 거예요. 당연히 부모님들은 제가 공적으로 게이인 사람으로 알려지면서 커리어를 쌓을 거라고 기대, 상상하진 않아요. 그게 가능하다고 생각도 안 하고요.

담담하게 말했지만 그에게도 가족에게도 용기와 배려, 자신과의 싸움이 늘 '현재진행형'으로 필요한 어려운 일일 것이다. 주변에 있는 한국의 게이 친구들 중에 자신처럼 이렇게 가족에게 오픈한 뒤에도 문제없이 잘 지내는 경우는 없다고 했다. 되돌릴 수 없을 정도로 틀어지거나, 그런 결과가 두려워 숨기고 사는 경우가 많다. 부모 세대가 자식의 커밍아웃을 받아들이기 힘든 이유 중 하나는 그들이 게이이고 게이로 살아가기로 선택한 것이 그들의 인생에 험난함을 더한다는 사실을 알기 때문이다. 정도는 달라도 우리에게는 흔한, 그러나 그들에게는 흔치 않았던 '탈선'들이 일으키는 갈등의 장면에서도 그러하다. 자퇴, 비혼, 비출산, 퇴사, '탈조선' 등등, 우리는 필연이라 읽고 그들은 배반이라 읽는 다른 선택들로까지 확장해서 이야기를 나누었다.

전 대부분의 소위 '교양 있는' 부모들이 게이 관련 이슈의 혐오자들이기 때문에 아들이나 딸의 커밍아웃을 못 받아들인다고 생각하지 않아요. 다 이해해도 자기 딸, 자기 아들은 안 된다는 게 더 커요. 제 부모님이 비교적 열린 분들이라는 건 동의하지만 그것 때문에 저를 인정하는 건 아닐 거예요. 실제로 얘기하다 보면 어쨌든 그 나이대 한국인으로서 가질 수밖에 없는 통념들로 가득 차 있고 그걸 매번 조금씩 실감하거든요. 부모님도 저한테 직접 얘기해요. 네가 게이임을 받아들인 건 네가 지금까지 잘해왔기 때문에 그 부분을 믿고 이해하는 거라고. 부모님이 걱정하시는 건 제가 게이이기 때문에 불이익을 받거나 힘들게 살진 않을까, 위축되는 게 있지 않을까, 원하는 게 이만큼이어도 그거에 못 미치며 살지 않을까, 이런 부분이거든요. 전 제가 게이라는 점을 외면할 것도 아니고, 게이가 아닌 것처럼 살아서 성공하는 것도 원치 않고, 게이이기 때문에 할 수 있는 것들을 하면서 살 거고, 그 과정을 명예롭게 해나갈 거다, 이런 메시지를 전달하려고 노력해요.

근데 우리 부모님의 슬픔의 가장 큰 요인은 '얘가 뉴욕에 영영 살겠구나'였던 것 같아요. '얘가 그렇게 뉴욕에 있고 싶어 하고 한국에 안 오고 싶어 하고 이랬던 게 다 그래서였고 그만큼 대가를 치른 이유가 다 있었구나.'

부모님 입장에선 한편으론 날벼락 같지만 한편으론 모든 퍼즐이 맞춰지는 결론이잖아요. 그 점을 더 슬퍼하셨던 것 같아요.

우리는 다들 어떤 식으로든 한국 부모들의 이상이나 기대를 배반할 수밖에 없는 것 같은데, 저는 커밍아웃이라는 극대화된 과정을 통해서 그걸 겪었다는 게 오히려 다행스러워요. 그걸 기점으로 미국에 가서 이런 방식으로 성공해야 된다는 잣대로부터도 자유로워지고, 한국 사람이라면 이렇게 살아야 된다는 잣대로부터도 자유로워지고, 완벽하게 개인화할 수 있게 된 것 같아요. 사실 어떤 게이들은 커밍아웃은 다른 것과는 전혀 비교할 수 없는 (특별한) 경험이었다고 얘기하지만 저에겐 그렇게 생각이 안 되고, 커밍아웃을 경험했다기보다 한국 부모를 경험했다고 하는 게 더 맞는 표현 같아요. 그래서 전 부모님께 말하고 나서는 한국에 오는 것도 좀 더 자유로워졌어요. 한국에 있든 미국에 다시 가든 내가 원하는 걸 할 수 있는 만큼 내가 확보됐다고 느껴지기 시작했거든요. 이런 경험을 통해 미국 비자나 민사고 출신이나 부모님의 기대치 같은 것에 전보다 연연하지 않게 됐고, 다음 국면을 맞으면서 훨씬 마음이 편안해졌어요.

그는 2015년 6월경 자신의 트위터 계정을 통해 만 명 정도의 팔로어 앞에서 커밍아웃을 했다. 트위터는 아마도 LGBT 사용자 비율이 가장 높고 목소리도 높은 SNS일 텐데, 대부분의 게이 유저들은 애초부터 자신이 게이임을 드러내고 계정을 운영하기 때문에 새삼스러운 '공개 커밍아웃'은 좀처럼 일어나지 않는 사건이었다. 때는 마침 미국 연방대법원이 동성혼 합법화 판결을 내린 주였다. 퍼레이드도 화려한 의상도 음악도 없이 스마트폰 위를 잠시 흘러갔을 뿐이지만 그 사건의 본질은 분명 축제였다. 그는 많은 이의 축하를 받았고 LGBT 관련 이슈에 좀 더 자기 목소리를 뚜렷하게 내는 계기도 됐다. 그는 한국 사회에서 하고 싶은 일이 많았고, 이 온라인 커밍아웃은 법제도적 측면에서나 문화적인 측면에서나 LGBT와 관련해 가야 할 길이 멀고 할 일이 많은 한국 사회에서 스스로를 좀 더 잘 보이는 곳에 위치시키려는 포석이기도 했다. 이 정체성이 자신과 '한국 사회'가 앞으로 관계 맺을 때 가장 중요한 항일 것이라고 그는 말한다.

제 목표는 일단 최대한 빨리 모든 면에서 오픈하는 거였어요. 특히 제가 한국에서 뭘 해봐야겠다고 생각한 건 한국이 LGBT 관련해서 할 일이 많다는 거랑 관련이 있거든요. 지금 상황이 급변하는 중이니까 여기에 개입해서 어떤 역할을 하고 싶다는 생각이 많았어요. 그게 작년 그때였던 이유는, 사실 작년이 미국에서는 한 시대가 끝나는 해였잖아요? 이 시대가 완전히 가기 전에 행동을 개시해야 될 것 같다, 아니면 이대로 챕터가 닫혀버릴 것 같다는 생각이 들었어요. 그래서 그 주에 즉각적으로 얘기를 한 거죠. 사실 오프라인으로도 아는 지인들에겐 이미 좀 얘기를 한 상황이었거든요. 게다가 가족한테도 얘길 했고. 그러니까 다음 단계는 더 공적으로 밝혀야 될 것 같은데, 사실 제가 한국에서 알게 된 좋은 사람들은 다 온라인으로 만났잖아요. 이 온라인 커밍아웃을 거쳐야만 게이라는 이슈로 뭔가 같이 할 수 있는 사람들을 만날 수 있겠다는 생각이 들었어요.

좀 교활한 얘기를 하나 하자면, 한국에선 제가 게이라는 거 말고는 소수자인 점이 하나도 없어요. 그런데 삶에서 내 입장을 대변함으로써 의미 있는 일을 하고자 할 때, 그 점이 아니라면 의미가 없다는 생각이 있었어요. 그래서 한국에서 뭔가를 할 때는 제가 게이라는 것을 중추에 두게 될 텐데, 반대로 미국에서는 제가 한국인이라는 점을 가지고 뭔가를 할 것 같아요.

제가 한국인이라는 점이 저를 얼마나 만들었는지를 간과할 수 없고, 전 저를 만들어온 것들을 이용하기도 하고 싸우기도 하면서 그것과 관련된 일을 하고 싶거든요. '한국 사회가 나를 만들었다'라고 한다면, '만들었기 때문에 만든 대로 갈 것이다'에서 최대한 벗어나게 행동하고 싶은 거죠. 그렇게 하려면 한국이 나를 어떻게 만들었는지를 정확하게 알고 그것보다 똑똑한 방식으로 행동해야 되는 거잖아요. 그냥 '안 할래, 안 할래' 이렇게 해서 되는 건 아니죠. 전 그렇게 팔짱 끼지 않고 이 사회가 날 만들었다는 점을 최대한 이해하고 이용해서 그것에 대한 변화를 제 일로 삼는 거, 그런 게 하고 싶어요.

절망의 시대, 스마트한 이야기들

위의 코멘트에서 잘 드러나지만, 김괜저 씨는 자신의 삶에 대해서도, 아니 자신의 삶이니까 더더욱 '이야기'를 염두에 두는 사람이다. 삶을 하나의 완성도 있는 이야기로 만들고자 의식하는 것이 느껴졌다. 그는 인터뷰어가 개입하기 전에 상당히 정리된 이야기를 먼저 제시했다. 게다가 이 인터뷰는 그 스스로 가장 감수성 풍부한 시기를 서사화한 글에 올라타 있다. 그런 면에서 이 인터뷰는 편한 점이 있었던 한편 나의 한계를 명백히 드러내기도 한다. 이야기, 서사에 대한 관심과 자신의 삶을 하나의 이야기로 연출하려는 의지 또한 나(인터뷰어)의 발견이라기보다 그 스스로 언급한 부분이었다. 이를테면 글쓰기, 디자인, 연극, 사회학, 자신의 정체성과 관련된 작업들 등 지금까지 해온 활동들이 궁극적으로 어떤 목표를 두고 배열되어 있는지에 대한 다음의 대답을 보자.

제 욕심을 한 문장으로 하면 이런 거예요. '다른 사람들이 쓸 수 있고 재미를 느낄 수 있는 뭔가를 만들되 그 일을 처음부터 끝까지 내가 다 하고 싶다.' 제가 글을 쓰면서 사진도 찍고 디자인도 했던 이유가 제게 그 생각의 출발점이 책이나 잡지였기 때문인 것 같아요. 그걸 구현해내는 방식이 점점 더 온라인으로 오면서, 이제는 온라인으로 구축하는 데 더 관심이 많이 가요. 그걸 끝내주게 할 수 있는 데까진 가보고 싶어요.

사회학을 공부한 건 전혀 후회가 없어요. 생각하는 방식 자체를 아예 다 져준 학문이기 때문에, 뭘 하든지 그 앵글을 다루게 해줬기 때문에 더 이상 배우지 않아도 될 것 같고, 그다음으로는 하나의 시스템을 표현하고 싶어요. 거기에 메시지도 있고 메시지를 전달하는 미디어도 섞여 있고, 그걸 돌리는 엔진까지를 다 만들어보고 싶어요. 그게 텍스트, 이미지, 오디오가 될 수도 있고, 결국엔 그걸 돌리는 프로그래밍으로 귀결되는 것 같아요. 최근에 제가 번역했던 미국 큐레이터의 글 중에 이런 얘기가 나와요. '툴과 아티스트 사이의 거리가 시대에 따라 좁혀졌다가 멀어졌다가 하는데, 컴퓨터가 나오면서 이 시대는 한 사람이 할 수만 있다면 최대한으로 좁혀진 상황에 있다.' 그 말이 맞는 것 같아요.

이 동력의 제일 기저에 있는 건 서사에 대한 관심이에요. 디자인을 해도 사용자경험이라든지 서사가 결부된 부분에 집중하게 되고, 영화를 봐도 가장 몰입하는 부분은 작가가 서사라고 판단해서 만들어낸 부분이거든요. 인생을 되돌아볼 때도 서사적인 부분과 완결성을 중요하게 생각하고, 약간은 가공의 필터를 거쳐서 현실을 서사의 반열에 올려놓는 걸 좋아해요.

인터뷰로부터 1년 반 뒤 그는 위와 같은 생각에 많은 변화가 있었다고 말했다.

"그 후로 회사와 좀 더 깊숙이 관계 맺으면서 제 생각에도 많은 변화가 있었어요. 일을 전부 제가 통제하려는 욕구를 억누르면서 일하는 걸 처음으로 경험했거든요. 만약 지금 대답한다면 '뭔가를 만드는 그 일을 처음부터 끝까지 내가 다 하고 싶다'가 아니라 그 일을 내 기준으로 끝까지 밀어붙여보고 싶다, 정도로 대답할 것 같아요."

그에게 이런 변화를 만든 곳은 그의 직장 텀블벅이었다. 2010년 염재승, 소원영 등 4인을 중심으로 설립된 텀블벅은 예술, 문화 콘텐츠를 중심적으로 다루는 크라우드펀딩 사이트다. 그중에서도 독립적인 문화 창작자를 대상으로 하는 지원을 주된 목표로 한다. 김팬저 씨는 한국과 미국을 오가던 2015년에 연락을 받았고 11월 귀국 후 미팅을 거쳐 거의 즉시 합류했다.

사실 그해 12월에 뉴욕의 대학원 원서를 쓰고 합격 통지를 받아놨어요. 바로 가는 대신 일단 1-2년 한국에서 돈을 벌면서 지금 관심 있는 디자인과 프로그래밍, 내가 한국에서 연결되어 있는 사람들이라는 배경, 이것들이 최대한 한 지점으로 수렴되는 방법으로 일하고 싶었어요. 텀블벅은 그런 면에서 더 생각할 필요도 없이 딱 맞아떨어졌어요. 들어와보니까 회사에 이만큼 내 영혼을 주고 있으면서도 저번처럼 영혼이 빠져나가서 죽을 것 같은 기분은 안 든다는 게 정말 좋아요. 무엇보다 한국에서 회사라는 걸 다니면서 이 정도로 맞는 사람들이랑 일한다는 건, 아마 다른 데선 절대 못할 경험일 거예요. 미국에 다시 가려는 건 제 개인적인 행복과 연관된 거니까 시도하는 것뿐이지, 미국에서 해야만 의미가 있는 일을 생각하고 있진 않아요. 어디서 해야 되는지에 대한 태도는 예전보다 훨씬 유연해졌어요.

텀블벅이 가진 목표하고 제가 나중에 하고 싶은 사업하고 비슷한 점이 많아요. 그래서 텀블벅의 경영이나 브랜딩을 고민하는 과정이 저한테는 미래를 위한 수업처럼 느껴져요. 골자는 테크놀로지를 창작자들을 위해 쓰는 거예요. 제게 테크놀로지란 창작을 위한 도구거든요. 창작이 예술적인 성취가 되었건 경제적인 것과 결부가 되었건 창의적 활동을 가능케 하는 새로운 도구에 관심이 있어요. 좁게 본다면 출판, 잡지 같은 기존의 창작 틀을 혁신하는 방식이라든지, 미국에서 시도했던 것처럼 어떤 스킬을 가진 사람들을 네트워킹해주고 새로운 가능성을 찾게 해주는 툴이라든지, 어쨌든 창작하고 싶은 열정과 재능을 매개 삼아서 사람을 연결하는 일이에요.

텀블벅은 펀딩을 책임지고 있는데, 펀딩 말고도 거기에 필요한 여러 가지 필요조건이 있잖아요. 텀블벅도 펀딩 외에 이미 소비자화된 일반인을 창작자로 격상시킬 다른 방법을 고민하고 있거든요. 저도 비슷해요. 제가 뭔가를 만든다면 이미 창작자인 사람들이나 창작자가 될 수 있지만 어떤 문턱에 걸려 있는 사람들이 창작 툴을 찾을 수 있게 하는 일이 될 것 같아요.

경제적, 사회적인 측면으로 보자면 지금 여러 가지 산업적 모델이 막힌 상황에서, 새로운 시대의 새로운 발판을 만들 수 있다는 의미가 있는 것 같아요. 예를 들어 저희 앞 세대가 저희에 대해 '너희는 어떻게 될 것이다'라고 분석할 순 있어요. 그런 분석에 상당히 공감하죠. 어떻게 해서 기대가 감소되는지에 대한 진단은 다 동의하잖아요. 어떤 길이 막혔는지는 다 같이 얘기할 수 있어요. 그런데 어떤 길이 뚫릴 수 있느냐는 아무도 바라보고 있지 못하잖아요. 그 얘기를 하고 싶은 거예요. 저랑 텀블벅 대표(염재승)는 그게 테크놀로지와 관련된 방식으로 올 거라고 생각해요. 저희 세대가 휘두를 수 있는 무기인 거죠. 그래서 계속 그 근처에 있는 확실한 지점에 절 위치시키고 싶은 마음이 있어요.

좋은 선택이란 어쩌면 이렇게 하나의 이야기로 엮을 때 매끄럽게 이어지는 선택이 아닐까 싶었다. 김괜저 씨가 2016년 봄에 이야기해준 텀블벅 생활과 그 의미는 마치 유능한 각본가가 쓴 것처럼 지금까지 이야기해온 장면들과 자연스럽게 이어 붙었다. 그는 이렇게 '이야기함으로써' 그리고 자신의 현실이 하나의 이야기임을 염두에 둠으로써 자신에게 일어난 일이나 해야만 하는 선택들에 대처하고 있는 것일지도 모른다. 우리 역시 의식하는 정도는 다를지라도 모두 그렇게 삶을 감당해내고 있고 말이다.

하지만 언젠가 스스로도 이야기로 엮어낼 수 없는, '이야기하는 사람'으로서의 자신의 통제를 벗어나는, 전적으로 주인공의 고독한 운명에 해당하는 시련이 생길지도 모른다. 인터뷰 말미에 물어본 그의 불안은 바로 여기에 있었다.

아까 말씀 드린 작년, 재작년에 피크를 쳤던 현실적인 불안은 많이 해소된 상태긴 해요. 신분, 즉 비자에 대한 불안이 제일 컸죠. 제가 컨트롤할 수 없는 방식으로 인생이 변하는 데 대한 불안감? 지금은 많이 줄었거든요. 지금 불안한 게 있다면 이런 거예요. 다시 정립한 꿈이랄까, 포부가 새로 꼴을 갖췄잖아요. 전에는 누가 가지고 있던, 남이 제시해주는 틀에 기반해서 (목표를) 짰는데 이제는 진짜 밑도 끝도 없이 내가 원하는 걸 스스로 해야 하는 입장이 됐잖아요. 이걸 평소에도 은근히 저 자신이나 남들한테 공약할 때도 있는데, 다시 현실적인 벽에 부닥쳐서 이런 고민을 더 진행시킬 수 없는 상황으로 돌아가는 게 아닌가, 이게 제일 불안하죠. 지금처럼 내가 하는 모든 행동이 미래의 골을 향해서 차곡차곡 줄을 서 있다는 끝내주는 기분이 영원히 가진 않을 거라는 생각이 들거든요. 작년, 재작년은 현실적인 문제를 해결하기 위해 꿈을 다운사이징한 시기였다면 올해는 현실을 다운사이징하고 꿈을 키운 상태예요. 이런 식으로 약간 주기가 있는 것 같아요.

그리고, 제가 제일 두려워하는 건 이 모든 것에 대해서, 내가 나 스스로를 알고 있다는 느낌을 놓치게 되는 상황인 것 같아요. 저는 제 자신을 최대한으로 파악하는 데 능하다고 생각하거든요. 근데 그 감각을 놓치게 될까 봐 불안해요. 인터뷰 중에 제가 모든 것을 컨트롤하고 싶어 한다는 얘기를 자주 했는데, 그러지 못하는 상황이 오긴 올 것 같고, 그러면 정말 힘들 것 같아요.

군대에서 만난 친구가 있어요. 제 후임인데, 서로를 잘 파악하고 있고 서로를 재미있다고 생각하는 사이였어요. 어느 날 훈련 가서 둘이 참호에 들어가 있었어요. 저희 부대에 그런 일이 워낙 없다 보니까 새삼스러운 얘기가 많이 나오더라고요. 그때 그 친구가 저한테 그랬어요. "형은 지금까지 경험해보지 못한 방식으로 완전히 실패했을 땐 제대로 대응 못할 것 같아." 그 말이 맞다고 생각해요. 지금까지 이런저런 순간에 타협해왔지만 거시적인 관점에서는 많은 부분에서 실제로 제가 컨트롤을 했거든요. 이 모든 게 다 무너지는 순간이 오지 말란 법은 없으니까요. 지금까지 '올인'을 하진 않았는데, 정말로 올인하지 않으면 안 되는 기회가 왔을 때 흔들릴 것 같아요. 그 기회를 놓치는 것도 두렵지만 그걸 선택해서 완전하게 실패할 경우에 '잘 딛고 일어날 수 있을까?' 그런 걱정이죠.

그에게 도저히 처리해내지 못할 거대한 파도가 닥칠 가능성은 매우 낮다는 걸 그 또한 알고 있을 것이다. 그것은 우리 시대 개인에게 가능한 '판돈' 자체가 무척 축소되었기 때문이기도 하지만, 예컨대 다음과 같은 대답에서처럼, 아직 서사화되지 않은 잠재적 이야기들에 대해 그가 지키고자 하는 어떤 태세 때문이기도 하다.

몇 년 전 어쩌다 기회가 생겨서 〈헤드윅〉의 존 카메론 미첼 인터뷰에 따라가서 사진을 찍었어요. 그 사람 집에 가서요. 그때 원이 닫히는 것 같은 느낌을 받았어요.

이 사람이 제 인생에 되게 상징적인 인물이거든요. 고등학교 때는 제가 이 사람을 몰래, 진심으로 너무 좋아하고 동경했고, 졸업하고 나서 뉴욕 가기 전에 그의 내한공연을 봤고, 그 뒤로 한동안은 그 영향력이 촌스럽다고 생각해서 잊고 살았고, 그러다 또 거리감을 확보한 다음에 사람 대 사람으로 만난 거잖아요. 그사이에 이 사람은 〈헤드윅〉이란 LGBT 관련 주제로 십 몇 년간 공연을 올려왔고, 그게 조금씩 인기를 얻어 한국이라는 곳에서도 공연을 했어요. 인터뷰할 당시엔 처음으로 브로드웨이에 올라간 시점이었고요. 그전에는 항상 '오프 브로드웨이의 전설이 된' 작품이었죠. 그런데 그사이에 이런저런 일들이 있고 사람들의 시선과 여론이 변해서, 이 작품이 이제 브로드웨이의 메인으로 걸리고 토니 상을 받은 거예요. 그러니까 제 고등학교 때랑 대학교 졸업 즈음 사이의 겨우 7년 정도의 시간인데, 세상은 이렇게 바뀌는구나 말해주는, 너무 쾅 와닿는 경험이었어요.

전 고등학교 때 〈헤드윅〉을 숨어서 좋아했고, 내한공연 때도 누가 볼까 봐 흘낏거렸는데, 미국에서 이 사람을 그냥 셀러브리티로, 인터뷰이로 만나게 되니까 나도 세상도 바뀐다는 것을 더 염두에 두고 살아야겠다는 생각이 들었어요. 그 사람은 지금 보면 그냥 메인스트림 작품의 주인공이겠지만 그렇게 만든 예전의 행보로 보면 굉장히 앞서간 사람인 거잖아요. 그래서 그 사람의 커리어가 저한테 말해주는 바가 있는 것 같아요.

존 카메론 미첼은 〈헤드윅〉의 헤드윅을 연기했을 뿐 아니라 그 캐릭터와 이야기를 직접 만들었다. 그걸 구현하는 '기술'인 곡 만들기와 춤, 무대 연출, 드랙 등을 익히고 통제했다. 그렇게 처음부터 끝까지 '그 사람'인 이야기를 만든 거라고, 자신이 하고자 하는 일도 이와 같은 "뭐가 되었건 내가 주인인 이야기를 갖는 것"이라고 팬저 씨는 덧붙인다.

생애 주기가 제시하는 단계적 미션을 클리어해나가는 삶의 모델이 잘 작동하지 않게 된 시대, 구국의 엘리트 서사가 '탈조선'으로 굴절되면 해피 엔딩인 시대, 우리는 각자에게 부여된 서사의 부작용을 피하기 위해서라도, 적극적으로 내가 주인인 이야기를 써나갈 필요가 있는 건지도 모른다. 그리고 그것을 나누면서, 각자의 이야기가 허무하게 무너지지 않도록 서로를 떠받쳐나갈 수밖에 없을 것이다.

— 긴 시간 감사합니다. 마지막으로 하고 싶은 말이 있다면요?

두 번에 걸쳐서 인터뷰를 하고, 얼마 전 정윤석 감독의 다큐멘터리 〈논픽션 다이어리〉를 보고 하니까 이런 생각이 들어요. 저에게 한국 사회에 대한 첫인상이 형성된 건 95년에서 98년 사이의 일인 것 같아요. 하나 끄집어내고 싶은 장면이 있어요. 어렸을 때 어떤 방송국에서 하는 판소리를 보러 갔는데 사람들이 농악기를 들고 나왔어요. 삼풍백화점, 성수대교, 이렇게 쓰인 것들을 갖고 나와서 '이런 액운들이 없어야 한다'라며 춤을 추며 굿을 하더라고요. 보통은 별 생각 없이 넘겼을 텐데 그날은 이상하고 슬펐던 기억이 나요. 세상이 돌아가는 방식이 이런 게 아니었으면 좋겠다는 생각을 했어요.

모든 사람이 그렇겠지만 세상이 어떻게 작동하는 것인지 항상 궁금해요. 지금 그걸 모든 방면에서 찾으려고 하는 것 같아요. 예를 들어 가끔 최신

물리학 책 같은 것에도 꽂혀 보고, 최근엔《사피엔스》를 읽고 있거든요. 세상을 설명해주는 방식을 다 섭렵하고 싶다는 생각을 해요. 지금 페미니즘이라든지 LGBT 이슈가 세상을 이해하는 데 붙잡을 수 있는 것들로 나타나고 있는데, 굉장히 반가우면서도, 거기에 너무 끌려가지 말고 그 모든 일이 일어나는 방식을 확실하게 이해하고 있는 사람이 되고 싶다, 이런 욕구가 생겨요. 예를 들어 종교를 믿더라도 치열하게 믿고 싶고 의심하면서 믿고 싶은 거 있잖아요. 나한테 답을 제공해줘서 편해지는 방식이 아니라 계속 생각하고 파악하는 방식의 삶이었으면 좋겠어요.

잃을 쇠사슬도 없는
사장님의 '혼자를 기르는 법'

홍스시(가명)
198×년생

'스시 언니', 홍스시 씨를 처음 만난 건 그가 운영하는 가게에서다. 서울대입구역 인근에 위치한, 사장이 셰프도 하고 서버도 하는, 테이블 세 개에 의자 여섯 개의, 단체 손님이나 어린이 손님은 받지 않는 소규모 레스토랑이다. 예약도 주차도 안 되며, 운영 시간은 유동적이다. 그렇지만 '아, 주인이 쉬엄쉬엄 취미로 하는 데인가 보다'라고 생각하면 곤란하다. 오히려 정반대로 이 규칙과 스타일은 무척 절박한 상황에서 나온 대응의 결과들이다. 전적으로 그 혼자서 꾸려나가는 가게인 만큼, 일상적으로 통제 가능하고 돌발 상황에 대처 가능한, '감당할 수 있는' 업무 체제를 만들어놓는 것이 홍스시 씨가 자신과 일터에 책임을 지는 방법이었다.

메뉴는 이탈리아 요리 중심의 '양식'이다. 모든 메뉴에 재료를 아낌없이 썼고 푸짐했다. 자기 규칙에 충실한 '요즘 사장님'의 가게인 동시에 노포 같은 푸근함도 있었다. 나는 완전히 손님으로서가 아니라 지인의 멤버로 가게를 방문했는데 정식 영업 시간이 끝날 때쯤 들어가 심야까지 왁자하게 놀곤 했다. 메뉴에 없는 요리가 나오기도 했고 바깥에서 사온 술을 마시기도 했다. 그건 이 식당에서 예외적인 순간이었을 것이다. 이 식당은 지인들의 '아지트' 같은 장소가 아니라 익명의 동네 거주자가 혼자 혹은 둘이서 큰 부담 없이 양식 한 끼 먹고 갈 수 있는 과묵한 음식점을 지향했으니 말이다. 그건 홍스시 씨와 정반대로 보이면서 동시에 그를 빼닮은 것처럼 보이기도 했다.

그의 첫인상은 강렬했다. 움직임과 목소리는 큼직큼직하며 박력이 넘쳤고, 그런 특징들은 주로 연약하거나 가련한 이미지를 환기하는 그의 본명과 대비를 이루며 더 도드라져 보였다. 좌중을 휘어잡는 이야기꾼이었고, 그 이야기에 휘감겨 정신을 못 차리도록 웃는 상황에서도 그가 슬쩍 내비친 개인사에 멈칫하는 순간들이 있었다. 보통 그 사람의 불행이라 생각되는 것들이 적극적으로 '개그'의 소재가 되고 있었다. 그의 가게를 처음 방문한 날 집으로 돌아가며 '이렇게 웃은 건 오랜만이야'라는 생각을 했고, 인터뷰를 요청하자고 결심했다.

홍스시 씨는 부모님 없이 자랐다고 했다. 어머니와는 일찍이 연이 끊어졌고 아버지는 10대 때 돌아가셨다. 형제도 없다. 지금도 혼자 살며 혼자 가게를 꾸려간다. 지금까지 보살펴준 어른들이나 오랜 친구들 등 두터운 유대 네트워크가 있지만 어쨌든 그의 단위는 꽤 오랫동안 줄곧 그 개인이었던 것이다. 1인 가구가 일반화되고 전통적인 일 개념도 해체되어가는 요즘, 혼자인 것은 선호의 문제처럼 보이기도 한다. 그렇지만 가족이라는 단위 바깥에 있다는 것은 한국 사회에서 명백히 불리한 일이며 소속 없이 영세 개인사업자로 일하는 것도 마찬가지다. 그녀는 결혼하지 않았고 앞으로도 하지 않을 것으로 보이는 여성으로서, 뿐만 아니라 '엄마'와 '아빠'가 같은 주소지에 '함께 사는' 이른바 '정상가족' 바깥에서 성장해온 사람으로서, 한국에서 그나마 사람을 보호해주는 '회사' 바깥에서 일해온 현직 자영업자로서, 언제나 '소수'의 위치에 서 있으며 그 위치로 인해 우리가 살아가는 사회를 다르게 비춰줄 가능성을 제시한다.

다만 그의 이야기가 가진 힘은 오로지 그러한 위치에서만 나오는 것은 아니다. 여느 미담의 구조처럼 '언젠가는 좋은 시간이 올 거라는 희망을 발견하고' '좌절하지 않으면서'가 아니라, '좋은 시간이 오지 않음을 알면서도' '끝없이 기도(企圖)하고 좌절하면서' 살아간다는 미담의 역구조에서 오는 리얼리티가 이 이야기가 갖는 힘일 것이다. 그것을 한 사람의 연대기 속에서 최대한 가감 없이 건져 올리고자 노력했다.

일곱 살 서바이버

다른 인터뷰이들에 비해 홍스시 씨는 부모에게서 받은 영향을 거의 언급하지 않았다. 그가 초등학교 입학할 즈음 어머니는 인생에서 사라졌고, 아버지는 그가 어릴 때 세상을 떠났기 때문이다. 하지만 동시에 부모로부터 가장 큰 영향을 받은 것도 그다. 이른 부재만큼 부모의 영향력이 커지는 경우는 없을 테니까. 그의 기억을 통해 한국 사회의 정상가족 이데올로기가 한 사람의 인생에 어떻게 작동하는지를 들여다볼 수 있다.

전 8×년생이고요. 출생신고는 태어난 다음 해에 했어요. 왜냐하면 부모님이 결혼 허락 받으려고 저를 낳은 거거든요. 사고 친 거죠. 제가 태어났으니까 어쩔 수 없이 결혼한 거고. 결혼식은 이듬해에 했어요. 나중에 제가 결혼식 사진에 없는 걸 알고 섭섭해했죠. 절 살짝 안아서라도 같이 찍어주면 좋았을 텐데 제가 거기에 없으니까.

— 출산하고 결혼을 하신 거면, 집안에 반대가 있었던 건가요?

일단은 집안 차이가 좀 있었던 게, 저희 친할머니의 아버지는 충청도 최초 안과 의사였고 부보다는 명예가 큰 집안이었어요. 그런데 아빠는 어릴 때 사고로 한쪽 다리를 못 쓰시는 장애가 있었고요. 반대로 외가 쪽은 그냥 그런 집안인데 대신 엄마는 외모가 좋았어요. 외갓집이 다 키도 크고 외모가 뛰어나요. 친가 입장에서는 별로인 집안이고 외가 입장에선 아버지한테 장애가 있으니까(반대를 했죠.) 어쨌든 눈에 뵈는 게 없던 시절이니까 아빠가 스물여섯, 엄마가 스물셋에 저를 낳았어요.

양친의 구체적인 출생연도는 본인의 그것과 마찬가지로 밝히지 않기를 요청했다. 어쨌든 두 사람 모두 베이비붐 세대(55-64년생)에 속한다. 두 사람은 어떻게 만났는지를 묻자 그는 "그분들의 삶에 대해 별로 들은 적이 없다"고 답했다.

제가 10대 때 아빠가 돌아가셨는데, 그 10여 년 중에서도 (아빠랑) 같이 산 게 7년도 안 돼요. 그러니까 그분들에 대한 이야기를 자세하게 듣지 못 했어요. 지금도 가끔 아빠가 보고 싶은 건 그리움보다는 궁금함 때문이죠. '내가 이 인간을 잘 모르는구나.' 그만큼 서로에 대한 이야기를 들을 기회 가 없었어요. 확실한 건 가장 최초의 기억인 네다섯 살 때를 떠올려봐도 두 분이 항상 싸운 모습이 남아 있는 게, 어린 생각에도 따로 사는 게 좋겠 다는 생각을 했던 것 같아요. 그 후로 이 집 저 집 돌아다니면서 살았는데 그러다 보니까 엄마랑 아빠랑 셋이 있었던 기억도 별로 없고, 오히려 쌩뚱 맞게 고모랑 고모 친구들이랑 계곡에 갔다거나 이런 기억이 있지, 별로 그 렇게 공통된 기억이 없어요. 그분들이 어떤 것 때문에 어긋나서 같이 안 살게 되고 이랬는지는 모르지만 그런 장면만 떠오르는 거예요.

세 사람이 함께 찍힌 사진도 거의 없다. 그의 최초의 기억이 만들어지기 이전에 이미 부부는 별거 상태로 들어갔기 때문이다. 세 사람이 함께한 시간은 불과 4년 정도, 대전 광역시 태평동 쪽에 살았던 것으로 어렴풋이 기억한다. 자신의 기억에 확실하게 의존해 서 말할 수 있는 것은 엄마가 집을 나간 이후부터다. 아빠와 단둘이 천안 어딘가의 좁은 방에서 살았다. 그의 아버지는 어릴 때 입은 장애 때문에 구할 수 있는 일에 한계가 있 었다. 1997년 생을 다할 때까지, 단기적인 육체 노동을 이어가며 경제 활동을 했다.

그때 아빠는 계속 일용직 일을 한 것 같고요. 전 아빠가 나가면 방에 혼 자 남아 아빠가 어디서 구해온 〈보물섬〉 같은 만화잡지 과월호 이런 거 보 고 텔레비전으로 〈맥가이버〉 보고 그랬어요. 마당에 있는 주인집 개가 무 서워서 방 밖으로 못 나가고 그냥 아빠를 기다렸거든요. 그러다 아빠 퇴근

하면 같이 노는 거죠. 제가 머리 감을 때 아빠한테 항상 시켰던 게 있어요. '주윤발' 해달라고 하면 샴푸 거품을 가지고 올백머리를 쫙 해줬거든요. 그런 것도 좋고. 아빠가 귤 같은 거 짜서 주스라고 주는 것도 좋고. 삼촌이 와서 아빠랑 둘이 술 먹는데 옆에서 멀뚱멀뚱 앉아 있던 기억도 있고. 그때 기억은 오후 네다섯 시의 그런 이미지로 남아 있어요. 되게 따뜻하고 기분 좋은 느낌.

반면 어느 날 엄마 손에 이끌려 그곳을 떠난 뒤 한동안 전전해야 했던 외가는 좋지 않은 기억으로 남아 있다. 이동 자체가 불안정했고 엄마와 엄마의 형제들—당시 아직 20대에 불과했던 80년대의 청년들로, 교육 정도가 높지 않았을—의 비공식적이고 일시적인 노동과 오락의 장소에 그대로 노출되어야 했다. 보통의 아동들이 자라나는 환경은 '부모'와 그 부모를 단위로 꾸려지는 제도적 장치에 의해 겹겹이 보호를 받게 마련이다. 그러나 홍스시 씨에겐 그것이 불가능했고, 그는 '다른' 상황에 대한 나름의 적응 기제를 쌓아 올린다.

외가에 있을 때는 사실 좋은 기억이 없어요. 외가가 다 인물이 좋았거든요. 다 노는 인간들이었어요, 굉장히. 당시 미성년자였던 막내이모가 가출해서 남친이랑 같이 살았는데 제가 거기에 얹혀 산 적도 있어요. 그 안에서 이모들끼리 저를 주고받고 할 때였거든요. 그나마 몇 개월을 산 게 외삼촌네 집이고요.

근데 외삼촌이 결혼했으니까 외숙모가 있을 거 아니에요. 그리고 외숙모 입장에서는 제가 완전히 객식구잖아요. 구박을 많이 받았죠. 예를 들어 두 분한테 자식이 있었거든요. 외숙모가 저한테 돈을 주면서 그 애기 먹이게 요구르트를 사오라고 그랬어요. 슈퍼에 갔는데 요구르트가 없는 거예요. 저는 그냥 어린 마음에 요구르트가 없으니까 칸쵸를 먹이자 해서 칸쵸를 샀거든요. 그랬더니 외숙모가 저보고 왜 거짓말을 하느냐고, 슈퍼까지 저를 막 끌고 갔어요. 그랬더니 슈퍼 아줌마가 진짜 요구르트 없다고 그랬죠. 제가 그날 엄청 울어가지고 결국 엄마가 절 데리러 왔어요.

엄마는 그때 경기도 시흥에 있었어요. 아까도 말씀드렸지만 엄마는 외모가 괜찮은 사람이었고 애가 여섯 살이라고 해도 아직 스물아홉 살밖에 안 됐고 배운 것도 없는 양반이라서 당연한 수순처럼 다방 겸 술집에서 일을 하고 있었어요. 다방에서 차만 타는 이모가 있거든요? 그 이모한테 그냥 우유 주세요, 이러면 우유를 따뜻하게 데워서 설탕을 넣어 줘요. 맛이 묘한데 그게 아직도 땡길 때가 있어요. 그리고 다방에 위가 유리로 되어 있고 그 밑에 모니터가 있는 테이블이 있었는데, 그게 파친코였거든요. 테이블 밑으로 동전을 넣으면 777 이런 거 나와요. 그런 기억도 나고, 동네 양아치 삼촌들도 좋았어요. 절 다 예뻐했죠.

문제는 유치원 가면서부터예요. 거기 선생님 눈에는 저희 엄마나 제가 당연히 안 좋아 보이겠죠. 소풍을 갔는데, 선생님이 제가 도시락을 못 먹은 걸 알면서도 제 도시락을 버리더라고요. 도시락 안에 내용물이 있는지 없는지 알 텐데, 그걸 그냥 딱 버리더라구요. 전 말도 못 하고. 제가 당시에 다방 근처에 있는 떡집을 자주 갔어요. 에나멜로 된 지갑에 삼촌들이 준 용돈을 모았다가 지나가면서 바람떡 하나씩 사 먹었거든요. 그날 끝나고 바람떡을 평소보다 많이 먹었죠.

하여튼 외가를 여기저기 옮겨 다니다가, 당시에 제가 새아빠라고 부르던 엄마 남자 친구가 있었고 엄마가 재가하려는 생각이 있었는지, 일곱 살 끝나가던 시기에 다시 친가 쪽으로 오게 돼요. 할머니랑 작은아빠 작은엄마 사는 집에 맡겨진 거죠.

작은아빠 부부의 집은 서울 강동구에 있었다. 거기서 초등학교에 입학해 한 학기를 보내고, 2학기 때부터는 사당동의 지하 단칸방에서 친할머니와 단둘이 살게 된다. 할머니는 그에게 부모 두 명을 대신하는 것 이상의 큰 존재다.

할머니 할아버지는 그 시대 사람인데도 서른 넘어 결혼하셨어요. 할머니는 교대 나오셔서 선생님도 하시고 지금은 철거된 총독부 건물에서 공무원 일도 하신 분이에요. 곱게 자란 분인데 갑자기 할아버지 돌아가시면서 보험설계사 하시고, 저랑 단둘이 지하에 살 때는 일본어 과외도 하시고 바느질도 하셨어요. 그렇지만 본인이 예전에 그렇게 살아온 게 있으니까 어디 갈 일 있으면 항상 깔끔하게 챙 넓은 모자 쓰시고 장갑 끼시고, 아직도 한겨울에 구두 신고 다니시고 그러세요. 그리고 집에선 항상 일본어로 된 책을 읽고 계셨고요.

할머니한테 제일 고마운 건 그거예요. 책을 많이 읽을 수 있게 해주신 거. 당시 사당동에 다마스 정도 되는 트럭을 개조한 이동식 서가가 있었거든요. 동네 주요 스폿에 트럭이 요일 맞춰서 와요. 거기서 독서카드 만들면 한 번에 세 권씩 빌려주고. 우리는 사당4동 살았는데 할머니가 3동에 그게 있다는 얘기를 듣고, 절 데리고 가서 등록시켜줬어요. 할머니랑 같이 살던 때는 호기심이 엄청 왕성할 때라 책을 엄청 많이 읽었어요. 나중에는 거기서 저만 책 대여권수를 일곱 권으로 늘려줬어요. 정말 거기 있는 책을 다 본 거 같아요. 그때 읽은 책이 적어도 20대 중반까지는 저의 기반이 됐죠.

제일 좋아한 책은 이만 한 사이즈의 굉장히 큰 세계사 책이랑, 진선출판사에서 나온 《모험도감》이라는 책이었어요. 닳을 때까지 봤고 나중에는 아예 사서 아직도 집에 보관하고 있어요.

그는 이 《모험도감》과 그것을 열독한 경험이, 그때부터 '서바이버'가 될 수밖에 없었던 자신의 유년 시절을 대변한다고 해석했다. 확실히 그에겐 '살아남아야 한다'는 압박감을 주는 환경이 너무 일찍 찾아왔다.

아무래도 힘들죠. 애들이 "엄마 없는 게!", 이러면 애들을 엄청 팼어요. 그런데 웃긴 건 맞아도 또 놀린다?(웃음) 애들은 참… 그때는 또 교실에서 뭐만 없어지면 저를 의심했어요. 할머니랑 같이 산다는 이유만으로. 그래서 그때는 오히려 제가 저를 더 증명하려고 노력한 시간이었어요. '난 아빠 엄마 없어도 니들보다 공부 훨씬 잘해, 니들보다 키 커, 니들보다 힘 세.' 특히 할머니가 초등학교 교사 출신이어서 미술 숙제 이런 걸 되게 잘 해주셨거든요. 그러니까 '울 할머니가 니들 엄마보다 훨씬 나아' 이런 생각도 있었고. 발표를 하나 해도 내가 더 목소리 커야 되고, 내가 더 뛰어난 걸 보여야 되고. 반장 부반장 선거도 악착같이 나가고.
그러니까 제가 《모험도감》 같은 책을 좋아했던 이유가 그런 거예요. 그 책이 대상으로 하는 연령대한테 그런 순간이 얼마나 있겠어요. 매듭, 생존, 필수 이런 거 있잖아요. 그런데 저는 어렸을 때부터 그런 단어에 집착한 거죠. 그 개념을 정리한 거는 훨씬 나이 들고 나서의 일이지만 어릴 때 계속 이 집 저 집 떠돌며 살면서 굉장히 생존의 위협을 느꼈던 것 같아요. 헤어진 형제가 있는 것도 아니고 딱 저 혼자고, 항상 강해야 하고 서바이버가 되어야 한다는 생각이 있었거든요. 그래서 CA도 호연지기를 키운다는 아람단을 했어요. 걸스카우트는 치마 입어서 싫었고요. 애들이 무슨 〈천사들의 합창〉 마리아 호아키나 같아.(웃음)

인터뷰이는 체구도 성량도 크다. 투블럭컷을 해서 남은 머리를 뒤로 넘긴 뒤 캡을 쓰고 뿔테 안경을 썼다. 이러한 외견적 특성뿐만 아니라 행동이나 말투에서도, 일반적으로 통용되는 여성성의 기호들―이성애적 연애 시장에서의 교환을 전제로 여성 개인에게 요청되는 내적, 외적인 코드들―을 거의 찾아볼 수 없다. 물론 홍스시 씨 인생에서 이것은 어쩔 수 없는 포기가 아니다. 그는 하나의 선택으로서 여성성의 표현을 거부하고 제거한 것이다. "전 제 경험이 있으니까 무조건 편리성을 추구하게 되는 거죠. 긴 머리보단 짧은 머리가 훨씬 편하고, 시간도 절약돼, 샴푸도 절약돼, 이런 거예요. 그리고 제가 저를 증명하는 데 또래보다 힘세고 키 큰 것도 분명히 한몫했거든요." 그의 이 말처럼 그것은 더 유리한 '생존' 조건을 위한 편리의 추구이기도 하고, 동시에 가장 자신다운 모습의 표현이기도 하다.

아빠의 죽음과 또 다른 가족들

초등학교 4학년이 되던 해, 아버지가 돌아와 할머니, 아버지, 홍스시 씨 3대가 함께 살게 되었다. 2년 후 그들은 상도동 고모네 가족과 합가한다. 홍스시 본인과 할머니, 아버지, 고모, 고모부, 고모 부부의 자녀까지 대가족을 이루어 산 시절이었다. 여기서 중학교에 입학했다. 가정 환경과 관련해 차별 대우를 받은 기억은 계속된다.

같은 동작구지만 사당동 살다가 상도동에 살고 거기서 또 중학교를 가니까, 관악구에 사는 애들과 같은 학교에 다니게 된 거죠. 그때 처음으로 생활이 관악구로 확장되면서 봉천동 같은 델 처음 가봤어요. 그렇게 중학교 입학을 기점으로 (생활이) 또 한 번 바뀌었는데, 제가 1학년 때 부반장을 했거든요. 근데 학기 초에 담임이 반장, 부반장, 환경부장, 총무부장 이런 애들을 자기 자리로 싹 다 불러서 괜히 화를 내는 거예요. 그땐 몰랐죠. 왜 그렇게 화를 내는지. 그다음에도 제가 하지도 않은 짓을 했다면서 제 싸대기를 때리더니, 학생부마다 '벌방'이 있는데 거기에 제 책상 의자를 옮기게 한 다음 하루 종일 공책 하나에 반성문을 채우게 하는 거예요. 잘못한 게 없으니까 잘못했다고 쓰기도 뭐 하더라고요. 그러다 반장 엄마가 저희 할머니한테 얘길 한 거예요. 돈을 줘야 하는 거라고. 그래서 할머니가 담임한테 돈을 줬더니 갑자기 친절해지는 거예요.

사과는 쉬워도 용서는 어렵다잖아요. 사실 아직도 이해가 잘 안 돼요. 내가 이런 상황이지만 쾌활하게 열심히 산다는 걸 좋게 봐달라는 것도 아니고 그냥 평범하게 학생 중 하나로만 봐줬음 좋겠는데 촌지 안 줬다고 그런 식으로 괴롭히고. 열네 살, 되게 어린 거잖아요. 그런 어린애를 손바닥으로 몇 십 대씩 때린 것도 이해가 안 가고. 수업권 침해한 것도 그렇고. 웃긴 건 이 선생님이 이후에 다른 학교로 갔는데 가자마자 다른 선생님들이 저한테 다 잘해주더라고요. 얘가 저렇게 반성문 쓰고 있어야 될 게 아니라 촌지 때문에 괴롭힘 당한다는 걸 알고 있었던 거죠.

1997년, 이 책이 기점으로 삼고 있는 해에 홍스시 씨의 아버지는 세상을 떠났다. 함께 보낸 시간이 그리 길지 않았기에 그렇게 슬프지는 않았다고, 다만 아버지라는 사람의 인생이 너무 딱하다고 했다.

　아빠 쪽이 가족력으로 다 심장 쪽이 안 좋으시거든요. 아빠도 그전에 갑자기 심근경색이 와서 응급실에 두세 번 실려 간 적이 있었어요. 술도 좋아했고, 담배도 많이 피우셨고요. 아빠 돌아가신 게 봄방학 때였는데, 그날따라 학교에 갈 일이 있었어요. 바로 그날 아침에 아빠가 쓰러지신 거죠. 병원 갔더니, 죽었다고 하더라고요. 제가 꿈이 잘 맞거든요. 전 아빠가 그런 식으로 죽는 꿈을 꾼 적이 있어요. 화장실에서 마비가 와서 쓰러지면서 뇌진탕으로 죽는 거. 그대로 돌아가셨다고 하더라고요.

　만약에 아빠가 건강하게 살다가 죽었으면 저도 충격을 받았을 텐데, 그전에 이미 두 번이나 119에 실려 갔으니까. 많이 놀라진 않았어요. 그리고 워낙 어렸고, 십 몇 년을 꽉 채워서 아빠랑 산 게 아니었기 때문에 남들 부모님 돌아가신 것보단 덜 슬펐을 거예요. 만약 그 슬픔의 척도를 계산할 수 있다면 말이죠. 그냥 뭐가 뭔지도 몰랐고, 할머니가 가여울 뿐이었어요. 할아버지도 비교적 젊은 나이에 죽었는데 아들도 젊은 나이에 죽었으니까. 허겁지겁 병원에 갔을 때 할머니가 충격으로 쓰러져 계셨어요.

　지금도 그날 풍경을 떠올리면 오히려 담임한테 끌려온 저희 반 친구들한테 좀 미안하더라고요. 장례식이란 게 결코 좋은 순간이 아닌데, 너무 어린 나이에 안 좋은 풍경을 강제로 보여줬구나 싶어서. 병원 장례식장엔 저희 집만 있는 게 아니라 다른 집도 있고 어떤 집은 막 울부짖기도 하고 이러니까. 걔네도 진짜 어쩔 줄 몰라 하더라고요. 그게 딱 느껴졌어요. 그리고 그게 느껴졌을 만큼 (죽음에 대해) 슬퍼하고 있었던 건 아닌 거죠.

　소복이 입기 싫다는 생각도 했어요. 치마 입기 싫다 이거죠. 그나마 정말 아빠가 죽었다는 걸 깨달은 건, 염할 때였어요. 아빠가 쓰러지고 장례 치를 때는 제 눈에 아빠 시체가 안 보이잖아요. 근데 그때는 진짜 아빠가… 사물 같은 느낌이었어요. 사실 장례식 하면서도 3일 동안 다 같이 웃은 적도 있고 '추우니까 옷 단단히 껴입자' 이런 얘기도 나누고, 똑같거든요.

저는 당시에도 남들 다 겪는 일을 좀 빨리 겪었을 뿐이라고 생각했던 거 같아요. 매를 먼저 맞았구나, 딱 그런 거. 뭐가 뭔지도 모르고. 오히려 되게 거만하게, 이제 더 이상 잃을 것도 없고, 애들보다 어른인 것도 같았고. 이미 너무 큰 슬픔을 겪었기 때문에 사춘기의 자잘한 고민은 고민 같지도 않은 거죠.

이후로도 그냥 아빠가 또 멀리 떠난 느낌이었어요. 그래서 그다음 해에 같은 반 된 애들한테 자연스럽게 먼저 얘기했어요. '봄방학 때 아빠 죽었어.' 애들이 막 뻥치지 말라고 그랬죠.

일곱 살에 헤어진 뒤 한번도 소식을 들려주지 않던 엄마는 장례식에도 나타나지 않았다. 실은 그보다 한 해 전, 외가의 어느 친척으로부터 "어머니의 주민등록이 말소됐다" "우리도 생사를 알 수 없다" 따위의 이야기를 전해 들었기 때문에 홍스시 씨는 엄마를 그냥 죽었다고 생각하기로 했다. 후에 알게 된 사실이지만 어머니는 현재도 살아 계시다. 다만 그건 지금의 홍스시 씨에게 아무런 의미를 가지지 못한다. 당시의 그는 이미 아버지도 어머니도 없는 상태였던 것이다.

제가 기억하는 한 아빠는 확실히 좀 재밌는 사람이었어요. 열려 있는 사람이었고. 자기가 장애인이고 집도 몰락하고 절대적인 소수가 되다 보니까 저한테도 벽 같은 걸 많이 깨주려고 한 것 같아요. 아빠랑 1년에 몇 번만 만나던 시절에 아빠가 핸드백 공장에서 일하셨는데 그때도 중국인 노동자들하고 계속 접점을 만들어주려고도 하고, 쉬는 날이면 이태원, 동대문, 종로 이런 데 꼭 데려가고요. 4학년 때부터 돌아가실 때까지 같이 있을 땐 정말… 최고의 아빠였죠. 너무 친구 같고.

생각해보면 그의 아버지가 세상을 떠난 나이는 겨우 마흔이었고(이는 또래라고는 못 해도, 지금의 나와 전혀 멀게 느껴지지 않고 주변의 많은 지인이 이미 도달한 나이다), 그는 장애가 있고 학력자본이 없는 비정규 노동자, 이 사회의 마이너리티였다. 서로를 잘 모르고 추억을 많이 나누지 못했다는 부녀 관계로서의 안타까움도 있겠지만, 회상하는 지금은 어른 대 어른으로서, 사회로부터 보호받지 못하고 힘들게 살다가 너무 일찍 가버린 한 소수자에 대한 가여운 마음이 더 클 것이다.

아버지의 사망 후 인터뷰이는 작은아버지 부부네로 옮겼다. 상도동에 있는 아파트였다. 작은아버지가 60년생, 작은어머니가 61년생으로 두 사람 모두 건축을 전공했고 각각 교사와 공사 직원으로 일했다고 한다. 두 사람 사이엔 자녀가 없었다. 홍스시 씨는 여기서 5년간, 대학 입학으로 독립하기 전까지 살았다.

여덟 살 때 할머니랑 단둘이 살게 됐을 때도 보금자리 마련해준 건 작은엄마랑 작은아빠예요. 제 이런 성장 과정을 아는 애들 중에선 이렇게 얘기하는 애들도 있어요. 솔직히 그분들한테 자식이 없었으니까 가능했던 부분 아니겠냐고. 아무래도 본인들 자녀가 있었다면 그렇게까지는 못 해줬을 것 같다고 하는데, 저도 어느 정도 동의할 수밖에 없죠.

그분들은 농담으로라도 '(길러줬으니까) 나중에 보답해야 돼?' 이런 말씀 절대 안 하시는 분들이에요. 전 또래에 비해서 어린 나이에 되게 많은 어른을 경험한 케이스인데, 그분들은 보통 한국 어른하고 많이 달라요. 개인주의가 강하고, 전통적인 가족주의를 강요하지 않으시고, 어떤 선만 지키면 그 안에서는 자유방임인 거죠. 좀 차가워 보일 수도 있어요. 예를 들어 제가 고등학교 때 공부하기 싫어하는 걸 알고, 하기 싫으면 자퇴해도 된다고 진심으로 그러시는 거죠. 비꼼이라든가 상처 주려는 의도 없이, 공부하기 싫으면 자퇴하되 기술 배우라고 그러셨어요. 두 분이 건축과 캠퍼스 커플이었거든요. 제가 스물일곱 살 때 우유 배달했을 때도, 보통 한국 어른들은 스물일곱 먹은 여자애가 우유 배달하는 거 안 좋아하는데 그분들은 "살 좀 빠지겠네" 이런 식이에요. 직업에 귀천이 없는 거죠.

그분들이 전형적인 분들이었다면 제가 좀 힘들었을 것 같아요. 제 성장 환경에서 봤을 때는 오히려 이상적인 보호자였던 거죠. 이런 관계에서 괜히 정을 보여줬다면 저한테는 더 부담됐을 수도 있는데, 그냥 깔끔하게 해 주시니까.

4년제 대학 교육을 받고 안정적인 공직에 맞벌이로 종사하는, 학생 운동은 하지 않았지만 정치적으로 어느 정도 진보적인 스탠스를 가진, 아마도 자가를 소유한 도시 중산층. 인터뷰이에게 들은 정보에 약간의 추측을 조합해 그린 두 사람의 윤곽이다. '개인주의 성향'도 영향을 주었겠지만 무엇보다 안정적인 경제력과 자녀가 없다는 변수는, 홍스시 씨를 아무런 보호망도 없는 극단적인 환경으로 내몰거나 예민한 시기의 감정적인 갈등이 너무 심해지진 않도록 보호해줄 수 있었다. 이 보호자-피보호자 관계는 다소 건조하지만 그 건조함 덕분에 서로를 조금도 부식시키지 않을 수 있었던 게 아닐까.

한편 이 두 사람이 부모에게서 기대되는 기능 중 보호자로서의 기능을 맡았다면, 정서적인 기능을 분담해준 또 다른 어른들이 있다.

전 항상 '부모만 있으면 부모만 챙기면 되는데 부모 없이 살았더니 챙길 어른들이 너무 많다'고 농담 식으로 얘기해요. 할머니야 말할 것도 없죠. 친구들이 제 할머니가 돌아가시는 거는 정말 다른 집 양친이 동시에 돌아가시는 정도의 파급력일 거라고 그래요. 애들이 말하다 지들이 울먹거려.(웃음) 그래서 제가 막 그러죠. "괜찮아. 자식 앞서 보낸 사람이 오래 산단 얘기가 있어. 우리 할머니 가늘고 길게 살 거야." 다른 애들은 "할머니 살아생전에 성공할 거야!" 이런 얘기 할 텐데 나는 "할머니, 나 성공할 때까지 살아야 돼!" 그러고요. 하하하.

그리고 고모랑 고모부. 고모가 저랑 열아홉 살 차이라서 나이 차 좀 있는 자매처럼 느껴지기도 했고. 저한테 얘기할 때 "엄마가"라는 말이 나올 때도 있어요. 작은아빠 작은엄마도 마찬가지고요. 그리고 제가 2006년부터 지금까지 살고 있는 옥탑방 집주인인 제 친구 부모님. 제일 친한 친군데, 그분들한테 정말 여러 가지로 받았거든요. 그 집 아버지가 술 마시면 "네 결혼식장엔 내가 손잡고 들어간다" 이런 식으로 말하시고 진짜 잘해주세요. 이분들도 항상 마음에 담고 있죠.

하지만 그런 어른들의 기능적 대체에도 불구하고, 부모의 부재는 홍스시 씨의 삶에 언제나 확연한 그림자를 드리웠다. 좋은 쪽으로든 나쁜 쪽으로든 지금의 자신이 되는 데 큰 영향을 미쳤다고 말한다.

물론 아무리 계속 어떤 어른들과 접점이 있고 그분들이 어떻게든 각자의 방식으로 저를 케어해주시고 이래도 절대 부모는 아니니까, 떼를 쓴다거나 다른 애들이 부모한테 요구하는 만큼 요구할 수가 없고… 작은엄마 작은 아빠네 집에서 사는 것도 당연히 불편하죠. 그들 공간에 객식구처럼 껴 있는 거니까. 내가 저분들의 삶에 간섭하게 되는 것도 싫고. 그렇게 눈치 보면서 산 게 고교 때 기준으로 10년이 넘은 거예요.

저한테는 그런 서러움의 상징 같은 기억이 있어요. 초등학교 때 과학반을 했는데, 과학상자 조립대회를 했거든요. 제가 되게 잘했어요. 학교 대표로 뽑히고, 그 위 지구 대표로 뽑히고. 그런데 결정적으로 제 과학상자에는 모터가 없었어요. 좀 낮은 사양이라. 좀 더 상위 대회에 나가니까 안 되더라고요. 나는 모든 게 수동인데 쟤네 건 버튼 누르면 자기가 막 알아서 가요. 이게 어릴 때 결정적인 좌절감으로 기억이 나요.

모르겠어요. 그냥 다 피해자였다고 생각되더라고요. 고등학교 때는 죽고 싶어서 약도 먹고 손목도 자해하고 그랬는데, 조금 더 크고 보니까 다 피해자인 거죠. 그러면서 엄마 아빠가 더 미워졌죠. 나뿐만이 아니라 왜 나를 둘러싼 환경까지도 다 힘들게 만드는지. 왜 본인들의 동생들까지 힘들게 하는지. 그만큼 사랑이 대단한가 싶기도 하고, 그렇게 사랑했는데 이혼한 건 또 뭔가 싶기도 하고. 그냥 어리고 어렸던 인간들이었다고 생각하면 이해도 되고. 저도 20대 초중반에 완전하지 않았고, 그런 완전하지 않은 인격들이 만나서 어떤 생명을 만든 게 가장 큰 실수인 거죠.

그럼에도 불구하고 저의 목표는 정말 오롯한 인간으로 사는 거기 때문에 그런 면에서는 이런 특수한 경험들이 또 많은 도움이 됐죠. 현재의 제가 어떤 꿈을 갖게 되었는지, 다른 사람을 어떻게 대해야 하나, 이런 걸 봤을 땐 조금이라도 긍정적인 면이 있었을 거예요. 물론 부정적인 면도 찾을 수 있겠죠. 근데 부정적인 게 그분들 탓이라면 제가 갖고 있는 긍정적인 것도 그분들 덕이라고 생각하게 되더라고요.

집에서 충족되지 않았던 사랑받고 싶은 욕구, 관심 받고 싶은 욕구는 학교에서 남들 웃기기 좋아하는 개그맨 캐릭터로 발현되었다. 내가 느낀 첫인상처럼 괄괄하고 쇼맨십과 유머 감각이 있는 모습은 이런 이면을 지닌 채 형성되었다. 실제로는 우울하지만 우울함을 내비쳐서는 안 된다는 강박, 그 사이의 아슬아슬함이 홍스시 씨의 10대 시절을 관통해 지금까지도 이어져오는 성격적 특성이었다.

학교에서는 집에서랑 완전 다른 존재였죠. 제 10대 시절의 욕망은 남들한테 인정받고 주목받는 것이었던 것 같아요. 남들 앞에서 뭘 했을 때 걔네들이 웃고 이러면 되게 좋았어요. 내가 뭔가를 흉내 내고 애들이 막 자지러지고. 지금은 '돼지의 왕'이지만 그때는 날렵해서 춤추는 것도 되게 좋아했거든요. H.O.T. 춤 똑같이 따라 하고. 선생님이 교과서 읽으라고 하면 "선생님, 저 이 시 랩으로 해볼게요" 그러고 랩으로 한 적도 있어요. 그러면서 얄팍하지만 제가 계속 쌓아온 게 있을 거 아니에요. 홍스시는 어때, 홍스시는 시키면 잘해, 홍스시는 재밌어, 이런 것들. 그게 무너질까 봐 늘 불안했어요. 원래 제가 가진 불안함, 우울함을 조금이라도 보여주면 안 될 것 같아서 아슬아슬하게 살았던 것 같아요.

지금 생각하면 당시에도 스스로 그걸 되게 피곤하게 느꼈던 것 같아요. 집에서는 엄청 조용하고 학교에선 무리해서 활발하게 하고 이러니까 저 자신도 가끔 헷갈리고. 아직도 연락하는 몇 안 되는 그때 친구들 얘기로는 제가 항상 에너지를 주체 못해서 터지기 직전 상태에 있었대요. 진짜 힘들어서 극단적인 생각도 여러 번 했거든요. 죽고 싶다는 생각은 이런 욕망들에서 비롯된 피로의 누적이었던 것 같아요. 그래도 어쨌든 살아남아서 이렇게 합정역에서 나불대고 있네요.(웃음)

대학과 자퇴

대학은 잘 간 거 같아요. 결국 유급 먹고 자퇴하고 이랬으니까 솔직히 경제적으로 따지자면 대학에서 날린 돈이 천만 원이 넘는데, 그게 아깝지 않을 정도로 너무 좋은 사람들을 만나고 너무 좋은 경험을 한 거죠.

고교 시절부터 영화나 영상, 그중에서도 짧은 영상 작업에 관심이 많았던 그는 광고 창작으로 진로를 정한다. 2년제인 모 예술대학에 합격했고, 입학과 함께 집을 나와 기숙사와 자취 생활을 시작한다. 이 학교를 지망한 이유는 연예인을 포함해 예술계가 '자유로워' 보였기 때문이었다고 한다. "거기 가면 마음껏 소리를 질러도 될 것 같다는 느낌이 들었고, 나랑 비슷한 애들을 만날 수 있을 것 같았고, 그냥 꼭 가고 싶었어요." 대학에 간다는 것은 그에게 전문 교육을 받는 것 이상의 의미가 있었다. '대학생'이라는 상태에 이르면 '누군가의 자녀'로 존재해야 하는 장면을 대부분 벗어날 수 있게 되기 때문이다. 게다가 그 학교는 특히나 더 자유로워 보였다.

그러나 그의 이야기를 들어보면 정반대였다. 집단성이 강한 예체능 계열 대학이나 학과에서는 선후배 간 위계 질서가 뚜렷하고, 강압적인 군기 잡기 문화가 남아 있는 경우가 많다. 여전히 신입생이 입학하는 시즌이면 과내 군기 잡기 행사에서 일어난 참사가 보도되곤 한다. 홍스시 씨가 간 예대도 그런 분위기가 강했고 광고창작과라고 해도 크게 다르지 않았다. '자유로워 보여서' 이 학교와 이 학과를 선택한 홍스시 씨는, 아이러니하게도 이런 학내 위계 질서의 속박 역시 좋았다고 한다.

일단은 저는 자유로운 것도 좋아하면서 은근히 상명하복을 잘 맞추는 타입이에요. 요즘 뉴스에 그런 거 많이 나오잖아요. 과 선후배 채팅방 문제.

제가 그런 걸 되게 잘했거든요. 군기반장이었어요. 학교 자체가 그런 게 되게 세고 저희 과도 비공연 계열임에도 그게 셌거든요. 선배 만나면 인사하고 학번 대고 이런 거. 그런 문화도 있으면서 맨발로 다니고 싶으면 맨발로 다녀도 되고, 그런 자유로운 분위기도 있는 거죠. 그러니까 정말 좋았어요.

— 그렇게 심하진 않았던 거죠? 막 때리거나 그러지는 않죠?

　군기반장 하면 진짜로 때리는 건 아니어도 다 '빠따' 들고 있죠. 완전 쌍욕 다 했는데? 요즘이었으면 저도 어디 가서 조사 받고 있을 수도 있어요. 제가 1학년 다니다가 유급 먹고 다음 해에 다시 1학년이 됐는데, 2학년이 된 동기들 사이에선 제가 군기반장 시키기 딱 좋다 이거죠.

　일견 모순이 있다. '이해'하기 어려울지도 모른다. 그러나 그가 이런 분위기에 잘 적응했을뿐더러 유지에도 가담했던 데는 그의 개인사가 뒷받침되었을 때 비로소 '설명' 가능해지는 나름의 이유가 있었다.

　저는… 폭력이나 이런 건 안 좋죠. 나이 들어서 들어온 사람들은 선후배 관계가 힘들 수도 있고요. 근데 서로 강압적으로라도 이름 알고 이런 게 좋다는 생각이 아직도 조금은 있어요. 다른 학교 애들 얘기 들어보면 동기가 누군지도 모른다고 그러는데 그건 좀 이해가 안 가요. 그리고 거기 들어가려는 신입생들을 위한 카페도 있었고 거기에 누누이 쓰여 있었거든요. 여기는 그런 게 세다, 다 알고 오셔야 된다. 군대에선 군번대로 하잖아요. 그거랑 비슷한 거죠. 물론 전문대여서 선배라고 해봤자 한 학년 위 정도지만 선배 보면 '몇 학번 누굽니다' 인사한다는 게 되게 쉬울 것 같거든요. 그런 게 있다 보니까 체육대회 준비하다 자퇴한 애도 있어요. 안 맞으면 어쩔 수 없는 거죠.

전 초등학교 때 아람단 하면서도 이런 게 잘 맞았어요. 곰곰이 생각해보니까 전 제 위치가 확실하다는 것 자체가 좋았던 것 같아요. 1학년 다음에 2학년이 되고 내 위에 누가 있고 내 밑에 누가 있고 이런 것들. 가족이라는 견고한 틀이 없이 자라다 보니까 그런 확실한 게 남들이 보면 "인권 탄압이야!" 그럴지라도, 숫자로라도 나의 위치가 있고 그런 게 좋았던 것 같아요.

이렇듯 사회 속에서 '확실한 위치'를 갖고자 하는 경향은 이후로도 반복된다. 하지만 실제로 그가 20대 때 통과한 길은 한 사람이 사회 속에 확실한 위치를 점해가는 과정과는 거리가 먼, 길어야 1-2년의 아르바이트를 이어 붙이는 길이었다.

대학에서 1년을 보낸 뒤 그는 2학년으로 진급하지 못했고, 다시 1학년을 다니던 중학교를 더 이상 나가지 않게 된다. 돈을 충분히 모아 재입학 후 편입을 하거나 아예 다시 수능시험을 치러 4년제 대학에서 새로 시작할 계획이었다.

자퇴했을 때는 내가 앞으로 '뭘 해야겠다'라는 것보단 일단 '이 학교를 못 다니겠다'가 컸어요. 일단 1학기 다니고 나서는 학과 수업에 흥미가 많이 떨어졌거든요. 교수님들하고도 안 맞고. 들어오기 전엔 예술대학 광고 교수님들이니까 멋있고 좋을 줄 알았거든요. 근데 너무 꼰대였고. 물론 그런 교수님하고도 좋은 관계를 유지하는 애들도 있겠지만 저는 못 하겠더라고요. 그리고 조별 과제도 정말 힘들었어요. 저 혼자 힘으로만 광고를 하나 만들어보고 싶었는데 계속 몇 명이 모여서 타협, 타협, 타협만 해야 되는 게 너무 싫고. 제 기대치가 너무 높았던 것 같아요.

그렇게 1년 지나고 나니 유급을 먹었는데 작은아빠 입장에선 화가 굉장히 많이 나죠. 등록금이랑 기숙사비 1년 치를 날린 거니까. 그래서 그분들이 1학년부터 다시 다니면 등록금은 다시 내주겠지만 매달 주던 생활비는 일절 없으니 네가 알아서 해라 그랬어요. 그런데 아르바이트를 계속 하면서 학교 생활을 하는 게 당시엔 힘들었어요. 그러니까 희한하게 또 아르바이트가 잘 구해지지도 않아요. 휴학생이 아닌 마당에 할 수 있는 일이 별로 없는 거죠.

그래서 두 번째 1학년을 두세 달 다녔는데 그 학기도 결국 다 F학점으로 마무리를 했으니까 그분들도 저한테 더 이상 다니라고 얘기도 못 하고 저 또한 '다시 해볼게요'라고 말 못 하고 자연스럽게 2학기 등록을 안 하게 된 거죠. 그런데 자퇴를 해도 다시 재입학이 되는 학교였거든요. 나중에 재입학할 생각으로 그 등록금을 마련하고 싶어서 패밀리 레스토랑 주방에 설거지하러 들어갔는데, 거기서 그냥 계속 일하게 됐죠.

다시 학교로 가기 위해, 패밀리 레스토랑에

그는 본인의 '사회생활'이 "엄마와 다방에 살았을 때부터" 시작되었다고 말한다. "떡집 아저씨한테 괜히 농쳐서 바람떡 하나 더 얻어먹고 양아치 삼촌들한테 동전 달라고 애교부리는 거" "가족 이외의 사람들하고 조율하면서 사는 게 사회생활"이라는 스스로의 정의에 의거하면 그는 정말로 평생 '사회생활'을 해온 셈이다. '자기 노동력으로 돈을 번' 경험이 시작된 건 중학교 1학년 때 학교 매점에서다. 고등학교 때 '킴스클럽'에서 콩나물을 판 경험도 있다. 다만 작은아빠 부부라는 보호자가 있었기에 경제적으로 절박한 상황은 아니었다.

하지만 다시 대학에 가기 위해 졸업장 없이 대학을 나왔을 때부터는, 어떤 특별한 자격과 조건을 요하지 않는 아르바이트만이 그의 생명줄이었다. 얼마나 많은 종류의 직장을 거쳤는지, 20대 후반에 이력서를 쓸 때 단기 아르바이트까지 헤아려보니 서른다섯 개의 일터를 거쳤었다며 스스로도 놀라워했다. 학생 신분을 벗어나 처음으로 했던 아르바이트는 학습지회사 지점의 계약직이었다. 주 5일 출근에 한 달 98만 원을 받았다. 그다음 일이 현재 직업에 이르게 된 첫 걸음, 요식업계 아르바이트였다. 2000년대 초중반 전국적인 열풍을 일으켰던, 그러나 10년밖에 지나지 않은 지금은 사양 산업에 접어든 패밀리 레스토랑에서다.

자퇴 직후에는 학습지회사의 한 지점에서 교재 관리하는 계약직으로 일했어요. 사무실에서 교재랑 부교재 관리하는 일이었는데. 그때 30대 중반, 40대 정도의 학습지 선생님들하고 지내면서 참 재미있었어요. 다 저한테 잘해주시고 술도 많이 사주셨어요. 그분들 다 영업직이거든요. 요즘은 모르겠지만 학습지 선생님이란 게 자기가 가르치는 학생들 숫자로 돈을 버는 거기 때문에 그걸 보면서 어른의 삶이 진짜 힘들구나 하는 것도 느꼈고요. 20대가 '젊다'고 하는데 20대도 되게 어린 것 같고 젊은 건 30대라는 생각이 들었어요.

거기서 한 6개월 일하다가 패밀리 레스토랑에서 일하던 친구가 '설거지 아르바이트 돈 많이 주는데 할래?' 이러길래 한다고 했죠. 학습지회사에서 일하는 게 슬슬 재미없어지던 참이었고 거기서 오래 일할 건 또 아니었으니까. 하여간 전 패밀리 레스토랑 가면서 재입학할 돈 모으는 게 목표였어요. 동기 남자애들이 제대하고 복학할 때 저도 딱 재입학해서 후배들이 저

선배는 여잔데 왜 아직까지 있느냐고 하면 나도 여군 갔다 왔다고 거짓말 하려는 계획이었는데.(웃음) 그래서 그 안에 어떻게든 등록금을 빨리 모으려고 했죠. 들어갔더니 시급을 다른 데보다 많이 쳐주는 건 맞지만 생각보다 돈은 안 모이고, 생각보다 일은 되게 재미있더라고요.

제가 어렸을 때도 그 패밀리 레스토랑을 되게 좋아했어요. 5학년 때 처음으로 식구들하고 다 같이 갔다가 충격을 받았거든요. '세상에 이런 맛이 있구나!' 그래서 늘 좋은 감정이 있었는데, 가서 보니까 (일하는 사람도) 다 또래들이고 새롭게 배우는 것도 재미있더라고요. 그래서 거기 2004년 9월에 들어가서 2006년 3월까지 일했어요.

하루에 여덟아홉 시간을 일했고 세금을 제하고 백만 원을 받았다. '설거지할래?'라는 제안으로 들어갔지만, 요리에 관심과 소질이 있다는 사실을 발견한다.

당시는 TGI나 아웃백 같은 패밀리 레스토랑이 정말 장사가 잘되던 시기였거든요. 요즘엔 그렇게 하루 매출 2천만 원 찍는 외식업체가 없을 텐데. 그때는 통신사 회원들 매달 한 번 반값 해주는 날에도 1700, 1800(만 원) 벌었어요. 줄도 막 세 시간씩 섰죠. 그러면 주방에 티켓이 두두두두두두 계속 뜨거든요. 언제는 말도 안 되게 일하던 사람이 일제히 나가서, 원래는 샐러드 한 명, 파스타 두 명 있어야 되는데 저 혼자 그걸 다 만든 적도 있고. 손이 안 보였죠.(웃음) 그랬는데도 같이 일하는 동료들이 좋아서 그랬는지 되게 좋았어요. 식재료에 대한 호기심도 있었고 만드는 것도 재미있었고 '네가 한 거 맛있다'고 인정도 좀 받고. 제가 있을 때만 해도 윙 메뉴도 양념이 안 된 윙과 봉을 초벌구이, 재벌구이 하고 소스 바르고 그랬는데 요즘은 그런 데가 없을 걸요. 안심 스테이크 하려면 거기에 인대, 지방 제거하는 거 하나하나 했어요. 하다못해 파슬리도 잎 따서 다 다졌구요. 요즘은 다 아웃소싱되어서 딱 1인분이 봉지에 포장돼 오면 그걸 뜯어서 한다는데 좀 아쉬운 게 있죠. 당시에 일했을 때는 저도 정말 많이 배운다고 생각했는데, 모르는 사람들은 그냥 다 봉지 뜯어서 하는 줄 알아요.

— 그러다 그만둔 이유는 뭐예요?

새로 온 점장님하고도 잘 안 맞았어요. 저도 많이 지쳐 있었어요. 여덟 명이 하던 일을 네 명이 한 기간이 길었거든요. 사람이 어느 정도 있는 상태에서 신입이 들어와야 이 사람들을 보듬어주고 교육도 하는데 너무 바쁜 상태에서 새로운 사람이 들어오면 교육이 안 되고 이 사람도 배우는 게 없으니까 또 빨리 그만두는 악순환이 벌어져요. 어쩐지 차별받는 느낌도 있었고.

그래서 그냥 그만두고, 이번엔 다른 패밀리 레스토랑 체인에 가서 설거지를 하게 되죠. 으하하하하하! 거기는 입사했다가 중간에 쉬었다가 다시 했다가 쉬었다가를 반복해서 정확히 얼마나 했는지 기억이 안 나요. 그때는 마음을 바꿔서, 아예 수능을 다시 보자는 생각이 있었어요. 당시에 벌써 20대 중반이 됐는데, 전문대 학벌로는 취업에 자신이 없고 학교를 졸업해도 편입을 해야 되니까 '자 그러면 한번 07학번이 되어보자' 틈틈이 수능준비를 했고 그러면서 이 알바 저 알바 닥치는 대로 했어요.

티셔츠 나염 공장에서 일한 적도 있어요. 겨울이었거든요. 갔는데 창문을 다 열어놨더라고요. 왜 그런가 했더니 티셔츠에 약품을 지우려면 시너가 필요한데, 그 냄새가 진짜 심해요. 그래서 겨울에도 그냥 창문을 다 열고 하는 거예요. 엄청 춥긴 했는데 그 공장에서의 경험이 진짜 괜찮은 경험이었어요. 정말 단순노동이거든요. 컨베이어벨트가 한번 돌기 시작하면 그걸 끝 때까지 거길 벗어날 수가 없어요. 심할 때는 연속으로 여섯 시간, 일곱 시간 돌아갈 때도 있거든요. 티셔츠가 이 칸 가면 흰색이 이만큼 칠해지고 이 칸 가면 빨간색이 이만큼 칠해지고, 완벽하게 칠해지면 제가 그걸 떼서 한 장씩 가지런히 놓는 거였어요. 근데 거의 2, 3초 만에 한 장씩 오는 것 같아요. 그걸 몇 시간 동안 반복하고 있으면 뭐랄까, 약간 삼천배 하는 느낌, 아니면 묵주 알 돌리는 것 같아요. 몸동작이 단순해지니까 머리가 맑아졌다가 여러 가지 생각이 들었다가 해요. 동작만 해내면 머릿속으론 딴생각해도 상관없잖아요. 이런 단순노동은 누구든, 특히 창의력을 요하는 일을 하는 사람들은 오히려 해보는 게 좋을 것 같다는 생각을 했어요. 그리고 여기가 시급을 엄청 많이 줬거든요.

그는 다시 확실한 위치를 갖기 위해, 다시 말해 4년제 대학을 졸업해 광고회사에 들어가기 위해 입시 준비를 하는 동안 아르바이트를 닥치는 대로 했지만, 2006년과 2007년 두 번에 걸친 수능 시험에서 원하는 점수를 얻지 못했다.

20대 중반에 수능을 준비하려면 정말 돈을 다 모아놓고 공부에만 올인했어야 됐는데 계속 일을 했으니까 안 된 거죠. 제가 무슨 천재도 아니고 알파고도 아니고. 하하하하하. 두 해 다 아예 지원조차 안 했어요. 점수 확인하고 끝. 가고 싶은 데가 있었는데 거기에 훨씬 못 미치는 점수가 나왔으니까. 다 핑계일 수도 있지만 제 능력이 안 됐어요. 그래서 이제 09학번에도 도전할 것인가 말 것인가 고민하다가 그냥 포기하고, 차라리 편입을 하자 싶어서 사이버대학교로 급선회했죠. 일하면서도 충분히 들을 수 있을 것 같고 시험만 제대로 보면 되니까. 그래서 모 사이버대학교 광고홍보학과에 등록했어요.

그러면서 일은 그냥 마구잡이로 했던 거 같아요. 2008년 2월 이후에는 영등포구에 있는 자그마한 도서유통회사에 다녔어요. 책 포장해서 서점으로 옮기는 거 있잖아요? 주문 받은 책을 모아서 묶는 거, 그런 걸 했죠. 거기도 오래는 안 했어요. 너무 저임금이었거든요. 연봉을 열셋으로 쪼개서 열세 번째가 퇴직금이 되는 그런 거 있잖아요. 게다가 대표님이 독실한 기독교 신자라 일주일에 한 번 근처 교회에서 목사님 초빙해서 기도회를 하지 않나. 굉장히 안 좋았죠.

그가 20대 중반에서 후반으로 넘어갈 때의 일이다. 대학 입학 시 재수, 삼수라는 변수나 졸업까지 보통 4년 이상이 걸리는 현상, 또 졸업에서 취직까지 걸리는 기한(평균 11.2개월)*까지 감안해도 군 복무에서 제외된 이들이라면 보통 첫 번째 직장에 들어가거나 어느 정도 경력을 쌓았을 시기다. 실제로나 상상적으로나 이를 '일반적'인 케이스라고 한다면 이 책엔 그런 루트를 타지 않은 이들도 여럿 등장하며, 그 이탈 경로는 제각각이다. 홍스시 씨도 그랬다. 대학을 '나가버린' 이후에는 줄곧 구직 사이트, 그러니까 잡코리아나 인크루트 같은 사이트를 통해 많은 아르바이트를 했고, 그러면서도 사이버대학에서 학점을 받으며 아르바이트가 아닌 '광고회사 취직'을 향한 끈을 놓지 않고 있었다. '그 경로' 바깥에 있었지만 동시에 안에 있었던, 있으려 했던 셈이다.

당시 계획은 "광고회사에 들어가 카피라이터로 일하다가 40, 50대쯤에 내 식당을 하나 갖기"였다고 했다.

---

* 통계청(2016), 2016년 5월 청년층 및 고령층 부가조사 결과.

— 당시 5, 6년 계속 학교를 안 다니고 단기적인 일을 하면서 보낸 거잖아요. 일을 계속 구하는 게 힘들다거나 앞으로가 불안하진 않았어요?

일을 구하는 거 자체엔 어려움이 없죠. 왜냐면 제가 쉽게 할 수 있는 일들만 지원하니까. 어차피 다 단순노동이잖아요. 저도 일로 스트레스 받고 싶지 않고 또 그때까지는 학력이 어차피 고졸이니까 할 수 있는 일도 많이 없었고요. 불안하기보다는 답답했죠. 하고 싶은 건 분명히 있는데 대체 어떻게 해야 거기로 갈 수 있을지 모르겠더라고요. 그래도 수능도 두 번 보고 편입할 생각으로 사이버대학 다녔던 거는 나름 노력을 한 것 같거든요.

그런데 아직도 궁금한 건데… 전 살아 있음을 느낀다는 감정이 뭔지도 사실 몰라요. 우울의 숙주가 아니라 거의 우울의 숙주나물이에요. 되게 빨리 퍼지고 막 쑥쑥 자라. 하하하하. 어쩌면 그 시간이, 긍정적인 성격의 사람이라면 더 힘들지 않았을까 싶어요. 그런데 전 원체 우울하고 비관적인 사람이라서 그냥 그렇게 평소와 다름없이 시간을 보낸 거예요. 친구들도 가장 적게 만난 시기였고요.

"이번엔 취직이 잘 안 됐어요"

한편, 이 즈음 홍스시 씨는 등본을 떼다가 죽은 줄 알았던 엄마가 생존해 있다는 사실을 알게 되었다. 모종의 드라마를 예감한 동사무소 공무원은 "어디 사는지 알아봐줄 수 있다"고 말했지만 그녀는 거절했다. 이듬해에는 외가로부터 직접 연락이 왔다. 엄마의 생사에 대해, 엄마의 이후의 삶에 대해 홍스시 씨는 시종 무관심했다. 초등학교에 들어간 이후로는 접점이 없는 타인이었으니 말이다. 그의 생물학적 모친이 여전히 가족이라는 기호에 의미를 두는 것과 달리 홍스시 씨에겐 정말로 더 이상의 미련이 없어 보였다.

　2000년대 후반이었는데, 제가 우유 배달을 하고 있었거든요. 일하고 있는데 모르는 번호로 전화가 와서 받았어요. "홍스시 씨 핸드폰인가요?"그래서 "네" 했더니 "나 이모야" 이러는 거죠. "지금 일하고 있으니까 나중에 전화드릴게요" 하고서는 나중에 전화해서 다시는 연락하지 말라고 했죠. 그러고 나서도 몇 개월 텀을 두고 명절에 연락을 하길래 다시 단호하게 말했죠. 가뜩이나 제가 신경 쓰고 챙겨야 할 어른들이 많은데 20년 만에 연락해서 '이모야' 이러면 어쩌라고요. 차라리 단골 백반집 이모가 훨씬 이모같지 가족의 정이라는 게 그렇게 생기는 게 아니잖아요.
　제가 "너 방송 나오면 좋겠다"라는 얘기 많이 듣는데 안 나가려고 하는 이유 중 하나도 외가예요. 스무 살 때 〈느낌표〉라는 방송에 한 번 나갔었는데, 저한테 연락했을 때 그 얘길 하더라고요. 너 혹시 몇 년 전에 방송에 나오지 않았냐고. 그게 되게 불쾌했거든요. 내 모습을 내가 보여주고 싶은 사람한테만 선별적으로 보여줄 수 있는 게 아니니까 방송이란 게 참 무섭다는 생각이 들더라고요.

— 왜 연락하신 걸까요?

　뭐, 잘 지내보자는 거죠. 별 얘길 다 하더라구요. 어디 사니, 잘 지내니, 결혼은 했니, 키는 크니, 이런 걸 물어보고. 외가 쪽이 다 키가 크거든요. 그런 걸로 혈연을 강조하고 싶었나 봐요. 그게 너무 싫었어요. 사실 제가 떠보는 질문을 하나 했어요. "엄마 살아 있다면서?" 이렇게. 그랬더니 저

쪽에서 약간 더듬거리면서 "응, 응, 살아 있나 보더라." 이러더라고요. 그래서 제 친구 중 하나는 아주 아침 드라마를 찍는 거죠. 전화를 건 게 이모가 아니라 사실은 엄마 아니었냐고. 두 번째 전화 왔을 때 단호하고 분명하게 얘기했죠. 어렸을 때야 여기저기 휩쓸렸을지라도 지금은 나도 성인인데 내 말은 좀 존중해줬으면 좋겠다고. 잘 지내고 싶은 마음 전혀 없으니까 다신 연락하지 말라고. 약간 화난 투로 얘기했어요. 그 뒤로는 고맙게도 연락을 끊어줬어요. 궁금하진 않아요.

— 그나저나 방금 우유 배달 얘기도 나왔어요. 와, 진짜 엄청나게 많은 업종이 나오고 있어요.(웃음)

지금은 요약해서 얘기하지만 예전에 어디 이력서 쓰다가 하루짜리든 뭐든 알바 경험을 다 써봤더니 서른다섯 개 정도 나오는 거예요. 그런데 저는 그 과정이 다 재미있었어요. 어떻게 보면 일이라는 게 돈을 받으면서 새로운 입장, 새로운 역할이 되어보는 거잖아요. 내가 이때가 아니면 언제 꼬치에 닭고기를 꽂아보겠냐 하면서.

우유 배달은 5개월 정도 했다. 그때는 아침에 우유 배달을 하면서 저녁에는 일본식 덮밥집에서 일했다. 서울대입구역 앞에 있던 A라는 가게다. 사장 한 명뿐인 작은 규모였고, 그가 간 자리는 사장 보조이자 파트너였다. 이 덮밥집 A는 나 역시 가본 적 있는 곳이었다. '나만 아는 가게'로 비밀스레 입소문을 타다가 바로 그 특성 때문에 결국 더욱 인기를 끌게 된, 보통의 식당 같지 않은 엄격한 규칙들 또한 인기의 요소였던, 지금은 여러 동네에 지점이 생긴 가게다. 홍스시 씨는 이 가게에서 우여곡절을 겪으며 여러 가지 의미로 많이 배웠다고 말했다. 그 가운데서도 상사, 즉 사장 때문에 많이 힘들었다는 부분을 가장 강조했다. 사장과 직원 단둘뿐인 일터이므로 그가 일해왔던 다른 곳에 비해서도 업무 내용보다는 한 사람의 성격과 가치관이 일하는 시간에(뿐만 아니라 일터 바깥의 시간에도) 영향을 끼쳤다. 언제까지 이 '복불복'인 변수에 자신을 내맡길 순 없다고 생각했단다. 자기 가게를 열어야겠다는 먼 미래의 계획이, 단숨에 손에 닿을 수 있는 곳까지 당겨져왔다.

A를 그만둘까 고민하던 시기 홍스시 씨는 한 이탈리안 레스토랑에 손님으로 갔다가 주방에 반해 본사로 직접 전화를 걸어 아르바이트에 지원했고, 한동안 두 군데에서 일하다 A를 퇴직한다. 그 후에도 낮과 밤을 나눠 두 군데서 일했다.

낮에는 삼성동 레스토랑에서 일하고 밤에는 치킨집에서 일한 거죠. 그러다 그 삼성동 레스토랑이 어려워지면서 정리해고가 됐고, 치킨집 일만 하다가 그 치킨집 사장이 따로 연 이탈리안 레스토랑 체인점 B에 들어갔어요. 그러다 치킨집에 일손 펑크 나면 달려가기도 하고. 솔직히 B에서 일한건 2층까지 180평 규모의 레스토랑 오픈시키는 걸 경험해보고 싶었던 거죠. 솔직히 일은 치킨집이 훨씬 편하거든요.

앞서 인터뷰이가 말한 것처럼 요식업계 아르바이트는 구하기 어렵지는 않다. 또 그는 주방에서 환영받을 만한 경력과 성격을 가지고 있었다. 그러나 그도 어느덧 30대가 되고, 사회적으로도 신체적으로도 더 이상 이런 식의 일 이어 붙이기로는 계속할 수 없다는 한계에 부딪치게 된다.

B 주방이 두 파로 나뉘어서 대립이 일어났고, 마침 제가 족저근막염에 걸려서 2012년 말쯤 B를 그만뒀어요. 이제 양식을 제대로 해보고 싶었는

데 취직이 이번엔 잘 안 됐어요. 이미 나이가 서른이 넘었으니까. 예를 들어서 파인다이닝에서 일하는 건 안 되는 거예요. 제가 정통으로 경험한 건 아니니까. 일하는 데서 배운 거 반, 독학한 거 반이라서. 그리고 전 항상 막내로 들어갈 준비가 되어 있는데 막상 막내로 들어가면 분위기가 너무 막막한 것도 있었고요. 진짜 떠도는 느낌, 겉도는 느낌도 들고. 막 여기저기 이력서 넣을 때였는데 장판 뜯으면서 울고 정말 장난이 아니었어요. 족저근막염 때문에 발바닥도 너무 아프고. 아주 힘들어서 진짜 죽고 싶었어요. 늘 죽고 싶지만 그땐 특히나 더.

그러다 장기적으로 보면 어차피 내 식당 차릴 거고 양식의 시작과 끝이 제과·제빵이니까 그걸 제대로 배워보자 그래서 모 기업에서 운영하는 컬리너리 아카데미에 다녔어요. 거기 제과제빵 종합반이 있거든요. 주 3회 아홉 시부터 다섯 시까지. 4, 5개월 되는 기간이고 학비는 280만 원으로 기억해요. 그런데 다니면서도 제 생활비는 벌어야 되니까 말도 안 되는 스케줄이 나온 거죠. 그때 치킨집 프랜차이즈에서 일했는데 주 6일 밤 여섯 시부터 아침 여섯 시까지였거든요. 그러면 3일 동안 한 시간도 못 자는 날도 있는 거죠.

몸이 완전 축나죠. 눈 밑이 어두워지는 것도 처음 경험해봤고. 그런데 이렇게라도 하면서 배우고 싶은 걸 배운다는 생각을 하면 또 되게 재미있어요. 요리랑 제과제빵은 다르긴 하지만 제 손에서 빵이 나오는 것도 너무 좋구. 정식 교육기관에서 배운다는 것도 좋았어요. 일단은 선생님이 생긴다는 게 너무 좋더라고요. 질문할 수 있는 누군가가.

그래서 그 시간을 진짜 즐겁게 보냈어요. 그 과정이 2013년 6월 말쯤 끝났는데 또 운 좋게 1등으로 졸업했고요. 이걸 배우면서 유학을 가야겠다는 생각이 확 들더라고요. 2012년 말에 장판 뜯고 있을 때부터 유학이라는 키워드가 계속 떠오르긴 했는데 더 분명해졌어요. 정식 교육기관에서 잘 배우는 것도 있지만 다른 나라에서 한번 생활해보고 싶다, 제 생각엔 유학이란 게 학교에서 배우는 것 외의 시간이 더 크다고 생각하거든요. 전공 따라 다르겠지만 음식 쪽은 완전 그렇죠. 그냥 길 오가며 먹는 빵 한 조각도 되게 (의미가) 클 거 같고.

이즈음부터 홍스 씨는 요리 유학을 목표로 삼고 일상을 재배열하기 시작했다. 그러려면 돈을 더 많이 벌어야 했고, 언어도 공부해야 했다. '돈을 더 벌기 위해서'는 자기 가게를 여는 게 더 빠르겠지만, 그걸 시작하려고 해도 돈이 필요했기에 또 한 번 취직으로 우회한다. 운 좋게 이번엔 주방보다 훨씬 몸이 편한 직장을 얻을 수 있었다. 만약에 그에게 '회사 생활'이 잘 맞았다면, 계속해서 직장인으로 남을 수 있는 기회이기도 했다.

일단은 그 4, 5개월 동안 너무 빡세게 살았으니 당분간은 좀 쉬운 일을 하자 싶었어요. 마침 식품회사 R&D팀 보조해줄 사람을 모집한다고 해서 면접을 봤는데 다행히 절 되게 좋게 봐주셔서 일하게 됐죠. 처음 6개월 정도는 시급제 알바로 일하고 이후엔 계약직으로 일했어요. 시급제로 일했을 땐 R&D팀 안에 있는 주방 관리하고 식재료 준비하고 메뉴 개발에 필요한 밑작업을 해주는 일이었고요. 계약직 되면서 예컨대 시장조사를 한다든지 좀 더 제 목소리를 낼 수 있는 일을 하게 됐죠.

— 지금까지 거친 직장 중 소위 '회사 생활'에 가장 가까운 데잖아요. 어땠어요?
그렇죠. 확실히 회사 생활은 저한테 안 맞는다는 걸 다시 한 번 느꼈죠.

여전히 전 의견 취합하는 과정이 맘에 안 들었어요. 뭣보다 회사원 월급으로는 유학 비용을 모을 수 없겠다, 그러면 차라리 내 가게를 빨리 차려야겠다, 그런 생각이 들더라고요. 계약직이니까 연봉이 2천이 안 됐어요. 음식만드는 업계는 몸이 편해진다 싶으면 연봉이 확 깎여요. 그래도 주 5일 지켜지고 편하니까 다닌 건데, 그러다 2014년 중반부터 갑자기 회사가 바빠졌어요. 그래서 저녁에 다니던 프랑스어 학원도 못 다니고 주말에도 출근하게 되고, 그러면서 계속 그만둘 기회를 엿본 거죠.

그때 마치 드라마처럼, 목표를 향해 달려가던 그의 발목을 잡는 사건이 발생한다.

2014년 11월 25일, 갑자기 심장이 이상하게 뛰어서 회사 조퇴하고 병원에 갔더니 혈압이 너무 높대요. 248에 137이었나? 그 자리에서 죽어도 이상하지 않을 정도로 높았어요. 나중에 의학전문대학원 다니는 동생한테 얘기했더니 그건 미친 거라고 하더라구요. 하여튼 거기서 소개서를 써줘서 세브란스 응급실에 갔어요. 처음에 제가 하나도 안 아파 보이니까 응급실 간호사들이 '멀쩡한데?' 이러다가 혈압 재보고는 빨리 입원해야 된다고 그러더라고요. 혈압 때문에 여러 가지 검사해보니까 심장 비대와 당뇨 초기란 걸 알게 된 거죠. 그래서 많이 좀 그랬죠. 내가 정말 몸 관리를 안 했구나 싶기도 하고. 족저근막염 걸렸을 때도 허리 디스크 생겼을 때도 '나는 이제 할 수 있는 게 육체노동밖에 없는데 몸이 참 안 도와준다', 이런 생각이 있긴 있었거든요. 근데 디스크라든가 족저근막염은 몸의 골격에 대한 건데 심장이 두껍다든지 당뇨가 초기라든지 이런 얘길 들으니까 정말 좀… 많이 걱정되더라고요.

보통은 회사 그만둔다고 하면, 지리멸렬이잖아요. 왜 그만두냐, 그만두지 마라, 후임 올 때까지만 일해라, 이러면서 한 달 두 달 질질 끄는데 저는 몸이 아픈 거니까 퇴원하고 나서 "그만둬야 될 것 같습니다" 했더니 일주일 만에 처리되더라고요.

드디어 내 가게

2014년 말 회사 생활을 접은 홍스시 씨는 즉시 자기 가게를 열기 위한 준비에 착수했다. 어차피 오랫동안 구상해온 일이었고, 병원에 자유롭게 다닐 수 있다는 장점이 추가됐으니 망설임은 없었다. 그러나 당뇨로 인해 전과 같은 식생활을 할 수 없다는 것은 그에게 엄청난 변화를 요구했다.

약을 먹으면서 식단을 조절해야 되는데, 이렇게 표현하기 그렇지만, 거세당한 느낌이었어요. 처음 당뇨 진단 받은 사람들은 병원에서 무료로 집체교육을 해주는데 돈을 조금 더 내면 간호사와 영양사 두 명한테 일대일로 개인 교육을 받을 수 있거든요. 이왕 이렇게 된 거 잘 알아보자 싶어서 돈 더 내고 교육을 받는데 영양사가 준 프린트를 보고, 순간 너무 짜증이 치솟더라고요. 나는 먹는 게 일이고 행복인 사람인데, 먹지 말라는 게 이렇게 많으니까. 그걸 대체해서 저염간장, 저염고추장 먹으라는 것도 사람을 비참하게 만들고.

그때 진짜 많이 힘들었어요. 가게를 여는 게 맞는 건가 싶고. 전 항상 내가 맛있게 먹는 거, 내가 좋아하는 걸 손님들한테 팔고 싶다는 생각이 있었거든요. 어떻게 보면 사업하는 사람 마인드는 아닌 거죠. 그런데 이제 난 먹지도 못하는 걸 만들어줘야 한다는 게….

가게 준비하면서 생각을 많이 비우고 한두 달 정도 나름 저염식을 했어요. 빡세게 지킨 건 아니고 좀 싱겁게 먹었는데, 1월 말에 가게 정식 오픈 전에 친구들 불러다가 제가 만든 걸 먹여봤더니 싱겁게 먹는 애도 '이거는 못 먹겠다' 하더라고요. 저도 모르게 제 혀도 싱거워졌던 거예요. 그때 정말 도마 위에 엎드려서 울고 그랬어요. 그러다가 음식을 기계적으로 만들자는 생각으로 바뀐 거죠. 아무리 혀가 멀쩡한 사람도 맛을 똑같이 유지하진 못하거든요.

그래도 자신에게 주어진 조건을 받아들이고 앞으로 나아가야 했다. 2014년 12월 15일 역세권 원룸보다도 저렴한 조건으로 가게를 계약했다. '샤로수길' 때문에 낙성대역과 서울대입구역 인근의 상업 공간 임대료가 크게 올라 애를 먹다가, 작은 점포는 취급 안 할 것 같이 생긴 대형 오피스텔 1층 부동산에 밑져야 본전으로 들어갔다가 만난 행운이었다. 원래는 일본식 선술집으로 쓰이던 매물이라고 했다. 선반 몇 개만 그대로 둔 채, 일부분을 제외하고 철거부터 인테리어까지 홀로 힘으로 마쳤다. 테이블을 네 개 들여놓고 조명은 약간 어둡게 하고 가장 좋아하는 색깔인 남색으로 꾸몄다.

생판 남을 받은 건 2015년 2월 6일인가 그럴 거예요. 그때는 밖에 간판 하나 됐거든요. 저는 처음에 오신 분들을 항상 '용기 있는 분'이라고 불러요. 왜냐면 건물 입구에서 저희 가게까지 오는 터널이 어둡고 칙칙해서 들어가면 꼭 콩팥 하나 없어질 것 같고 그런 느낌이라.(웃음) 지금도 친구 소개로 오신 분들이 "여기 맞아? 맞아?" 통화하는 소리가 막 여기까지 들려요.

완전히 혼자 운영하는 가게고 자주 병원에 가야 하기에 영업 일과 시간은 불규칙하다. 지금도 그는 매일 가게 이름의 인스타그램 계정을 통해 다음 날의 영업 여부와 시간을 알린다. SNS 상의 소통이 작은 규모의 사업에 필수 항목이 된 것은 새로운 현상이기도 하다. 그렇지만 가게와 자신을 동일시해서는 안 된다고 강조했다.

혼자 일하는 건, 편의점 알바도 혼자 있으면 힘든 건 똑같죠. 화장실 가는 거 눈치 보이고. 그리고 혼자 있어서 외로움을 느낀다기보다 이걸 직접 운영하는 사장이라서 외로운 것 같아요. 가게를 운영하면 직원이 있어도 외로울 거예요.

가장 중요한 건 그거 같아요. 다른 사람 눈에 어떻게 보일지 몰라도 전제 가게를 항상 회사라고 생각하거든요. 혼자 가게를 차리면서 가장 중요한 건 가게랑 자기를 동일시하면 안 된단 거예요. 내 친구, 내 가족이 가게에 와도 선을 지킬 수 있게 하는 거. 왜냐면 내 직장이니까. 가족이 내 회사 와서는 진상 못 부리잖아요.

여러 사람이 일할 땐 책임이 분산되어서 가벼워지는 것도 있지만 남의 책임까지 덤터기 쓸 때도 있잖아요. 그런데 혼자 일할 땐 모든 책임은 저 하나한테밖에 없는 거니까 그게 좋으면서도 무거운 거죠. 다만 몸이 너무 안 따라주는 건 예상을 미처 못했던 부분이죠. 제가 당뇨, 심장 때문에 3개월에 한 번씩 병원 가는데 갈 때마다 약이 세져요. 그럼 적응하는 데 시간이 걸리거든요. 제가 원체 내성 생길까 봐 약을 안 먹어왔고 먹으면 부작용 나는 타입이거든요. 굉장히 약을 기피해왔는데 지금은 어쩔 수 없이 약을 먹으니까, 조금만 약이 세져도 힘들더라고요. 제가 집중적으로 가게 문을 못 여는 시기를 보면 3개월에 한 번 약 처방 받을 때예요.

— 1년간 해오셨는데 어떤 것 같아요?

몰리는 날은 너무 몰리고 한 명도 안 오는 날도 있고, 널을 뛰죠. 오픈 하고 3-5월까지는 다행히 계속 (매출이) 오르고 있었는데 5월 말에 메르스 때문에 뚝 떨어지더니 그때 생긴 마이너스가 계속 유지되더라고요. 제가 몸 때문에 한 달 꽉 채워서 영업해본 적이 별로 없어서 통계 내기가 애매한데 만약 꽉 채워서 영업을 하면 회사 다니는 것보다는 좀 더 벌죠. 작은엄마 작은아빠는 옛날 분들이라 '장사하면서 150 벌 거면 회사 다니면서 150 버는 게 낫지 않냐' 이런 생각을 하세요. 장사하면 신경 쓸 게 너무 많으니까. 그런데 저는 계속 병원에 가는 거라든가, 제 생활을 제 맘대로 컨트롤할 수 있어야 한다는 목적이 더 크기 때문에 계속 장사를 할 거 같아요. 이제는 취업도 안 될 걸요? 이 계통으로는 하기 힘들 거예요. 제가 유학을 가려고 하는 것도 스스로 정말 부족하다는 생각이 있어서예요. 레스토랑이나 업체에서 어느 선을 요구했을 때, 제가 그 수준을 못 맞출 것 같다는 생각이 들 때가 있어요.

사회의 우울과 나의 우울

이처럼 스스로 느끼는 일에서의 부족함에 대한 충족을 그는 유학에서 기대하고 있었다. 하지만 그것 말고 다른 의미도 있다. 인터뷰의 여러 대목에서 강조된 것처럼 분명한 질서 속에 속한 '전문기관'에서 체계적으로 수학하고 싶다는 열망도 있을 것이다. 그리고 무엇보다 좀 더 건강한 사회를 직접 경험하고 싶다는 희망이 있었다.

'사회 구성원의 정신 건강'에 관심이 많다고 그는 말한다. 이는 자신의 일과 삶을 통해 육박해온 절실한 물음이었다. 20대 초반 이후로 10여 년간 서비스 평가가 생명인 대기업의 패밀리 레스토랑부터 직접 운영하는 작은 가게에 이르기까지, 한국인의 가장 중요한 여가 생활인 외식 문화의 최전선에서 일해온 홍스시 씨에겐, 돈을 내고 한 끼 식사와 즐거운 한두 시간을 보내고자 하는 불특정한 '손님'들에 대해 축적된 데이터가 있었다. 사람들은 '손님'으로서 타인과 어떻게 관계 맺는가. 이는 그가 한국 사회를 실감하고 판단하는 참조점이 된다. 단골 손님과의 교감도 있었지만 '진상' 손님도 적잖이 겪었다. 가운데는 "재료가 다 떨어져 더 이상 식사를 드릴 수 없다"고 하자 그의 얼굴에 침을 뱉은 손님도 있었다고 한다.

일단은 먹는 거 쫓아다닐 만큼 사람들이 여유로워졌구나 생각이 들긴 해요. 아무리 의식주가 기본이라고 해도 끼니가 아니라 맛을 위해서 어딜 다닌다는 게. 한편으로는 미식이라는 게 어디에서나 굉장히 쉽게 할 수 있는 취미거든요. 그래서 행복을 위장하는 것 같다는 생각도 들어요. 저 사람들이 진짜 돈이 있고 시간이 있으면 스포츠나 다른 걸 할 텐데, 그게 안 되니까 결국엔 하루 한 끼라도 좋은 식사로 때우는 거구나. 취미라는 건 의식주와 별개잖아요. 그런데 미식은 기본적인 생활을 취미로 위장하는 거 아닐까 하고. 그리고 갑자기 커지는 건 마치 풍선이 그렇듯 두께도 확 얇아진다는 거죠. 문화라는 게 차근차근 커져야 사람들이 논의하고 부딪쳐가면서 기반이라든가 이런 게 생기는데, 갑자기 팽창해버리면 그걸 못 따라가는 거죠. 크기가 커지기보단 밀도가 빽빽해져야 되는데 지금은 반대예요.

삶이 편해졌을지는 몰라도 전반적으로 다들 불안하고 불행하게 살고 있어요. 그래서 외식 문화가 긍정적으로 커진 것 같긴 않아서 마음이 좋진 않아요. 사람들이 먹는 행위에 너무 큰 의미를 부여하게 되니까. '이거 어떻게 먹은 한 끼인데, 줄 서서 먹었는데.' 물론 데이트니 상견례니 회식이니, 외식엔 어느 정도 의미가 있는 건 맞지만 사실 친한 사람들하고 마음 편하게 배부르고 맛있게 먹으면 좋은 거잖아요. 지금은 그게 아니라 음식과 식당을 예전과는 다른 대상으로 보는 것 같아요. 무슨 퀘스트처럼. 줄 서서 먹는 것도, 당연히 맛있고 좌석이 좁으면 줄 설 수 있지만 지금은 '줄 서는 집'이라는 것도 하나의 표어 같은 느낌이고.

저는 항상 그런 생각 들거든요. 사람은 혼날 만큼만 혼나야 된다고. 일하는 사람한테 그 이상으로 인신공격을 하는 건 정말 좋지 않은 것 같아요. 저는 그런 거(종업원을 대하는 손님의 태도) 하나하나가 크게 작용한다고 생각해요. 분명히 감정노동으로 고통을 겪는 사람들은 다른 데 가서도 그게 어느 순간 튀어나올 수 있거든요. 거기서 받은 고통으로 인해 다른 사람에게 상처를 주게 될 수 있는 거죠.

저의 가장 큰 관심사는 사회 구성원의 정신 건강이거든요. 어떻게 하면 다들 좀 건강하게 살까. 건강하게만 산다면 대부분의 문제들은 해결되는 것 같거든요. 그리고 한국 사람들은 기본적으로 규칙을 지키면 손해를 본다는 생각이 굉장히 강해서, 음식점 운영하는 입장에선 힘든 게 있죠. 조용히 해달라든가, 그런 모호한 규칙들이 있잖아요. 법으로 어떻게 안 되는 건 최대한 안 지키려고 하니까.

유학을 가려는 건 지금 하고 있는 일을 잘하고 싶은 거나 더 큰 세상을 경험해보고 싶다는 동기도 있지만, 그게 있어요. 제가 갖고 있는 꿈 하나가 그룹 홈에 사는 친구들이나 미혼모들 같은 친구들하고 모여서 음식 관련된 사회적 기업을 만드는 거거든요. 아주 어렸을 때부터 그런 소외된 친구들하고 일하고 싶다는 생각이 있었어요. 떠밀려진 상태의 사람들을 보듬고 싶다는 생각. 근데 살면서 보니까 요리가 괜찮은 기술인 것 같아요. 그런데 누군가의 선생이 되려면 경험도 많아야 하고 많이 배워야 된다는 생각이 있어서 (외국 나가서) 이것저것 경험해보고 현지 음식도 많이 먹어보고 또 교수법 같은 것도 배우고 싶은 거죠.

나중에는 자전거 사업도 하고 싶어요. 선후가 좀 바뀐 걸 수도 있는데, 장애인들하고 무슨 일을 하면 좋을까 생각을 해보니까 자전거 사업이 좋겠더라고요. 육가공도 그렇고. 가톨릭 쪽 단체에서 장애인들하고 소시지나 햄 만드는 공장 운영하는 것 보니까 그것도 되게 괜찮더라구요. 어쨌든 제가 뭐 하나라도 제대로 알아야지 알려줄 게 많을 거 같아서, 그런 욕심으로 유학을 가야 되겠다고 생각하는 거예요. 물론 그 사이에 제가 굉장한 속물이 될 수도 있는 거고 꿈이 확 바뀔 수도 있는 거죠. 근데 일단은 포커스는 항상 거기에 맞춰져 있어요.

— 그런 목표가 자신의 삶, 성장 배경과 관련이 있다고 보시나요?

그렇죠. 제 성장 과정이 아무 영향이 없었다고는 할 수 없을 거예요. 누구나 그렇겠지만 전 더더욱 기회가 없어서 다 펼치지 못했다는 생각이 항상 있거든요. 분명히 제가 겪은 어떤 안타까움 같은 것들이 반영됐을 거예요. 그래서 그런 게 좀 싫을 때도 있어요. 소위 '홀아비 마음 과부가 안다', 이런 게 싫은 거예요. 그런 입장이 안 되어도 누군가 알아서 할 수 있다면 좋겠는데 결국엔 그걸 아는 사람만 이런 생각을 하게 되는 것 같거든요. 한마디로 식당에서 일을 안 해봤더라도 식당에서 서비스하는 분들한테 예의를 갖췄으면 좋겠는데, 직접 겪지 않으면 모른다는 인간의 한계가 싫은 거예요.

저한테도 억울함 같은 게 있었어요. 초등학교 저학년 때 반에서 뭐가 없어지면 제가 의심받았다고 했잖아요? 할머니랑 산다는 이유만으로. 근데 아이들의 그런 시선은 자기 부모님한테 받은 거고, 선생님은 성인인데도 그걸 답습하는 거고, 그런 시선이 대물림되는 걸 보면서 원망도 했던 거 같아요. 내가 이른바 정상가족, 평범한 집에서 자랐으면 중학교 때 학생회장 선거도 나가고 당선도 됐을 거고, 내가 갖고 싶었던 과학상자를 최신으로 갖고 있었으면 경진대회 대상도 탔을 것 같고. 그런데 내 거는 모터가 없는 수동, 아주 쓰레기야!(웃음) 하여튼 그런 기회가 계속 박탈되었다고 생각하거든요.

한편으론 그런 환경에 비해서 주변 분들 도움 덕택에 이 정도나마 살아온 게 아닐까란 생각을 해요. 정말 처음부터 끝까지 박탈되고 내몰린 사람들 있잖아요. 그런데 흔히 하는 표현으로 아프리카에서 굶어 죽는 아이들 중에 제2의 아인슈타인이 있을 수도 있는 거죠. 저는 그렇게 묻힐지도 모르는 재능에 기회를 줘보고 싶다고 생각하는 거고요. 결국엔 이런 거죠. 그런 기회도 원래는 나라에서 줘야 되는 건데 그게 충분치 않으니까 이런 생각을 하게 되는 것 같아요. 살면서 계속 부당함을 보고 들잖아요. 이게 대단한 사명감에서 나오는 건 아니고, 그런 (소외된) 구성원들이 조금이라도 건강해지면 점차 (사회도) 괜찮아지지 않을까 하는 동화 같은 꿈을 갖고 있는 거죠.

소외된 사람들의 자립을 돕고 싶다는 포부에 "성장 과정이 아무 영향이 없었다고는 할 수 없었다"고 그는 이중부정을 사용하여 대답했다. 꼭 겪어봐야만 어려움에 처한 사람들의 처지를 알 수 있느냐고 답답한 것처럼, 타인을 돕고자 하는 행위의 원인을 모두 개인의 특수한 경험으로 귀속시킬 수는 없을 것이다. 하지만 인간의 질문은 대개 자기 자신에게서 시작한다. 그리고 "그때로 돌아갈 수 있다면 나를 꼭 안아주고 싶다"

고 말하며 자신의 과거를 기억하면서 지금 할 수 있는 일, 도모할 수 있는 미래를 일관성 있는 이야기로 만들려는 동기는 개인의 사회 참여에 있어서 그 무엇보다, '대단한 사명감'보다 질기고 강할 것이다. 그리고 이것이야말로 인간이 가장 인간다워지는 대목이라고 생각한다. 자기 자신에서 출발해서 '그때의 나'처럼 지금 도움이 필요한 모르는 타인에게로 가는 것.

하지만 동시에 (지금도 여전히) 루프의 반쪽, 즉 반대 방향으로의 케어 역시 홍스시 씨에게는 절실하다. 건강하지 않은 사회, 구체적으로 말해 애초에 기회가 적게 주어진 사람의 기회는 계속해서 박탈되고, 정상가족이나 정규직 등 무척 좁은 '제도권'에 들어서지 못하면 안 그래도 가혹한 상황이 더 척박해져가기만 하는 그런 사회에서, 홍스시 씨가 털어놓는 피로와 우울, 불안은 계속될 것이다. 그의 인생 속에서 빚어진 이 우울한 감정은 완전히 고유한 그의 것인 동시에, 나의 시대 감각 속에서 손에 잡힐 듯 생생하고 무척이나 보편적인 것이다. 우리는 왜 살기 싫을까? 우리는 왜 불안할까? 삶은 '원래' 그런 걸까? 질문은 나에게서 시작되지만, 그 답 또한 나에게서 찾아야 할까.

저의 불안함은 단순하죠. 정말 어쩔 수 없이 가게를 닫게 되는 것. 이 가게를 닫으면 살아갈 원동력을 다 잃게 되는 느낌일 것 같아요. 만약에 장사가 잘 안 돼서 닫게 된다면 왜 장사가 안 됐는지 원인을 파악한 다음 다시 열 수도 있겠지만, 다시 일어설 때 누가 날 믿어줄 것인가, 지지하고 응원해줄 것인가 생각해보면 내 편이 없겠다 싶고 스스로도 못 믿을 것 같아요. 왜냐면 이건 제가 그나마 할 수 있는 기술이잖아요. 내가 가진 거의 유일한 기술로 시작한 게 망한다면 정말 어디로 가야 될지 모를 것 같아요. 항상 비관적이고 죽고 싶고 그랬지만, 그 속에서 그나마 저를 살게 해줬던 제 안의 불씨 하나가 꺼져버릴 것 같은 느낌?

저는 아빠가 장애를 갖고 있음으로써 겪은 불편들을 가까이서 봤기 때문에 나쁜 상상도 좀 극단적으로 하거든요. '내가 할 줄 아는 게 요리밖에 없는데 갑자기 손을 잃으면 어떻게 되지? 눈이 멀게 되면?' 그런 것 생각하면 답이 없더라고요. 당뇨 진단 받았을 때 들은 건데, 당뇨 합병증 중에 실명도 있대요. 그래서 새벽에 갑자기 시력 검사를 해야 되겠대. 그때 동공 풀리게 하는 약 넣고 검사하고 결과 기다리는데 진짜 너무 불안한 거예요. 진짜 눈물만 흐르지 않은 채로 울었죠. 영혼이 먼저냐 육체가 먼저냐 그러는데, 전 육체가 먼저인 것 같아요. 아무리 영혼이 중요하다고 해도 육체에 따라 자기 영혼을 발현시킬 수 없는 상황도 오는 거죠. 예전에는 같이 일하는 저보다 어린 애들이 "전 요리밖에 할 줄 아는 게 없어서 답답해요" 그러면 '아닌데?'라고 생각했는데, 요즘엔 웃기게 제가 그 생각을 해요. 무력하게 느껴지고….

진짜 아무 걱정이나 불안 없이 편한 하루를 느껴보고 싶어요. 그런데 그런 날이 오면 아마 그게 끝나는 것 때문에 또 불안해할 거 같아요. 그래서 정말 기억이 없던 아기 때가 제일 행복했겠구나 생각이 들어요. 그때도 아기 나름대로 짜증 났겠죠. 조그만 손톱으로 박박 긁고 그랬겠죠. 가끔 제가 이런 정신 상태로 어떻게 살아가는지도 모르겠어요. 걱정을 사서 하는 타입이니까. 예를 들어 가게가 말도 안 되게 대박 나고 줄 서서 먹는다 이러면 그거대로 걱정인 거죠.

그래서 아까 말씀드린 꿈들도 어떻게 보면 허언 같단 느낌도 들어요. 물론 분명히 그런 친구들하고 같이 일하고 싶고 어떤 공동체를 만들고 싶다는 생각이 강하긴 한데, 한편으로는 그냥, 살고 싶지 않은 것도 있어요. 저의 꿈들이 이뤄지지 않을 가능성도 있잖아요. 그걸 생각하면 그것 때문에 또 되게 우울해지는 거예요.

　최근에 든 생각은 뭐냐면, 정말 자살하고 싶다는 생각이 들면, 친구들에 대한 미안함보다는 안 치운 내 방에 대한 부끄러움이 커요. 그래서 미안함보단 부끄러움으로 살아야겠다는 생각을 했어요. 그리고 우리 할머니. 할머니는 남편도 먼저 죽고 아들도 먼저 죽었는데 손녀까지 먼저 죽으면 되게 힘들어하지 않을까 싶어요.

　근데 순간순간 나오는 개드립은 진심이에요. 히히히. 제 입에서 나오는 개드립은 말하자면 수면욕, 성욕, 식욕처럼 본능적으로 나오는 거죠. 농담이 즐거워서 나오는 건 아닌 거 같거든요. 그냥 말장난, 개소리 같은 걸 내뱉고 싶을 때가 있는 거죠. 그게 제가 떠는 최대한의 위선이에요. 근데 진짜 단골 오면 반갑고 근황 얘기하면서 수다 떠는 그 순간은 정말 즐겁거든요. 그런데, 연속적인 시간을 나열해서 봤을 때, 저와 삶이 밝지만은 않은 거예요.

어느 '예술-지방러'의
불분명한(정확한) 생활 양태

이동석
1985년생

이동석을 인터뷰한 것은 2015년 12월, 광주 국립아시아문화전당(이하 '아문당')이 문을 연 지 막 한 달이 되었을 무렵이었다. 아문당은 2002년 대선 당시 노무현 후보의 공약 중 하나이자, 당선 후 첫 5.18 민주항쟁 기념일에 공식화된 '광주 문화수도' 구상의 거점 프로젝트로 시작되었다. 그 부지가 5.18 당시 "마지막까지 시민전사들이 피를 흘렸던" 전남도청 터로 정해지자 프로젝트의 상징성은 더욱 커졌다.* 아문당은 광주라는 상징적 지방도시, '5.18' 정신을 계승하는 한국, 새 시대의 아시아를 잇는 문화정치의 공간 속에 벽돌을 쌓아나갔다. 그러나 그것이 실제로 세상에 나타난 박근혜 정권 당시에는 '창조경제'라는 조어와 뒤엉켜 그 시작과는 이질적인 문화정치 위에 놓여 있었다. 2016년 말, 개관 1주년을 맞아 당시까지의 의의와 한계를 검토하는 작업이 이루어진 시점에는 한국 문화예술계가 대통령 측근들의 사익 추구로 깊게 문드러진 토양 위에서 작동하고 있음이 밝혀져 매일같이 새로운 논란이 쏟아져 나왔다.

아문당을 둘러싸고도 수많은 의혹과 문제가 제기되었다. 정부의 의지에 따라 요동치는 그 운명과 함께, 아문당을 떠받치는 담론의 한 축을 차지한 것은 이것이 '지역'에 위치한 공공 문화시설이라는 일차적인 기능과 관련된 문제였다. 예컨대 개관 1년을 기점으로 쏟아진 평가 관련 기사에서는 "아문당이 기회의 장이 되고 있지 않다"는 광주 지역 예술인들의 불만이나 콘텐츠의 대중적 친밀도가 낮고 어렵다는 지적을 흔히 볼 수 있었다. '아시아'와 '동시대'를 지향하는 이 시설은 광주가 민주화운동의 성지로서 아시아의 평화와 인권을 대표할 만한 역사와 상징성을 갖추었다는 맥락 위에 놓인 동시에, '한국의 지방도시'라는 현실의 맥락 위에도 놓여 있는 것이다. 서울 외의 모든 도시는 문화적으로 국제적인 접속이 허약하며 그 국제적 접속을 기

---

* "'아시아 문화전당' 건립터 확정", 〈한겨레〉, 2004. 9. 9.

준으로 설정되는 '동시대'로부터도 뒤처질 수밖에 없는 현실 말이다. 아문당 자체가 그 시차를 메우려는 노력의 일환임에도 불구하고, 아니 그렇기에 더더욱 진통은 계속될 수밖에 없다.

인터뷰이 이동석은 '싸이월드' 시절부터, 여러 겹의 인연으로 알고 지내던 사람이었다. 거의 10년을 통틀어 실제로 얼굴을 마주한 건 다섯 번 정도고 개인적인 연락을 주고받는 것은 아니지만, SNS를 통해 관심 분야가 '동기화'되어 있는지라 오랜만에 만나도 편하게 이야기를 나눌 수 있는 사람이었다. 그는 광주에서 태어났고, 20대 중반 이후 줄곧 광주에서 영화 만들기와 영화 교육 일에 종사해왔다. 굳이 한마디로 표현하자면 '광주 독립영화인'이다. 그런 그와의 인터뷰는 앞서 길게 말한 아문당이 말해주는 로컬의 문화예술의 현실과도 관련이 있었다. '중앙'의 정치, 시선, 기준으로부터 자유로울 수 없고, 오히려 그에 대한 반응으로서, 그 관계 속에서만 이야기되고 정의될 수 있는 현실 말이다. 그가 속한 지역의 독립영화계도, '영화감독'이면서도 영화감독이 '되고자' 하는 그 자신도 이 구도에서 자유로울 수 없다.

지방도시에서 예술을 한다는 것, 독립적인 문화예술'계'를 만든다는 것은 무척 어려운 일이다. 그 역시 이런 현실을 꾸밈없이, 다소 냉엄하게 말했다. 그러나 그것은 냉소나 체념과는 거리가 멀다. 인터뷰 후에도 메일로 가끔 연락을 주고받았는데, 광주에 대한, 광주의 영화나 문화 신(scene)에 대한 그의 전망이나 입장이나 온도는 그때그때 조금씩 달라져 있었다. 희망인 것 같았다가 절망인 것 같기도 한 그의 언급에서 내가 확신할 수 있는 것은 광주에 대한 그의 애정, 그게 좀 과하다면 '어쩔 수 없는 마음'이었다. 2017년 10월에 나에게 보낸 메일에 그는 이렇게 썼다. "저는 늘 광주와 반목했다가 조금 화해했다가를 반복하며 살아왔습니다."

지금의 그는 그의 표현에 따르면 '가장 탈광주적인 공간'인 아문당 지하에 있는 아시아문화원에서 계약직으로 일하면서, 기존의 '광주 영화인'들과는 무관한 인적 구성으로 웹드라마 작업을 해나가고 있다. 하지만 여전히 지겨워하기도 하고 사랑하기도 하면서, 기대했다 실망하기도 하면서, 의존하고 이용하기도 하면서 광주에서 혹은 광주를 살아간다.

2015년 말, 구 전남도청이라는 가장 광주답고 정치적인 장소에 가장 '탈광주적'인 공간을 만들어내고 있는 아문당. 그 크고 말끔한 전당이 보이는 금남로의 한 카페에서, 점심 무렵부터 어두워질 때까지 인터뷰를 나누었다.

어머니와 아버지의 이야기를 들으며 자라다

— 항상 처음으로 드리는 질문은 지금 나의 사회경제적 양태예요. 사회의 어디쯤에 계시고, 어떻게 돈을 벌며 살아가고 계세요?

영화감독이라고 불리며 주로 영화 관련 강의를 해서 돈을 벌어요. 주로 학교에서 학생들 방과 후 교육으로 들어가는데 방학이랑 시험 기간 빠지니까 1년에 절반 정도만 고정적인 일을 하는 셈이죠. 정작 저도 영화과를 안 나왔지만, 광주에도 영화과 입시반이 생겨서 그런 데서 강의하기도 했고요. 문화강좌 느낌으로 성인 대상 강의도 해요. 요새는 강좌 수요는 많은데 좋은 강사가 없어서 저같이 공부를 정식으로 해본 적도 없는 사람이 드라마트루기 같은 걸 강연하고. 말도 안 되죠. 하여튼 버는 돈은 주로 그런 데서 나오고요. 그리고 또 하는 일은 문화기획이라는 이름으로 분류되는… 그렇다고 서울에서처럼 멋있는 건 아니고 자잘한 동네 축제 기획 일 같은 거? 최근에는 아문당의 대안으로 존재하는 '바림'이라는 공간이 있는데 거기서 레지던스 기획자를 잠깐 했었어요.

— 그런 문화기획 일들은 어떤 식으로 작업 멤버가 구성되고, 어떻게 홍보해요? 예를 들어 서울에서는, 이것도 일부의 경우겠지만, 트위터나 페이스북 같은 SNS를 통해 작업자들이 서로 느슨하게 교류하다가 서로의 작업을 보고 연결이 되기도 하고 또 다시 SNS를 통해 책이나 행사를 홍보하곤 하잖아요? 이런 방식이 광주의 문화기획에도 존재하나요?

네이버 밴드 아시죠? 광주에서는 그걸 되게 많이 해요. 막 천 명씩 들어가 있는 밴드가 있어요. 뭐라고 할까, 말하자면 광주를 바꾸고 싶은 사람들이 만든 밴드가 있어요. 그런데 진짜로 광주를 바꾸고 싶은 어른이 한두 명 있고, 그 어른들에게 잘 보여서 일을 받는 청년들이 있고, 또 그 청년들이 청춘 어쩌고 기획을 하면서 후배들의 열정을 동원하고…. 전 그 어플을 어떻게 하는지도 잘 모르는데 광주는 그런 식으로 (소식이) 유통되더라고요. 뻗어나간다기보다 그 안에서만 좀 폐쇄적으로. 거기 가보면 광주에 행사가 그렇게나 많다는 걸 알 수 있어요. 다른 어디서도 찾아볼 수 없지만 거기에만 있어요. 보통 (미리 기금을 탄 행사의 기한이) 연말에 마감이 되어서 행사도 연말에 많이 하는데, 그래서 그때는 트위터 이상으로 활발하게 타임라인이 계속 바뀌는 거 같아요.

이 사람들, 이른바 문화예술계라는 곳의 사람들을 백 명 정도로 치면 (특정 행사를 하면) 백 명이 다 와요. 그런 식으로 모이지 특별하게 뭘 매개로 모이진 않아요. 서로 축의금 내듯이 다니고 그걸로 유지되는 거죠. 아문당 같은 경우엔, 여기서는 그거랑 소위 '문화예술계'가 완전히 다른 차원에 있는 것 같아요. 아문당에선 이 사람들을 일종의 파트너로서 어떤 시도를 하긴 하는데 각자 생각하는 예술이나 문화라는 의미가 많이 달라요. 여기서 생각하는 문화예술은 뭐랄까, 너무 제 지역을 폄하하고 싶진 않은데… 많이 달라요. 말하자면 저기(아문당)는 너무 하이엔드인 거죠. 전부 한국어 사용자들이고 문화예술인이지만 통역이 필요하다는 걸 어느 쪽도 인정하지 않죠. 같은 시대를 사는 것 같아도 서울과 광주의 간극만큼이나 다른 세상에서 살다 만났으니까 당연한 것인데도요.

인터뷰를 시작하자마자 그는 내가 보낸 사전 질문지를 받고 부모님 이야기가 가장 길게 생각났다는 감상을 전했다. 그의 부모, 1957년생 아버지와 1960년생 어머니는 이동석에게 자신의 인생에 대해 "전기를 써도 될 정도로" 세세하게, 어린 그를 한 명의 청자로 존중하며 들려주었으며, 그 이야기는 이동석에게 자신의 가족사를 뛰어넘어 한 세대 전을 살아간 한 평범한 남성과 여성의 이야기로 각인된 듯했다.

아버지는 4남 3녀 중에 넷째, 남자 형제로만 치면 차남이에요. 차남이라는 건 그렇죠. 한정된 자원으로 자식 교육을 시켜야 되는데 보통 장남한테 몰빵하고 차남을 희생시키잖아요. 그러다 3남 정도 돼서 여유가 좀 생기면 대학교도 보내고. 그래서 아버지 집안에선 4남 중에 차남인 아버지만 대학 교육을 못 받으셨어요. 타이밍이 그렇죠. 동생이 몸이 약해서 농사를 못 지을 거다, 넌 몸이 성하니 농사라도 지을 수 있지 않냐 해서, 동생을 대학 보내고 본인은 할머니 옆에서 농사 지으셨다고 들었어요.

그런데 아버지도 나름 공부를 잘해서 영광군에서 좋은 상고를 가셨어요. 거기서도 공부를 잘했고 공부에 대한 열망도 있었던 것 같아요. 한참 전에 쓴 글을 최근까지 보관하고 계셨던 걸 보면 어떤 미련이나 자부심이 느껴져요. 제가 그 노트를 우연히 본 걸 아버지는 모르시겠지만 제가 태어났을 때 감상도 적혀 있고 그랬어요. 글씨도 되게 잘 쓰셨고 미문이더라고요. 애초에 꿈이라는 걸 갖는 게 사치였던 세대의 보통 사람이었던 것 같아요. 하고 싶은 게 뭔지 모색하는 것조차 자신의 일이 아니라고 생각했을 테고요.

그러다가 나이가 차서 군대를 가야 됐는데… 그 군대 간 일화 때문에 저는 아버지란 사람을, 젊은 시절의 그를 상상해보게 돼요. 어느 날 새벽에 일어나서 시골 농부의 루틴대로 소여물 주고 할 일 다하고 할머니한테 큰절도 안 하고 '읍내 갔다 온다' 같은 톤으로 그러셨대요. "저 군대 갔다 올게요." 그 길로 군대에 가서 5년 뒤에야 고향으로 돌아올 수 있었대요. 입대하고 하사관에 지원해서 계속 강원도 쪽에서 근무하셨는데, 지금도 그렇지만 영광에서 강원도 가기가 엄청 멀거든요. 서울을 거쳐 갈 수밖에 없죠. 한 번 가는 데 2박 3일 걸렸대요. 그런 식으로 왕복 4박 5일이 걸리니까 한번도 영광에 못 왔던 거예요. 그렇게 (군 간부로) 5년 정도 생활을 하신 건데, 어떤 의지를 갖고 뭘 했다기보다 즉각적으로 생존을 위해서 움직였던 거죠. 그거에 대해서 할머니는 되게 쿨하게 반응하셨나 본데, 아버지는 계속 신경이 쓰였나 봐요. 다른 자식들은 애지중지하는 부분이 있는데 자기만 너무 편하게 생각하시는 게 아닌가 하고. 아버지 입장에선 그게 평생의 기억으로 남은 것 같아요. 이 얘길 저한테도 어머니한테도 자주 하셨어요.

군 생활 그만두고는 고향에 내려와서 다시 농사를 지었고 그땐 이미 총각 기준을 훌쩍 넘긴 20대 후반이었다고 하더라고요. 나이가 찼으니 결혼해라 해서 영광에서 선을 보기 시작했고 그때로선 역시 늦은 느낌이었던 저희 어머니(당시 25세)를 만난 거죠. 어머니는 첫째라서 중학교까지는 나왔는데, 동네가 유난히 못사는 동네였나 봐요. 중학교 때 동네에서 자기 혼자만 학교에 다녔대요. 나룻배 타고 강 건너서.(웃음) 고등학교 입학까지는 하셨는데, 마치진 못하고 상경하셨어요. 10년 가까이 경리 같은 일을 계속

하셨대요. 사실 이것도 나중에 안 거죠. 어릴 때 학기 초에 부모님 학력 적어오라고 하잖아요. 어머닌 맨날 고졸로 적었는데, 나중에 하는 이야기랑 연도가 안 맞는 거예요. 나중에 저랑 제 동생이랑 둘 다 군대 간 사이에 어머니가 검정고시를 보시고 대학교까지 가셨어요. 그러고 나서 어머니가 많이 이해됐어요. 〈응답하라 1988〉 생각이 나는데, 저희 어머니가 그전까진 영어를 못 읽으셨거든요.

경기도 쪽에서 직장 생활을 하다가 외할아버지가 하도 재촉하시니 주말마다 내려와서 선을 봤대요. 그러다 아버지를 만난 건데, 어머니는 절대 시골에서 생활할 생각이 없었나 봐요. 촌에서 험하게 살았던 여자로서 그걸 반복하고 싶지 않았겠죠. 결혼 조건으로 '최소 광주까지는 나와서 살아야 된다'고 하셨나 봐요. 그래서 아버지가 공무원 시험을 본다고 약속했고, 그걸 전제로 결혼하셨죠. 두 분이 전남대학교 근처에 집을 얻어서 살기 시작했어요. 그런데 시댁에서 신혼집에 시동생과 시누이를 데리고 살라고 했대요. 그게 잠깐이 아니고 중학생이던 시동생이 수험 생활을 오래 하고 대학생이 될 때까지, 시누이가 시집 가기 직전까지 한참을 그렇게 사셨죠. 그사이에 저랑 제 동생이 생겼고, 어린 제 기억으로도 좁아터진 데서 드글드글 살았어요. 어머니가 고생을 참 많이 하셨죠.

지방 신도시 초창기의 혼란 속에서

부부는 1984년 말에 결혼했고, 이듬해 9월 첫째 아들인 이동석이 태어난다. 둘째 아들은 2년 후에 태어났다. 어머니가 이동석을 임신한 사이에 아버지가 공무원 시험을 준비해 합격했고, 태어나기 전에 광주 북구청으로 발령을 받았다. 4킬로그램의 건강하고 큰 남자아이가 태어나 일가는 앞으로 모든 것이 잘될 것 같은 분위기에 휩싸였다.

적은 공무원 월급에 보태기 위해 어머니는 이런저런 부업을 겸했고, 차근차근 모은 돈과 "최소한의 대출"을 합쳐 노태우 정권 하 8말9초의 호황 속에서 전국적으로 지어진 대단지 아파트 위주의 신도시 중 하나인 광주 '하남지구'의 아파트를 구입한다. 이동석이 초등학교 입학 직전인 1992년의 일이었다. 이사 직전 가족은 살고 있던 집의 전세 만료 기한과 아파트 입주 시기 사이에 시간이 떠서 잠시 구 시청 주변(계림동) 유흥가 모텔에서 지내기도 했다.

하남지구가 신도시 중에는 조금 먼저 생긴 편이에요. 그래서 초창기 아파트가 많고요. 당시에 엄청나게 많은 단지가 세워지고 엄청나게 많은 사람이 이사를 왔죠. (광주시의 신도시가) 전남 인구를 빨아들였던 시기 같아요. 광주가 전국에서 아파트 주거 비율이 제일 높다고 들었어요. 거의 모든 사람이 아파트에 산다고 보면 될 정도예요. 모든 아파트 메이커가 다 있고요. 그런데 다른 데에 더 좋은 아파트 단지가 많이 생기니까, 하남지구 사람들이 금세 또 이사를 많이 갔어요. 그리고 그 빈자리를 경제적으로 좀 더 어려운 사람들이 와서 채우는, 그렇게 이동해가는 과정이었던 거 같아요.

이 이사는 이동석 씨 가족에게는 현재까지 유일한 이사다. 물론 두 아들은 성인이 된 뒤 단기간의 거주지 이동을 몇 번 거쳤지만, 2016년 현재 4인은 여전히 이 집에서 살아간다. 이들의 아파트는 당시 수없이 세워진 신축 아파트 중에서도 가격이 낮은 축에 속했다.

저희 집은 일단 아버지가 이사나 이런 걸 번거로워하시고, 하남지구가 영광이랑 가깝거든요. 아버지는 엄청난 효자이기 때문에… 당시에도 다른 더 좋은 비싼 아파트도 많았는데 일부러 가장 부담이 적은 곳을 고르신 것 같아요. 워낙 분수에 맞게 소비하는 것이 철칙인 분이세요. 항상 리스크를 적게 가져가는 스타일이고, 그래서 대출도 최소한으로 받으셨거든요.

두 분이 내 집 마련을 했다고 하니까 친척들이 모여서 집들이를 하잖아요. 그때 기억이 나요. 저희 친척들이 대부분 다 서울 사시거든요. 서울에 살면서 성공도 하고 부동산 시세차익으로 재미도 많이 보신 분들이에요. 상대적으로 교육을 못 받은 여자 형제들도 서울 가서 다 잘되셨어요. 건물주가 되기도 하고. 아버지만 광주에서 살면서 그때 이미 격차가 벌어져 있었던 거 같아요. 집들이에 온 친척들이 '우리 엄마 흉보네?' 싶은 생각이 들 만한 이야기를 한 기억이 나요. 아무래도 살림이든 뭐든 제대로 갖춘 게 없으니까 엄마 탓을 한 거겠죠. 그때부터 친척들을 별로 안 좋아했어요. 어른들은 애들이 그런 걸 잘 모르리라고 생각하잖아요. 개나 고양이처럼 생각하죠. 근데 개나 고양이도 눈치를 볼 수 있죠. 그 뒤로 친척들이 불편했어요. 웃으며 인사하긴 하는데, 좀. 그리고 그게 저한테는 어떤 선택의 순간에 영향을 주기도 해요. '내가 잘되어서 보여줄 거야!' 이런 생각.

1992년 그는 아직 오전반, 오후반 제도가 남아 있던 국민학교에 입학한다. 어수선한 공사장과 컨테이너 박스와 개·보수 중인 학교 본관을 지나 별관으로 들어가는 것이 첫 등굣길이었다. 그의 회고 속 광주는 새로운 공간 질서로 이행해가는 시기의 혼란을 잘 보여준다. 학교에 다니는 6년 동안 학교와 인근 지역은 인구 유입과 유출이 격했다. 그 흐름 속엔 좀 더 나은 교육 여건을 지향하는 중산층 가정의 상승 욕구와, 급변하는 도시 질서를 따라잡을 수 없는 이들의 유예와 뒤처짐이 섞여 있었다.

  그 동네가 원체 층이 다양했어요. (신도시가 세워지기 전에) 원주민들이 있
잖아요. 거기가 논밭일 때부터 살던 분들. 그분들은 (아파트 세워지면서) 대
로변의 집이 쪼개진 상태로 살고 그랬어요. 벽돌로 억지로 만들어 넘어지
기 딱 좋은 계단 밑에서. 한편으론 복도식 아파트에 집 두 채를 터서 쓰는
사람도 있었고요. 그런 식으로 층이 나름대로 다양했어요. 그런 동네에 살
면서 (격차를 보는) 눈이 좀 발달한 것 같아요.

  제가 다닌 초등학교는 월곡이라는 곳인데, 광주에 있는 교사들한테 도
는 말이 있어요. "'하월광'은 절대 가지 말라.' 하남, 월곡, 광산의 앞 글자
인데 그게 다 저희 동네에 있는 학교거든요. 신도시가 막 생길 때까지만
해도 그래도 학군이 좋은 편이었을 것 같아요. 제가 초등학교 들어갔을 때
만 해도 좋은 샤프나 필통을 쓰던 애들이 있었는데 후반부로 가면서 그 친
구들이 상무지구나 광주 내에 더 좋은 고급 아파트 단지로 다 빠져나갔어
요. 그러면서 '제도1000'(샤프. 숫자가 클수록 비쌌다) 같은 걸 들고 다니는 친
구들이 많아졌죠. 저는 제도4000 정도 들고 다니고. 그러니까 전 꾸준하
게 제도4000에서 제도5000 정도를 썼는데, 이전엔 제도10000을 쓰는 애
들이 엄청 많았다면 이제 그 애들이 싹 빠져나가니까 막판에는 제가 상대
적으로 상위권이 되더라고요. 6년 동안에 그만큼 이동이 심했죠. 특히 중
학교 학군 때문에 이사를 많이 갔어요. '하월광' 학교를 피하려고 한 거죠.
거기가 그 당시 전국적으로도, 광주에서도 학력이 지나치게 낮았거든요.

  제가 공부를 그렇게 잘한 편은 아니었는데, 저보다 잘하는 애들이 다 전
학을 가면서 나중엔 잘하는 편이 되더라고요. 아무래도 부모님 소득 수준

이랑 연동되는 경우가 많았죠. 어릴 땐 공부보다 만화를 좀 그렸어요. 마구 형성된 아파트 지구 안에도 신축과 신축 아닌 게 있으니까 신축에 사는 애들은 깔끔하게 차려 입고 다니고 여러모로 문화적 혜택을 받았다는 게 눈에 띌 정도였죠. 저는 그 정도는 아니었지만 같은 아파트 단지 내에선 또 선진 문물을 가장 빨리 접하는 편이었어요. 아파트에서 가장 빨리 인터넷을 설치했다든지 사촌 형들이 명절 때 와서 《슬램덩크》 신간을 준다든지요. 전 그걸 베껴서 말도 안 되는 걸 그려서 반 애들한테 3백 원에 팔고, 애들이 그걸 또 샀어요. 그러다 나중에서야 《슬램덩크》를 접한 친구들이 제 만화 보고 베낀 거라고 망신을 주기도 했어요. 마침 저보다 만화 잘 그리는 애들도 하나둘 나오고 그래서 그 뒤로는 만화를 안 그렸어요. 전 저보다 더 잘하는 사람이 있으면 쉽게 포기하는 편이었거든요.

— 그렇게 이동이 격했던 시절에 왜 동석 씨 부모님은 더 좋은 집으로 이사하지 않으 셨을까요?

아버지가 광주시청 기획과에 있었는데, 기획과는 도시정책을 남들보다 먼저 알 수 있잖아요. 그러니까 오히려 엄청나게 정보에 밝았을 텐데, 의외로 아무것도 하지 않으셨어요. 아버지 동료 공무원들은 중산층 이상이 된 사람도 적지 않거든요. 제가 들은 일화 중에 인상적이었던 건 ○○재단이라는 곳이 있었어요. 어머니가 졸업한 대학교의 사학재단이기도 했고 광주 오실 때 유스퀘어(광주종합버스터미널)에 내리셨잖아요? 그 근처 땅을 엄청 많이 갖고 있었어요. 그 부지를 시에서 매입할 때 학교를 이전시키면서 부지 매입을 계획한 게 저희 아버지였대요. 그 재단의 2세 경영자인가 하는 분이 찾아와서 거의 큰절을 할 정도로. 그 정도로 정보도 빨랐고 영향력도 있었던 거예요. 여건이나 정보까지 있으니까 말하자면 작은 돈, 백만 원 정도만 더하면 더 좋은 아파트를 선택할 수 있었는데도 아버지는 늘 일관되게 재테크나 꼼수 같은 데서 일부러 거리를 두려고 하셨어요. 세태에 대한 반발심이 있어서 그랬던 거 같아요. 요새 보면 회한도 좀 있으신 거 같기도 하고요. 땅 투기, 돈놀이 안 한 게 잘못도 아닌데 안타깝죠.

그의 부친은 단지 '분수에 맞는' 소비를 하려고 한 것뿐이었다. 그는 "한국에서 아파트가 소비되는 방식이나 아파트에 가치 매기는 방식을 생각해보면, 그렇게 존엄을 지키는 쪽이 오히려 한국인의 분수에 맞지 않았던 것 같다"고 덧붙였다. 날카롭고 옳은 지적이다.

— 아까 어릴 때부터 친구들 사이의 미세한 격차를 감지하는 레이더가 좀 발달했다고 했는데, 그렇다면 '우리 집은 왜 더 좋은 집으로 이사 가지 않을까' 이런 것에 대한 열등감이나 불만은 없었어요?

일단 부모님이 제게 최선을 다하고 있다는 건 일찍부터 알고 있었으니까 그런 불만은 없었어요. 오히려 우리 부모님이 옳고 다른 어른들이 이상하다는 생각을 많이 했죠. 근데 친구들이 이사를 하도 많이 갔으니까, 이사가면 좋겠다는 생각을 약간은 했죠. 고학년 때는 한 반에 막 열 명씩, 일주일에 한 명씩 첨단이나 상무지구 같은 데로 이사 가고 그랬으니까요. 그때쯤 어디서 듣긴 들었던 거 같아요. 초등학생도 엄마 아빠가 하는 말 주워들어서 하잖아요. 피상적으로나마 부동산 시세차익이 뭐고, 이런 이해가 어린 애들한테도 조금은 있었던 것 같아요. 6년 사이에 이사를 두 번 할 정도면 되게 빠른 부모들이잖아요? 확실히 동네 친구들 중에, 저희 아버지와

소득이 그렇게 차이 안 나고 줄곧 광주 내에서만 살았는데도 아파트를 몇 채 가진 분들도 있어요. 호들갑 떨면서 이사 몇 번 갔더니 아파트가 생긴 거죠. 그런 부모들 영향이 어린 애들한테도 전파가 된 거고요. 근데 이런 걸 명확하게 안 건 고등학교 때쯤이죠. 그땐 그냥 '우린 이미 늦었구나', 그 짧은 몇 년 사이에 많은 게 바뀌었으니까.

"특별히 잘하는 건 없고 본격적으로 하자니 무섭기도 하고"

이동석 씨는 중학교에 진학하던 시기에 외환위기를 겪었다. 아버지 직업이 공무원이었기에 직접적인 풍파에 휩쓸리지는 않았다. 다만 이 시기가 되어 사람들의 이동이 더욱 격해졌다는 사실은 기억하고 있다. 동네 부유층의 한 축을 이루던 하남 '공장장들'이 타격을 입었고, 언제나 도회적이고 보송보송하던 친구의 가족은 집을 제외한 모든 것을 잃었다. 변두리는 한층 더 어수선해져갔다. 그러나 동시에 방향만큼은 '현대적'으로 변해가고 있었을 것이다. 변두리의 속도로, 중심과의 시차를 가지며.

동석 씨는 중학교도 '하월광'의 학교에 입학한다. 여전히 학교에선 거칠고, 껄렁껄렁하게 행동하고, 저질스러운 농담이나 센 말을 잘 해야 인기가 있었다. 그런 세계가 전혀 즐겁거나 만족스럽지 않았음에도 적극적으로 다른 세상을 열망하지는 않았다.

'하월광 삼대장' 중 최고라는 하남중학교에 갔는데, 말하자면 최악에서 최고인 거죠. 최종보스. 〈바람〉이라는 영화 아세요? 그런 상황이 벌어져요. 중학교 1학년이면 애기들이잖아요. 근데 무서운 형들이 반마다 돌면서 그 1학년 애들을 캐스팅하죠. 지금 생각해도 너무 징그러워요. 중3밖에 안 됐는데 너무 늙고 비행의 정도가 좀 셌어요. 범죄도 많았고요. 영화 중에 제일 센 영화보다 훨씬 세다고 해야 하나? 소라넷 하는 애들도 되게 많았을 거예요. 왜 중학생 애들이 센 말 하는 거 좋아하잖아요. 근데 전 어느 순간부터 그걸 엄청 싫어했어요.

그리고 반에서 "기초생활수급자 손 들어" 이러면 스무 명 손 들고 이런 데였어요. (초등학교를 다닌 월곡보다) 하남이 좀 더 오래된 주택가 쪽이라서 그런 환경에 있는 애들이 엄청나게 많았고 편모가정, 편부가정, 조부모 가정 이런 걸 빼고 이른바 정상가족을 세면 몇 명밖에 안 남는 거죠. 하지만 공교롭게도 불량한 친구들은 대부분 정상가족 출신이었어요. 그나마 기반이 있어야 일진을 할 수 있는 건진 모르겠지만.

전 중학교 올라가는 겨울방학 때 키가 엄청나게 컸어요. 20센티미터 가까이. 제가 간 중학교에 같은 초등학교 출신이 거의 없어서 저를 알고 있던 애들이 별로 없었거든요. '모르는 놈인데 키가 커?' 약간 일본 만화처럼 이렇게 돼서 오해를 많이 받았어요, 싸움 잘할 거라고. 변성기도 빨리 와가지고 목소리도 굵고, 어쨌든 대형 초식동물로서 평화롭게 지냈죠. 반에서 성시경 같은 애들 한 명씩 있잖아요. 공부 좀 하고 키 좀 크고 잘난 척하고 재수 없고 남들한테 오지랖 심하고⋯ 그런 사람이었어요.

중2병도 없진 않았죠. 남들과는 다르게 생각하기도 했어요. 원래 친구들은 동네에 있고 애네들은 나랑 다른 애들이다, 내가 내려다본다, 이렇게 생각했죠. 그때 또 마침 김대중 대통령이 당선되고 나서, 저희 큰아버지가 김 대통령이랑 인연이 있어서 국회의원을 시작했을 때였어요. 중학생 입장에서는 친척 중에 국회의원이 있다는 게, 말을 한 적도 없고 말하고 다닐 정도로 철없지도 않았지만, 가슴 속에 뭔가 있는 거죠. 든든한 뭔가가⋯. 나는 국회의원의 조카니까 나도 비슷한 거 될 수 있지 않을까⋯.

이렇게 말하고 보니 지금 저한테 안 좋은 부분들이 그때 많이 만들어진 것 같네요. (웃음)

10대 때 동네를 떠나 멀리 가본 일은 거의 없다. 언젠가 명절을 서울 친척집에서 쇠었을 때 롯데월드, 63빌딩, 남산타워, 경복궁 같은 서울의 명소를 다녀보았지만 '화장실이 참 많고 깨끗하다'는 것 외엔 별 생각이 없었다. 지방 변두리 중학생에게 서울은 그렇게 와닿는 좌표는 아니었던 것이다. "어릴 때는 서울이라는 공간이랑 저의 삶을 연결시킬 수 있는 뭐가 없었어요."

당시의 자기 삶과 연결시킬 수 있는 구체적인 위치 감각을 제공해주는 것은 학교의 또래집단 정도였다. 어린 동석 씨에게는 그 안에서 인정받고, 인기 있는 사람이 되는 게 중요했다. 그가 스스로 재능과 열정을 발견한 분야인 글쓰기에 대한 태도도 이와 관련이 깊었다.

좀 창피한 기억인데, 초등학교 때 일기 검사를 하잖아요. 고학년 때인데, 제가 선생님을 너무 좋아했나 봐요. 잘 보이고 싶어서 일기를 정말 정말 열심히 썼어요. 칭찬받는 거에 중독되어서 글 쓰는 데 욕심을 냈던 거 같고. 나중엔 출판된 일기를 보고 베끼기까지 했어요. 그때 초등학생의 일기가 몇 권 출판된 적이 있거든요. 근데 베끼다 보니까 그게 공부가 된 건지, 백일장 같은 곳에서도 좀 상을 받게 됐고, 중학교 때도 제가 오랫동안 짝사랑했던 반장 캐릭터 여자애가 반 애들끼리 돌려보는 일기에서 제 일기를 보고 '너무 잘 썼더라' 이러니 흥이 나서….

근데 글은 약간, 그 시절 또래 문화에서 주류가 아니잖아요. 웃긴 소리를 잘하는 게 차라리 인기가 많지 글을 쓴다는 건 소수에게만 소구되는 것이기 때문에. 그나마 잘하는 게 글쓰기였는데, 그것 자체를 마이너한 취미라고 생각했던 것 같아요. 특정 친구한테 잘 보이려고 쓰는 건 있지만, 글 쓰는 거 자체를 자랑스럽게 생각하지는 않은 거죠. 지금 생각해보면 항상 주류라고 생각했고 주류가 되고 싶어 했던 것 같아요. 요즘 식으로 말하자면 글 쓰는 건 '오덕'처럼 보이니까 숨기려고 했죠. 공부도 마찬가진데, 노력하는 걸 애들한테 보여주고 싶지 않았어요. 그래서 학교에선 일부러 안 하는 척 까불고 집에 가서 혼자 몰래 공부하고.

중학교 때는 인터넷에 소설도 썼어요. 유니텔에 가입해서, 그게 98년쯤이었나? 판타지 소설을 연재하는 커뮤니티에서. 너무 창피하긴 한데, 어디서 '제노사이드'라는 말을 듣고 어감이 너무 멋있다고 생각해서… 대량학살에 대한 이야기를 썼습니다. 아유, 정말. 그때는 자동저장도 안 돼서 쓰다가 날린 적도 몇 번 있었죠. 머리가 굵어지니까 너무 구려 보이기도 했고. 그래서 연재는 일고여덟 번 만에 그만뒀죠.

그가 재주를 내세우고 싶어 하지 않았던 배경에는 인터뷰에서 몇 차례 강조된 '친척들의 영향'도 있었다. 어린 시절의 그에게 친척들은 잘나고 콧대 높은 사람들이었으며 자신과 자신의 가족을 그렇게 높이 사지 않는 비우호적인 위치에 있었다. 그 사람들에게 인정받지 못할 것 같은 일이라면 본인에게도 하찮은 거라고 여긴 게 아니었을까. 그의 표현을 빌리자면 "어차피 안 될 것 같으니까 미리 포기하는 정신승리"다.

생각해보니까 그런 게 있었던 것 같아요. 거기서 뭘 잘해서 칭찬을 받아도 별로 기쁘지 않은 것. 예컨대 '글을 써서 상을 받았는데도 내가 이걸 친척들한테 이야기할 수 있을까? 이걸 자랑하면 오히려 창피해할 거 같은

데?' 제가 언제부터 그렇게 자주 만나지도 않는 친척들을 의식했는지는 잘 기억나지 않아요. 다만 기억하는 한 언제나 아버지한테는 자기 부모나 형제가 엄청 큰 존재였거든요. 어머니가 가정적이라고 할 때의 그 정의는 자기가 만든 가정에 충실하다는 것인데, 아버지한테는 자신의 형제나 부모의 가정도 못지않게 중요한 거죠. 가부장적인 가치관을 중요시하시고, 형제를 위해 희생도 많이 하셨고요. 그렇다 보니 멀리 있는 친척들을 이웃처럼 느낄 정도로 접촉이 있었어요.

'아버지 가족'에서 아버지의 위상이 어머니의 위상에도 영향을 미쳤고 저나 제 동생에게도 영향을 미친다는 걸 느끼기 시작한 시점이었어요. 그런 관계들 속에서 어린 제가 쉽게 해소할 수도 제대로 바라볼 수도 없는 불만과 열등감이 계속 자라났던 것 같아요.

명절 때도 저희 어머니가 집안일도 가장 많이 하고 시집살이도 제일 호되게 했고요. 친척들은 다 서울에서 잘살고 좋은 옷 입고 좋은 교육 받고… 형들이 (명절 때) 좋은 장난감, 좋은 게임기 들고 와서 놀다가 가고, 이런 걸 보면서 경제력이나 사회적 지위 같은 요소 때문에 가족 내에서 갈리는 위계를 목격하게 되고 우리는 그 아래쪽에 가깝다는 생각을 했죠. 그 격차가 시간이 갈수록 커진다는 느낌도 들었고. '하월광'에서는 내가 나름 날리는데, 여기서는 아무것도 아니라는 걸 깨달을 때마다 늘 '아버지의 가족'으로부터 탈출하고 싶었어요. 익숙하고 만만한 '하월광'으로 돌아가고 싶은 거죠. 막상 그렇게 돌아가도 세상 어딘가에 극복할 수 없을 것 같은 '넘사벽'이 있는데 고작 '하월광'에서 아등바등하고 싶지 않아서 약간 공중에 떠 있는 것처럼 살았지만요. 공부도 항상 3, 4등 정도. 물론 거기선 잘하는 편이지만 전국을 기준으로 보면 그렇지 않죠. 그렇게 빈둥대면서 보냈던 거 같아요. 내가 아무리 열심히 해도 '넘사벽' 위의 사람들보다 못할 거 같으니 상처받을까 봐. 공부를 너무 안 해서 나중에 고등학교 가서 좀 고생했어요.

영화 〈키리시마 동아리 활동 그만둔대〉 보셨어요? 그거 보고 약간 감동했는데, 거기서 모든 걸 다 무난하게 잘하는 애가 있어요. 걔가 영화부 애들 앞에서 갑자기 울컥하는 장면이 있는데, 그걸 보면서 중학교 때 제 모습을 떠올렸어요. 특별히 잘하는 건 없고 본격적으로 하자니 무섭기도 하고 그런 중2적인 마음이었죠.

학교 게시판의 진중권이 되다

친구들에게 환호받지 못하고 친척들에게는 무시당할 것 같아 숨겼던 글쓰기가 고교 입학 후 커다란 전기를 맞이한다. 그가 2001년에 입학한, 송정리라는 구도심에 위치한 불교 계열의 사립 고등학교는 "도시 변두리 느낌의 '하월광'에 여전히 농촌 지역 읍내 느낌이 있는 송정이 결합된", 역시나 분위기가 험상궂은 학교였지만, 당시의 입시 다양화 추세에 맞춰 수행평가용으로 개설된 학교 전용의 글쓰기 사이트가 그의 숨통을 틔워주었다. '모둠일기'라는 이름의 사이트는 학교 문학 선생님과 물리 선생님이 만든 제로보드 기반의 게시판으로, 거기에 일주일에 한 편씩 글을 올리는 것이 숙제였다. 개인에게 성장은 자신을 지켜보는 관객이 있느냐 그리고 어떤 관객을 두느냐에 크게 좌우된다. 이동석 씨는 '모둠일기'에 글을 쓰고 자신의 글을 봐주는 구체적인 관객을 얻음으로써 덜 외롭게 성장할 수 있게 된다.

2학년 때인가? 학교에 '모둠일기'라는 수행평가용 사이트가 만들어졌어요. 물리 선생님이 코딩을 직접 하셨는데 개인이 만든 것치고는 안정적이고 깔끔했고 지금 생각해보면 참 좋은 웹이었어요. 문학 선생님들 중에도 나름 문인 출신이나 지망생이 있으셨고, 거기에 그때쯤 이해찬 식 교육의 영향도 있고 해서, '입시가 다원화된다' '논술 비중이 높아진다' 이런 식으로 학교에 설득을 하기 쉬웠을 것 같아요.

게시판이니 조회 수가 있고 추천 수가 있잖아요? 그리고 그 주에 잘 쓴 일기를 수업시간에 같이 읽는 시간이 있었어요. 그러니까 이게 약간 매체처럼 된 거죠. 그때 제가 대박이 난 거죠. 아우 참, 쑥스럽네요. 모둠일기가 전교생 대상으로 하는 거였고 심지어 학교 외부에서도 볼 수 있는 사이트예요. 매점에 갔더니 처음 보는 친구가 뭘 갖다주기도 하더라고요. 쓰다 보니 재미도 있고 조회 수도 판타지 연재할 때보다 훨씬 높고. 진중권이 된 기분이었겠죠? 그래서 말도 안 되는 소리를 막 썼었어요. 초반에는 진짜 일기라고 생각해서 썼는데 반응이 오니까 그 뒤로는 독자를 엄청 의식하면서, 기획을 하면서 썼어요. 약간 시의성 있는, 학교에서 이슈가 되는 것들, 사회적으로 이슈가 되는 것들에 대해서…. 오피니언 리더였죠. 개인적으로 어떤 일이 일어나면 그것도 소설처럼 썼어요.

그런 동기가 있으니까 가끔은 수행평가 기준을 넘겨서 심할 때는 하루에 한 번씩 정말 일기처럼 쓰기도 하고. 그게 저한테 가장 큰 게 됐어요. 선생님들도 저를 확실하게 기억하게 되고. 또 평소에는 서로 이야기를 안 해봤는데 모둠일기 사이트를 통해서 알게 되는 친구들이 생겼죠. '의외로 글을 잘 쓰는 친구가 있네?' 이러면 다음 날 가서 서로 눈인사하고. 아유, 소름 돋네요. 그때 외로움이 많이 해소됐어요.

모둠일기를 쓰고 나서 제 이미지도 완전 달라진 거예요. 그전까진 선생님들한테 공부는 좀 하는데 건들건들한 애 정도였는데 하루아침에 문인이 되어버렸어요. '아니 저런, 대단한 친구군.'(웃음) 이렇게 대해주니까 저도 이상하게 그 이미지에 부응하고 싶어서… 다독왕이 되고 싶은 거예요. 마침 그때 이 학교가 50년간 '하월광'과 송정리의 학교라는 멍에를 벗고 명문고로 거듭나고 싶어 하는 게 있었어요. 그래서 재단에서 스님들이나 기업들한테 후원 받으러 다니고 투자도 이뤄지고 해서 도서관 건물이 별도로 생긴 거예요. 전문 사서 선생님도 생겼고요. 도서관이 가까이 있으니까, 또 야자 시간에 어떤 감독관 선생님은 다른 책을 봐도 뭐라 하지 않는 분위기여서 그때만 책을 빌려서 봤거든요. 그래서 도서관 대출 한도 내에서 최대로 빌렸다가 한두 권 읽고 반납하고 이래서 다독왕이 됐죠. 실제로 읽은 건 얼마 안 됐지만.

— 그래서 그때 특별히 재미있게 읽은 책이 있어요?

《미학 오디세이》요. 읽고 아는 척하려고 열심히 읽었어요. 모둠일기에서 가끔 영화 비평 비슷한 걸 하는 친구들도 있고, 그러면 서로 댓글로 토론도 하고 그랬는데 서로 《미학 오디세이》를 막 인용하는 거죠. 그게 무슨 성경인 것처럼 무슨 말이 몇 장 몇 절에 나와 있다고. 하하하. 그래서 도서관에 이 책이 세 질이나 있었는데 항상 대출 중이었어요.

— 진중권의 영향이 엄청나네요.(웃음) 그것 때문에 혹시 나중에 진중권 같은 글쟁이가 되고 싶다는 생각은 안 했어요?

'글 쓰면서 산다'라는 모델이 없었어요. 제 주위에 그런 사람이 없었고 진짜 지면에서 보는 글 쓰는 사람들은 하늘에 있는 사람들 같았고. 애초에 그렇게 태어난 사람들만이 글을 쓰는 거고 난 그럴 수 없다고 생각했던 것 같아요. 내가 글을 잘 쓰는 것은 어떤 사고력의 표현이다, 이 정도로 생각 했지, 글 쓰면서 먹고산다는 걸 상상을 못했어요. 그런 사람은 아예 대학 교수든지 집에 돈이 많든지. '전문 필자'라는 걸 알기엔 너무 촌동네에서 살았던 거죠.

입시에 실패하다

당시 그의 장래희망은 지금 하고 있는 혹은 '지망하고 있는' 영화감독이었다. 그는 고 1 때 장래희망 칸에 그렇게 적혀 있을 뿐, 명확한 계기가 기억나진 않는다고 했다. 다만 "그때쯤 한국 영화가 핫하게 느껴졌던 것 같아요"라는 그의 말 속에서, 박찬욱의 〈공동 경비구역 JSA〉(2000), 이창동의 〈오아시스〉(2003), 봉준호의 〈살인의 추억〉(2003), 김 지운의 〈장화, 홍련〉(2003) 등 그 감독을 한국 영화사의 작가의 반열에 올리는 성과를 거둔 작품들이 이 시기에 연이어 나왔었다는 사실을 떠올렸다. 임권택이 〈취화선〉으로 칸 영화제 감독상을, 〈오아시스〉가 베니스 영화제 감독상과 신인배우상을 거머쥔 것이 2002년의 일, 김기덕과 박찬욱도 '세계 3대 영화제 수상자'에 이름을 올린 것이 그로부 터 2년 후의 일이다.

인터뷰이가 이런 사실을 직접 언급하지 않았지만, 매체 환경적으로 거의 같은 풍경 을 봤다고 가정할 수 있는 그와 동갑인 나의 기억으로도 확실히 한국 영화가 눈에 띈 시 기였다. 1999년 〈쉬리〉 이후 2006년 〈괴물〉이 1300만 명의 관객을 돌파하기까지의 기간이 한국 영화의 붐으로 평가된다. 강한섭 전 영화진흥위원장은 이를 "99-06 시스템"이라 명명하면서 붐이 착시였다고 했지만,* 멀티플렉스의 확산과 함께 '관객'의 숫자 자체가 폭발하면서 착시든 뭐든 한국 영화가 뜨거워 보였던 시기고, 그것이 당시의 많은 10대를 이 '꿈 공장'의 예비군으로 흘러들게 한 힘을 지녔었음은 어렵지 않게 짐작할 수 있다.

그 가운데서도 그에게 영향을 미친 영화는 〈살인의 추억〉이었다. 함께 영화를 보러 간 친구들 모두 영화에 충격을 받아, 돌아오는 버스 안에서 서로 아무 말이 없었다. 그리고 잊을 수 없는 '사건'도 있다. 버스에서 내려 집으로 돌아오는 길, 아파트 단지 구석진 벤치에서 막 강간을 당해 정신을 잃은 여성을 발견했고 그를 부축해 가족에게 데려다 주었다고 한다. 막 〈살인의 추억〉이라는 영화를 보고 나왔기 때문에 전에 없던 용기를 낼 수 있었던 것 같다고 했다. "어릴 땐 그렇게 생각하잖아요. 영화라는 게 세상의 뭔가를 조금쯤은 바꿀 수 있다고. 지금 생각하면 너무나 민망하지만 그때는 그런 생각을 했던 것 같아요."

다만 당시의 꿈은 무척이나 막연했고, 실제 구체적인 선택은 모의고사 점수가 펼쳐 놓는 위계화된 가능성의 세계 안에서만 일어난다. 박찬욱, 봉준호처럼 영화 전공자가 아니어도 영화 작가가 될 수 있다는 생각으로, 그는 일단 자신이 아는 학력 위계의 가장 높은 곳으로 가겠다는 목표를 잡는다.

고등학교 2학년 때 딱 한 번 모의고사에서 전교 5등을 해봤어요. 그래서 어떤 선생님이 저를 따로 불러서 맛있는 걸 사주시면서 '됐다, 내 계획이 성공했다, 이대로만 하면 잭팟을 노려볼 수도 있겠다'고 얘기하시더라고요. 그분은 말하자면 '진학 덕후'셨어요. 보통은 다른 반 애들 성적이나

---

* '[문화비평] 한국영화의 겨울과 독립영화', 〈부산일보〉 2009. 3. 31.

이런 거 절대 안 찾아보잖아요. 근데 그분은 전교생 성적을 하루 종일 보고 계셨어요. 야구 선수들 체크하듯이 이상한 엑셀 작업도 하고. 저를 장타력은 있는데 타율은 떨어지는 타자로 생각하신 거죠. 타율만 올리면 된다, 그러면 서울대 갈 수 있다.

그런데 전 그때가 최고점이었고 그 뒤로는 그 이상의 성적을 받아본 적이 없어요. 일단 기초 체력, 기본적인 학력에서 차이가 나니까 한계가 있었죠. 공부를 열심히 했다곤 할 수 없으니까. 언어 영역을 잘했지만, 그거 1등을 계속 놓치지 않고 싶은 것 때문에 언어 영역만 계속 공부하고 수학은 맨날 집합만 백번 공부하고 이랬죠. 그러니까 제가 공부만으로 어떻게 할 수 없다는 건 조금씩 눈치를 채고 있었어요. 현실을 완전히는 인정 못 했지만.

그러니까, 정식적인 루트로 크게 되지 못할 걸 아니까, 예술을 제3의 길이라고 생각한 거죠. 직접 비교하긴 어렵지만 만약 잘되면 무시하지 못할 만한 힘을 갖고 있다고 생각하면서, 서울에 있는 무난한 대학교에 가서 공부하면서 영화 찍을 준비를 해야겠다고 생각했던 것 같아요. 마침 박찬욱, 봉준호가 영화 전공자가 아니었잖아요. 물론 말로는 항상 서울대 법대에 가겠다고 얘기했지만 그게 말이 안 된다는 걸 알고 있었기 때문에.

그는 첫 입시에서 실패한다. 6차 교육 과정의 마지막 세대가 주 대상이었던 2004년도 대학 입시였다. 누구나 대학에 갈 수 있지만 그렇기에 '어떤' 대학인지에 더 많은 경쟁이 투입된 시기, 입시는 다원화되었다지만 그 다원화된 방법 구석구석이 이미 시장의 영역으로 넘어가 다양한 신상품으로 등장한 시기. 그러나 그에 대응하는 속도 또한 서울 및 수도권과 지방의 격차가 있었다. 고3 시절 그와 선생님들은 입시가 자본과 정보 자본의 복잡한 함수라는 사실을 놓친 채 '감'으로 게임에 임하고 있었다.

'진학 덕후' 선생님이 '넌 수학만 못하고 다른 건 잘하는 편이니까, 서울대에 수리 영역을 안 보는 과가 몇 군데 있는데 그걸 해보자'고 몇 번 꼬셨어요. 제가 거기에 경도된 부분이 있죠. 여기 여기는 수리 영역 안 보니까 어떻게든 되겠지 막연하게 생각한 부분이. 수능을 봤는데 잘 본 것도 망친 것도 아니고 평균적인 점수가 나왔어요. 다만 평소보다 수리를 훨씬 잘 봤고 언어는 훨씬 못 봤기 때문에 저의 강점이 사라졌어요. 수리 영역을 안 보는 전형에서 강점이 있었는데 그게 없어져버린 거죠. 근데 워낙 경도된 게 있어서 눈에 뵈는 게 없었나 봐요. 그래서 서울대를 썼어요. 당연히 떨어졌죠. 2지망 3지망도 주제 파악 못 해서 너무 높은 데를 썼고. 진학 지도 하시는 선생님이 '이 친구는 글을 잘 쓰니까 논술로 극복 가능하다!' 이러면서 정신승리를 한 거죠. 2차대전의 일본군처럼. 말도 안 되는 소리였죠. 촌 동네에서 논술 준비도 제대로 해보지 않은 애가 모둠일기 잘 쓰니까 논술도 잘 볼 거라고…. 저도 그때는 주체적으로 판단을 안 하려고 했던 것 같아요. 제가 결정하면 제가 책임져야 하니까 선생님 탓으로 남겨두려고 한 거겠죠.

그때 성균관대에 논술을 딱 보러 가서, '자, 나는 모둠일기의 왕자니까, 어디 한번 써볼까?' 하고 지문을 봤는데 다 읽는 데 한 시간이 걸렸어요. 영어였거든요. 너무 어려웠는데 남들은 이미 다 쓰고 있는 거예요. 한양대엔 적성시험이 있었어요. 선생님들은 '넌 머리가 좋으니까 잘 풀 수 있을 거다'라고 판단했죠. 근데 적성 시험도 당연히 훈련을 받아야 되는 거잖아요? 가서 땀만 흘렸죠. 남들은 다 풀고 있는데. 그렇게 세 번 다 잭팟을 노리는 전형을 해서 세 번 다 폭망하고, 재수를 선택했어요.

— 얘길 들어보니까 뭐가 됐든 대학 입시는 사교육을 전제하지 않으면 아예 시작조차 안 되는 구도가 2003년쯤엔 이미 정착돼 있었던 것 같아요. 논술이 아무리 주관적인 평가라 해도 논술 시험장에서 덜 당황하기 위해서라도 논술 학원에 꼭 다녀야 하는 거죠. 저도 그 당시 확대되던 수시 제도 때문에 생긴 수시 준비 학원에 다녔었거든요. 특별히 배운 건 없는 것 같은데 안 다닐 순 없는 거였죠.

나중에 대성학원에서 진학 상담 아르바이트를 하다가 알게 된 건데, 지방 애들한테는 논술이 불리하니까 논술 있는 전형을 피하거나 점수를 많이 접고 들어가야 되는 거더라고요. 그런데 그땐 너무 몰랐던 거죠. 교사들도 빠르게 바뀌는 입시 전형에 발맞출 정도로 빠르지 못했고. 그들도 다 촌동네 사람이니까. 논술 학원이나 이런 것들이 있는지도 몰랐고, 있는 걸 알았어도 효용성이 있을까 의심했을 거 같아요. '난 원래 글 잘 쓰는데', 이 정도로 철모른 때였죠. 진학 지도 선생님들도 누구 하나 명확한 근거 없이 부모님한테도 그냥 앤 서울대 써도 된다고… 그렇게 망해버렸어요.

전 그때 약간, 인생이 삐끗했다고 생각했던 것 같아요. 당시 교육 과정이 6차에서 7차로 바뀌면서 수능도 바뀐 시점이라 (재수하기가) 좀 더 쉽지 않겠다고 생각했죠. 아버지 어머니도 많이 슬퍼하셨어요. 특히 아버지가 실망이 크신 것 같았어요. 평소 스타일이라면 그냥 무덤덤하게 받아들일 것 같았는데 의외로… 전 아버지 우는 건 그 전으로도 후로도 한번도 못 봤어요. 좀 이상했어요. 그땐 어리둥절했는데 지금 생각해보니까 자기 아들이 자기가 살던 것보다 상승할 수 있을 거라고 생각했는데, 그게 실패했을 때 오는 좌절감 같은 게 아니었을까 싶어요. 자기가 이루지 못한 걸 아들이 이뤘으면 하는 마음이 있었을 텐데, 하여튼 그땐 그랬던 거 같아요. 그래가지고 뭐, 막연하게 재수를 해야겠다고 생각하고 있다가 다군 발표까지 나오고 결정하게 된 거죠.

재수 때는 특별한 건 없었어요. 좁아터진 교실에 120명씩 몰아넣고 하루 종일 있는 게 답답하고 빡세서 많이 나다닌 거 외엔. 남들 대학교 신입생 때 할 법한 일을 많이 했죠. 술도 많이 먹고 여자 친구도 사귀고 대학교 축제 같은 데 가서 친구들도 만나고. 그리고 영화를 제일 많이 봤어요. 제 인생에서 극장이 동선 상 가장 가깝게 있던 때라서. 학원 수업 빼먹고 영화 보고 그랬으니 성적이 잘 나왔을 리가 없죠. 처음에는 아예 수학만 공부해 보자 이래가지고 중학교 수학부터 다시 공부하기 시작했는데 기초 학력에서 차이가 너무 많이 나니까 1년 사이에 어떻게 되진 않더라고요. 손을 크게 다치는 바람에 여름 내내 깁스를 한 영향도 있어서 공부 의욕도 별로 없고. 게임방도 엄청 많이 갔어요.

결과적으로는 '중경외시(중앙대, 경희대, 한국외대, 서울시립대)'의 중간 정도 점수가 나왔어요. 결국 경희대 사회학부랑 전남대 사회교육학부를 합격해 놓은 상황에서 선택을 놓고 고민했죠. 경희대 등록 마감 날이랑 전남대 신체검사 날이 겹쳤는데 내일 신체검사에 가느냐 등록을 하느냐를 두고 아예 꼬박 밤을 새웠어요. 태어나서 처음으로…. 겁을 먹기도 했거든요. 서울에 가서 사는 게 갑자기 두려워진 거죠. 그리고 집안 친척들이 '경희대 갈 거면 전대 가는 게 낫지 않겠냐'고 부모님한테 이야기를 많이 하셨고, 부모님은 그런 정보에 밝은 편이 아니어서 영향을 많이 받았죠. 친척들은 '동석이가 뭐 하겠냐, 사범대 나와서 교사나 해야지' 이런 식으로 얘길 했고 저도 거기에 적잖게 영향을 받았고요. 그리고 그때 독립영화 감독 중에서 교사하다가 감독을 하게 된 사람도 몇 명 있었으니까 그걸로 또 자기합리화를 하면서 밤을 새우고 전남대 신체검사를 보러 갔죠.

야만적인 세계, 대학과 군대

그렇게 입학한 전남대학교에서 그는 적잖이 어려움을 겪었다. 지금도 남아 있는 과 내 위계 질서 때문이었다.

첫인상부터 너무 안 좋았어요. 입학하기 전 2월 중하순 정도에 갑자기 모르는 사람한테 전화가 온 거예요. 그것도 집 전화로. 어디 입학한 누구 집 아니냐 해서 제가 전화를 바꿔 받자마자 다짜고짜 반말부터 하더니 "내 가 네 선배다. 우리 남자 모임 있으니까 ○○일 무등산 산정으로 와라." 가 자마자 얼차려 받고. 그 학교 출신의 모든 남자, 이미 졸업한 현직 교사들 까지 와서 군대처럼 신고식 같은 걸 했어요. 아직 입학도 안 한 상황이었는 데도요. 저보다 한 살 어린 현역 친구들은 갓 졸업해서인지 그런 걸 쉽게 수용했는데, 전 재수할 때 자유롭게 지내기도 했고 태생적으로 반발, 반항 하는 게 좀 심해서…. 그때부터 정이 떨어졌던 것 같아요.

어렵게 고민해서 경희대를 포기하고 선택한 곳인데 너무 구리다는 걸 알 게 되면서, 그때 이미 학교를 다니고 싶은 마음이 없어졌어요. 입학한 뒤에 도 그에 못지않게 '수업 끝나고 여섯 시까지 사범대 2호관으로 모여라' 이 런 식으로 불러서 가보면 '엎드려뻗쳐'하고 있고. 전 도망갔죠. 사범대학교 라 사람도 수업도 한정되어 있으니까 선배들이 짜놓은 시간표대로 따라가 는 게 정석이었어요. 수업을 무난하게 잘 들으려면, 이 체제에 순응하지 않 으면 불편한 거죠. 근데 전 선배들이 '시간표 짜줄 테니까 단체로 PC방 와 라' 이러면 그거부터 안 갔거든요. 근데 선배들도 자기 말 무서워하지 않으 면 별수 없잖아요. 쫓아가서 죽일 수도 없는 거고. 그런 식으로 겉돌 수밖에 없었고 동기들 입장에서도 제가 눈엣가시인 거죠. '우리들은 바보냐, 왜 너만 빠져 있냐', 이러면서 동기들하고도 사이가 멀어졌고.

매주 금요일마다 학회실에서, 특유의 이상한 냄새 있잖아요, 술 취한 사람들에게서 나는 냄새, 그런 게 나요. 그놈의 삼겹살을 사와가지고 맨날 거기서 구워 먹으면서 말도 안 되는 짓을 했어요. '너 우리 과에서 누구 좋아해', 이런 거 말하고, 막 교통 정리하고. 저는 좋아하는 사람이 없으니까 "없는데요" 하면 "왜 없어" 이러고. 그 세계관 내에서 어떻게든 캐릭터를 만들어내려는 거예요. 제가 전면적으로 저항을 하진 못했지만 삐딱하게 나오는 걸 보고 이것조차도 예능화해서 캐릭터를 만들려고 했던 것 같아요. 요즘 대학교에서 문제가 되는 선후배 간의 단톡방, 이런 게 좀 과장된 형태로 있었던 거죠.

그리고 서울을 되게 자주 갔어요. 심할 땐 주말마다 가기도 했어요. 도피처로 생각한 거죠. 서울에 있는 대학 간 친구들을 많이 만났어요. 그러다 그것도 어느 순간 '현자타임'이 와서 잘 안 가게 되고, 광주에 있는 '하남 애들'이랑 어울려 다니면서 술 먹고 PC방 가고 그랬어요. 그때는 막노동하면 일주일 놀 돈은 나오니까. 그러다 애들 모아서 완성도 못할 영화를 찍기도 하고. 그런 식으로 어영부영 보냈어요.

끝내 학교에는 적응하지 못했고 방황의 시간을 보내다가 군대에 간다. 자기가 속한 사회에서 떨어져 나와 이름과 옷을 빼앗기는 경험이라는 점에서 군대는 그 경험자들에게 비슷한 좌절과 우울을 안기지만, 어떤 특성을 가진 부대인지에 따라, 경험자 자신이 누구인지에 따라 구체적인 양상은 제각각이다. 동석 씨의 경우, 여러 가지 의미에서 군대는 대학과 연속적이었다. "야만"이라는 점에서 그랬고, 그가 속한 부대가 특정 대학,

특정 전공과 관련이 강했다는 점에서도 그랬다. 대학 사회의 암묵적 규율을 거부하며 쌓아온 반항적 기질은 한층 커졌다.

　제가 지리학과라고 기상관측병이란 특수분과에 배치됐어요. 기상이랑 아무 상관도 없는데. 저는 그냥 광주에 공군 부대가 있고, 그러면 나가서 친구들 만나기도 쉽고 면회 오기도 쉽고 하니까, 그렇게 사회와 많이 격리되지 않길 바라면서 공군을 쓴 거였어요. 근데 기상관측병이 특수분과라 자기가 골라서 갈 수 있는 여지가 너무 적은 거예요. 그나마 제일 가까운 데가 충청도에 있는 계룡대였어요.

　그런데 거기가 내무생활이라는 것이 너무 지저분한 곳이었어요. 거기 기상관측병으로 가는 사람들이 연세대나 공주대 대기과가 많았고, 제대하고 기상청이나 기상 관련 회사에서 일하는 케이스가 많아서 군 생활이 사회생활과 연결되는 사람이 꽤 많았어요. 그때부터 인맥 같은 것을 챙기는 분위기가 있었고, 내무 생활이 사회생활에도 영향을 미칠 정도니까 억압 정도가 더 세고 지저분한 부분이 더 있었던 것 같아요. 어차피 군대에서만 볼 게 아니라 밖에서도 볼 사람이라는 게 전제되어 있으면 더 악독해질 수도 있더라구요. '평생 가는 사이인데 네가 까불 수 있겠냐', 이런 식으로. 그런데 전 그런 거랑 전혀 상관이 없는 사람이기 때문에 또 돌출됐죠. 윗사람들이랑 엄청나게 충돌이 많았어요.

　나중에는 도저히 안 되겠다 싶을 정도가 되더라고요. 군대에서 파업을 하는 건 불가능하니까 어떻게든 잔머리를 굴려 태업이라도 해야겠다고 생각했어요. 그래서 군대 가기 전 무릎 다쳤던 걸 이용해서 병원에 간다거나 했죠. 군대에서 제일 싫은 게 억지로 축구하는 거였는데, 그걸 하다가 무릎 다쳤던 데가 덧나서 약간 심하게 태업을 하게 됐어요. 군 병원 못 믿겠다고 외부로 나가겠다고 말하고 막 집에도 연락을 하니까… 군대는 항상 그런 게 있더라고요. 일단 큰일이 날 것 같으면 책임 회피하고 도망가요. 그런 식으로 책임 피해버리는 걸 이용해서 한 일주일 입원을 하고, 간단한 수술을 받고 25일 정도 밖에 있었던 적이 있어요.

그랬더니 안 그래도 이미 눈 밖에 난 애가 길게 휴가까지 나가 있었으니 이제 사람도 아닌 거죠. 저도 나갔다 와서는 약간 기가 죽기도 했고 너무 지쳐서 가만히 있으니까 오히려 이때다 싶어서 더 많이들 괴롭혔죠. 그즈음에 연평도에 다들 가기 싫어하는 자리 하나가 생겼어요. 선임들은 이미 여기가 편하니까 안 가는 게 맞는 상황이고, 저 또한 가기 싫은 척을 했어요. 그것도 빌미가 될까 봐. 부대에서 나가는 순간까지 가기 싫은 척을 했어요. 연평도에 가서도 업무상 계룡대 선임들과 연락할 일이 많았는데 그때마다 엄청나게 데데하게 굴었어요. 속 시원했죠.

연평도는 병사가 두 명밖에 없었어요. 그러니 내무생활이랄 게 없죠. 직업군인 한 명이랑 해서 남자 세 명이 세계의 전부예요. 조그마한 시골집 같은 부대 안에서 남자 셋이서만 생활한 거예요. 밖에서 특별히 누가 오지 않으면 머리도 이만큼 기르고 수염도 다 기르고 지냈어요.

서울에서 일어난 일

그는 군 시절을 제외하고 딱 한 번, 반년 정도 광주를 떠나 살아본 적이 있다. 학교에는 적응하지 못하고 군대는 슬슬 가야 하는 시절, 아는 후배가 괜찮은 일이 있으니 같이 하자고 제안해 '놀러'가 아니라 거기서 뭘 해볼 요량으로 서울에 간다. '스무 살 혈혈단신으로 상경해 비좁은 집에 이불 한 채로 시작해 닥치는 대로 일하다 보니…'로 시작할 법한 성공 신화가 펼쳐지지는 않았다. 짧은 상경 기간에 그가 겪은 일은 그보다 '우리 시대'에 걸맞은 이야기다.

군대 가기 전에 잠깐 서울에 산 적이 있어요. 학교에 적응 못하고 빈둥거리면서 놀고 있을 때, 저랑 되게 친했던 고등학교 1년 후배가 서울에서 일을 하는데 같이 하자고 불러서 갔어요. 다단계였어요. 많은 '하월광' 출신들과 송정리 출신들이 그즈음에 다단계 때문에 서울이나 경기도 근처에서 살고 있었어요. 엄청 많은 사람이 얽혀 있어서 친구 관계가 다 파탄 나기도 하고 원래는 되게 친하게 지내던 이웃들이 원수지간이 될 정도로 큰 풍파가 있었어요. 20대 초반에 잠깐 제가 그 흐름 속에 엮인 거죠.

저를 꼬시려는 친구가 너무 진심이고 선의에 가득 차 있어서 어이가 없을 정도였어요. 자기가 해봤는데 너무 좋더래요. 이렇게 좋은 걸 내가 좋아하는 형한테도 나눠줘야겠다, 이렇게 된 거죠. 뭣도 모르고 갔는데 가자마자 '쎄함'이 있더라고요. 건강식품이나 치약, 칫솔 같은 잡다한 걸 파는 회사였고 '신비네이처'라는 이름이었어요. 일단 되게 그럴듯한 데로 부른 다음에 거기서 지하철을 한 번 타고 변두리로 가서 밥을 먹여요. 그 친구 돈으로. 그러면서 "사실은…" 이런 얘길 꺼내요. '진심이다' '선의다' 이런 얘길 하는데 화를 내고 갈 수가 없잖아요. 그리고 회장 같은 델 가서 교육을 받는데, 양아치 같은 애들이 와서 이런저런 말도 안 되는 소리를 하죠. '말도 안 되는 소리 하고 있네' 하면서 주변을 둘러보면 다 눈이 초롱초롱해요. 이미 다 '나도 재벌 될 수 있겠구나' 이런 식이에요. 남자는 군대 다녀오기 전후에 있는 사람들이 제일 많았어요. 군대 가기 전에 빈둥거리는 애들이 5할, 군대 갔다 와서 군대에서 만난 인연으로 와 있는 애들이 또 5할. 여자는 상대적으로 적었는데 나이대로는 제 또래가 많았던 것 같아요.

그게 서른 명 정도였는데 숙소라는 곳으로 단체로 우르르 가서 기존에 교육을 듣고 이미 낚인 사람들까지 하니까 백 명쯤 되는 거예요. 숙소도 이상한 주택 같은 델 나눠서 움막처럼 사는 곳이었구요. 결국 제가 그 친구한테 화를 내고 나가려는데 그 친구가 물러나니 갑자기 그다음 단계가 나타나고 또 그다음 단계가 나타나고…. 저를 꼬시려는 사람들이 한 열 번 바뀌면서 계속 나타났어요. 전 계속 격파해나가고. 결국에는 그 친구를 불렀던 송정리 사람이 엄청나게 화를 내면서 가라고 한 거죠. 그러고 나서 한참 기다렸어요. 거기는 가자마자 일단 짐을 해체해버려요. 그걸 갖고 나올 때까지 기다렸지만 결국엔 완전히는 다 못 찾았어요. 그때 외투까지 가져갔었거든요. 외투 없이 한겨울에 계속 길바닥에서 기다렸죠.

정확히 어떤 동네였는지는 기억이 나지 않는다고 했다. 젊은이들을 그곳까지 데리고 갈 때 몇 단계를 거쳐 꼬고 꼬아 위치 감각을 상실하게 하는 모양이었다. 외투를 기다리는 아주 오랜 시간 동안 주위를 둘러보면서 그가 발견한 것은 '성'이었다. "분당 쪽에서 좀 더 들어갔다"고 하는 말로 보아 남한산성이 아닐까 싶지만, 나 역시 어디에 서면 그 성이 육안으로 보이는지는 모른다. 다만 인터뷰를 정리하다가 2011년 대학생 5천여 명을 끌어들인 불법 다단계 판매 조직들이 크게 적발된 사건을 '거마 대학생 사건'이라고 부른다는 것과, 그 '거마'가 서울 송파구 거여동, 마천동을 가리킨다는 것을 알게 되었다. 그 첫 글자를 합쳐 시사용어가 됐을 정도로 다단계 마케팅 회사나 합숙소가 많던 거여동, 마천동은 성남시 그리고 남한산성과 무척 가깝다.

— 혹시 그런 생각은 안 들었어요? 난 일찍이 이상한 걸 느껴서 빠져나올 수 있었지만, 저 친구는 어떡하나라는 생각….

일단은 이 친구랑 단둘이 있을 시간이 없었어요. 그 시간을 안 주는 거죠. 그래서 결국 다음 날 못 받은 짐을 받으러 갔는데, 그것도 결국 낚시였던 것 같긴 한데, 그때 잠깐 단둘이 있을 시간이 있었어요. 제가 엄청나게 나무랐더니, 그래도 제 말을 신뢰하는 친구라서 '알겠다. 형이 아닌 것 같으면 나도 나가겠다' 그러더라고요. 그랬는데 나오기까지는 몇 개월 더 걸렸어요. 다행히 큰 빚은 안 졌고 부모님 돈 몇 백만 원 정도?

그에게 다단계 판매를 권유했던 후배도 다행히 큰 피해 없이 빠져나왔지만 '몇 백만 원' '몇 개월'도 한 청년이 감당하기에 적은 돈, 적은 시간이 아니다. 무엇보다 이제 막 사회로 발을 내딛은 청년들에게, 자신의 불안과 기대를 먹잇감으로 삼은 사기에 당했다는 사실은 두고두고 큰 상처로 남았을 것이다. 불법 다단계 업체 합숙소를 다룬 르포나 경찰의 적발 현장에 동행 취재한 기사를 보면 합숙소의 청년들이 '열심히 하면 월수 천만 원'이라는 허황된 거짓말을 얼마나 굳게 믿었는지를 알 수 있다. 그러니까 "좋은 일 있다"며 고향 친구들, 군대 후임들에게 연락을 한다. 혹은, 어딘가 문제가 있다는 걸 인지하면서도 연락을 할 수밖에 없다. 이미 제2금융권에서 빌린 거금으로 사들인 '팔 물건'들이 팔리지 못한 채 쌓여나갈 때 실적을 메우기 위해 또 다른 판매원을 모집하는 수밖에 없기 때문에. 그런 식으로 서울 한쪽 구석에서 시작된 사기가 저 멀리 떨어진 지방 소도시의 공동체를 해하기도 했던 것이다.

청년 대상 불법 다단계 사기가 극성을 부리기 시작한 시기와 청년 실업 문제가 심각한 사회 문제로 떠오른 시기는 2000년대 중후반으로 일치한다. 한국의 청년 실업은 저학력층을 중심으로 일자리 자체의 부족 문제에 기인하는 개발도상국 청년 실업과도, 대학을 가지 않거나 학교를 조기 중퇴한 청년들을 중심으로 인종이나 종교적 범주가 중요 요인으로 등장하는 선진국 청년 실업과도 그 양상이 다르다. 한국의 청년 실업 문제는 2000년대 중반에 80퍼센트대에 이르렀던 높은 대학 진학률과 관련이 깊다. 거의 누구나 대학을 가고 매년 신규 대졸자가 50만 명씩 쏟아지는데 공공기관이나 대기업 등의 이른바 '괜찮은 일자리(decent jobs)'는 4만 개 안팎에 지나지 않는다. 이 메워질 수 없는 간극이 청년 노동 시장에서 실업률 증가뿐 아니라 다양한 모순과 악순환으로 나타난다. 어차피 대학 나와도 취준생 신세라는 불안 앞에 '서울에서' '영업사원으로서' '열심히만 하면 큰돈을 번다'는 그럴듯한 껍데기를 내미는 다단계 사기도 그중 하나다. 인터뷰이의 인생에서는 단 이틀간의 해프닝이었지만, 내게는 여전히 간접적인 얘기지만, '거마 대학생'은 우리 세대의 집단적 상처를 잘 보여준다.

이 사건 이후 그는 곧바로 돌아가지 않고 서울을 '구경'하며 반년가량 더 머무른다. "1년간 어영부영 놀았던" 스물두 살 시절이었다.

부모님한테는 서울 가서 일 좀 하면서 군대 가기 전까지 지내다 오겠다고 해서, 약간의 돈도 도움받고 저도 그때까지 알바한 돈을 모아서 왔기 때문에… 짐도 없고 심지어 외투도 없이 추운 데 있으면서… 이대로 내려가는 게 너무너무 바보 같고 싫은 거예요. 그래서 마침 그때 또 저처럼 바보같이 올라온 친구가 한 명 있었는데, 그 친구랑 같이 고시원에 방을 하나 얻었어요. 동네는 친구들이 고대, 경희대 많이 다녔으니까 대충 그쪽으로. 어차피 서울에 올라온 것도 그 (다단계를 권유한) 친구가 영상 프로덕션에서 일하고 있다고 뻥 쳐서 온 거였기 때문에, 이 김에 영상 프로덕션 일을 한번 찾아볼까 했지요. 그런데 영상 프로덕션 같은 데는 인맥이 없으면 쉽게 다가갈 수 없더라고요. 그래서 그냥 주로 알바를 했고, 그 돈으로 서울에 있는 좋은 술집 다니면서 소일했어요. 알바는 편의점 알반데 밤에만 했으니까 낮에는 이곳저곳 돌아다니면서 구경만 했고요. 한국에 살면 누구나 서울에 대한 정보를 대충 알게 되잖아요. 신촌은 뭐 하는 데다 노량진은 어떻다, 예능이나 드라마에 나온 지명들… 이런 걸 확인하고 다녔어요. 처음으로 아트시네마 같은 데도 가봤고. 내가 좋아하던 영화 말고 더 신기한 영화들도 많구나, 이걸 처음으로 느꼈어요. 그렇게 6, 7개월 빈둥대다가 슬슬 군대 가야겠다 해서 다시 광주에 내려간 거죠. 그러다 다쳐서 치료 때문에 3개월 더 있다가 연말에 가게 됐고, 결과적으로 1년을 어영부영 놀았죠.

독립영화 감독이 되다

연평도로 부대를 옮긴 뒤 그나마 마음이 조금 편해진 시기에 알게 된 '책마을'이라는 인터넷 커뮤니티가 있다. 공개 커뮤니티가 아니라 군의 인트라넷 비공식 게시판이었고 기본적으로 서평이 올라오는 곳이었다. 시간이 많은 시절이었기에 '모둠일기' 이후 오랜만에 글쓰기에 재미를 느끼며 열성적으로 임했다. 그러면서 대학, 다단계 경험, 계룡대 시절로 이어졌던 "밑도 끝도 없는 분노와 억울함, 반항심"이 많이 해소되었다고 한다. 무엇보다 우연히 같은 시기에 어쩔 수 없이 군복과 부자유에 매여 있을 뿐 실은 전혀 다른 배경을 지닌 '고수'들을 만난 것이 제대 후까지도 영향을 미친 사건이었다. "정말 글 잘 쓰는 친구들도 많고 공부 잘하는 사람들도 많더라고요." 책마을은 단순히 병장 시절의 소일거리가 아니라, 제대 후의 새출발에 앞서 자신이 앞으로 하고자 하는 영화 일에 필요한 '공부'에 대한 적극적인 동기부여가 되어주었다. 또 책마을 친구들 중 일부와는 제대 후에도 연이 이어졌고, 그 연장선에서 트위터 같은 SNS를 하게 돼 서울에 고교 동창 외에 다른 네트워크를 만들어주기도 했다.

제대했을 때는 사실상 1학년 1학기만 겨우 마친 상태였으므로, 학교를 처음부터 다시 다녀야 했다. 그렇게 공부 욕심을 내던 시기, 예술영화 전용관으로 바뀐 광주극장을 드나들다가 광주 전남 지역의 독립영화인들과 어울리게 된다.

그때 광주극장이 예술영화 전용관으로 바뀐 뒤였거든요. 그 전까진 광주극장이 〈친구〉 상영하던 극장이었는데 이제 예술영화, 독립영화를 상영하는 거죠. 어느 날 〈낮술〉(2009, 노영석) 관객과의 대화를 한다고 해서 보러 갔더니 군대 가기 전에 잠깐 있었던 영화동아리 선배 중에 그나마 좀 신뢰하던 분이 거기 스태프로 참여했던 거예요. 그분 통해서 술자리에도 끼게 되고 감독이랑 얘기도 하게 되면서⋯ 제가 무조건 야만적이라고 생각했던 동아리 내에서도 좀 신뢰할 만한 사람이 있겠구나 알게 되면서 영화동아리를 본격적으로 하게 돼요. 그분들(신뢰하던 사람들)이 따로 나와서 만든 동아리가 있었거든요. 거기 들어가서, 공부를 하려는 다짐이 뒷전으로 밀려나게 된 거죠.

그해 여름, 그는 "독립영화계의 〈어벤저스〉" 같은 스태프와 배우 구성으로 기획된 영화 한 편에 참여하게 된다. 〈똥파리〉로 독립영화계에 혜성처럼 떠오른 김꽃비, 이완 등이 출연한 〈기억에서 추억으로 증후군〉이다. 영화는 그렇게 대단한 결과를 내지는 못했다고 했지만, 그 정도로 큰 규모의 영화 촬영은 처음이었기에 그로 하여금 영화감독이라는 꿈을 구체적으로 그리게 만들었다. 마침 2009년 초 단 일곱 개 개봉관에서 시작한 독립 다큐멘터리 〈워낭소리〉가 292만 명의 관객을 동원하며 상반기 내내 신드롬을 일으키고, 〈낮술〉, 〈똥파리〉 등 뒤이어 개봉한 독립영화도 성과를 올리며 독립영화라는 분야 자체가 크게 주목받은 시기였다. 인터뷰이도 당시 "독립영화가 붐이었다"고 회고한다. 이런 분위기가 창작자-지망생들을 크게 고무시키지 않았을까 짐작해본다.

— 그때쯤엔 어느 정도 진로를 정한 거죠? 예를 들어 사범대를 나와 선생님이 된다거나, 토익 점수를 쌓아서 기업을 준비한다거나 하는 '일반적'인 루트로부터는 아예 벗어난 거라고 할까요?

네. 일단 학교 수업을 열심히 들으려면 정해진 수업을 들어야 하는데, 그러면 어쩔 수 없이 학과 사람들이랑 어울려 지내게 되거든요. 그 사람들과 어울려 지낼 자신도 없었고 실제로도 쉽지 않았어요. 제가 신입생 때 학을 뗐던 그 짓을 제 동기들이 하고 있었기 때문에… 그걸 굳이 고쳐야겠다는 생각을 할 정도로 애정이 있는 것도 아니었고요. 그리고 지리교육과를 졸업해서 광주, 전남 지역에서 지리 선생님이 되면, 제가 싫어했던 사람들과 선후배를 하면서 평생 지내야 되는 거예요. 그게 너무 싫더라고요. 그래서 교사라는 선택지는 아예 접었고, 그렇다고 따로 취직을 해야 된다는 생각은 잘 못했어요. 그게 지금 후회되는 부분이긴 해요. 미리 현실적인 것을 고민해야 했는데, 마음이 별로 건강하지 못했죠.

— 진로 선택에서 부모님이란 변수는 어땠어요? 아예 신경 안 쓰는 관계도 있지만 대부분 자식이 '내가 알던 길'이 아닌 데로 가려고 하면 불안해하잖아요.

제가 20대 초반에 방황하고 삽질하면서 (부모님이) 어느 정도 양보나 포기를 하신 부분이 있는 것 같아요. 그래도 뭐라도 하려고 하는 게 낫다고 생각하셨던 것 같고, 또 '그러다 말겠지' 정도로 생각하셨던 것 같아요. '동아리 하나 보다' '놀면서 찍던 것처럼 적당히 찍다 말겠지', 이렇게.

— '이러다 말겠지'의 끝에는 30대쯤에는 번듯한 직업을 갖지 않을까 하는 기대가 있었을까요?

지금도 한 손 정도는 잡고 계시죠. '쟤가 취직은 하겠지' '결혼도 하고 평범하게 살겠지', 이런 기대. 그리고 제가 약간 정치적으로 '유도리'가 생겨서 부모님을 적당히 설득하는 기술도 생긴 것 같아요. 제 동생도 아직 취준생이고 회계사 준비를 하네 마네 하다가 지금은 공무원 시험을 준비하고 있거든요. 집에서 독서실 다니면서. 어쨌든 부모님은 '남들 시선이나 사회적 지위에 연연하지 말고 하고 싶은 일 하면서 먹고살면 그만인데, 뭘 하든 제대로는 해라'라는 주의가 있으셔서 운신의 폭이 있어요. 물론 저 못지않게 저의 미래에 대해 불안해하시긴 하지만요.

— 그래서 다시 영화를 본격적으로 찍은 얘기로 돌아와보면, 이제 어떤 확신이 좀 생겼나요?

영화를 잘 찍으니까 잘되겠다, 이런 식은 아니었는데 그래도 오래 갈 수 있겠다 싶은 동료들을 만났어요. 광주에 살면서 만났던 그 어떤 사람들보다 잘 맞았고 지향하는 바도 비슷했어요. 그리고 제가 처음으로 제대로 만든 영화가 주변에서는 나름 반응이 좋았거든요. 제가 보기에도 부족한 부분이 많지만 그래도 만족스러운 부분도 있고. 그래서 '몇 편 더 찍어봐도 되겠다' 싶었어요. 그게 2010년 여름에 찍은 거였나? 하여간 그 영화가 다른 데는 못 갔지만 광주국제영화제에 초청 받았어요. 내용은… 보통 영화 감독 시작하는 사람들이 자기 동네에서 10분 걸어 다니는 거 찍잖아요. 이건 30분 걸어 다니는 영화예요. (웃음)

지방에서 '문화예술'을 한다는 것

　광주에 기반을 둔 '독립영화인'으로서의 길에 들어선 그는 몇 년 뒤 대학 졸업장을 취득하고, 그 졸업장과는 상관없는 '지속 가능한 창작'을 위한 여러 경제 활동을 병행한다. 하고자 하는 일이 안정된 수입을 보장해줄 수 없을 때 사람들은 저마다의 '조합'을 한다. 경제적 기반으로서의 일을 분리하거나, 하려는 일과 연관이 있는 아르바이트를 하거나, '전업'으로 가는 최단거리를 구축하거나. 그 조합에 대한 질문을 던졌다.

— 제 주변에도 무척 많은 생활 양태지만, 글이든 영상이든 음악이든 뭔가를 자기 이름으로 만들고 발표하고 창작자라는 생활 양태 말인데요. 이게 전업으로 가능한 경우를 소위 메이저라고 한다면 그분들은 제 주변에 거의 없죠. 어쨌든 생활을 위해서 다른 경제적 활동을 병행하면서 창작자로서 살아가는데, 아예 본업을 갖는 경우도 있고, 아르바이트를 하는 경우도 있고, 창작과 관련된 교육에 종사하는 경우도 있죠. 돈을 위한 일을 하다 보니까 자기 작업할 시간이 없다, 이런 것도 흔한 얘기고요. 동석 씨 같은 경우엔 어떤 식으로 이 불분명한 생활 양태를 유지하고 있어요?

　일단 창작자로 내 세계를 만드는 사람이 되어야겠다고 확고해진 건 제대하고 나서 영화 본격적으로 하면서부터고, 그게 완전히 구체화되고 나름대로 당분간은 버틸 수 있는 시스템을 구축한 것은 2013, 2014년쯤인 것 같아요. 강의는 그 시스템에서 제가 하고자 하는 일의 연장선에 있다고 생각하거든요. 영화를 전문적으로 배운 적이 없었기 때문에 그게 항상 해결해야 하는 문제였는데, 강의를 준비하면서(공부하면서) 해소를 하니까. 그래서 일(돈벌이가 되는 일)을 하면서 제 일(창작자로서의 작업)을 못 한다는 생각은 적어요.

그런데 그 시간에 여러 기회가 있어서 병행했던 문화기획 쪽 일은 도움이 되지 않더라고요. 제가 판을 만들고 기획해서 다른 사람들이 창작이나 공연을 할 수 있는 계기를 만드는 것인데, 하면 할수록 제가 그쪽에서 전문성을 쌓을 수 있는 부분도 거의 없고 그냥 소모될 뿐이었어요. 예산이 항상 정해져 있고 클라이언트는 요구하는 게 늘 하던 대로 다시 반복하는 것이기 때문에 제가 할 수 있는 여지가 너무 적어요. 이렇게 말하면 좀 그렇긴 한데… 그거에 관련된 어떤 사람도 진지하게 생각하지 않는 행사를 위해 백 일 정도 밤을 새우다시피 일하는 게 너무 아깝더라고요. 시급으로 따지면 편의점 아르바이트보다도 못한 효율이거든요. 그 공력을 다른 데 썼으면 훨씬 더 좋은 일이 있었을 텐데.

그가 지역의 문화기획 일에 2, 3년간 한 발 걸치고 있었던 배경엔, 앞서도 이야기한 것처럼 광주가 아시아문화도시로 선정되어 아문당을 비롯한 다양한 문화 관련 예산이 투입된 사정이 있다. 많은 단체와 기관이 생겼고, '한자리 얻을 수 없을까' 하는 욕망이 싹텄다. 물론 그에게도 그런 기대가 없었던 게 아니다. 그는 "동네에 헛바람이 들었다"고 표현한다.

아시아 문화중심도시 선정 때문에 광주 문화예술계에 도는 돈이 이전과 비교할 수 없을 정도로 많아졌거든요. 그렇게 들쑤셔지니까 무슨 카지노 생긴 태백이나 정선처럼 되는 것 같았어요. 이런저런 기관이나 단체가 엄청 많이 생겼거든요. 그리고 그 단체 대표라는 경력을 가지고 좀 더 높은 자리의 공무원이 될 수 있는 기회가 늘어난 거죠. 사실 지역에선, 그런 데서 그럭저럭 경력 쌓아서 어떤 공공기관에서 새로 만든 공연장 같은 데에 공무원으로 취직할 수 있다거나, 이런 걸 바라고 보험 삼아 문화기획 일 하는 분이 꽤 많아요. 그게 꼭, 교수 되려고 기다리고 있는 박사학위 소지자들 같았어요. 그렇게 단체 대표 하다가 기관에 나름 높은 자리로 들어가서 소위 팔자 편 사람도 있지만, 말하자면 수많은 박사 중에서 소수만이 교수가 되는 상황이라고 느껴지는 거죠.

처음에는 저도 안정적인 직업을 갖고 싶다는 욕망을 쉽게 떨치지 못한 것 같아요. 그래서 문화기획 일을 쓸데없이 많이 했던 건데… 몇 년 전까지만 해도 함께 열 내며 작업하던 선배들이 후배들 착취하며 연혁만 쌓고 있거나 아니면 반쯤 폐인이 되거나 하는 모습들을 보면서 내 미래가 저기에서 크게 벗어나지 않을 것 같다는 생각이 들고… 그렇게 되고 싶지 않았던 것 같아요. 그리고 안정적인 걸 바랄 거면 차라리 9급 공무원 시험을 따로 보는 게 낫죠.

이 판이 진짜로 실력을 쌓으려고 노력한다기보다는 어떻게든 머릿수 늘리고 덩어리 키우다 보면 뭐가 어떻게 되겠거니 하는 세계라서, 그런 건 얼마 가지 못해서 망할 것 같다는 생각이 들었어요. 지금도 확 늘어난 기금만으로 운영되는 건데 이 기금도 언젠가는 끝날 거잖아요? 그럼 그전까지 뭔가를 하지 못한 사람들은 어떻게 될 것인가를 생각하면… 다들 알고는 있는데, 망할 줄 알면서도 치킨집 여는 것처럼 '나는 어떻게든 되겠지' 이러는 거죠. 그 어떤 비평적인 관객이나 호응을 기대할 수도 없고 대면할 기회도 없는데 말 그대로 기금만으로 단발로 굴러가는 세계에서 얼마나 더 잘지낼 수 있을 것인가, 이런 고민을 하게 됐어요. 그래서 지금은 문화예술계라는 데서 아예 확실히 벗어나는 것이 가장 큰 목표예요. 마음은 일찍이 접었고, 올해 실질적으로도 많이 단절할 수 있었어요.

광주 문화예술계에 대한 솔직한 묘사와 비판을 들으며, 그래도 계속해서 이 도시에 발을 디딘 채 영화 작업을 하는 일의 의미를 묻지 않을 수 없었다.

일단 광주 영화라고 할 만한 것이 없죠. 신(scene)을 만들어보려는 노력을 하긴 했어요. 분기별로 영화 제작을 하거나 상영회를 하는 모임을 만들었던 게 문화기획 일의 시작이기도 했고요. 그걸 통해 유료 관객이 많아지는 것까진 바라지 않았지만, 영화 애호가 관객층이 있는 광주극장이라는 '비빌 언덕'이 있기 때문에 승부를 볼 수 있는 부분이 있을 거라고 생각했어요. 홍대 인디 신 같은 폭발적인 건 아니더라도 조촐하게나마 할 수 있는 가능성이 있다고 생각했고, 나름 호응도, 알려진 부분도 없진 않았는데.

음 근데, 당시 저나 주변 사람들은 단편영화를 잘 만들어서 미장센 영화제에 출품해서 잘되면 광주 벗어나 서울로 가는 게 목표였는데, 한편으로는 지역에서 신을 만들려고 하는 거잖아요. 모순되는 부분이 너무 많았어요. 초기만 해도 같이 갈 수 있는 거라고 생각했는데 진행을 하면 할수록 자기 작품 잘 찍어서 미장센 가는 것이 메인이고 이건 자꾸 그걸 버티기 위한 겉치레처럼 변해가는 것 같더라고요.

그리고 사실 뭐든 잘된다 싶고 조금 커지면 이상한 사람들이 많이 꼬이잖아요. 그때 대처를 잘못했던 부분도 있고, 그 두 개가 결합해서 신을 만드는 것 자체에 회의가 많이 들었어요. 신을 만드는 게 그렇게 큰 의미가 있나? 서울 영화나 전 세계에서 걸러져 온 영화를 보고 싶어 하는 광주극장 관객들한테 우리가 광주에서 만든 영화를 엉거주춤 보여주는 게. 초반에야 신기해서 오긴 하지만 일반적인 사람들의 관심사와는 거리가 멀죠. 그리고 영화감독 지망생 정도는 되어야 이런 데 관심을 갖지, 생산과 결합되지 않으면 사실 오래 못 가더라고요.

이런저런 난점들이 많이 생기면서 지역 신에 대한 그림을 접었어요. 영화 하는 사람, 연극 하는 사람, 미술 하는 사람, 문화기획 하는 사람 등등 특별하게 전문성 없는 사람들끼리 대충 섞여서 뭐든 대충 하는 곳에서는 '광주 영화' 같은 걸 만들어내기가 불가능하다고 생각됐어요. 제 (영화적인) 주제나 관심사엔 여전히 광주가 있긴 있지만, 그건 작품 내적으로 있는 거고, 그 외에 소위 대안적인 예술계를 만들려고 하는 것은 포기한 거죠.

20대 후반에 서울에 있는 영화학교에 진학하려고 시도를 좀 했었어요. 아까도 말씀드린 제가 막혔다는 부분을 전문적인 교육으로, 그러니까 한예종 이런 데 들어가서 돌파해볼까 생각했죠. 지금도 심각하진 않지만 그런 생각이 있긴 해요. 근데 등록금이나 서울에서의 생활비를 생각하면 그 돈으로 차라리 독립 장편영화를 만드는 게 지름길일 수도 있는 거죠. 이 둘 사이에서 갈피를 못 잡고 있다가 그때쯤 광주에 문화기획 바람이 불어서 한눈을 팔다 보니 계획이 다 늦춰졌고요.

지금은 예전처럼 단편을 잘 만들어서 뭘 어떻게 해보려는 시절은 이미 지났다고 생각해요. 예전엔 미장센 영화제에서 상 받아서 상업영화 감독 데뷔하는 모델이 있었잖아요? 지금은 그런 루트들이 잘 보이지 않는 시대가 되었다고 생각해요. 어떻게든 오래, 건강하게 버틸 수 있게 도와줄 안전장치를 만들고 나서 작업을 이어가는 걸 목표로 삼는 게 가장 합리적인 것 같아요. 저는 그중에서도 시나리오 작업을 선택한 거죠. 신이 느슨하고 기반이 약한 광주에서도 할 수 있는 최선이라고 생각했으니까요.

'가장 먼저 없어질지도 모르는 예산'의 생태학

─ 만 나이로 하면 지금 20대가 끝나가는 시점인데 자신의 20대를 평가하자면 어떤 것 같아요? 후회되는 게 있나요?

제 20대는 물론 화려하게 논 건 아니지만 평생 더 이상 안 놀아도 될 만큼 많이 놀기도 했고 여하튼 많이 움직인 것 같아요. 운동권 정서에 경도되어서 그것만으로 제 문제를 해결하려고 한 적도 있었고요. 그리고 많이 실패한 것도 사실이고요.

전 실패가 자양분이 된다고 생각하진 않아요. 안 할 수 있다면 안 하는 게 더 좋은 것 같아요. 실패해봤자 상처나 그걸로 인한 딱지들 때문에 군살이 더 많이 붙는 것 같아요. 그리고 늦었다고 생각할 때가 늦은 게 맞고요. 제가 늦긴 늦었죠. 졸업도 많이 늦었고. 저보다 어린데 훨씬 영화 잘 만드는 사람, 자기가 어떤 걸 노력해야 되는지가 확고하고 그걸 향해 달려온 사람들이 많다는 것을 알고 있어요. 그리고 제가 상처받기 싫어서 어슬렁거리느라 본격적으로 작업에 임한 지도 얼마 되지 않았고, 공부에도 태만했기 때문에 크게 부족하다는 생각을 많이 해요.

─ 지금의 불안이 뭔지 묻고 싶어요. 우리가 동갑이잖아요. 나의 정신과 육체 같은 자원이 점점 더 안 좋아질 거고 우리를 둘러싼 전망 역시 나쁘다는 걸 공통적으로 의식하고 있는 상황인데, 이런 데서 오는 불안이 있는지 묻고 싶습니다.

제가 그나마 남들한테 내세울 수 있었던 게 체력 좋아서 오래 일하고 밤도 잘 새울 수 있는 거였는데, 그게 점점 더 평범해지고 있어요. 저도 이제 밤새우면 힘들고 병나기도 하고, 올해 되게 많이 아팠어요. 작년까지 특별히 아픈 적이 없었는데, 이제는 밤을 새우면 바로 몸에서 티가 나요. 살이 무럭무럭 쪄요. 몸이 망가지고 있다는 신호죠. 예전엔 많이 먹고 많이 활동해서 항상성을 유지했는데 지금은 그만큼 안 되는 거예요. 예전엔 위인전 같은 걸 떠올리면서, 막 초인적 체력으로 뭔가를 해냈다는 사람들을 보면서 나도 흉내라도 내볼 수 있겠구나 싶었는데 이젠 그게 젊은 빨이었다는 걸 알게 된 거죠. 여기서 오는 불안감 때문에 문화기획이나 이런 부수적인 것들에 좀 더 냉정해질 수 있는 것 같아요. 이제 얼마 남지 않은 내 자원이 다 없어질 거야, 하면서 좀 더 쉽게 포기가 되는 거죠.

결혼에 대해서도 나와 인터뷰이는 비슷한 고민을 공유하고 있었다. 그에겐 당시 만난 지 6년쯤 되는 여섯 살 연하의 여자 친구가 있었다. 함께 영화를 만들다 만나게 된 사이인데, 간호사로 일하면서 이 직장에서 저 직장으로 이직을 하며 비는 시간 동안 틈틈이 자신의 영화 작업이나 다른 영화 작업 스태프를 병행하는 독특한 창작자 모델을 구축하고 있는 사람이었다. 다만 이 시기엔 이미 자기 이름으로 작품을 내며 살겠다는 미래를 계속 축소 모드에 두고, 간호라는 전문 기술을 통해 해외 이주를 준비하는 단계였다.

여자 친구는 호주의 학교에 입학 허가를 받아놓은 상태예요. 호주의 간호대학에 편입해서 학위를 따면 거기서 간호사를 할 수 있거든요. 그런데 제가 보기에도 한국에서 여성으로 살아가는 것보다 호주에서 외국인 근로자로 살아가는 게 훨씬 나은 것 같아요. 그래서… 제 입장에선 가라 가지 마라 이런 말을 하기가 좀 그래요.

그렇다고 제가 호주로 따라갈 수 있는 상황인가 생각해보면, 영어도 잘

못하거니와 특별한 기술도 없거든요. 제가 가진 기술은 한국어 기반으로만 할 수 있는 거고 더군다나 어떤 사회의 주류가 아닌 이상 할 수 있는 일이 아니니까요. 거기 가면 말 그대로 임노동자가 되는 길밖에 없을 텐데… 만약 제가 결혼을 한다면 그 친구랑 하고 싶긴 한데 그런 부분들이 고민되긴 해요. 그래서 농담조로 "내가 빨리 입봉하면 너 못 가게 할 수 있겠다, 성공하마, 가지 말아라" 하면, 그 친구도 "입봉하면 생각해볼게" 이렇게 말하죠.

근데 어떤… 시한이 다가온 느낌이에요. 그 친구가 내년이나 내후년에 가게 된다면 제가 할 수 있는 일이 그렇게 많지 않을 것 같아요. 물론 혼자 가서 자리 잡는 과정까지는 함께 해주고 싶은 마음이 있어요. 너무 타지이기도 하고 초반엔 어려움이 많을 테니까. 하다못해 이삿짐이라도 날라주고 싶고 그 준비까지는 되어 있는데….

고민이 많이 되네요. 그게 뭔가를 더 열심히 하려는 동기부여는 되는데, 그 친구의 선택에 대해서 저는 의견 이상은 낼 수 없는 것이고, 그래서 저에겐 무척 큰 문제기도 하면서 간섭할 수 없는 일이기도 하죠. 그 친구의 인생이니까.

결국 할 수 있는 일은 '자기가 할 일'을 자기 자리에서 하는 것밖에 없다는 이야기를 짤막하게 나누었다. 그러나 1년이 지나 인터뷰를 정리하는 이 시점, 그가 여자 친구라고 말했던 친구는 호주로 가버렸을 테고, 둘 사이엔 어떤 식으로 다른 국면이 찾아왔는지 알지 못한다. "할 수 있는 게 적어요"라는 그의 말은, '결혼해도 이상하지 않은' 오랜 연인이 있던 상황에서 유학을 떠나면서, 여러모로 헤어지는 게 서로에게 맞다고 판단해 이별을 결정했던 내게 뒤늦게 무척이나 와닿는다.

아까 20대 이야기할 때, 생각해보니까 제일 후회하는 부분이, 본격적으로 뭔가를 하려는 생각 자체를 못했던 거 같아요. 진지하게 공모전이든 등단이든 계속 임해서 거기서 성과를 내려고 노력한다든지 이런 거요. 제가 하고 싶었던 일에 대해서 경로 설정을 잘 못하고 막연하게 눈앞에 놓인 일만 했던 것이 마음에 걸려요. 그래서 제 20대가 실패했다는 생각이 드는 거예요. 지금은 제가 할 수 있는 것과 제가 갖고 있는 것을 이용해서, 최단경로로 갈 수 있는 루트를 정하고 있어요. 그게 장편 시나리오를 많이 만들어 시도를 해보는 것이겠고요.

그는 영화 관련한 일로 자신의 생계를 꾸려간다. 몇 편의 영화를 만든 단편 감독이다. 그러나 여전히 영화감독 '지망생'이기도 하다. 비-서울을 기반으로 한다면 더더욱 복수의 작은 '계'를 기대하기 힘든 한국의 문화예술 현실 속에서 그의 생활 양태는 불분명하다기보다 오히려 무척이나 적합하고 정확한 적응일지도 모르겠다. 나의 일을 소개할 때 멈칫하게 만드는 망설임이야말로, '불안정'이라는 수식어를 빼놓을 수 없는 오늘의 창작 노동을 지배하는 감각이다. 우리는 마지막으로 '이런 노동'의 근본적인 불안에 대해 이야기했다.

대학교를 수료하고 나서 광주에서 영화 하시던 분이 만든 작은 회사에서 6, 7개월 정도 일한 적이 있어요. 주로 회사에서 수주한 영상을 만들고 SNS 홍보대행 같은 걸 했어요. 이런 작은 회사들은 사실 뭐 하는지 잘 모르겠는 아무 일이나 다 하는 서비스용역 회사예요. 이를테면 학교나 공공기관에서 교육 사업을 해야 하는데 손이 많이 가고 예산도 어정쩡하니까 그냥 아무 회사에 하청을 주는 거죠. 예산이 작으니까 전문성이나 퀄리티 이런 건 안 따지고 대충 '하기는 할 수' 있는 곳을 찾아서요. 이런 작은 문화 기업 일은 어지간하면 돈을 포함해서 어떤 가치를 만들어내지도 못해요. 공공기관에선 늘 다음 사업을 이야기하면서 지금의 열악한 대우를 감내하라고 하죠. 물론 그다음은 보장이 없어요. 이런 작은 사업들은 흐름을 타고 쉽게 생겼다가 쉽게 사라져버리니까요.

그걸 회사 사장들이라고 모르진 않아요. 광주에선 공공 영역의 비중이 엄청나게 커요. 기업이 없다시피 하니까. 불만은 많아도 공공기관들 눈 밖에 나면 할 수 있는 일이 없어지니까 눈치만 보는 거죠. 그리고 일 자체가, 원청인 공무원들이나 심지어 이걸 접하는 사람들조차 누구도 진지하게 생각할 수 있는 성질의 것이 아니거든요. 듣는 분들도 소일거리로 듣는 거고 공무원들도 하라니까 하는 거고, 담당하는 강사들도 용돈 벌이 삼아 하는 거고요.

회사를 나와서도 비슷한 일을 하게 되었는데, 사장들이 겪던 문제를 제가 직접 겪게 되는 거죠. 공무원들과 관계를 잘 해야지만 일이 계속 들어오고. 일을 주는 사람들이랑 관계가 틀어지면 일을 받기 어려워지잖아요. 제 경우는 단골 같은 게 생겨서, 한 학교에서 계속 일이 들어오고 있어서 그나마 나은 편이긴 한데, 그마저도 담당 선생님이 다른 학교로 옮기면 끊기는 거라서 그런 종류의 불안함이 항상 있구요. 게다가 아까도 말했지만, 접하는 일의 성격이 어느 누구 하나 진지하게 여기지 않는 일이라는 거. 그게 부당하다고 생각하진 않아요. 애초에 그 정도 예산, 그 정도 시간을 들여서 한다는 것은 누구나 알고 있고 어쩔 수 없으니까. 그런데 앞으로 만약 국가 재정이나 이런 게 어려워지면 이런 있으나 마나 한 일을 먼저 없애지 않을까 하는 불안함이 있긴 있어요. 뭐를 없애야 한다면 이것부터 가장 먼저 없애지 않을까? 내가 생각해도 필수적이지 않으니까. 말 그대로 지방자치 시대의 눈먼 돈의 일례일 뿐이니까. 지역문화기금이 부활되네 어쩌네 소리가 들리긴 하지만 광주만 문화중심도시 사업기금 때문에 약간 거품 상태인 거지, 이마저도 언제 꺼질지 모르잖아요. 내가 그나마 겨우 어떤 모델을 만들었다고 생각했는데, 그 모델이 진짜 터전이 약한 데다 세운 시스템이라는 생각이 들어서 생기는 불안함은 있어요.

그래서 한때는 이걸 흔히 말하는 대안적인 방법으로 해결하려는 생각을 많이 했었죠. 개인이 해결하기 어려운 문제니까 소위 공동체를 만든다거나. 그래서 주변에서 비슷한 일을 하는 사람들끼리 (강의의 수요와 공급을 연결하는) 조합 같은 걸 만들고 차를 공동 구매해서 공유한 적도 있고요.

어느 것도 근본적인 해결책은 될 수 없겠지만 뭐라도 자꾸 해봐야겠다는 조급한 마음이 들어요. 약한 부분부터, 중앙보다는 지방부터 무너질 것이라는 걸 아니까요. 그야말로 몇 년 뒤까지만 내다보는 거죠. 어찌 됐든 빨리 CJ 영화감독이 되어야죠. 한국 영화의 희망. 문화는 CJ가 제일 잘하는 거니까.(웃음)

어른인 듯 어른 아닌,
어른의 시트콤

서유진(가명)
1989년생

서유진과 인터뷰를 하면서 거의 즉각적으로 인터뷰이에게 공감한 대목이 많았다. 우리는 고민과 불안이 유사했다. 1980년대 후반에 태어나 대학을 나와 대도시에서 취업해 홀로 생활하는 미혼 여성이라는, 모든 인터뷰이 중에서 가장 인접한 조건을 공유하고 있기 때문이다.

아마도 우리는 지금 한국 사회에서 가장 치열하고, 동시에 가장 불안한 인구일 것이다. 대학 교육을 필수로 받을 수 있었지만 학교를 나온 뒤에 누릴 수 있는 건 적은 데다, 임금은 남성보다 적고 나이 들수록 지금 받는 것보다 적어진다. 국가가 이 사람들에게 거의 유일하게 기대하는 '출산'이라는 요구를 받아들이든 거부하든 그들 각각은 어디서든 가장 먼저 내뱉어진다. 물론 이쪽에서도 국가에 대한 기대를 버린 지 오래다.

인터뷰 전에는 본 적 없는 사이였지만 SNS로는 알고 있었다. 지금은 거의 방치 상태이긴 하지만 나는 〈프레시안〉 기자로 근무하던 당시 내 부서인 서평 섹션의 기사나 내가 쓴 글을 홍보하기 위한 일환으로, 내 본명과 생업을 굳이 가리지 않고 '기자 안은별'로 통합된 계정으로 SNS 계정을 운용하고 있었다. 그녀는 정반대로 본명이나 생업이나 사생활과 관련 없는, 온라인에서의 아이덴티티로만 계정을 꾸리고 있었다. 그의 아이디가 쏟아내는 이야기를 무척 좋아했지만, 정작 어떤 사람인지는 전혀 모른 채 인터뷰를 부탁했다. 그리고 인터뷰를 마치고 나서, 내가 왜 이 익명의 아이디가 해온 말에서 동시대적인 뭔가를 느꼈는지 알 것 같았다.

그녀는 자기 자신의 훌륭한 관찰자였다. 또 자신의 인생 풍파에 대해서건 한국 사회의 부조리에 대해서건 '한 번 꼬아서' 웃기거나 웃을 줄 아는 재능을 가진 사람이었다. 아름다운 그림이나 잘 만들어진 이야기와는 거리가 먼 누더기 같은 상황, 앞뒤가 안 맞고 삐걱거리며 굴러갈 수밖에 없는 처지, 웰메이드라고 할 수 없는 그런 것들이 우리를 둘러싼 환경의 속성임을 잘 알고, 그걸 '웃기게' 읽어내고 '가볍게' 날려버린

다. 유진 씨가 오래전부터 좋아했다는 김병욱 표 시트콤처럼, 그 한심한 것들에 대한 서늘한 애정이 이야기 속에 늘 깔려 있었다. 이 메타적인 시선과 유머는, 배운 건 많아도 좋은 시대를 기대하기 힘든 우리에게 주어진 몇 안 되는 힘이면서 그 안에 이미 내재해 있는 일종의 저주이기도 한 게 아닐까.

인터뷰는 2016년 3월 말 합정의 모 카페에서 이루어졌다. 전반부에서는 대구에서의 어린 시절과 어머니의 강한 교육열 하에서 비범한 '학력'을 갖게 된 이야기, 후반부에서는 스무 살 이후 홀로서기의 과정과 부모 세대의 눈에는 여전히 정상 궤도에서 벗어나 있지만 '우리'에게는 '합리적'이라 이해되는, 여성 1인 가구로 균형 잡기 양식에 대한 이야기에 초점을 맞췄다.

동성로, 중산층, 첫째 딸

엄마(1963년생) 아빠(1959년생) 두 분 다 대구에서 태어나서 학교도 대구에서 다니셨어요. 아빤 전형적인 TK 라인이에요. 대학 졸업 후 대기업에서 일하시다가 대구에 있는 철강단지에 개인사업으로 독립을 하셨어요. 철강 자재를 파는 도매업이에요. 그게 87년쯤. 그러다가 엄마를 만나서 연애를 시작하셨어요. 두 분 다 다른 형제들이 서울이나 부산으로 흩어지고 자기들만 대구에 각자 부모님과 함께 남아 있는 상황이었어요. 그래서 할머니 할아버지, 외할머니 외할아버지를 다 케어하면서 살게 됐어요. 결혼은 88년에 하셨고, 제가 태어난 게 89년입니다. 밑으로 93년생 여동생과 96년생 남동생이 있어요. 네, 아들 낳으시려고요.

서유진 씨와 나는 형제자매 관계가 같다. 그녀는 첫째지만 나는 둘째라 위로 언니, 아래로 남동생이 있다. 이 '딸 둘에 아들 하나'는 내가 어렸을 때부터 성인이 되기까지 만났던 80년대–90년대 초 한국에서 태어난 또래 친구들에게서 무척이나 많이 관찰할 수 있는 구성이었다. 가장 친한 동갑내기 친구도 위로 언니 아래로 남동생이 있고, 2017년 한국에서 가장 많이 읽힌 소설 《82년생 김지영》의 김지영 씨도 언니 하나, 남동생 하나 있는 둘째다.

소설가 박완서는 1983년에 이렇게 썼다. "1남 1녀를 이상으로 삼는 부부도 2남이 되었을 때는 기꺼이 이상을 포기하지만 2녀가 되었을 때는 심각한 고민을 하게 된다."* 즉 2남이 있을 때 여자아이를 낳기 위해 한 번 더 임신하는 경우는 잘 없지만 2녀의 구성이 되었을 때 임신을 고민하는 건 흔한 일이었다. 이런 구성은 우연이 아니다. 명백한 남아 선호 현상이었다. 자녀를 많이 낳던 시대에는 다른 방식, 예컨대 교육 기회의 차등 따위로 나타났던 문제가 보통은 둘, 많아야 셋만 낳는 핵가족의 시대이자 남녀가 동등하다는 생각은 전파되었지만 표면 밑으로는 전혀 흡수되지 않던 시대에 와서는 이런 자녀 구성으로 드러났다. 1986년은 여아 100명이 태어날 때 남아 112.3명이 태어난 해다. 2년 뒤에는 여아 100명에 남아 113.6명이었다. 같은 시기 첫째, 둘째 자녀의 남아 출생 성비는 각각 107.2명과 113.5명인데 비해 셋째 아이는 170.5명이었다. 이 '셋째'에서의 큰 변화는 1983년과 2016년의 여성 소설가가 공통적으로 포착했으며 나와 서유진 씨 사이에서도 공유되는 형제자매 관계, 즉 '큰누나 작은누나 막내아들'이라는 구성과 일맥상통한다. 그리고 그것이 실은 개별 가족의 선택을 뛰어넘은, 사회적으로 읽을 수 있는 패턴이었음을 말해준다.

---

* 박완서, '아들 딸 가리는 시집살이 처가살이', 〈경향신문〉 1983. 2. 26.

부모님이 결혼해서 처음 자리 잡은 데는 대구 대명동이라고, 약간 슬럼가예요. 거기가 좀 특이해요. 옛날에는 '장관빌라'라고 불렸던 고급 빌라촌도 있었는데 대구에 수성구라고 대규모 신도시가 생기는 바람에 (대명동에서 잘살던 사람들이 수성구로) 다 빠져나간 거예요. 서울로 치면 은마아파트 같은, 아주 옛날에 올린 아파트가 몇 개 남아 있고 나머지는 황폐화된 그런 동네에 처음 터전을 만드셨어요.

할아버지가 동성로 쪽에 땅이 많았어요. 그런데 아빠한테 크게 도움을 주신 건 없어요. 아빠 형제가 워낙 많고 남자 중에 막내거든요. 시작은 되게 작은 집이었고 그것 때문에 외할머니가 아빠를 많이 원망하셨어요. 그 집에서 나오는 조건이 할머니 할아버지까지 합가해서 두 분 모시고 사는 거였거든요. 엄마는 그렇게 하느니 안 좋은 집이더라도 독립하고 싶어서 5년을 독립한 채로 살았죠. 그러다 여동생이 태어나고, 그 좁은 집에서 둘을 키우는 건 무리니까, 엄마가 합가를 하기로 합의 보신 거죠.

할머니 할아버지 집은 지금 생각해도 어릴 땐 참 엄청난 데서 살았다 싶을 정도로 좋은 이층집이었어요. 그리고 동네는 굉장히 특이한데, 슬럼가와 빌리지가 공존하는 곳이었어요. 학교는 완전 슬럼가 쪽이어서 저는 주로 동네 친구들이랑 땅따먹기 하고 놀았어요. 저희 집이 거의 놀이터였죠. 옥상에 풀장이나 텐트 같은 것도 만들어주시고, 저희 집에 (동네에서) 처음으로 컴퓨터가 있었고 펜티엄 새로운 게 나올 때마다 계속 새것이 생겼고, 애들이 CD 게임 하러 몰려오고 그랬어요. 또 제가 영어학원에서 스피킹 수업을 듣느라 집에 라디오가 되게 많았거든요. 여자애들끼리 모여서 라디오 들으면서 방송 놀이하고 그랬던 기억이 있어요. 엄마가 맞벌이 그만두고 나서부터는, 엄마 없는 틈을 타서 골목에 있는 모든 애들을 데리고 와서 놀았죠.

유년 시절을 보낸 동네는 낙후되기 시작한 구도심이었던 것으로 보인다. 그 동네에서 제일 잘사는 집 딸이었던 서유진 씨에게 '슬럼가 친구들'에 대한 추억은 각별했다. 가난하고, 거친 환경 속에 놓여 있고, 공부를 통한 성공은 애초에 선택지로 두지 않았으며, 감수성 예민한 사춘기에 접어들어서도 좋아하는 책이나 영화를 논하기보다 그 자신이 책이나 영화의 소재가 될 것 같은 인생을 살아내며 '진정함'에 우위를 두었던, 그리고 이 모든 것은 단지 관찰자들에 의해 사후적으로 의미부여될 뿐 사실 그들 자신의 삶엔 아무 의미도 없는, 자신의 미래가 이미 어느 정도 정해져 있음을 일찌감치 알기에 학교의 여러 가지 명령을 따르지 않아도 되었던, 《학교와 계급재생산》에 나오는 해머타운의 '싸나이들' 같은 아이들.*

그들과 자신의 처지가 다르다는 자각은 나중에야 생겼다. 유진 씨 아버지는 대기업을 그만두고 시작한 개인사업에서 승승장구 중이었고 아무리 받은 것 없는 막내아들이었다 해도 집안은 원래 잘살았다. 지방의 부잣집이라 할 수 있는 그의 환경은 이른바 '신도시 중산층'과도 성격이 달랐다. 70년대 말쯤 도시로 나와 대학을 졸업하고 사무직을 얻은 남자가, 비슷한 환경의 여성과 결혼해 90년대 초 정책적으로 탄생한 신도시의 대규모 아파트 단지에 꾸린 가정, 그것이 '신도시 중산층' 가정의 전형이라면, 그 안에서 태어난 아이들은 대개 비슷한 아파트 단지 풍경을 보며, 비슷한 수준의 사교육을 받으며, 비슷한 방에 당도한 인터넷을 통해 다양한 '무료' 불법 파일로 감수성을 키웠다. 그녀는 나중에 서울에 올라와 이런 경험을 공유한 친구들에게서 위화감을 느꼈다고 한다. 계급적으로는 같을지 몰라도 서울이나 서울 주변에서 성장한 경험과 지방도시에서 자라는 경험은 맥락이 다르다는 것을 말해준다.

---

* 폴 윌리스(2004), 《학교와 계급재생산》, 김찬호·김영훈 옮김, 이매진

저도 어릴 때는 자각을 못 했어요. 스무 살 넘고 나니까, 그때 같이 놀던 친구들이 지금 뭐 하고 지내는지를 파악하니까, 거기가 약간 슬럼이었구나 하는 생각이 뒤늦게 든 거죠.

그 지역 거의 모든 애들 엄마 아빠가 시장에서 뭘 하시는 분들이었어요. 그러니까 '섀시 집 아들 누구, 그 옆에 통닭집 아들 누구.' 그래서 다들 비슷한 마이너 감성을 공유한 애들 사이에서 저는 되게 '쟤는 뭐지?' 이런 존재였어요. 저랑 제일 단짝인 친구도 집이 굉장히 가난했는데 그 친구를 비롯해서 모조리 다 철이 일찍 들었거든요. 저한테는 철들었다는 게 경제적인 감각이 일찍 발달했다는 그런 의미인데, 그런 게 일찍 발달한 친구들이 많았던 거죠. 항상 제가 고민 안 하는 부분들을 고민했고, 솔직하게 얘기할 기회가 있으면 "나는 네가 참 아무 걱정도 없을 것 같다", 이런 말을 초등학교 때부터 들었거든요. 근데 전 또 어릴 땐 순진한 마음에 "그럼 너 우리 집에 살면 되잖아" 이랬어요. 그런 재수 없는 스타일, 이해하려는 노력이 없었어요. 그때의 저를 생각하면 제가 좀 원망스러워요. 왜 그랬을까.

중학교는 조금 노는 정도가 아니라 대구 지역적으로 노는 애들이 많은 학교를 다녔어요. 형편이 안 좋은 집이나 편부모 가정, 이혼 가정에서 자란 애들이 되게 많았어요. 당시에 막 지은 빌라들이 많은 원룸 촌이 있었는데, 급하게 지어서 급하게 세놓고 투기 목적으로 하는 그런 빌라들, 거기 사는 친구들이 많았어요. 벌써 아이를 낳은 친구도 있었고, 학기마다 자퇴하는 애들이 있었고요.

저랑 초등학교 때부터 친한 남자애가 있는데 걔는 누나 다섯이 엄마가 다 다르다고 했나? 거의, 세상의 모든 슬픔을 자기가 다 가졌던 애예요. 그 친구는 진짜 불안정했어요. 어느 날은 논산에 살다가 어느 날은 대구에 살고. 그런 정서적인 아픔을 공유하는 애들이 많은 학교에 다녔던 거죠.

그러니까 선생님들도 애들 인생에 간섭하거나 멘토가 되려고 하지 않았어요. 격려를 해줘도 그 상황이 크게 달라지지 못할 걸 알고, 본인도 4년 후엔 다른 학교로 가야 되니까. 그럼에도 불구하고 신입 교사들 중에는 '죽은 시인의 사회'를 형성하려는 분들도 계셨는데, 먹힐 리가 없잖아요. 저는 그 사이에서 공부를 잘한다거나 부자라거나 이런 걸로 튀면 안 되는 학생이었어요. 그냥 그런 친구들이랑 오히려 잘 어울렸어요.

하여튼 그래서 그런지 이른바 신도시 키드랄까, 아파트에서 자란 친구들하고는 또 공유하는 게 전혀 없어요. 나중에 제가 고등학교를 서울로 가게 됐는데 거기 애들이 에반게리온 얘기하고 그래서 "이게 뭐야?" 그랬던 거죠.(웃음) 이 집단도 아니고 저 집단도 아닌 거죠.

"엄마는 저를 '실패작'이라고 하세요"

그녀가 IMF 외환위기를 겪은 것은 초등학교 저학년 때다. 대대적인 구조조정으로 많은 가장이 일자리를 잃었던 1998년, 그녀의 아버지의 사업은 오히려 확장을 했다고 한다. 애초에 빚 없이 시작한 사업이었고 철강업 자체에 타격이 없었다는 점을 원인으로 꼽는다.

아버지의 사업이 안정일로를 걸으면서 어머니는 지역 사회에서 좀 더 '중요한 사람'들과 어울릴 수 있게 되었다. 이런 폐쇄적인 지역 사회 내 사교 행위에서는 대개 개인 대 개인의 만남이 이루어지는 것이 아니라 가족 구성원이 하나의 단위로 여겨지며, 따라서 자녀들의 진학과 진로의 양상도 공유되게 마련이다. 구구절절 설명할 필요

없이 그 이름만으로 단번에 통하는, 수직적으로 어느 정도의 위치인지 파악되는 학교나 직장의 중요성은 높아진다. 여기서 서유진 씨의 어머니가 자신의 큰딸이 가야 할 길로 정한 것은 SKY도 아닌 미국의 유명 사립대였다. 그러기 위해서는 좋은 고등학교, 구체적으로 민사고에 가야 했고, 따라서 서유진 씨도 어린 나이부터 강도 높은 사교육을 받았다.

저희 집안은 작은집이고 큰집이고 완전 '유교 랜드'고, 아주 어마어마하거든요. 그 집 언니들이 다 좋은 학교에 가가지고, 자연스럽게 그쪽이 엄마의 롤 모델이 된 거예요. 저희랑 똑같은 딸 둘에 아들 하나 구성인 집이 있었거든요. 그 집 언니가 서울대 법대 나와서 판사를 했기 때문에, 엄마의 목표는 저를 그 언니보다 잘 키우는 거였어요. '그 언니가 서울대에 갔으니 넌 하버드를 가야 돼, 예일을 가야 돼.'

전 그 영향을 거의 학대 수준으로 받았어요. 총명탕은 당연히 먹어봤고요, 잠 안 오는 약도 먹어봤어요. 안 해본 게 별로 없어요. 선행학습도 엄청 했는데 어느 정도였냐면 초등학교 6학년 때 엄마가 저를 기숙학원에 보내셨어요. 청도 산골짜기에 있는 중학교 입시 대비 학원. 거기엔 진짜 아무것도 없어요. 가서 폐인처럼 한 달 동안 계속 선행을 했어요. 하루에 열 시간 공부하고 여섯 시간 자습하고, 운동 프로그램도 없어요. 죽을 뻔했죠.

그리고 아빠 사업이 잘되어가면서 소득이 오르니까 엄마가 얻는 정보들이 급속도로 달라지는 거예요. 지역 사회에서 어울리는 사람들이 아예 달라지는 거죠. 대구에는 경북대, 영남대, 계명대, 효대(현재의 대구가톨릭대) 같은 지방 사립대들까지 합쳐서 네트워크가 쫙 있어요. 거기 출신 한자리 하는 사람들이나 교수라든가 의사라든가 그런 사람들이랑 그쪽 부인들의 네트워크가 있었고, 엄마 자신은 고졸인데 그런 사람들과 어울리면서 정보의 격차를 메우려고 굉장히 노력하셨어요. 저한테 어마어마한 교육열을 보이면서 거의 몰빵을 하셨고, 오로지 제 문제 때문에 원형탈모가 생길 정도였어요. 엄마는 지금도 저를 실패작이라고 하세요.

저는 굉장히 혼란이 많았어요. 왜냐면 제가 다닌 초등학교, 중학교는 그냥 공립이었고, 아까 말씀드린 것처럼 저의 친구관계나 이런 것도 계급에 대한 인식 자체가 불가능한 환경이었는데, 엄마는 저한테 계속 그런 계급의식을 심어주고 싶어 했으니까요. 엄마의 그냥 친구들도 그런 걸 전혀 안하시는 분들이고, 자식들은 동네 고등학교 보내고 지방 사립대 보내고 그랬거든요.

하지만 전 민사고에 가야 했으니까, 6학년 됐을 때 이미 토플을 시작했어요. 그러다 엄마의 그런 교육열이 빛이 나기 시작한 거예요. 중학교 1학년 때 제가 전교 1등을 했거든요. 그러니까 엄마 입장에서는 이제 성과가 나오는구나 싶은 거죠. 그런데 제가 대단한 노력을 했거나 머리가 좋아서 1등을 한 게 아니었어요. 일단 선행을 너무 많이 했고, 그 학교 자체가 소위 '깔아주는 애들'이 90퍼센트 정도니까요..

엄만 그때까지만 해도 고등학교, 그러니까 민사고나 외고에 가는 게 중요했지 그전 학교의 학군에는 전혀 신경 안 쓰셨어요. 사실 아니잖아요. 민사고에 가려면 좋은 초등학교, 중학교 나와야 되는 거잖아요? 그런데 저는 학생의 절반이 일진이고 절반은 그냥 공부에 관심 없는 애들, 게임에 빠지거나 이런 애들이 있는 학교에 다닌 거죠.

어머니는 주변에서 들은 풍문에 따라, 그녀를 그저 공부만 잘하는 게 아니라 공부도 예체능도 잘하고 세계적 감각도 지니고 감수성도 풍부한 만능인으로 만들고자 했다. 하지만 지방 사회에서 그런 유의 만능인이 만들어지기란 무척 어렵다. 다만 그 막연하고 애매한 욕망에 부응하는 사교육의 옵션만큼은 풍부하다. 악기 교습은 기본이었고 기원에 다닌 적도 있다. 방학이면 각종 방송사나 청소년 수련원이 여는 이런저런 캠프에 끌려다녔다. 그가 '하이라이트'라고 표현한 건 몽골 교도소에 '문화 전파'를 한다는 캠프에 가서, 단소 불고 상모 돌리는 국악 특기생들 옆에 멍하니 앉아 있던 기억이다.

엄마 본인한테 어떤 주관이 있는 게 아니라 주변에서 미국 대학 가려면 이렇게 해야 된다 저렇게 해야 된다 설계를 해주니까, 엄마도 갈팡질팡하게 되는 거예요. 자기가 고집해야 했던 그 어떤 것과 새로운 교육법 사이에서. 말하자면 제가 자유분방한 애로 컸으면 좋겠기도 한 거죠. 그냥 제가 여러 분야에서 다 두각을 나타내는 천재가 되길 원하신 거예요. 저는 '도대체 엄마가 원하는 게 뭐야!' 이러면서 들이받고, 많이 싸웠어요. 제 유년 시절은 거의 엄마와의 트러블로 이루어져 있어요. 저의 일탈이 엄마에게 거의 저주 수준이었죠.

그런 걸 약점 삼아서 엄마에게 인신공격을 많이 했죠. 엄마의 자아실현을 왜 내가 해야 하느냐는 거죠. 그때는 물론 이렇게 말하진 않았고 "엄마가 대학을 못 나와서 이러는 거 아니야!"라고 했어요. 아주 패륜아였죠. 그러면 엄마는 "넌 정말 못돼처먹은 애다" 이런 식으로 얘길 하셨고, 그렇게 싸웠어요.

오로지 첫째 딸의 교육을 위해 어머니는 TV 수신을 끊었다. 다만 비디오를 플레이할 수 있는 텔레비전은 있었다. 엄마가 바빠서 함께 놀아주지 못하는 사정을 대신해 많은 비디오가 허락됐다. 또 영어 학습 때문에 집에는 카세트 플레이어가 많았고, 잡지도 많이 구독했다. 이렇게 금지된 환경 속에서 영화나 예능 프로그램, 대중가요에 대한 흥미나 애정은 오히려 남들보다 커졌다. 당시에는 '장래희망'이라는 의식까진 없었지만 나중에 영화감독이나 PD 같은 일을 하면 좋겠다고 생각했다.

한편 학교 성적에 직접적으로 관계되는 이른바 국영수 사교육과 그 외의 사교육들은 민사고라는, 나아가 민사고를 통해서 많은 부분이 보장되는 미국의 명문 대학이라는 엘리트 교육의 관문 앞에서 별다른 모순 없이 병행됐다. 또 내신과 특기의 함양과 함께 반드시 필요한 것이, 김괜저 씨 인터뷰에서 확인한 것처럼 체계적인 맞춤 컨설팅이다. 서유진 씨 역시 대구의 입시학원에서 특목고 입시반의 지도를 받았다. 평촌에서처럼 '일반고 다음 외고, 외고 다음 민사고'의 분명한 위계 서열은 없었고 '특목고반' 안의 학생이 쓴 전형에 따라 일대일로 강의해주는 시스템이었다고 한다. 민사고를 준비하던 기간에는 그의 교육비로 한 달에 3백만 원가량이 지출되었다. 적지 않은 돈이었지만 아버지의 사업이 잘되고 있어 부담은 없었다고 한다. 그의 어머니는 심지어 서유진의 이종사촌 동생들 학원비까지 내줄 정도로 교육비 재정을 완전히 도맡았다.

그러나 그녀는 민사고 입시에서 고배를 마셨다. "처음으로 넘을 수 없는 벽을 느끼는" 경험이었다고 했다. 이 경험을 통해 그는 자신이 태어나고 자란, 부잣집 딸로, 전교 1등으로 누려온 세계가, 서울과 수도권 위주로 돌아가는 한국에서 사실은 매우 작은 것이었음을 깨닫는다.

사실 그게 저한테 조금 충격이었어요. 그전까진 묘하게 자부심이 있었던 것 같아요. 천재 코스프레에 심취해 있었던 거죠. '아마 될 걸? 나는 공부 안 해도 잘해.' 사실 엄청 했잖아요 공부. 학원도 엄청 다니고. 늘 그렇게 해서 된 건데, 그렇지 않은 친구들이 많으니까 '난 대충 했는데 된 거야' 이런 식의, 뭐랄까요, 위장을 하고 산 거죠.

그래서 티는 못 냈지만 내심 좌절했어요. '이게 아니구나. 내가 사는 곳, 내가 누리는 것들과는 다른 세계, 내가 아무리 발버둥 쳐도 못 따라가는 아이들의 세계가 있구나. 무조건 싫다고 그랬지만 어쨌든 엄마가 하라는 대로 하면 됐으니까 했는데, 그렇게 하라고 했는데도 내가 안 따라가서 못한 게 아니라 엄마의 방식 자체가 옛날 것이라서 안 되는 게 있구나.' 처음으로 좌절감을 느낌과 동시에 제 친구들이 저한테 느꼈던 계급 간 격차를 느낀 거죠. 지방 중산층 가정에 살면서는 엄두 낼 수 없는 공간이 따로 있는 건가? 그래서 오히려 더 반발심이 생겼던 것 같아요.

탈학교, 탈학교의 탈학교

민사고에는 떨어졌지만 외고에는 합격했다. 고등학교가 결정되기 직전에 3대가 같이 살던 생활이 끝나고 유진 씨네 가족만의 이사가 이루어졌다. 무려 백 평짜리 집이었다. 서울로 치면 세곡동이나 일원동처럼 공기 좋은 외곽에 새로 지어진, 이름에도 '팔공산'이 들어간 상징적인 아파트였다. 서울로 치면 '4대문 안'이라 할 동성로 번화가 근처에 살던 그녀 가족에게는 큰 변화였다. 가족에게 첫 아파트 생활이기도 했다.

학교에서는 그녀가 외고에 입학했다는 사실을 교문 앞 플래카드로 알렸다. 대부분의 친구들은 초등학교를 졸업하면 중학교로 가듯 아주 자연스럽게 근처의 여상이나 공고로 진학했다. 애초에 인문계를 지향하는 친구 수가 적었기에, 선망이나 질시의 시선 없이 홀로 다른 세계로 이동한다. 그리고 지방 도시보다는 서울과 수도권 출신 아이들이 압도적으로 많았던 학교의 기숙사에서, 정서도 관계 맺기 방식도 여전히 대구의 동네에 머물러 있던 그녀는 적응에 어려움을 겪는다.

저 개인적으론 좀 실패했다고 생각했어요. 민사고를 못 갔으니까 '안 돼서 여기 왔군' 이런 거죠. 엄마한테서 벗어난 건 너무 좋았지만 기숙사 생활이 딱히 좋지 않았거든요. 그때 국제고 같은 곳들도 신축해서 되게 좋은 시설이 많았는데 그 학교는 아니었어요. 네 명이서 한 방을 썼고.

가니까 일단 너무 적응을 못 하겠더라고요. 제가 인문학적인 소양은 거의 없고 토플 에세이 하면서 그냥 여러 가지 분야를 기계적으로 외운 상태에서 간 거거든요. 근데 디스커션 하는 일이 너무 많았고요. 애들도 약간 오타쿠 같은 애들이 많아요. 〈에반게리온〉 같은 거 열심히 보고.(웃음) 전 만화를 몰라요. 대체 〈에반게리온〉이 뭔데!(웃음) 하여간 그런 게 너무 답답했어요.

그렇게 적응 못 하고 겉돌다가 사고를 좀 쳤죠. 외고에도 일진이 있더라고요. 그런 친구들이 지방에서 온 친구들을 좀 무시했어요. 그래서 파가 나뉘었어요. 너무 우스운 외고 일진 싸움이죠. 저는 (대구에서) 그런 애들하고 지내본 게 익숙한데, 걔네(대구 친구들)들은 그런 것 때문에 싸우지 않았거든요. 오히려 정의로워요. 그러니까 제 입장에선 걔네(외고 친구들)가 너무 나쁜 거예요. 고등학생씩이나 돼가지고 출신지 갖고 사람을 욕하거나 '냄새 난다' 이런 말이나 하고 다니는 게. 제 세계에서 그런 이상한 애들은 용납할 수 없었어요.

정의의 편에 선 것처럼 말하고 있지만 저도 욕하고 싸웠죠. 싸우다가, 제 진영에 있던 애가 상대편 뺨을 쳤어요. 전혀 심각한 건 아니었고 다친 것도 아니었는데 친구들 부모님들께서 굉장히 민감하게 반응을 한 거예요. 저희 말고도 다른 반에서도 비슷한 사건이 있었어서 학부모들이 재단 쪽에 문제 제기를 하고, 그런 학풍을 조성하는 애들은 격리해야 되지 않겠냐, 이런 얘기가 오가던 차에 많은 변화가 왔어요. 2개월쯤 평탄하게 학교를 다니면서 유학을 가네 자숙을 하네 이러다가, 학기 끝날 무렵에 자퇴했어요.

폭력 사건에 휘말린 것은 '이후로도 2개월쯤 평탄하게 학교를 다녔다'는 말이 알려주듯 그 자체로 그녀를 학교에서 격리 조치하게 만드는 심각한 수준은 아니었던 것 같다. 하지만 당시의 삶에 대한 고민, 거창하지는 않아도 '이런 건 아니지 않나'라는 찜찜함을 구체화하고 그에 대한 답을 찾아내 실행으로 옮기게 하는 계기가 됐다.

외고가 사실은 미래를 보장해주는 학교잖아요. 좋은 대학에 갈 수 있게 해주고 많은 걸 집중적으로 가르쳐주고 케어해주고. 그래서 내심 그때는 여길 나오면 내가 뭐 좀 좋은 게 될 수 있겠다는 막연한 기대감은 있었어요. 그런데 다른 게 전혀 충족되지 않았어요. 일단 영화 보는 시간이 없어진 것. 알게 모르게 그게 되게 큰 탈출구였는데 기숙사에 사니까 그게 안되고. 친구들은 말이 하나도 안 통하고.
거기 애들은 반반이었어요. 아무것도 모르고 공부만 열심히 해서 온 애들이 반, 이미 '이런 루트를 타면 나중에 어떻게 된다'라는 걸 너무 잘 아는 소위 약은 애들이 반. 저는 후자에 가깝긴 했는데 '그러면 내가 기득권 같은 게 되는 건가?' 이런 생각이 있었죠. 그러면서 이건 아닌 것 같다는 생각에 바보 같은 결단을 내린 거죠.

그의 자퇴에는 한 가지 이유가 더 있었다. 마음에 둔 곳이 있었던 것이다.

제가 여러 가지를 잘하면 좋겠다면서 어렸을 때 엄마가 여기저기 보냈다고 했잖아요. 그중 하나가 하자센터*였어요. 아, 물론 그건 제가 알아본 데였고요. 엄마는 "그래라" 하면서 KTX 정기권을 끊어주신 거죠. 저는 영화엔 꾸준히 관심이 있었거든요. 그래서 서울 왔다 갔다 하면서 영상 만드는 걸 배웠죠. 그게 중3부터 고등학교 1학년 사이였어요.

하자센터 안에 있는 대안학교에 감화를 많이 받았어요. 그때는 관심은 있었지만 전혀 (밖으로) 꺼낼 수 없었고 저랑 완전 거리가 멀다고 생각했기 때문에 그냥 '여기 다녀도 재미있겠다' 정도였어요. 그런데 거기서 탈학교한 애들을 많이 봤을 거 아녜요? (외고에서 사건을 겪고 나니까) '나도 그냥 그래야겠다' 생각이 든 거죠.

나도 2004년 초 대학 가기 직전에 하자에 드나든 경험이 있다. 서유진 씨와는 시기적으로도 조금 어긋나고 대안학교에 입학한 게 아니라 짧은 워크숍을 수강한 거라 경험도 많이 달랐겠지만, 어쨌든 형제자매 관계 외에 또 하나 공통점이 있었던 셈이다.

처음에 어떻게 정보를 얻었는지는 기억나지 않지만 신문이나 잡지에서 무척 자유롭고 멋진 곳으로 묘사되었던 게 아닐까 한다. 물론 아무 배경 지식이 없는 상황에서 그

---

* 하자센터의 공식 명칭은 '서울시립청소년직업체험센터', 1999년 개관했다. IMF 이후의 유동하는 사회와 기존 교육의 한계라는 위기의식 속에서 조한혜정을 필두로 한 문화연구자, 페미니스트들을 주축으로 설립되었으며, 서울시 기관으로 연세대학교가 위탁 운영해왔다. 설립 초기에 각 분야의 장인들과 10대 청소년들을 잇는 도제식 프로젝트로 자발적인 작업자를 양성했고, 2001년에 하자작업장학교를 개교했으며, 일반 청소년들을 위한 진로 교육 프로그램들을 선보여왔다. 현재는 세대 간 교류와 영역 간 협업을 지원하는 플랫폼 하자허브가 신설되고 하자작업장학교가 확대 개편되는 등 일반 고등학교를 대체하는 '대안학교'의 틀을 넘어 교육 자체를 중심에 둔 다양한 실험을 도모하고 있다.

곳을 찾아내고 동경하기 위해서는 몇 가지 조건이 필요하다. 비서울 출신의 서울에 대한 열망, 문화나 인문학, 영화나 영상에 대한 관심, 공교육이나 사회에 대한 막연한 불만. 당시의 하자센터는 이런 청소년들을 흡인하는 몇 안 되는 기관이었는데, 애초에 그런 '조건들' 또한 하자를 탄생시킨 90년대 문화연구의 융성, 그걸 가능케 한 물적·매체적 환경 속에서 생성된 것이 아닐까(라고 10여 년이 지난 시점에 생각해본다.) 90년대는 문화의 시대였으며, 그 시절 뜨겁고도 문제적이었던 문화연구라는 학문 분야이자 태도이자 신(scene)을 통해 하자센터가 탄생할 수 있었다. 그리고 그 첫 피험자군이 바로 나와 유진 씨를 포함한 80년대 중후반생, 대학 진학률 80퍼센트 시대의 청소년들이었다. 아직 젊고 상당수가 여전히 대학원 학위 과정에 있었던 하자의 선생님('판돌')들과 우리('죽돌')가 학생으로 맺어지는 과정에서 맞물려 일어난 일이 IMF 경제 위기였고 말이다.

— 하자작업장학교에 간 건 전적으로 스스로 알아보고, 스스로 하고 싶어서 한 일이잖아요. 어땠어요? 좋았나요?

전혀 좋지 않았어요. 제 인생의 가장 실패.(웃음)

결론부터 말하자면 그는 하자작업장학교 역시 1년을 다니고 자퇴한다. 다른 사람이 '고교 3년'이라고 말하는 그 시간이 그에게는 1년은 외고 입학과 자퇴, 1년은 하자작업장학교 입학과 자퇴, 나머지 1년은 대구의 재수학원에서의 수능 준비라는, 비범하고 복잡한 경로로 이루어져 있다. "인생의 가장 실패"라고 자조적으로 말했지만, 실패라기보다 실망에 가까웠다. 그리고 그 실망은 당시 대안교육이 누구에게나 열린 평등한 교육을 지향하기는 했어도 결국 어느 정도 문화자본을 가진 상태로 공교육에서 이탈한 일부 청소년에게 더 '적합할' 수밖에 없었기 때문일 것이다.

제가 입학한 그 시기(2006년)가 변화의 시기였어요. 그 무렵에 서울시 정책이 바뀌면서, (하자작업장학교에서) 문제아를 일정 비율로 수용해야 했어요. 그것 때문에 혼란의 연속이었죠. 입학했는데 진짜 서울 양아치들이 있는 거예요. 불광동에서 폭주 뛰던, 지금은 보디빌딩으로 되게 유명한 애 있어요. 여상 자퇴하고 온 친구들도 있었고. 그런 비율이 20퍼센트면 나머지는 또 두 부류로 나뉘는데 하나는 저처럼 하자센터로 처음 대안학교를 경험한 애들, 또 하나는 어렸을 때부터 그런 교육 받은 애들, 엄마 아빠가 전교조 교사라거나 페미니스트인 그런 애들이었어요.

센터장이나 선생님들이 보기에 저는 좀 이상한 애인 거죠. 저한테 옛날 1세대 키드, '컴백홈' 세대한테처럼 영상이나 인문학, 철학을 강의하셨고 저 때문에 영어 수업을 따로 만들어서 (외고 때랑) 똑같은 디스커션을 시키는 거예요. 그 시기에 (선생님으로) 영입된 남자분이 있었어요. 원래는 남자분이 거의 없는 학교인데 그분이 오셔서 저를 비롯한 외고 출신 몇 명을 모아가지고 자꾸 뭔가를 하시려는 거예요.

하자에서 그는 선생님들로부터 유학이나 국내 명문 사립대 진학 등의 권유를 받았다. 그것이 대안교육 시설의 취지와 아예 모순되는 것은 아니다. 하자센터의 교육이 서로 다른 아이들에게 일괄적인 솔루션을 제공하는 것이 아니니 말이다. 다만 서유진은 특목고를 벗어나 다른 길을 찾아왔는데도 다시 특목고에서와 같은 길을 제시 받는 것에 혼란을 느꼈다고 한다.

유독 저만 대학에 가라는 현실적인 조언을 계속 받게 되는 상황인 거였죠. 사실 그 선생님들한테도 그게 큰 실험이잖아요. 제가 그곳에 안 어울리는 사람이라고 생각해서 오히려 더 그랬던 건지도 모르겠고, 사실 잘 모르겠어요. 여하튼 그런 걸 보면 저한테는 별로 달라진 게 없었죠. 어떻게 보면 외고에 있는 편이 더 양질의 수업을 받을 수 있었던 거니까요. 이렇게 여기서도 이방인이 되어간다는 느낌이 드니까 그럴 바에는 내가 원래 하던 방식대로 하는 게 좋겠다는 생각이 들었어요. 그래서 하자센터도 자퇴했어요. 탈학교의 탈학교인 거죠.

'일정 비율'로 받았다는 문제아 탈학교생들도 대부분 얼마 못 가 자퇴했다.

— 역시 잘 어울리지 못한 건가요.

전혀요. 문제를 많이 일으켰어요. '걸어서 바다까지'라는 걸 해요. 말 그대로 걸어서 강원도 바다까지 가는 프로그램이에요. 국토 대장정의 미니 버전인데, 그걸 무조건 가야 해요. 신입생 1학기 때 다 같이. 그걸 하다가 불광동 폭주족이던 그 친구는 양양쯤 갔을 때 히치하이킹해서 (집으로) 돌아갔어요. 사실 그동안 소외당해온 친구들이 서로 의지해 거기까지 걸어가서 모두 바다를 보는 게 대안학교의 로망인 거잖아요. 그런데 문제아들이 섞이니까 '아 ×발 너무 힘들어', 이렇게 되는 거예요. 근데 또 초등학교, 중학교를 홈스쿨링하거나 다른 대안학교 나온 친구들은 '아, 재밌어, 재밌어' 이러고 있고. 개네들은 제가 영원히 이길 수 없는 존재들이죠. 닥종이로 뭔가 엄청난 걸 만드는 애들, 나중에 커서 '리코더 부는 사람이 되겠다' 이런 애들이니까. '뭐? 리코더를 분다고?' (웃음)

대구여 안녕

하자센터를 자퇴하고 돌아와 그는 대구에 있는 기숙학원에 들어간다. 대부분 그보다 나이가 많은 재수생들이 있었다. 2007년 2월부터 9월까지 7개월을 기숙학원에서 보냈다.

— 다시 대구에 와서 대학을 준비할 때는 어떻게 할 계획이었어요? 굉장히 피곤한 2년을 보낸 셈이잖아요. 정반대의 경험을 했는데 둘 다 자기 의지로 나오게 됐고, 어떻게 보면 세상을 너무 많이 알아버린 것 같기도 했을 텐데.

그때 결심은 오히려 '아무것도 생각하지 말자'였어요. 제가 기초 소양이 거의 없는 상태에서, 원래 십 몇 년 동안 살아온 세계와는 완전히 다른 유의 교육을 받고 갑자기 너무 많은 걸 알게 된 거잖아요. 제가 주디스 버틀러니 전혜린이니 이런 사람들을 그전에 어떻게 들어봤겠어요. (하자에서) 세대적인 고민 같은 것도 할 수 있게끔 이끌어주셨고. 확실히 절 독립시켜주셨죠. 그리고 제가 약했던 인문학적인 소양을 압축적으로 갖출 수 있었고, 페미니즘 교육도 받았고요. 그런 교육을 받으면서 얻은 것도 많지만 좀 혼란스러운 부분도 있었던 거죠.

학원에서도 전 이상한 사람이었죠. 고3이 재수학원에 갔으니. 그래서 오히려 관심을 많이 가져주시더라고요. 어떻게 보면 행운이었죠. (남들과 다른 경험을 하면서) 좋은 선생님들, 저한테 관심을 많이 쏟아줄 수 있는 분들 사이에 있었던 것 같아요. 그래서 오히려 재수하던 시절엔 전혀 마음의 동요 없이 평탄했어요.

— 하자센터를 자퇴했을 때 엄마는 어떻게 반응하셨어요?

완전 반가워하셨죠. 재수학원 가야겠다고 말하니까 "그래, 그치?" 이렇게 나오면서 바로 알아보셨고 2주 뒤에 들어갔으니까요. 내심 그러길 바라신 걸 수도 있고. 이상하게도 엄마는 제가 아주 헛된 방황을 했다고는 생각하지 않으셨어요. 대안학교에서 배운 것들로 인해 저한테 생긴 변화가 엄마한테도 영향이 좀 있었거든요. 어떻게 보면 여전히 바보기는 한데 여러가지를 조금씩 어중이떠중이처럼 알게 된 걸 보고, 소위 말하는 사유하는 능력에 깊이가 조금 생기니까, 엄마로서는 자기가 해줄 수 없는 영역을 거기서 해준 셈이니 아주 헛되었다고는 생각 안 하신 거죠.

그런데 제가 대학교도 1학년 때 자퇴했거든요.(웃음) 반수해서 다른 대학에 갔어요. A사립대에서 B사립대로. 엄마는 '자퇴만 하다 인생 끝낼 거냐, 이럴 거면 뭐 하러 자퇴를 하냐'며 너무 답답해하셨죠. B대학 1학년 때 절엄청 예의주시하셨어요. 또 그만둘까 봐.

— 결론부터 말하자면 B대학은…

졸업했어요.

— 학교를 세 번이나 자퇴한 경험은 독특한 일인데.

정말 미친 짓이죠.(웃음)

서울에서의 대학 생활은 기숙사와 오피스텔 자취를 오가는 이사의 연속이었다. 운좋게 기숙사에 붙으면 기숙사에, 떨어지면 부모님이 마련해준 전세자금으로 서울 동북부 외곽에 있는 오피스텔에 살았다. 아버지의 사업 문제로 집안에 큰 변화가 생긴 것은 2011년경이다. 가족들은 대구 생활을 정리하고 서울로 이사를 왔다.

아버지 사업은 제가 대학교 3학년 때까지 잘되다가 아버지가 정치 쪽에 좀 기웃거리시고 사업도 무리하게 확장하시다가, 잘 안 됐어요. 그때는 이미 철강업 외에도 건설업이랑 이것저것 너무 많은 걸 하셨어요. 여러 개 사업체가 연쇄적으로 부도를 맞는 중에 아버지는 정치 같은 걸 하시느라 사업에 신경도 못 쓰시고, 그때 집이 완전히 풍비박산이 난 거죠.

다만 그의 인생에는 큰 영향을 끼치지 않았다. 이미 서울에 나와 있었고, 추가적인 월세가 들지 않는 곳에서 살면서, 장학금과 과외 아르바이트로 스스로 학비는 물론 생활비까지 해결하던 시점이었기 때문이다.

엄마는 워낙에 미리 대비책을 잘 만들어놓고 그러신 분이어서, 건설 쪽 사업체를 어떻게 하나 건져서 아빠 지금까지 그걸 하고 계세요. 저는 일단 큰 부담은 없었어요. 동생들은 좀 달랐겠죠. 특히 여동생이 고3 때 생긴 일이라 여동생이 많이 힘들어했다는 얘기를 들었는데, 어쨌든 잘 버티고 넘겨서 좋은 학교에 갔고요. 근데 그때 경제적으로 위축되었던 기억이 되게 슬프고 암울했는지 여동생은 이후로도 아르바이트를 되게 많이 했어요.
아 맞다, 저희 집이 이사를 했어요. 집이 어려워진 뒤 아파트가 경매에 넘어가고 대구에 아파트 세놓은 것도 몇 개 있었는데 그런 것도 날아가고 했지만, 엄마가 일전에 서울에 집중 투자하신 데가 있어서 집 하나를 건진 거죠. 경매에서 싸게 샀다가 세놓던 데를. 아빠 회사 법인이 서울에 있기도 하고 여동생도 대학을 서울로 가게 돼서 다 같이 이사를 왔어요. 그러면서 대구에 있던 저의 기반이나 이런 건 완전히 끝난 거죠.

하나 '건졌다'는 아파트는 공교롭게도 강남의 부촌에 있었다. 안 그래도 모든 네트워크가 있던 대구를 떠나 완전히 새로운 곳에 정착해야 했던 유진 씨의 어머니에게, 그 위치는 부담을 이중으로 안겼다.

그것도 참 할 말이 많아요. ○○동에서 엄마가 사귄 사람들과 그 갭에 대해서. 엄마는 그동안 아빠 사업이 잘돼서 좀 그런(부유한) 생활을 하긴 했지만, 그만의 스케일이 있는 거거든요. 백화점 VIP라고 해봤자 지역에 있는 백화점이랑 서울에서도 가장 고급이라 하는 ○○동 백화점이랑 다르잖아요. 여길 왔더니 알던 세계랑 너무 많은 차원에서 다른 거죠. 돈 쓰는 규모가 다르죠. 엄마는 지방 사람이고 사투리를 쓴다는 그런 낮은 차원의 문제도 있고.

저는 서울 생활을 먼저 했잖아요. 대학교 때 이미 8학군 애들한테서 괴리감도 느껴봤고 어떤 세상이 있다는 걸 조금은 알아서, 제 생활양식에 큰 영향이 있지는 않았거든요. 그런데 엄마는 좀 있었던 것 같아요.

지금은 향초 브랜드 대리점 하나 하시면서 나름의 서울 생활을 하고 계세요. 물론 힘들어하셨죠. 연이 없는 곳에 아무 준비 없이 왔으니까. 그래도 지금은 어쨌든 사람도 많이 사귀고 꽤 적응을 하신 상태예요.

풍비박산이라고는 했지만 완전히 파괴된 것이라기보다는 생활의 여러 면이 축소된 채로 연착륙한 모양새다. 이즈음 그의 삶에 드리워진 그림자는 다른 곳에서 왔다.

기나긴 자립

여기까지가 어머니의 교육열과 강한 압력 속에서 세 번의 자퇴를 경험한 학생 시절의 이야기였다면, 여기부터는 선택의 비중이 높아진 어른으로서의 이야기다. 유진 씨가 먼저 중요하게 언급한 것은 가족의 그늘을 벗어난 상태에서 처음으로 맺은 친밀한 관계와의 단절, 그로 인한 혼란에 관해서였다.

제가 1학년 때 첫사랑에 크게 실패해서 거의 반년간 잠수를 탔거든요. 학교를 안 나가니까 학사경고를 받았고요. 어떤 남자애를 만났는데, 그 사람이 유명인, 프로 운동 선수였어요. 처음엔 전혀 (사귈) 생각이 없었어요. 사실 말이 통할 수가 없거든요. 그런데 저는 하자센터에서 만난 애들처럼 예술하고 아는 거 많은 친구들한테는 또 이성적인 매력을 못 느껴요. 제 취향은 늘 어릴 때 그 슬럼가 친구들과 맞닿아 있는데, 어떻게 보면 운동 선수의 그런 면에 끌린 거죠. 하여간 어쩌다 잘 되어서 만나게 됐는데, 이게… 좀… 아닌 거죠…. 정상적인 연애가 아니었어요.

그 사람이 만나는 사람들을 보면 유명한 사람, 모델, 연예인, 그런데 저만 학생이었어요. 그 사람이 가는 데는 죄다 무슨 연예인 오는 실내 포장마차, 누가 봐도 주인이 마담뚜인 그런 곳이었고, 밤에만 만나고, 얼굴을 본 적이 없어요. 항상 (차 안에서) 나란히 앉아 있으니까. 항상 경계를 하고 숨어 있어야 하니까…. 저 같은 사람을 만나면 안 되는 거였어요. 저는 뭣도 모르고 그냥 저 좋다니까 사귄 건데 나중엔 제가 더 좋아하게 돼서 거의 미친 사람처럼 잘해준 거고요. 이 사람은 저한테 그럴 필요가 없는 사람이었어요. 물론 다른 유명인에 비하면 건실한 편이겠지만.

5개월쯤 만나고 헤어졌는데 그동안 저는 멘탈이 완전히 털린 거예요. 연애 자체가 처참하게 끝났는데 걔는 또 제 친구랑 연애를 시작하고, 이렇게 되니까 그 후에도 정신을 못 차리겠더라고요. 그래가지고 거의 1년을 허송세월하고 학사경고 받고 우울증 상담도 받고, 엄마가 서울 오셔서 저를 강제로 데려가시고… 히키코모리처럼 살았어요.

— 지금은 그 일에 매몰되었던 상황을 벗어났잖아요. 그때의 일을 복기하고 분석해보자면 왜 그랬던 것 같아요?

예컨대 제 동생들은 옛날부터 독립적인 부분에 관심이 많았어요. 가족에서 벗어나 자기 네트워크를 만드는 데에. 특히 남동생은 늘 가족보단 연애가 먼저예요. 결혼도 빨리 할 생각이라고 하고요. 저는 그게 아닌 상태로 늘 가족에 종속돼 있었고 언젠가는 엄마의 기대를 충족시켜주기도 해야 될 것 같고 이런 상태에서 얼떨결에 이 남자를 만났는데, 사귀면서 점점 더 좋아지게 됐고 그 사람도 계속 믿음을 주는 말을 많이 했어요.

이 사람 주변에는 화려하게 노는 사람들이 많았지만 이 남자는 또 그런 타입은 아니어서, 저는 나름 처음으로 집에서 독립해서 나의 연애를 기반으로 한 세계를 만들 수 있겠다고 생각한 거죠. 처음에는 숨어서 몰래 연애하는 것도 재미있었거든요. 얘를 좋아하는 사람이 많은데 얘는 절 좋아하고, 이런 것도 좋았어요. 근데 시간이 지날수록 제가 너무 많이 의지하게 된 거예요. 나이는 한 살 차이밖에 안 나지만 이 사람은 어릴 때부터 엘리트 체육 교육을 받았고, 그때 이미 유명인이어서 부와 명성이 보장된 사람이었고, 이미 차가 있는 건 물론이고, 개인사업자이기도 하고, 소득세도 내고 있고… 저한테는 너무 어른이었어요. 돈도 제가 버는 스케일이랑 너무 다르고. 그러니까 제 친구들은 다 시시한 연애를 하는 것 같고요. 그러면서 도움도 받고 이런 게 얽히면서 제가 너무 심하게 의지를 하더라고요. 그러면 안 되는 거잖아요. (헤어지면) 그게 딱 끊기니까요. (헤어지고 나서) '내가 앞으로 삶을 영위할 수 있나?' 이런 생각까지 했었어요. 그전에 내가 어떻게 살았는지 전혀 기억이 안 나는 거예요. 그래서 방황을 심하게 했던 것 같아요.

저는 그 첫사랑의 실패가 무슨 망령처럼 20대 초반 전체를 지배했어요. 그 후에 다른 사람을 만나기도 했지만 '다시 원래대로 돌아갈 거야' 줄곧 이런 생각을 가졌던 거예요. 그때의 저는 좀, 다른 자아였어요. 제가 그간 잘 살아온 자아가 아니라 뭔가 분리된 느낌이었죠. 그렇게 치명적인 사람이 아니었는데도 그냥 그 사람이랑 함께하는 미래를 잔뜩 그렸는데 그게 어긋나면서. 그리고 그 남자의 연애사가 제 주변인들과 이루어졌기 때문에 그 소식이 막 들려왔고…. 전 계속 집을 옮겨 다니고 아빠 사업은 어려워지고, 의지할 데는 필요한데 저의 희망은 항상 그 남자한테만 머물러 있고, 너무나 여러 가지가 뒤죽박죽되어 있었어요.

그때를 돌아보면 뭔가를 차근차근 쌓아나가는 게 아니라 엉망진창이 된 걸 수습하면서 보낸 것 같아요. '상황이 다 나아지면 다시 그 남자를 만나겠지', 은연중에 이런 생각도 했고. 물론 그게 이상한 생각이란 걸 인지하면서도 늘 바람이 있었던 거죠.

다소 특수하다고 할 이 연애담의 내용에서 어떤 집단적인 의미를 끌어낼 수는 없을 것이다. 다만 한 사람의 삶을 연대기에 의존해서 말한다고 할 때, 그 이전과 이후를 크게 바꾸어놓는 사건이라는 형식으로서 생략할 수 없는 이야기였다.

연애관계의 파탄, 실패가 그 내용 각각의 고유함과 상관없이 삶에서 이런 큰 일이 되는 것은 남녀의 제도적 결합을 관계의 최종 목표 혹은 성공으로 표상하는 이성애 로맨스-가부장제 사회에선 상당히 흔한 일이다. 유진 씨가 말한 것처럼 이 짧은 연애가 그토록 오랫동안 그를 괴롭힌 것은 가족에 종속되어 있으면서도 그 영향에서 벗어나고 싶어 했던 상황에서, 새로운 관계를 통해 지금까지와는 완전히 다른 세계로 진입할 수 있을 거라는 기대를 가졌다가 그 기대 자체에 좌절했기 때문이다. 구체적으로 결혼을 생각한 것은 아니었겠지만 미래를 함께 하는 사이의 모델은 결혼이라는 관념에서 제공되었다고 할 수 있을 것이다.

관계에서 구원을 추구하다가 그것이 본질적으로 불가능하다는 사실을 알게 된 이 사건은, 가족의 경제적 상황 변화 등 주변의 여러 상황과 공명하면서, 자신 외의 다른 것에 대한 회의와 그에 따른 모종의 자립심을 강화한 듯 보인다. 이후에 자세히 나오겠지만, 그리고 바로 그 맥락 위에서 비혼주의나 현재의 그녀를 둘러싼 어머니와의 시각차와 갈등이 생긴 것으로 보인다.

그리고 이 폭풍에서 유진 씨를 벗어나게 만든 일 역시, 그녀를 근본적인 차원에서 홀로 서게 만들었다. 연애 실패로 힘들었던 시간을 벗어나게 해준 계기가 있었느냐고 묻자 놀라운 대답이 돌아왔다.

병이 생겼어요. 그때 음주를 너무 많이 해서 간 수치가 엄청 올라가서요. 그 사람이랑 헤어지고 나서 건강 관리를 못 하다 보니까 어느 날 되게 아픈 거죠. 거의 움직이지도 못할 정도로 머리가 아파서 병원에 갔더니 완치가 어려운 병이 생겼대요. 그런데 아프니까 오히려 좀 각성하게 되는 부분이 생기더라고요. 포기하게 되는 게 아니라. 이렇게 살아서 벌 받나 하는 생각도 들었고. 그래서 치료를 하면서 학교에 나가게 됐죠.

목 쪽에서부터 시작해서 원인 모를 엄청난 고열이 계속 생기고, 엄청 빨갛게 달아오르고, 생리가 멈추고, 급격히 살이 빠졌다가 급격히 쪘다가를 반복하고, 두통이 너무너무 심각해지는 상황이 와요. 그런데 한번 겪은 일이라서 이제는 어떻게 해야 된다는 걸 알아요. 병원에 가서 뭘 처방 받으면 되고 뭘 하면 되고, 이런 걸 아는데, '그렇게 됐다' 확진을 받고 수술 전까지 있으면 그냥 아무 생각이 들지 않아요. 아프다, 빨리 나아야겠다, 그 생각밖에 없어요. 원망스러운 거? 그런 건 없어요. 어쩔 수 없는 일이니까요. 놀지를 못 하니까 그런 게 조금 힘들지 다른 건 없어요. 술은 안 마신 지 1년이 넘었네요.

이후 나머지 대학 생활은 평범함을 관찰하며, 그 평범함 속에 휩쓸려 조용히 지낸 시간이었다. 두 학번 아래 후배들과 적당한 거리의 친구로 지내며 취업 시장에 나가기 위한 준비를 했다. 자기계발이나 스펙 관리까진 못 해도 약간의 어학 공부, 공모전 준비 등 '남들 다 하는 정도'는 했다.

그는 별다른 취업난도 방황도 겪지 않고 금세 취직했다. 취업을 준비하면서 막연한 불안감은 있었지만 스트레스는 크지 않았다고 한다. 졸업과 함께 모 방송사에서 인턴을 했고 그 기간이 끝나자 또 다른 방송사에서 정규직 자리를 얻었다. 두 회사에서 하는 일 자체는 크게 다르지 않았다. 간단히 말하면 방송사에서 만든 콘텐츠를 해외로 판매하는 업무다. 방송사는 경쟁률도 높고 들어가기 어려운 직장으로 꼽히지만 PD나 기자 같은 제작 직종에만 해당되는 이야기로, 유진 씨는 자신이 '하향 지원'을 했으며 그래서 쉽게 취직할 수 있었다고 말했다.

왜냐하면 방송국은 제작 쪽이 항상 메인이고 거의 그쪽 위주로만 돌아가는 데잖아요. 그런데 전 제작 외 사무·행정 쪽 일을 지원한 거니까요. 전 이 일에 좀 재미를 느낀 것 같아요. 여기가 방송국의 주 수입을 내는 부처거든요.

기자나 PD가 되려면 해야 하는 공부들이 있다는 건 알았지만 엄두가 안 나는 상황에서 콘텐츠국 인턴을 뽑는 데 들어간 거죠. 살짝 명목상 뽑긴 했지만 의외로 많은 일을 해야 했어요. 예능국에도 인턴이 꽤 있었던 걸로 기억하는데, 거기선 인턴들이 짐처럼 방치되는데 이쪽은 인력이 필요했던 무렵이라 오히려 일을 여러 가지로 했던 것 같아요. 그런데 제가 인턴으로 있던 그 방송사는 더 이상 정규직을 뽑지도 않고 정규직 전환도 없었어요. 그러던 중에 저희를 맡아 주셨던 차장님이 인턴 애들한테 정이 들었는지 여러 가지로 알아봐주셨고, 그렇게 소개를 받아 지금 직장 공채 시험을 보게 된 거죠.

4년제 대학을 졸업하자마자 기업에 취직해서 인터뷰 시점까지 동일 직종에 종사해 온 경우는 인터뷰이 가운데 서유진 씨가 유일하다. 그리고 적어도 이 시점까지 그녀에겐, 이 일이 '자신의 꿈이나 이상과 어긋나기에' 혹은 '다른 가능성을 찾고 싶어서' 다른 일을 찾을 생각은 없어 보였다. 이 일이 적성에 완전히 맞고 행복해서 아예 다른 일이 생각나지 않는다는 뜻이 아니다. 다만 적절히 노동하고 서울에서 혼자 살아가기에 충분한 월급이 틀림없이 주어지는 환경의 유지는, 그녀에게 결코 다른 일에 그 순위가 밀릴 것 같지 않아 보였다.

인터뷰 초반 그는 어린 시절 주변 친구들이 자기와는 달리 철이 들어 있었고 '내게 철들었다는 건 경제적인 감각이 발달했다는 의미'라 말했는데, 그런 '경제적인 감각'을 놓치지 않는 것에 대한 존중의 시선이 지금도 강하게 이어지고 있다는 생각이 든

다. 앞서 봤듯이 스무 살 이후의 경험도 혼자서 여러 상황을 통제할 수 있도록 스스로를 자립시키는 방향으로 진행되어왔고, 그 첫째 조건은 바로 내 멋대로 운용할 수 있는 경제적 기반이다.

그런 의미에서 다소 엉뚱한 이야기일지도 모르지만, 인터뷰 당시 그가 약속 장소에 자기 차를 직접 운전하고 나타났다는 사실에 조금 놀란 기억이 있다. 차를 소유하고 직접 운전을 한다는 게, 내게는 어른의 상징처럼 생각되었기 때문이다. 그 이야기를 잠깐 삽입하자.

운전은 (대학교) 1학년 때부터 했어요. 저는 운전을 너무너무 하고 싶었어요. 그래서 수능 치고 바로 면허 땄고, 이후로는 렌트를 엄청 해서 도로에서 날린 돈이 어마어마해요. 대학 때 과외로 번 돈을 적금 비슷하게 들어서 빼가지고 똥차를 샀고 그걸 아직까지 타고 있어요. 사실 제가 대학 막판에 돈을 되게 많이 모았거든요. 논술 첨삭 과외를 엄청 많이 해서 많이 벌었어요. 그룹과외를 하면 목돈이 쉽게 벌려요. 거의 기계처럼 돈 벌다 보니, 그래서 대학 시절에 아무 생각이 없었던 걸 수도 있어요. 제가 이거저거 실패의 경험이 많으니까 애들한테 어려운 선생님이 아니었던 것 같아요. 항상 어렵게 생각하지 말라고, '내가 왜 이걸 해야 되나'라는 고민이 들겠지만 기계적으로 생각하렴, 생각을 간소화하렴, 이렇게 말했거든요. 그러면서 기능적인 걸 많이 가르쳐줬어요. 그래서 애들이 잘 따라왔고, 한때는 지금(회사에서)보다 많이 벌기도 했어요. 많을 땐 (한 달에) 네 탕 뛰어서 4백 가까이 벌었으니까.

본명과 생업이라는 규정을 넘어서는 것들

위에서 본 그녀의 경제적 자립에 대한 생각과 자립 자체는, 그녀가 '줄곧 하고 싶었던 일'을 생활 속에 양립시키는 방법과도 관련이 있다. 앞서 군데군데 암시되었듯이 그녀는 원래 PD처럼 직접 콘텐츠를 제작하는 일을 하고 싶어 했다. 하지만 현재 직장을 그만두고 원래 꿈에 도전할 생각은 전혀 없어 보인다. 다만 직업이 아닌 다른 영역에서 하고 싶은 일을 이어갈 계획이 있고, 실제로 실행에 옮기고 있기도 하다.

이것은 그녀가 직업인으로서의 자신과 전혀 무관한 SNS 자아를 운영하는 것과 이어진다. 앞서 언급했듯 내가 그녀를 알게 된 것은 SNS를 통해서였는데, 그녀는 이 SNS 활동으로 본업과는 다른 영역에서, 본명과는 다른 이름으로 나름의 경력과 네트워크를 쌓아 올리고 있었다. 이런 식으로 소셜네트워크서비스의 계정 활동만을 독립된 영역으로 하는 또 다른 사회생활의 영위가 가능해진 것도, 비교적 최근에 시작된 현상이다.

우리 시대의 '직업'과 '작업'에 대한 그의 감각은 시사하는 바가 적지 않다. 하고 싶은 일이 돈이 안 되는 창작의 영역에 있는 경우, 그 일을 직업과 일치시켜 정체성의 일원화를 도모할 것인가, 아니면 '직업은 직업, 작업은 작업'이라는 균형을 잡을 것인가.

저한테는 어쨌든 (영상) 연출에 꿈이 있거든요. 그런데 방송 쪽은 이제 너무 신물이 나고 어려움이 많다는 걸 알기 때문에 (이쪽으로 직업을 가져볼) 마음이 없어졌어요. 하지만 영화 만드는 건 계속 하고 싶어요. 늘 영화를 좋아했으니까.

사실 작년에 아프기 직전까지 해오던 작업이 있었어요. 요즘 그런 (소규모 영상 제작) 스타트업이 많아요. 작년에 누가 제의를 해서 거기 붙어가지고. 시추에이션 코미디 웹드라마 같은 거예요. 그러다 몸이 너무 안 좋아서 잠깐 쉬고 있고요.

제 고민은 '이걸 계속 끌고 가되 너무 몰두하지 않고 할 수 있지 않을까?' 이거예요. 책임감으로 만들지 말고 일단 그냥 재밌는 이야기를 만들고 재밌는 작업을 해보자. 하자 때 친구들을 비롯해 제 주변에 예술 작업자들이 많거든요. 그런 사람들이 항상 저를 보면서 직접 말은 안 해도 한심하게 생각하는 부분이 있어요. 소비자 입장이라는 거죠. 그런데 저는 '소비자 입장에서 만들면 안 돼?' 그런 생각이 있어요.

그런데 이 자체도 실험적인 것이, 저는 그렇게 해본 적이 없고 늘 몰빵을 해왔으니까. 대안학교에서도 그렇고 입시를 거쳐온 과정도 그렇고 시기마다 한 가지에 몰두해왔잖아요. 다만 이걸 해서 성공하고 출세하려는 거창한 포부는 없기 때문에 일단은 그냥 한번 진행을 해보자(싶은 거죠). 물론 이건 제 밑천이 너무 드러나는 일일 수도 있어요. 그렇지만 '아무런 동기나 포부 없이 만들어지는 것이 왜 의미가 없지?' 이런 생각이 좀 있거든요.

그런데 모르겠어요. 욕심 없는 게 어떤 결과를 만들어낼지를. 개인적으로는 야심 넘치고 천재적인 작업물을 좋아하거든요. 근데 제가 그런 사람이 아니니까 당분간은 회사 다니면서 이런 식으로 해야겠죠. 엄마가 어렸을 때부터 말하던 "그런 건 취미로 해!" 딱 그 상황이 된 거죠. "그래? 그럼 해볼게 취미로" 이렇게 된 건데. 모르겠어요. 망할 수도 있어요.(웃음)

그가 만들고자 하는 영상은 짧은 시추에이션 코미디 시리즈다. 자전적인 역사를 웃기게 비틀어 담고 싶다고 했다. 그가 선택한 '직업은 직업, 작업은 작업'이라는 경로는 비단 새로운 시대의 노동 문제일 뿐만 아니라, 우리가 소비하는 미디어가 어떻게 변화해왔는지와도 관련이 있다.

저는 졸작(拙作) 마니아거든요. 실패한 야망을 되게 좋아해요. 원대한 포부가 꺾이는 과정을 보는 게 너무 재미있어요. 제 스스로가 너무 용두사미의 삶을 살기 때문에. 늘 포부와 계획은 거창하지만 결국엔 와우와우왕왕왕왕~~(시트콤에 자주 나오는 음향효과), 이렇게 되어버리는 기록들을 남기자는 취지예요. 왜, 바보 같은 밴드 하는 분들 많이 있잖아요. 뭔가를 계속 만들고 그게 자기 디스코그래피가 되고. 그냥 그런 게 좋아 보여요. 자기 타임라인을 그런 식으로 남기고 그걸 다른 사람들이 공유해준다는 게. 제가 워낙 특이한 루트를 타서 제가 하는 일이 제 세대가 가질 수 있는 일반적인 비전은 아닐 것 같지만, 저의 이런 축적된 경험들을 어떤 식으로 틀어서 이야기하면 사람들이 재밌어하지 않을까? 말하자면 자전적인 시트콤을 하게 될 것 같아요. 물론 이런 작업은 너무나 많은 사람들이 이미 했고 또 하고 있죠. 그런데 '시장'과는 상관없이 제 스스로 그런 식의 스케치를 꾸준히 하고 싶은 거죠.

— 제가 최근 주변의 동시대 예술가들한테 기대하는 것도 일종의 자전적인 작업들인 것 같아요. 어떤 방대한 레퍼런스를 어떤 식으로 흡수했을 때 나이테나 퇴적층처럼 나오는 것. 단순히 쌓아 올리는 것만이 아니라 그 사람이라는 실린더 안에 들어가야만 나올 수 있는 것들이 재밌더라고요. 꼭 누가 더 우월하고 누가 더 잘 시대를 반영했는가를 떠나서 같은 시대의 숨을 먹었을 때 호흡의 결과를 보고 싶다는 거죠. 그리고 그걸 창작자 본인이 잘 알고 있어야 하고.

물론 작업물이라는 것은 예술적, 사회적 가치 평가에서 벗어날 수 없다는 것도 아는데 개인적으로는 '그냥 하면 안 돼?' 이런 거죠. 제가 너무나 많은 콘텐츠의 영향을 받았고, '그러니까 나도 할 수 있지 않을까?' 하는 뭔가를 만든 다음의 뿌듯함 같은 것들이 좀 고픈 상태이기도 하고요. 소비자의 입장에서 만든다고 말했는데, 지금까지 제가 소비해온 것들을 생각해보면 사실 그렇거든요. 예를 들어 이랑 씨의 〈주 예수와 함께〉를 되게 좋아했고, 아프리카TV에서 하는 BJ 방송에서도 영향을 많이 받았어요. 요즘 1인미디어 같은 게 너무 일상적이고 구체화되고 하나의 사업이 되었잖아요. 그러면서 이런 작업에 대한 무게가 되게 가벼워진 것 같아요. 사실 그런 BJ 방송은 콘텐츠가 '생산'되는 지점이 언제인지도 모호해요. 방송하는 순간? 아니면 제가 소비하면서 '이것 좀 보세요'라고 가리키는 순간? 하여간 이런 것들을 끊임없이 흡수하면서 뭔가 빚을 지고 있다는 생각이 들잖아요. 그걸 갚아야 될 의무는 없지만, 나도 해볼 수 있을 것 같다는 생각에서 진행하는 것 같아요.

후회와 불안을, 웃고 웃기며 건너가기

동종 계열의 다른 회사에 비하면 낮은 수준이라고 했지만, 그가 말한 현재 연봉은 괜찮은 편이었다. 4대 보험이 되는 정규직에, 야간 근무 시간외수당이 상당하다. 그는 입사하자마자 그 자격으로 은행 대출을 받아 방 두 개짜리 주택으로 독립했는데, 이 집이 월세가 아니라 전세인 점도 상당히 유리하다. 부양가족도 없으니, 모르는 사람이 보면 돈을 잘 모을 수 있는 환경으로 보인다. 하지만 그는 돈을 모으지 않는다. '못 한다'라기보다 이쪽에 가깝다.

적금을 들면 그런 작업을 진행할 때 다 깨죠. 3개월 이상 넘어가는 적금

이 없을 정도로요. 작년에 찍은 게 거의 8백만 원 들었어요. 그런데 제가 예산 책정을 잘못해가지고 이태원에 발전차를 부르고 (크게) 하는 바람에 돈이 왕창 깨져서 회사 다니면서 번 돈을 거덜 낸 거죠. 다시 모으고 있어요.

저는 저희 엄마가 어떻게 악착같이 재정 관리를 하고 재테크를 하셨는지 봐왔잖아요. 근데 그런 개념이 저한테는 안 쌓였어요. 물론 지금 살고 있는 집도 전세 대출을 받았고 언젠가는 다른 공간으로 이사 갈 거라는 막연한 생각도 있지만, 근데 아직까지는 돈 모으고 싶은 생각이 전혀 없어요.

— 그러면 지금 돈을 모으는 건 작업을 위해서인 거죠?

네. 무조건. 그리고 사람 만나서 노는 거랑 치료비, 기르는 고양이들한테 쓰고 있고요. 그러니까 저는 스물여섯이 됐는데 어른의 생활을 전혀 하고 있지 않아요. 그런데 아까 차 있으면 어른인 것 같다는 얘기도 하셨고 제 절친도 제가 차 보험료 내고 공과금 내고 이런 걸 그 입장에서는 신기하다고 하더라고요. 어쨌든 저는 지금 카드 빚에 허덕이고 있고요. 너무 당겨써서 월급 들어오면 반 이상이 날아가요. 경제적인 계획에 대해 물어보신다면, 전 이게 나중에 어떤 타격으로 돌아올지 모르겠지만 일단 지금은 안 하고 있어요.

돈을 따로 모으지 않는 생활은 앞서 언급한, 결혼을 해서 나의 가족을 만들지 않겠다는 생각과도 맞닿아 있다. 우리는 이런 시대에 대학 나와 도시 노동자로 살아가는 여성에게 결혼이 얼마나 이점이 없는 일인지, 아니 정반대로 실리 추구의 길이 될 수도 있지만 그것이 얼마나 혹독한 자아의 '변형'을 요구하는 일인지에 대해 이야기를 나누었다. 그가 첫사랑과 많은 계획을 세워놓았다가 그것이 허물어지는 경험을 하며 얻은 교훈은,

결혼 제도 자체가 한 사람의 인생을 뿌리째 뒤흔들 수 있다는 것이었다. 이 비혼주의는 또한 병이 삶에 미친 영향이기도 했다. "일단은 제가 좀 편해야 하니까요."

물론 우리에게 이 문제는, 이미 배송을 시작해버린 택배처럼 돌이킬 수 없는 지점에 가지 않는 이상, 미해결 상태로 계속 얼굴을 내밀며 불안을 자극할 것이다. 어떤 드레스 한 벌이 마흔네 명의 여성의 손을 거치는 과정을 통해 지금 결혼 앞에 선 여성들의 불안을 포착한 정세랑의 단편 〈웨딩드레스 44〉의 한 에피소드에서 묘사한 대로 "결혼을 해야 어른 취급"해주는 사회에서, 우리는 실체도 명확하지 않은 숙제에 쫓긴다. '어쩌면 그 숙제는 하지 않아도 되는 것 아니었을까' 후회하며 여동생에겐 그 압박을 갖지 말라고 말하는 기혼자 언니에게 여동생은 답한다. "어쨌든 지금은 (사회가) 숙제를 해오지 않은 학생에게 지나치게 가혹한 옛날 선생님 같잖아."

그 가혹한 옛날 선생님은 다양하게 모습을 바꾸어 등장한다. 서유진에게 아직도 '늦지 않았다'며 '정상적인 길'을 종용하는 엄마는 (적어도 이 맥락에서만큼은) 문제적 개인이기에 앞서 모습을 바꾸어 등장한 바로 그 옛날 선생님 중 하나다. 어머니의 바람은 '결혼을 하라'는 아니다. 정확히 말하면 '결혼을 안 할 거면 정상적인 길을 가라'는 것이다. 결혼을 위에 나온 '어른 취급'의 요건 중 하나로 놓고 그 '어른 취급' 자체를 문제 삼아보자면, 전문직이나 공무원이 아닌 직업을 가진 미혼 여성은 경제적인 능력이 있어도 종종 그 기준에서 탈락한다.

그에겐 나 같은 사람이 부러워할 만한 '경제 감각'과 생활력이 있고, 서울에서 부모 도움 없이 고양이들과 함께 살아갈 만큼 구축해놓은 안정적인 기반이 있다. 스스로도 돈을 좋아하며(그래서 자신이 언젠가 변할 수도 있다고 말하며), 생활력이 있다는 게 느껴진다고 했다. 금전적 불안은 다른 이들보다 덜할 거라고 했다.

그럼에도 엄마와의 갈등은 계속된다. 그의 설명을 통해 엄마의, 엄마 세대의 불안이 무엇인지, 그 대립으로 형성되는 우리의 불안이 무엇인지 함께 읽는다. 이 이중의 불안을 견디는 방법은 어쩌면 불안을 탈출하려 하는 것이 아니라, 불안을 인정하는 것이 아닐까. 그리고 그 과정에서 서로를 웃길 수 있고 웃을 수 있다면 조금은 든든할지도 모른다.

제 주변에는 너무 다양한 계층의 친구들이 있어요. 중학교 때 사귄 여상 가고 이런 친구들 중에는 20대 초반에 결혼한 애들이 되게 많아요. 그냥 애를 낳고 시작하거든요. 왜 어쩌다 만들어진 가정을 위해 열심히 사는 친구들 있잖아요. 벌써 마트에서 일하는 친구도 있고요. 하자 때 친구들이나 대학교 때 친구들은 맥락이 많이 다르죠. 대학 때 친구들은 남자 고르는 애들도 있고 외국 가서 국제결혼도 많이 생각하고… 다 너무 다르니까, 저는 그냥 저대로 적응해서 살자는 입장이에요. 그래서 비전이나 목표 같은 게 없는 거예요.

전 그냥 불안한 게 너무 관습화됐어요. 저는 '불안이 불안을 조장하는 거다. 굳이 그런 데 휩쓸리지 않아도 된다'라고 말하는 사람들이 불안해요.(웃음) 불안할 수 있게 좀 내버려뒀으면 좋겠어요. 그런데 (그 불안을 교정해야 한다고 하는) 부모님 세대가 저를 좀 힘들게 하는 부분이 있는 거죠.

예를 들어 몇 살엔 직장에 들어가야 하고, 여자는 몇 살까지 결혼해야 하고, 이런 맥락이 존재하잖아요. 저는 어쨌든 대구라는 도시에서 태어났고… 엄마 친구들이나 어릴 때 친구들처럼 제가 주변에서 경험해온 '대구 여자애들만의 살아지는 방식'이 있어요. 말하자면 굳이 (대학) 멀리 갈 필요 없고 계대도 있고 영대도 있고 빨리 졸업한 다음에 좋은 결혼을 해야 된다는 그런 거요. 그 로컬 커뮤니티 안에서 알게 모르게 정략결혼 같은 것도 여전히 남아 있고요. 엄마는 대구 지역 사회에서 쌓아온 인맥이 있으니까

(주변에) 그런 분들이 계신 거예요. 그 사람들이 저를 바라보는 시선이 있어요. 엄마는 그런 걸 신경 많이 쓰는 분이고요. 결혼 안 할 거냐고, 그 회사 계속 다닐 거냐고 말씀하세요.

네. 엄마는 지금 회사에 불만이 많으세요. 엄마는 저 대학교 말부턴 자꾸 고시 보라고 하셨어요. 행정고시, 외무고시 같은 거. 제 동기 중에 몇 명이 실제로 성공을 했고 저도 성적이 나쁘지 않았으니까. '왜 굳이 그런 사기업에 다니고 그러니' 이런 거죠. 엄마는 제가 엄마 밑에서 엄마가 정한 남자 만나서 결혼하고 이런 품안의 자식이 아닐 바에, 여자 혼자 도시에서 살 거면 그런 일(사기업이 아닌 정부기관에 속하는 일)을 하는 게 맞다고 말씀하시는 거예요.

엄마의 화두는 제가 정상적으로 사는 거예요. 지금의 삶은 비정상적이라고 생각하시거든요. 제가 그렇게 되길 바라세요. 당신이 어른이 된 후에 자식들 키우면서도 친가 어른들 모시고 살면서 외갓집도 원조한 것처럼, 제가 그럴 수 있는 사람이 되어야 한다고 보시는 거죠. 엄마 세대에서 말하는 '사람 구실' 하는 사람이 되길 바라시는 거죠. 물론 겉으로는 그렇게 말씀 안 하시지만.

엄마가 저 대신에 너무 많이 불안해하시고 저는 그게 불안이에요. 불안 자체가 불안인 거죠. 제가 불안한 건 전혀 문제가 아니에요. 항상 불안을 안고 살아왔잖아요. 익숙하거든요. 그런데 엄마는 현실적인 부분에서 걱정하시는 게 엄청나요. 엄마한테는 폐지 줍는 노인들에 대한 공포가 있어요. 그게 자신의 미래일 거라고 늘 생각하세요. 그래서 보험을 많이 들어놓으시는 거죠. 부동산에 투자하는 것도 비자금을 만드는 것도 엄마고. 아빠가 그렇게 된 상태에서 수습을 다 엄마가 하셨잖아요. 이런 지치는 경험을 많이 하시면서 엄마가 지금 저한테도 (고시 보기에) 아직 늦지 않았다고 하시는 거죠.

— 지금까지 살면서 후회되는 일 있나요?

후회의 연속이었고요. 거의 인생의 모토인 것 같아요. 계속 후회하고 있다가 자살을 결심하고 있다가.(웃음) 첫사랑 때문에 방황한 시절이 제일 후회되는데, 운명론자는 아니지만 어쩔 수 없었단 생각이 들어요. 계속 후회하면서 살기 때문에 뭘 임팩트 있게 후회한다는 건 거의 없죠.

그런데 지금은 아까 말한 대로 불안을 즐기는 상태라…. 후회할 일을 했으니까 지금 이렇게 살고 있겠지, 이런 생각이 들어서 아무렇지도 않아요. 저는 좀 쉽게 신나고 즐거워져요. 후회가 남더라도 그 순간 재미있으면 끝이거든요. 지금 이런 제 얘기가 좀 웃기잖아요. 그냥 그렇게 잊고 있어요.

후기

인터뷰이들의 지금

김재욱은 워킹홀리데이 막차를 타고 2017년 봄 베를린으로 갔다. 거기에서 1억 상금의 스토리 공모전에 응모했다 떨어졌다. 부모님은 누나의 아이를 돌보기 위해 10년의 중국 생활을 정리하고 귀국했다.

김남희는 인터뷰를 진행했던 당시의 직장 국민의당 광주시당에서 현재는 중앙당으로 활동 공간을 옮겨 서울에 거주하며 같은 당 공보실에서 일하고 있다. 그의 딸 소영이는 전남 보성 시골 마을에서 외조부모와 함께 살며 멀리서 엄마, 아빠를 응원하고 있다.

김팬저는 텀블벅에서 수시로 역할을 바꿔가며 계속 일하고 있다. 얼마 전, 한국에 돌아온 뒤 처음으로 다시 뉴욕에 가서 편안하고 즐거운 시간을 보냈다. 그리고 2년간 서울에서 일하며 축적된 '뉴욕엔 언제 돌아가지' 하는 조바심을 털어버리고 왔다. 그는 자신의 인터뷰를 읽으며 '내 경험과 내가 속한 현실을 어떻게든 서사로 포장해내려는 내 정신의 관계가 가끔 징그럽긴 하지만, 늘 재미있고 새롭다'고 했다.

홍스시는 인터뷰 당시 말했던 목표와 꿈은 여전히 유효하고 선명한데,

거기 도달하는 길이 점점 흐려지는 것 같아 불안하다고 했다. 2016년 늦가을의 촛불집회를 통해, 개인의 가치관과 생계가 부딪혔을 때의 딜레마를 경험했다. 2017년은 '건강하게 장사하기'로 머리 아픈 나날을 보내고 있다. 자신의 인터뷰를 읽을 때 올드팝을 들으며 읽어줬으면 한다는 바람을 전했다.

이동석은 2017년 여름 아문당을 운영하는 공공기관인 아시아문화원에 계약직으로 들어갔다. 그동안 제작지원 사업 몇 개에 뽑혀 웹드라마도 만들었다. 요즘 과로에 시달리며 '늙어간다'는 느낌이 자주 든다며, 완만하게 나이 먹을 준비와 동시에 나잇값을 하려고 노력한다고 말했다. 2017년 겨울의 계획은 운전을 배우는 것이다.

서유진은 인터뷰 당시 다니고 있던 직장을 2017년 3월 그만두었다. 같이 일하던 상사가 이직 후 그에게 자리를 제안했고, 이를 받아들여 업무 강도와 연봉 조건 면에서 더 나은 다른 방송국으로 옮겼다. 기르는 고양이들은 건강하다.

김마리는 조금 긴 글을 보내왔다. 그가 보내온 글은 내가 이 책을 마치며 하고 싶었던 말과 포개진다. 전문을 그대로 싣는다.

잠든 줄 알았던 둘째가 격하게 기침하더니 이불에 토했습니다. 간단히 씻기고 기침 멎을 때까지 안아주고 침구 바꾸고 다시 재운 후, 글을 쓰려고 컴퓨터를 켰습니다. 오늘은 평범한 토요일. 제 평소 생활을 잘 보여주는 날이기도 합니다. 아침 차려주고 출근했다가 세 시쯤 집에 오니 외할머니와 있던 아이들이 반갑게 맞아주었습니다. 빨래 돌리고, 간식 먹이고, 여덟 살인 첫째가 바느질하고 그림 그리고 문제집 푸는 것을 봐주고,

다섯 살인 둘째에겐 책을 읽어주었습니다. 남편은 야근 중이라 아이들과 셋이서 저녁으로 삼겹살을 해 먹었습니다. 설거지와 정리정돈을 하고 아이들을 씻겨 재우고 살그머니 침실을 빠져나오는 데 성공하면 보통 밤 아홉 시 반입니다. 별일 없으면 자정까지 공부하다 잡니다.

지난 시간은 선명하게 떠오르지만, 제 것 같지 않습니다. 기억을 소유한다는 건 어떤 의미일까요? 쓸쓸한 마음에 곰곰 따져봅니다. 다른 사람들은 과거와 현재를 자연스레 하나로 통합해 시간을 엮어가고 있을까요? 기억들은 매순간 무한히 갈라지기만 할 뿐, 저에게 돌아오지 않는 것 같습니다. 한편, 위안하기도 합니다. 과거는 지나갔으니 저를 볼 수도, 해할 수도 없다고.

첫 인터뷰 때는 둘째 낳은 지 얼마 안 되고, 스트레스가 큰 직장에 다니기 시작한 터라 모든 게 버거웠습니다. 두 번째 인터뷰 때는 둘째가 뛰어다닐 만큼 자랐고, 새 직장에 잘 적응해서 조금은 밝아졌고요. 지금은 육아, 가사, 진료, 공부에 익숙해졌고, 일과 아이들을 사랑하게 되었으며, 페미니즘을 통해 제 자신을 존중하게 되었습니다.

인터뷰를 돌아보니, 각 시기마다 주위 상황도 많이 변했고 삶에 대한 제 해석도 달라졌습니다. 이제는 시간과 기억에 대해 다르게 생각해볼 수 있겠네요. 한 발 내딛을 때마다 다른 풍경으로 옮겨가지만 지금 이 자리는 제가 디뎌온 걸음으로 이루어진 것이라고. 시간이 흘러가고 또 축적된다는 의미를 처음으로 제대로 느낀 한 해였습니다. 미래를 그릴 때 현재를 그대로 연장하는 대신, 여지를 많이 두는 힘을 기르고 싶습니다.

IMF 키즈의 생애

초판 1쇄 2017년 11월 27일
   3쇄 2020년 5월 16일

지은이 안은별

펴낸이 이정규
펴낸곳 코난북스
출판등록 제2013-000275호
주소 서울 마포구 월드컵북로235 15-1404
전화 070-7620-0369
팩스 0505-330-1020

conanpress@gmail.com
conanbooks.com
facebook.com/conanpress

ISBN 979-11-88605-02-6 03330

이 도서의 국립중앙도서관 출판예정도서목록(CIP)은 서지정보유통지원시스템 홈페이지(http://seoji.nl.go.
kr)와 국가자료공동목록시스템(http://www.nl.go.kr/kolisnet)에서
이용하실 수 있습니다.(CIP제어번호: 2017030916)

*이 책은 한국출판문화산업진흥원의 출판콘텐츠 창작자금을 지원 받아 제작되었습니다.